Parque Mansfield

Parque Mansfield

Jane Austen

Grupo Editorial Tomo, S. A. de C. V.
Nicolás San Juan 1043
03100, Ciudad de México.

1a. edición, abril 2016.

Mansfield Park
Jane Austen

Nicolás San Juan 1043, Col. Del Valle
03100, Ciudad de México.
Tels. 5575•6615, 5575•8701 y 5575•0186
Fax. 5575•6695
www.grupotomo.com.mx
ISBN-13: 978-607-415-772-7
Miembro de la Cámara Nacional
de la Industria Editorial No. 2961

Traducción: Roberto Mares
Formación y diseño tipográfico: Francisco Miguel M.
Diseño de Portada: Karla Silva
Supervisor de producción: Leonardo Figueroa

Impreso en México - *Printed in Mexico*

Contenido

Prólogo

Jane Austen nació en 16 de diciembre de 1775, en Stevenson, condado de Hampshire, en Inglaterra, como séptima de una prole de ocho hijos, siendo varones los seis primeros y ella y su hermana menor, Cassandra, las únicas mujeres. Su padre fue el reverendo George Austen, clérigo anglicano y párroco de la localidad y su madre Cassandra Leigh, cuyo nombre heredaría la última hija, compañera inseparable de Jane y con quien comenzaría su educación, en 1783, con una maestra particular, para después, entre 1785-86, permanecer en un internado de la ciudad de Reading, que fue la única experiencia de educación formal que tuvo Jane, pues el resto de su formación la recibió en casa, y al parecer de una manera abierta y autodidacta, apoyada por el acceso irrestricto a la amplia biblioteca de su padre, quien, a pesar de ser clérigo, era un ávido lector de novelas y tenía los estantes llenos de ellas, lo que sin duda conformó el espíritu literario de Jane y dio a su trabajo la forma de la novelística. Su talento para la creación literaria se manifestó a temprana edad, y desde 1787 comenzó a escribir piezas cortas, comentarios de sus lecturas y ensayos que más tarde se tomaron como parte de estudios biográficos y fueron publicados a manera de antología con el título de *Juvenalia.*

El desarrollo literario de Jane Austen va de 1795 a 1799; a partir del comienzo del siglo, y durante doce años, Austen solamente escribió el inicio de una novela muy prometedora, pero que habría de quedar trunca: *Los Watson.* Este "periodo silente" en su vida literaria, es el correlato de otros silencios en su vida personal; uno de ellos es el silencio social, pues ninguna de sus obras pudo ser publicada y esa falta de trascendencia de su trabajo seguramente influyó en su estado emocional, lo mismo que el "silencio afectivo" que vivió en esos tiempos, pues ella no experimentaba las ilusiones y tormentos amorosos de sus heroínas, nunca fue realmente cotejada por un hombre y la única propuesta de matrimonio que tuvo resultó fallida.

En enero de 1813 se publicó *Orgullo y prejuicio*, que llegaría a ser un de las obras más conocidas de Jane Austen aunque no le reportó más que 110 libras, que fue la cantidad en que vendió los derechos; de cualquier manera, estimulada por esas publicaciones, se puso a trabajar en *Parque Mansfield,* que es la primera de las obras que se consideran propias de su segundo periodo creativo, y que se publicó en 1814, vendiéndose todos los ejemplares de la edición en sólo seis meses, lo que representaba un gran éxito editorial; así que Austen escribió otra de sus grandes novelas: *Emma*.

En aquellos tiempos, su hermano Henry, quien vivía en Londres comenzó a ocuparse de la administración de las publicaciones de Jane, quien se hospedaba en su casa cuando iba a Londres. En 1813, Henry Austen fue atendido por el doctor Clarke, quien era médico personal del príncipe regente, quien había leído con mucho agrado *Orgullo y prejuicio* y *Sensatez y sentimiento*, por lo que el médico pidió al hermano de Jane que ésta le dedicara al príncipe su siguiente novela, lo que hizo ella, aunque no de muy buen agrado, pues consideraba que los aristócratas eran seres libertinos y perversos. De cualquier manera, la primera edición de *Emma* apareció con una dedicatoria para Jorge IV. El siguiente año, a sus expensas, realizó una segunda edición de *Parque Mansfield*, misma que resultó en un fracaso de tal magnitud que le hizo perder casi todo lo que había ganado con *Emma*. A principios de 1815 comenzó a escribir *Persuasión*, que terminó un año después, cuando ya comenzaba a sentirse enferma. A principios de 1817 comenzó la redacción de *Sanditon*, pero tuvo que dejar el trabajo para internarse en un hospital de Winchester, donde murió, el 18 de julio de 1817, a la edad de 41 años, y unos meses después fue publicada la primera novela que ella había terminado, y que fuera escrita diecinueve años antes, en ella se daba noticia de su muerte, aunque no aparecía su nombre en la portada, lo mismo que en el resto de sus obras publicadas, pues en aquella época no era bien visto que una mujer escribiera, y menos la hija de un clérigo; así que todas las obras de la ahora famosa Jane Austen, que han sido traducidas a muchos idiomas, vendidas por millones de ejemplares y llevadas al cine y la televisión, en sus tiempos fueron publicadas de manera anónima; aunque por lo menos se sabía que habían sido escritas por una mujer, pues en la primera edición de *Sensatez y sentimiento*, en el lugar del autor, decía: *by a lady.*

Capítulo 1

Hace aproximadamente treinta años, la señorita María Ward, de Huntingdon, con una dote de escasas siete mil libras, tuvo la fortuna de cautivar a sir Thomas Bertram, de Parque Mansfield, en el condado de Northampton, con lo que obtuvo el rango de consorte de un Barón, con todas las prerrogativas que de ello se derivan, como una casa hermosa y una renta considerable. Todo Huntingdon comentó la suerte que ella había tenido de conquistar a tan gran partido, y su propio tío, quien era abogado, reconoció que a ella por lo menos le faltaban tres mil libras para que aquel enlace se considerase plenamente justificado. María tenía dos hermanas a quienes beneficiar con su encumbramiento, y como muchos consideraban a la señorita Ward y a la señorita Frances tan bellas como su hermana María, no vacilaban en pronosticar para ellas matrimonios igualmente ventajosos. Pero la verdad es que en el mundo existen mucho menos hombres ricos que mujeres bonitas, por lo que unos seis años después, la señorita Ward se vio obligada a unirse en matrimonio con el reverendo Norris, quien era amigo personal de su cuñado, pero cuya fortuna era muy exigua. Por lo que toca a la señorita Frances, las cosas le fueron todavía peor. En realidad, el matrimonio de la señorita Ward no resultó tan deplorable, pues su benevolente amigo, sir Thomas, le proporcionó ingresos saludables a partir del beneficio eclesiástico de Mansfield; así que el señor y la señora Norris iniciaron su vida conyugal con una renta de casi mil libras anuales. En cambio la señorita Frances eligió la pareja menos apropiada del mundo, como si hubiera querido desprestigiar a la familia uniéndose a un suboficial de infantería de marina sin fortuna, además de una deficiente educación y prácticamente sin parientes, y al parecer ella hizo aquella elección tan desafortunada con toda conciencia. Sir Thomas Bertram tenía influencias que, por moral y por orgullo, así como por un principio general de obrar bien y de ver a todos sus allegados en una posición respetable, le habría encantado ejercer en beneficio de la hermana de lady Bertram; pero la profesión de su marido era de las que ninguna de sus influencias podía alcanzar, y antes de que le diera tiempo a discurrir alguna otra forma de ayudarles sobrevino una ruptura total entre las hermanas. Fue el resultado natural del proceder de cada parte, y de una unión imprudente, lo que casi siempre acarrea nefastas consecuencias. Para ahorrarse reproches y malestares, la señora Price no escribió a sus familiares acerca de su decisión hasta que ya era un hecho consumado, pues se había casado y ya no había marcha atrás.

Lady Bertram, que era una mujer de carácter apacible, temperamento tranquilo y más bien indolente, habría quedado tranquila al dar por perdida a la hermana y no volver a pensar más en el asunto; pero la señora Norris tenía un espíritu activo y no encontró descanso sino hasta que hubo terminado una larga y airada carta a Fanny, en la que le reprochaba la irresponsabilidad de su conducta, y le señalaba toda clase de nefastas consecuencias. Frances, la ahora señora Price, por su parte, se ofendió gravemente y se encendió al grado de la furia, y en su respuesta, que llevada en su encono hizo extensiva a sus dos hermanas, añadió tan irrespetuosas críticas al orgullo de sir Thomas, que produjo un total rompimiento entre ella y la señora Norris, lo que duró un tiempo considerable.

Sus hogares estaban tan distantes y eran tan diferentes los círculos en que se movían que casi no había posibilidad de que supiesen nada las unas de la otra durante los siguientes once años; o al menos sir Thomas se sorprendía mucho de que la señora Norris fuera capaz de anunciarles, como hacía de tiempo en tiempo, y en un tono de gran irritación, que Fanny había tenido otro hijo. Sin embargo, hacia finales del undécimo año, la señora Price no tuvo valor para seguir albergando tan grande orgullo y resentimiento, sobre todo con la única persona que podía ayudarla. No tuvo más remedio que asumir su situación; con una prole ya numerosa y que seguía aumentando, con un marido inútil para el servicio activo, aunque no para la bebida y las francachelas con los amigos, pero sobre todo por sus exiguos ingresos, que no le permitían afrontar las necesidades de su familia. Todo ello le hizo considerar la posibilidad de recuperar a la familia que tan irreflexivamente había sacrificado; así que escribió una carta a lady Bertram en la que le confesaba todas sus penurias y le expresaba su profundo desaliento ante la sobra de hijos y la falta de medios de subsistencia. Ante esta terrible situación, los miembros de la familia se inclinaron hacia la reconciliación.

Se estaba preparando para su noveno parto y les suplicaba que apadrinaran al hijo que esperaba, sin ocultarles lo importante que eso sería para el mantenimiento futuro de los otros ocho. El mayor tenía diez años y era un chico decidido que ansiaba buscar fortuna; ella sentía que nada podría hacer por él; pero, ¿habría alguna probabilidad de que más adelante él fuera útil a los intereses que sir Thomas tenía en su propiedad de las Indias Occidentales? Ningún puesto sería inferior para él; ¿o tal vez sir Thomas podría ponerlo a trabajar en Woolwich?... o quizás mandarlo al Oriente.

La carta no fue infructuosa. Restableció la paz y la armonía. Sir Thomas envió amables consejos y sugerencias, lady Bertram envió dinero y ropita para el niño, y la señora Norris escribió las cartas.

Ésos fueron los efectos inmediatos; pero durante el año la señora Price fue recibiendo una serie de beneficios más importantes. La señora Norris comentaba a menudo que no se le iban del pensamiento su pobre hermana y su familia, y que pese a lo mucho que todos habían hecho por ella, le parecía que había que hacer más; y finalmente no pudo por menos de confesar que sería su deseo que se aliviase a la pobre señora Price de la carga y el gasto de uno de los hijos, dado el gran número de ellos. Propuso que entre todos se hicieran cargo de la hija mayor, que ahora tenía nueve años de edad y que seguramente necesitaba más atención de la que su pobre madre podía proporcionarle. Los gastos y molestias que ocasionaría no serían nada en comparación con lo meritorio de la obra. Lady Bertram estuvo inmediatamente de acuerdo:

—Creo que no podemos hacer nada mejor —dijo—; mandemos traer a la niña.

De cualquier manera sir Thomas no podía dar su consentimiento de manera tan inmediata e incondicional, pues ello representaba una gran responsabilidad, pues había que proveer a la niña adecuadamente, y era posible que el apartarla de su familia en realidad fuera una crueldad. También pensó en sus cuatro hijos, de los que dos eran varones, y consideró la posibilidad del amor entre primos. Pero apenas había comenzado a exponer sus objeciones, cuando lo interrumpió la señora Norris con una contundente réplica a todo lo que se pudiera decir al respecto:

—Mi querido sir Thomas, yo lo comprendo perfectamente, y rindo homenaje a la generosidad y delicadeza de sus principios, que, sin duda, son expresión de su moralidad habitual; en términos generales estoy de acuerdo con usted sobre la conveniencia de hacer todo lo que se pueda para proveer a la criatura de la que nos haremos cargo, y yo, por supuesto, sería la última persona en negarme a aportar mi óbolo para esta causa. Por otro lado, como yo no tengo hijos, ¿a quien podría yo cuidar, en la medida de mis escasas fuerzas, sino a los de mis hermanas? El señor Norris es un hombre justo; pero bien comprendo que soy una mujer de pocas palabras y declaraciones. No dejemos que una insignificancia nos impida llevar a cabo una buena obra. Si educamos a la niña y la introducimos en el mundo como es debido, apostaría diez contra uno a que ella misma encontraría el medio de situarse bien, sin causar más gastos a nadie. Yo estoy segura, sir Thomas, de que una sobrina nuestra no crecería en este ambiente sin aprovechar las ventajas que le supondría. No digo que llegara a ser tan guapa y sofisticada como sus primas; seguro que no, pero se le introduciría en este mundo en circunstancias tan favorables que, con toda humana posibilidad, se construiría una digna posición. Hace usted bien en pensar en sus hijos; pero, ¿acaso no sabe que, de todas las cosas de este mundo, un enamoramiento es la menos probable que suceda si ellos crecen juntos y como hermanos? Eso es moralmente imposible; yo no conozco ningún caso en que algo así haya ocurrido. En realidad, la unión es un medio seguro para evitar que tal cosa pudiera ocurrir. Supongamos que la niña es guapa, y que Tom o Edmund la ven por primera vez dentro de siete años; yo creo que eso sería peor; incluso, el saber que ella se hubiese criado lejos de nosotros y en medio de la pobreza y el abandono podría ser un factor importante para que se enamorasen de ella estos niños tan dulces y cariñosos. Pero si ella crece a su lado desde temprana edad, aun si llegara a tener la belleza de un ángel, no sería para los dos otra cosa que una hermana.

—Pues sí que hay verdad en lo que usted dice —asintió sir Thomas—, y nada más alejado de mi pensamiento que el poner obstáculos en un proyecto tan acorde con la situación de cada familia. Mi intención es solamente señalar el cuidado que debe ponerse al establecer un compromiso de esta naturaleza y que, finalmente, habría de ser tan benéfico para la señora Price como honroso para nosotros; ciertamente debemos asegurar a la niña, o considerarnos comprometidos a asegurarle más adelante, según lo requieran las circunstancias, lo que corresponde a una dama, pues nadie habría de brindarle la posición que con tanto optimismo espera usted.

—Yo lo comprendo perfectamente —exclamó la señora Norris—; para mí usted representa la generosidad en persona; estoy segura de que entre nosotros no existe en realidad la mínima discrepancia. Usted sabe muy bien que yo estoy siempre dispuesta a hacer todo lo que pueda por el bien de los seres que amo, y aunque nunca podría llegar a sentir por esa niña la centésima parte del cariño que tengo por sus hijos, ni la consideraría tan mía como ellos, me odiaría a mí misma si fuera capaz de abandonarla. ¿Acaso no es hija de mi hermana? ¿Cómo podría yo ver que sufre hambre sin darle un mendrugo de pan? Mi querido sir Thomas, a pesar de todos mis defectos, yo tengo corazón; y aunque soy pobre, antes me negaría a mí misma lo imprescindible que cometer tan grande falta de generosidad. Así que, si usted no dispone otra cosa, mañana mismo escribiré a mi hermana para hacerle la propuesta, y en cuanto la cosa quede arreglada me ocuparé yo misma de traer la niña a Mansfield; usted no tendría que molestarse para nada. A mí no me importan las molestias. Para realizar este propósito mandaré a la niñera a Londres y que duerma en casa de su primo el talabartero, donde pueden llevarle a la niña. Pueden enviarla fácilmente de Portsmouth a la capital en diligencia, bajo el cuidado de cualquier persona respetable que tenga que hacer el viaje. Siempre hay alguna respetable esposa de comerciante que tenga que viajar.

Salvo su rechazo al primo de la niñera, sir Thomas abandonó toda objeción al proyecto, y tras sustituir el lugar del encuentro por otro más digno, aunque menos económico, quedó todo arreglado y todos comenzaron a paladear de antemano las deliciosas consecuencias de tan generosa acción. En estricta justicia, la participación de los sentimientos gratificantes no debería haber sido igual; porque sir Thomas estaba totalmente dispuesto a ser el verdadero y coherente patrocinador de la criatura elegida, mientras que la señora Norris no tenía la menor intención de gastar nada en su mantenimiento. Ella era pródiga en lo concerniente a pasear, charlar o hacer planes, y no había nadie como ella para propiciar la generosidad de los demás; pero su amor al dinero era tan grande como su amor a mandar, y sabía tan bien ahorrar el suyo como gastar el de los amigos. Habiéndose casado con unos ingresos mucho más escasos de lo que había esperado, creyó necesaria una estricta economía, y lo que empezó siendo una medida de prudencia, pronto se convirtió en una cuestión de elección, en objeto de esa necesaria solicitud que por falta de hijos no podía satisfacer. De haber tenido una familia a la cual mantener, quizás la señora Norris no habría ahorrado dinero jamás; pero dado que carecía de cuidados de ese tipo, no había nada que le impidiera economizar, ni privarse del consuelo de añadir anualmente cierta cantidad a unos ingresos conforme a los cuales nunca habían vivido. Bajo este principio de sórdida avaricia, y sin un afecto verdadero por su hermana que lo llegase a paliar, le fue imposible aspirar a otra cosa que a la honra de planear y decidir tan costosa caridad; como se conocía muy poco a sí misma, aquella tarde ella regresó a la casa parroquial con el ánimo exaltado, considerándose la hermana y tía más generosa del mundo.

La siguiente vez que apareció este tema en la conversación, ella expuso la idea con más detalle, y en respuesta a la plácida pregunta de lady Bertram sobre a dónde iría primero la niña, sir Thomas, no sin sorpresa, oyó que a la señora Norris le era totalmente imposible compartir la carga que representaba la niña. Sir Thomas había pensado que la niña podría convertirse en una presencia particularmente grata en la casa parroquial, así como en una buena compañía para una tía que carecía de hijos; pero descubrió que se había equivocado por completo. La señora Norris expresó, no sin pena, que era impensable que la niña se quedase a vivir con ellos, al menos en la actual situación. El regular estado de salud del pobre señor Norris lo hacía del todo imposible, para él soportar el bullicio de un niño era algo tan impensable como volar. Si alguna vez se curaba de su gota, sería distinto, y entonces ella se alegraría de tomar el asunto en sus manos sin reparar en molestias; pero por ahora el pobre señor Norris ocupaba todo su tiempo y energía, y sin duda él se sentiría trastornado por el mero hecho de plantearle el asunto.

—Entonces será mejor que venga a vivir con nosotros —dijo lady Bertram tranquilamente, y sir Thomas agregó con toda dignidad:

—Sí, que tenga su hogar en esta casa. Procuraremos cumplir nuestro deber con ella, y al menos tendrá la ventaja de contar con compañeros de su misma edad, y con una institutriz residente.

—Muy cierto —exclamó la señora Norris—, esas son consideraciones muy importantes, y lo mismo le dará a la señorita Lee el hacerse cargo de tres que de dos niñas. Lo que yo quisiera es poder ser más útil; pero, como se ve, hago lo más que puedo. Yo no soy de las que se ahorran molestias… que vaya la niñera; aunque eso tenga para mí el inconveniente de privarme durante tres días de mi principal consejera. Imagino, hermana, que pondrás a la niña en el cuartito blanco del ático, vecino al antiguo cuarto de los niños. Sin duda es el mejor sitio para ella, cerca de la señorita Lee y no lejos de las niñas; además de que estaría cerca de las criadas, de manera que una u otra podría ayudarla a vestirse y ocuparse de su ropa; porque supongo que no te parecería correcto que la atendiera Ellis, como a las otras. A decir verdad, no veo otro lado donde podría alojarla.

Lady Bertram asintió con la cabeza, sin poner reparo alguno.

—Espero que sea una niña bien dispuesta —prosiguió la señora Norris, y se dé cuenta de la inmensa suerte que tiene con semejantes amigos.

—Si el trasfondo de su carácter es realmente malo, no podríamos tenerla en casa con nuestros hijos —dijo sir Thomas—, pero no hay razón para temer una cosa así; probablemente veremos en ella muchas cosas que desearíamos que fueran diferentes, y hay que estar preparados para enfrentar lo que sin duda será una tosca ignorancia, una mediocridad de opiniones y unos modales penosamente vulgares; pero ésos no son defectos incurables, y yo confío en que no sean riesgosos en la relación con nuestros hijos. De haber sido mis hijas más jóvenes que ellas, yo hubiera considerado la introducción de tal compañía como algo cuestionable; pero no siendo así, yo espero que de esta incorporación no venga nada malo para ellas, y sí mucho bueno para la niña.

—Eso es exactamente lo que yo creo —exclamó la señora Norris—, e incluso se lo decía a mi marido esta mañana. Sólo el estar con sus primas será un curso de educación para la criatura, y eso aunque la señorita Lee no le enseñara nada: de ellas aprendería a ser buena e inteligente.

—Lo único que me preocupa es que pudiera hacer rabiar a mi perrita —dijo lady Bertram—, sobre todo ahora, que he conseguido que Julia la deje en paz.

—Encontraremos dificultades en nuestra labor, señora Norris —dijo sir Thomas—, sobre todo en cuanto a la oportuna distinción que se habrá de establecer entre las niñas a medida que crezcan… ¿cómo preservar en la mente de mis hijas la conciencia de lo que son sin hacer que consideren demasiado inferior a su prima; y cómo, sin rebajarla, hacerla consciente de que ella no es una señorita Bertram. Yo quisiera que ellas establecieran una buena amistad, y bajo ningún concepto autorizaré a mis hijas el menor grado de arrogancia en su relación; con todo, no pueden ser iguales. Su rango, fortuna, derechos y expectativas sociales serán siempre distintos. Es ésta una cuestión que deberá tratarse con gran delicadeza, y usted debe ayudarnos en la búsqueda y seguimiento de la mejor línea de conducta.

La señora Norris se puso a su entera disposición; y aunque se mostró de acuerdo con él en cuanto a que se trataba de una tarea muy difícil, expresó su confianza en que todos juntos la llevarían a buen término.

Como es de suponerse, la señora Norris no escribió a su hermana en vano. La señora Price se sorprendió bastante de que sus parientes eligieran una niña, dado que entre sus hijos había unos chicos preciosos; pero aceptó el arreglo mostrando un gran agradecimiento, y les aseguró que su hija era una criatura alegre y de natural dulzura, por lo que tenía la seguridad de que jamás tendrían motivos para devolverla. Sin embargo, en su carta también decía que la niña era algo delicada y endeble, aunque tenía la esperanza de que mejoraría físicamente con el cambio de aires. Probablemente, en su simpleza, ella pensaba que ese cambio de aires haría igualmente bien a muchos de sus hijos.

2

La niña hizo el largo viaje sin novedad, y en Northampton la esperaba la señora Norris, que así saboreó el mérito de ser la quien recibiera a la niña y la que la presentara a los demás, encomendándola a su cuidado.

Fanny Price tenía diez años al momento de su llegada, y aunque su aspecto físico no cautivaba a primera vista, al menos no tenía nada que repugnase a sus parientes. Parecía más pequeña para su edad, extremadamente tímida, descolorida de tez y sin ningún atractivo visible; pero su aire y manera de conducirse, aunque torpe, no era para nada vulgar; su voz era dulce y al hablar se iluminaba su semblante, de manera que podía vésela bonita. Sir Thomas y lady Bertram la recibieron muy favorablemente, y sir Thomas, viendo lo mucho que la niña necesitaba de cariño y aliento, trató de comportarse con la mayor suavidad posible; aunque tenía que luchar contra una gravedad en sus maneras que no le era fácil disimular. Por su parte, lady Bertram, sin tomarse ni la mitad de trabajo, diciendo una sola palabra donde él decía diez, con la mera ayuda de una sonrisa jovial, se convirtió al punto en el personaje menos impactante de los dos.

Los niños estaban todos en casa y cumplieron muy bien su parte en la presentación, actuando con buen humor y sin la menor muestra de incomodidad, especialmente los hijos varones, que, con sus dieciséis y diecisiete años, y bastante crecidos para su edad, miraban a su primita desde la altura de hombres adultos y le mostraban su benevolencia. Las dos niñas estuvieron más indecisas, por ser más jóvenes y todavía temerosas de su padre, quien en algún momento les habló con un dejo de recriminación; pero ellas estaban tan acostumbradas a los elogios que ya les quedaba poco de natural timidez y, la total falta de confianza que percibían en su primita hizo que ellas recuperasen la suya propia y al poco tiempo ya se encontraban haciendo un examen completo de su cara y su vestido con desparpajo e indiferencia.

Aquella era una familia en verdad hermosa: los muchachos eran apuestos y las niñas decididamente guapas; todos altos y adelantados para su edad, lo que producía un contraste sorprendente con su prima, tanto en el aspecto físico como en los modales, y nadie hubiera imaginado que las niñas fueran casi de la misma edad; aunque en realidad Fanny y la más pequeña se llevaban dos años, pues Julia Bertram tenía doce y María sólo un año más. En medio de ese espectacular encuentro familiar, la pequeña no podía sentirse peor; se asustaba de todo y de todos y se sentía sumamente avergonzada de sí misma, deseosa de volver a casa, o al menos de que la dejaran sola, no acertaba a levantar los ojos, y a duras penas conseguía dejarse oír, luchando consigo misma para no soltar el llanto. Durante el trayecto desde Northampton, la señora Norris había venido hablándole de la inmensa suerte que había tenido y de la infinita gratitud y buen comportamiento que debía mostrar hacia sus tíos; y su sentimiento de desventura aumentó al pensar que sería una especie de perversión de su parte el no ser feliz. El cansancio del largo viaje no tardó en convertirse en un verdadero mal y al llegar a la casa se encontraba en tal estado de zozobra que fueron inútiles las bienintencionadas condescendencias de sir Thomas y todos los oficiosos pronósticos de la señora Norris de que sería una buena niña; inútil también la imperturbable sonrisa de lady Bertram, que la hizo sentarse en el sofá con ella y su perrita, inútil incluso que trajeran una tarta de grosella para consolarla: apenas había logrado engullir un par de bocados cuando le comenzaron a brotar las lágrimas, y, pensando que el sueño sería el mejor paliativo para su ánimo, fue llevada a la cama para que descansara y se tranquilizara.

—Bueno, no es un principio muy prometedor —dijo la señora Norris cuando se llevaron a Fanny—. Después de todo lo que he hablado con ella mientras veníamos, creí que se portaría mejor; yo le he dicho y remarcado lo mucho que podía influir en su futuro el hecho de que se comportase muy bien al principio. Ojalá que su comportamiento no sea producto del mal genio; su pobre madre lo tiene horrible; pero debemos de ser indulgentes con una criatura, y no sé qué tanto la perjudicará la tristeza de haber dejado su casa; porque con todas las deficiencias, era su hogar, y es natural que todavía no se haya dado cuenta de lo mucho que ha mejorado con el cambio; aunque en todas las cosas ha de haber moderación.

Hizo falta más tiempo del que la señora Norris se inclinaba a conceder para que Fanny se adaptase a Parque Mansfield y pudiera superar la separación de aquellos a los que estaba acostumbrada. Sus sentimientos eran muy hondos, y muy poco comprendidos para ser atendidos debidamente. Nadie la trataba con aspereza, pero tampoco se esforzaban en lo más mínimo para hacer que se sintiera a gusto.

El asueto concedido a las señoritas Bertram al día siguiente, a fin de que tuvieran tiempo para convivir y trabar amistad con su pequeña prima rindió muy escasos frutos; más bien resultó contrario a lo que se esperaba, pues las primas comenzaron a despreciarla al descubrir que sólo poseía dos cinturones y que no sabía francés; y cuando se dieron cuenta de lo poco que la impresionaba el dueto que tuvieron la deferencia de tocar para ella al piano, lo único que pudieron hacer fue regalarle generosamente algunos de sus juguetes menos valiosos y dejarla sola, mientras ellas se dedicaban a lo que podía ser su diversión favorita en un día de asueto: hacer flores artificiales y estropear papel dorado.

Durante algún tiempo, Fanny, ya estuviera cerca o lejos de sus primas, en clase, en el salón o en los arbustos, se sentía igualmente abandonada, y en cada persona o lugar encontraba algo que le causaba temor. La deprimía el silencio de lady Bertram, la asustaba la mirada grave de sir Thomas, y la abrumaban completamente las reconvenciones de la señora Norris. Sus primos la mortificaban burlándose de su estatura y la avergonzaban remarcando su timidez; la señora Lee se asombraba de su ignorancia, y las criadas se burlaban de su ropa; además, de vez en cuando a esos tormentos se sumaba el recuerdo de sus hermanos, entre los que siempre se había sentido importante actuando como niñera, institutriz y compañera de juegos; por todo ello, era muy frecuente que su tierno corazón se viera invadido por el desaliento.

Las dimensiones de la casa la asombraban, pero no la consolaban. Las habitaciones eran demasiado grandes para moverse a gusto en ellas; temía estropear todo lo que tocaba y andaba constantemente aterrada por unas cosas o por otras, con frecuencia refugiándose en su propia habitación para dar rienda suelta a la melancolía y al llanto. La niña de la que hablaban en el salón cuando ésta lo abandonaba por las noches —aparentemente convencida de su excepcional suerte— terminaba la pesadumbre de aquella jornada sollozando hasta quedarse dormida. Así había transcurrido una semana, sin que su conducta callada y pasiva despertara ninguna sospecha, cuando una mañana la encontró su primo Edmund, el más joven de los muchachos, llorando en la escalera del ático.

—Mi querida primita —dijo con la dulzura que se desprendía de su carácter bondadoso—, ¿qué te pasa?

Sentándose junto a ella se esforzó cuanto pudo para que venciera la vergüenza de haber sido sorprendida en esas condiciones, y convencerla para que hablase abiertamente… ¿acaso estaba enferma?; ¿se había enojado alguien con ella?; ¿se había peleado con María o con Julia?; ¿estaba en problemas con sus estudios y él podía ayudarla? Durante un rato no consiguió más respuesta que un "no, gracias"; sin embargo él perseveró, y se dio cuanta que al mencionarle su casa ella se mostraba más compungida, lo que le hizo comprender cuál era el motivo de su pena; entonces intentó consolarla:

—Estás triste porque has dejado a tu mamá, mi pequeña Fanny —dijo—, y eso me hace ver que eres una niña muy buena; pero debes recordar que estás entre parientes y amigos que te quieren y que no desean otra cosa sino que seas feliz. Salgamos a dar una vuelta por el parque y me hablarás de tus hermanos.

Así él descubrió que si bien la niña amaba a todos esos hermanos y hermanas, en general, había uno al que tenía más en el pensamiento, pues nombraba más a William, que era un año mayor que ella y era su constante compañero y amigo, siendo él quien la defendía ante su madre (pues era el preferido de ella) cuando se presentaba un motivo de enojo. Cuando Fanny estaba a punto de marcharse él se entristeció y le dijo que la echaría mucho de menos.

—Pero William te escribirá, estoy seguro.

—Así me lo ha prometido; pero me ha dicho que le escriba yo primero.

—¿Y cuándo lo harás?

—No lo sé —dijo ella en un tono de tristeza—; no tengo papel.

—¡Oh!, si ese es el problema, yo te daré el papel y todo lo que haga falta para que le puedas escribir siempre que quieras… ¿Te gustaría escribirle a William?

—¡Sí, muchísimo!

—Bueno, pues entonces hazlo ahora. Ven conmigo al salón desayunador, donde habrá de todo para que escribas, y a esta hora seguro que tendremos la habitación libre para nosotros.

—Pero, primo, ¿esa carta la llevará el correo?

—Claro, confía en mí; irá con las demás cartas. Y como la franqueará tu tío, no le costará nada a William.

—¿Mi tío? —repitió Fanny con expresión de miedo.

—Sí, cuando hayas escrito la carta, yo se la llevaré a mi padre para que la franquee.

A Fanny le pareció un atrevimiento, pero no opuso más resistencia; así que fueron juntos al desayunador y Edmund le dio papel y le trazó rayas para dirigir el texto con la misma benevolencia con la que lo hubiera hecho su propio hermano, y seguramente con mayor precisión. Permaneció con ella todo el tiempo que estuvo escribiendo para ayudarla con el cortaplumas y la ortografía, ya que ella no era muy ducha en esas cosas, y añadió a esas atenciones una serie de expresiones de amabilidad hacia su hermano que complació a Fanny más que ninguna otra cosa. De su puño y letra mandó afectuosos saludos a su primo William, e incluyó media guinea bajo el sello. En esos momentos, los sentimientos de Fanny fueron de tal naturaleza que ella no los entendía del todo y no era capaz de expresar; pero su semblante y sus escasas y torpes palabras transmitieron cabalmente toda su gratitud y contento; y su primo comenzó a ver en ella una personita interesante. Conversó con ella un rato más y con todo lo que recibía de ella se convenció de que tenía un corazón afectuoso y un gran deseo de obrar bien, y vio que era mucho más digna de atención, dada su situación tan delicada en la casa y su gran timidez. Él nunca la había mortificado realmente, pero se había comportado con indiferencia, y ahora entendía que ella necesitaba de alguien que la comprendiera, por lo que en ese momento se convirtió en su apoyo, esforzándose primero en disipar su temor a todo el mundo; muchas veces le aconsejaba que jugase con María y con Julia, y procurara estar lo más alegre posible.

A partir de ese día, Fanny se sintió más tranquila. Se dio cuenta de que tenía un amigo en la casa y la amabilidad de su primo Edmund le infundió mejor humor en su trato con los demás. La casa se volvió menos extraña y la gente menos temible; y si había alguno a quien no podía dejar de temer, por lo menos comenzó a conocer su carácter y a encontrar la mejor manera de adaptarse a él. Así fueron desapareciendo las pequeñas tosquedades y torpezas que al principio habían turbado penosamente la tranquilidad de todos, y no menos la de ella. Con el tiempo, Fanny dejó de temblar físicamente cuando estaba delante de su tío y de sobresaltarse cuando escuchaba la voz de su tía Norris. Para sus primos llegó a ser, a veces, una compañera aceptable. Aunque sin duda seguía siendo considerada una compañía impropia, principalmente a causa de su inferioridad en edad y fuerza; había ocasiones en los que la naturaleza de sus juegos requerían la participación de un tercero, y sobre todo de un tercero particularmente servicial y complaciente; así que con el tiempo, cuando su madre les preguntaba sobre los defectos de Fanny, o Edmund proclamaba el derecho de ella a ser tratada con amabilidad, los demás contestaban que Fanny era "una buena niña".

Sin embargo, Edmund no siempre era amable con ella, y de Tom no podía esperar otra cosa que la clase de bromas que un chico de diecisiete años piensa que está obligado a gastar a una niña de diez. Tom estaba comenzando a vivir y se encontraba rebosante de ánimo, y con todos los privilegios de primogénito, que lo invitaban a creer que había nacido exclusivamente para gastar y disfrutar. Su amabilidad con la primita era acorde con su posición y sus derechos: le hacía preciosos regalos y se burlaba de ella.

Cuando el aspecto y el ánimo de Fanny mejoraron, sir Thomas y la señora Norris revisaron su plan humanitario y decidieron que iba por buen camino, pues si bien la niña distaba mucho de ser inteligente, ahora mostraba un carácter tratable y no parecía que les fuera a dar problemas. La opinión respecto de la escasa inteligencia en realidad era una apreciación poco fundamentada, pues Fanny sabía leer, escribir y hacer labores, pero no le habían enseñado nada más; al descubrir sus primas que ignoraba muchas cosas que para ellas eran familiares, simplemente la calificaron de estúpida, y durante las tres primeras semanas estuvieron aportando pruebas de ello en las reuniones de familia: "Imagínate, tía, la prima die que no pueden juntarse en uno todos los mapas de Europa"; o "la prima no sabe los nombres de los principales ríos de Rusia", o "no ha oído hablar del Asia Menor"... "¡Qué extraño! ¿Se ha visto jamás alguna persona más estúpida?".

—Es una pena, cariño —les contestaba la tía—; pero no se puede esperar que todo mundo vaya tan adelantado y aprenda tan rápido como ustedes.

—¡Pero eso es ser muy ignorante! Apenas anoche le preguntamos en qué dirección había que ir para llegar a Irlanda, y dijo que había que cruzar la isla de Wight. Ella sólo piensa en la isla de Wight, y la llama "la isla"; como si no hubiera otras islas en el mundo. Desde luego, yo habría sentido vergüenza de mí misma si no hubiera sabido más cosas al llegar a su edad. No recuerdo la edad que tenía cuando ignoraba gran cantidad de cosas de las que ella aún no tiene la menor idea. ¿Cuánto tiempo hace que desde que podíamos repetir por orden cronológico la lista de los reyes de Inglaterra, con las fechas de coronación y los principales acontecimientos de sus reinados?

—Sí —añadió la otra—, y también los emperadores romanos, por lo menos hasta Severo, además de una gran cantidad de dioses de la mitología pagana, y todos los metales y metaloides, los planetas y principales filósofos.

—Así es, queridas —decía la madre—, pero ustedes han recibido el don de una memoria portentosa, y probablemente su pobre prima no tiene ninguna. En lo que toca a memoria, la diferencia con ella es inmensa, como en todo lo demás; así que tienen que ser comprensivas con su prima y compadecerse de sus deficiencias. Recuerden que, aunque ustedes son inteligentes y van muy aventajadas, siempre deben mantener la virtud de la modestia, pues, por más que sepan muchas cosas, son muchísimas más las que les falta por aprender.

—Si, lo sé; hasta que cumpla los diecisiete; pero te voy a contar otra cosa de Fanny igual de rara y estúpida. Ella dice que no quiere aprender música ni dibujo.

—Vaya, cariño; eso sí que es una estupidez, y revela una gran falta de talento y de espíritu de emulación. Pero, bien visto, quizá es mejor que sea así; porque, aunque ustedes saben, gracias a mí y a lo buenos que son sus padres al traerla a vivir aquí, no es necesario que intente adquirir el mismo nivel de conocimientos que tienen ustedes; al contrario, es muy conveniente que haya una diferencia.

Tales eran los consejos con los que la señora Norris contribuía a la formación de sus sobrinas; y no era extraño que, pese a lo comprometedor de sus talentos y a su temprana preparación, anduvieran escasas en otras disciplinas menos corrientes, como el conocimiento de sí mismas, la generosidad y la humildad. En todo, salvo en disposición de ánimo, estaban admirablemente bien adiestradas. Sir Thomas ignoraba esas carencias en su educación porque, aunque era un padre preocupado, no exteriorizaba su afecto, y la reserva de su actitud reprimía toda efusión de sus espíritus delante de él.

Lady Bertram no prestaba la menor atención a la educación de sus hijas. No tenía tiempo para esos menesteres; ella se pasaba los días sentada en un sofá, exquisitamente vestida, haciendo un largo bordado de poca utilidad y ninguna belleza, pensando más en su perrita que en sus hijos, aunque era muy indulgente en todo lo que no suponía alguna molestia para ella, y se dejaba guiar por sir Thomas en lo importante y por su hermana en los asuntos menores. De haber tenido más tiempo libre para atender a sus hijas, probablemente lo habría considerado innecesario, dado que ellas estaban bajo el cuidado de una institutriz, tenían otros profesores adecuados y no les faltaba nada. En cuanto al que Fanny fuese torpe en aprender, solía decir que era una lástima, pero que mucha gente era lenta en el aprendizaje y ella simplemente tendría que esforzarse más; no había nada más que hacer, además de que el hecho de ser poco inteligente no representaba ningún mal para la pobre niña; pues se daba sus mañas para hacer las cosas e incluso era muy ligera en llevar recados o traer lo que se le pedía.

Con toda su ignorancia y timidez, Fanny quedó instalada en Parque Mansfield, y ahí creció, no infeliz entre sus primos, aprendiendo a trasladar a este nuevo hogar gran parte del cariño que sentía por el antiguo. Ni María ni Julia tenían decidida malevolencia; aunque a menudo mortificaban a Fanny con su trato, ésta se consideraba demasiado inferior en sus derechos como para ofenderse por ello.

Desde la época en que más o menos entró Fanny a formar parte de la familia, lady Bertram, un poco a causa de su mala salud y un mucho por indolencia, renunció a la casa de la capital, que hasta entonces había ocupado cada primavera, y se quedó definitivamente en el campo, dejando que sir Thomas atendiese sus obligaciones parlamentarias con el aumento o disminución de comodidades que su ausencia le pudiera acarrear, y así las señoritas Bertram siguieron ejercitando su memoria, practicando sus duetos y haciéndose mayores en el campo; y el padre contemplaba sus avances de personalidad, educación y conocimientos con gran satisfacción y orgullo. Su hija mayor era despreocupado y derrochador, y ya le había causado muchos problemas; pero sus otros hijos no prometían sino cosas buenas. Sus hijas, pensaba, mientras llevaran el apellido Bertram, darían a éste gracia y brillo, y cuando dejasen de llevarlo, confiaba en que lo harían a partir de alianzas respetables. En cuanto al carácter de Edmund, su profunda sensatez y rectitud de juicio auspiciaban claramente provecho, honra y ventura para sí y para todos los suyos. Él iba a ser sacerdote.

En medio de los cuidados y satisfacciones que le reportaban sus hijos, sir Thomas no olvidaba hacer lo que podía por los de la señora Price, la ayudaba con prodigalidad en la formación y colocación de cada uno a medida que se hacían lo suficientemente mayores como para ejercer determinada ocupación; por su parte, Fanny, aunque casi totalmente separada de su familia, sentía la más sincera alegría cada vez que se enteraba de que se había tenido alguna atención con sus hermanos, o de algún signo prometedor en su situación o conducta. Una vez, y sólo una en el transcurso de muchos años, tuvo la dicha de estar con William. De los demás no sabía nada; ninguno parecía pensar que volvería otra vez con ellos, ni siquiera de visita. Nadie en casa parecía echarla de menos; pero William, que poco después de marcharse ella había decidido hacerse marino, fue invitado a pasar una semana con su hermana en Northamptonshire antes de embarcar. Bien podemos imaginar el profundo sentimiento de ambos al encontrarse, su intensa dicha de estar juntos, sus horas de feliz alegría y momentos de seria conversación, así como las ilusiones y los ánimos del muchacho, incluso al final, y la pena de la niña cuando éste la dejó. Afortunadamente, la visita tuvo lugar durante las vacaciones de Navidad, en las que Fanny podía acudir a su primo Edmund en busca de consuelo; y él le dijo cosas tan encantadoras sobre lo que William iba a hacer, y lo que sería en el futuro, cuando progresara en su profesión, que hizo que fuera admitiendo poco a poco que la separación había tenido un provecho. Fanny siempre encontraba un buen apoyo en Edmund; el hecho de dejar Eton para irse a Oxford no supuso ningún cambio en su humor amable, y no hizo sino aumentar el número de ocasiones de demostrarlo. Sin alarde ninguno de hacer más que los demás, ni temor a hacer demasiado; él era siempre leal a los intereses de Fanny y respetuoso de sus sentimientos, procurando que los demás comprendiesen sus buenas cualidades, y que ella venciese la timidez, que impedía que sus cualidades fuesen más manifiestas, a la vez que le daba consejos, consuelo y aliento.

Mantenida a distancia por todos los demás, el sólo apoyo de Edmund no podía acercarla, pero con esa salvedad, las atenciones de él eran muy importantes para el cultivo de su espíritu y el despliegue de sus gustos. Él sabía que Fanny era inteligente, que tenía rapidez de comprensión, así como sensatez y amor a la lectura, disposiciones que, convenientemente dirigidas, podían construir una educación por sí sola. La señorita Lee le enseñaba francés y le hacía leer un trozo de historia diariamente; pero era Edmund quien le aconsejaba los libros que deleitaban sus horas de ocio, fomentaba su gusto y corregía su juicio; hacía provechosas sus lecturas comentando lo que ella leía y realzaba su atractivo con elogios ponderados. En recompensa por tales servicios, ella lo quería más que a nadie en el mundo, salvo a William; repartía su corazón entre los dos.

3

El primer acontecimiento de importancia en la familia fue la muerte del señor Norris, que ocurrió cuando Fanny tenía quince años, y que introdujo cambios y novedades en la familia. Al dejar la casa parroquial, la señora Norris se trasladó primero al parque, y después a una casita que sir Thomas tenía en el pueblo. Ella se consolaba de la pérdida del marido pensando en que se las arreglaría muy bien sin él, y compensaría la reducción de sus ingresos con la evidente necesidad de una economía bien planificada.

El beneficio eclesiástico iba a ser en el futuro para Edmund, y de haber fallecido su tío unos años antes se habría cedido oportunamente a algún clérigo allegado para que lo disfrutase hasta que él tuviera la edad necesaria para ordenarse. Pero la prodigalidad de Tom, anterior a dicho acontecimiento, había sido lo suficientemente grande como para hacer necesario un arreglo diferente respecto de esa adjudicación, con lo que el hermano menor tuvo que ayudar a pagar los placeres del mayor. Quedaba otro beneficio eclesiástico para Edmund; pero aunque esta circunstancia hacía que el arreglo fuera más fácil para la conciencia de sir Thomas, éste no pudo por menos de considerarlo una injusticia, e intentó transmitir a su hijo mayor esa misma convicción, con el objeto de que eso tuviera más efecto en el ánimo de él que todo lo que hasta ahora había podido hacer o decir.

—Me avergüenzo de ti, Tom —dijo con su tono más solemne—; me sonrojo por la medida que me veo obligado a adoptar, y confío en que con ello se despierten tus sentimientos como hermano. Llevas robando a Edmund diez, veinte, treinta años, quizás toda la vida, más de la mitad de las rentas que deberían ser suyas. Puede que más adelante esté en mi mano, o en la tuya (y espero que así sea), procurarle una mejor posición; pero no olvides que ninguno de esos beneficios habría sobrepasado lo que le corresponde por derecho natural, y que en realidad, nada puede ser equivalente a la ventaja segura a la que ahora está obligado a renunciar a causa de la urgencia de tus deudas.

Tom escuchó estas palabras un poco avergonzado y pesaroso; pero tras soportar la perorata de su padre, se puso a reflexionar con todo cinismo respecto del asunto y llegó a las siguientes conclusiones en su descargo: primera, que no estaba ni la mitad de endeudado que la mayoría de sus amigos; segunda, que su padre se había puesto demasiado dramático con el asunto, y, tercera, que el futuro sacerdote que viniera a ocupar la casa parroquial; fuera quien fuese, moriría pronto con toda probabilidad.

A la muerte del señor Norris, la adjudicación recayó por derecho en un tal doctor Grant, quien consiguientemente se instaló en Mansfield, y que, dado que era un individuo sano de cuarenta y cinco años, pareció desbaratar los planes del señor Bertram; pero también pensó: “en realidad es un tipo congestionado y apopléjico; si se da a la buena vida, no tardará en reventar”.

Su esposa era unos quince años más joven que él, aunque no tenían hijos, y llegaron a la comunidad en medio del habitual rumor favorable de ser personas muy respetables y agradables.

Había llegado el momento que sir Thomas había esperado, en que su cuñada hiciera valer su derecho a compartir el cuidado de la sobrina, dado que el cambio de estado de la señora Norris y el hecho de tener Fanny unos cuantos años más parecían no sólo eliminar todas sus antiguas objeciones a vivir juntas, sino incluso alentar decididamente esta determinación, y puesto que su situación se había vuelto menos próspera a causa de ciertas pérdidas recientes en los intereses que poseía en las Indias Occidentales, además de la prodigalidad del hijo mayor, no le pareció mal que lo descargasen del gasto de su mantenimiento y de la obligación de proveer a su futuro. Convencido de que esta opción sería bien recibida, la comentó con su esposa, y en la primera ocasión que a lady Bertram le vino el tema a la mente estando presente Fanny, le dijo con la mayor naturalidad:

—Así que nos dejas y te vas a vivir con mi hermana, Fanny, ¿te gustará?

Fanny se quedó demasiado sorprendida para hacer otra cosa que repetir las palabras de su tía:

—¿Qué me voy a vivir con mi tía?

—Sí, cariño. ¿Por qué te sorprendes? Hace ya cinco años que estás con nosotros, y mi hermana siempre ha tenido la idea de llevarte a vivir con ella cuando faltara el señor Norris. Pero bueno, por lo menos vendrás a hilvanarme los cortes de vestidos, ¿no es así?

La noticia fue para Fanny tan sorpresiva como desagradable. Ella jamás había recibido una palabra amable de parte de la tía Norris, y de hecho no le tenía el menor afecto ni se sentía capaz de tenérselo.

—Sentiré muchísimo irme, —dijo con voz insegura.

—Sí, cariño, supongo que sí, es muy natural. Me parece que desde que viniste a esta casa eres la persona que menos motivo de queja ha tenido en el mundo.

—Espero no ser desagradecida, tía —dijo con toda modestia.

—No, cariño, yo también espero que no; tú siempre me has parecido una niña muy buena.

—¿Y no viviré aquí nunca más?

—No, cariño; pero ten la seguridad de que estarás en una casa muy cómoda. Será casi igual para ti, te dará lo mismo estar en una que en otra.

Fanny abandonó la habitación en un estado de gran abatimiento; no le parecía en absoluto que aquel cambio fuera "casi igual"; en realidad la idea de vivir con la tía no le hacía la más mínima gracia. En cuanto vio a Edmund le contó lo que había pasado y la zozobra en la que se encontraba.

—Primo —dijo—, va a ocurrir algo que me tiene muy inquieta y no me gusta nada; aunque tú siempre me has dicho que acepte con resignación lo que al principio me desagrada, esta vez en verdad no puedo hacer eso. ¡Me voy a vivir con la tía Norris!

—¿De verdad?

—Sí, me lo acaba de comunicar tu madre. Al parecer ya está todo arreglado. Dejaré Parque Mansfield y me iré a la Casa Blanca, supongo que en cuanto la tía Norris se instale allí.

—Bueno, Fanny, si no fuera porque no es de tu agrado yo lo consideraría un excelente plan.

—¡Pero, primo!

—Bueno, pues la tía Norris demuestra ser muy sensible al querer tenerte con ella. Elige a la amiga y compañera que debe, y me alegro que en esta elección no haya intervenido su amor al dinero. Serás para ella lo que debes ser. Espero que no te entristezca demasiado, Fanny.

—Pues la verdad es que sí. No puede gustarme el irme de aquí; yo amo esta casa y todo lo que hay en ella. Nada amaré allá. Bien sabes lo nerviosa que me pone estar con la tía Norris.

—Yo no puedo justificar su comportamiento contigo cuando eras pequeña; aunque se portó igual con todos nosotros, o casi. La verdad es que ella nunca ha sabido ser amable con los niños. Pero ahora tienes edad para que se te trate de otro modo. Creo que se está portando mejor ya; y cuando seas su única compañera, creo que serás muy importante para ella.

—Yo nunca seré importante para nadie.

—¿Y qué es lo que impide que lo seas?

—Todo, mi situación, mi cortedad…, y mi torpeza.

—En cuanto a tu cortedad y tu torpeza, mi querida Fanny, créeme: no tienes ni el más ligero asomo de esas cosas, salvo el usar las palabras adecuadamente. No hay ninguna razón para que no seas importante dondequiera que te muevas. Tú eres una persona juiciosa y afable, y estoy seguro de que tienes un corazón agradecido, incapaz de aceptar un gesto amable sin desear corresponder. Yo no conozco mejores títulos para una amiga y compañera.

—Eres demasiado amable —dijo Fanny, ruborizándose un poco ante los elogios de su primo—; ¿cómo podré agradecerte el que pienses tan bien de mí?... ¡Ay, primo, si me voy, recordaré tu bondad hasta el último instante de mi vida!

—Bueno, Fanny, espero que no te olvides de mí a la distancia que hay de aquí a la Casa Blanca. Hablas como si fueras a irte a trescientos kilómetros, cuando en realidad vivirás al otro lado del parque. Pero estarás con nosotros casi igual que antes. Las dos familias se verán casi todos los días del año. La única diferencia será que al vivir con la tía Norris, tendrán que ir a traerte, como debe ser. Aquí hay muchos con los cuales puedes encontrar apoyo; pero con ella tendrás que aprender a hacerte valer.

—¡Oh, no digas eso!

—Tengo que decirlo, y lo digo con satisfacción. Yo sé que la tía Norris está más capacitada que mi madre para encargarse de ti ahora. Ella es una mujer dispuesta a hacer lo que sea por toda persona a la que quiere, y te obligará a hacer justicia a tus dotes naturales.

Fanny suspiró y dijo:

—Bueno, yo no veo las cosas como tú; pero debo creer que tienes más razón que yo, y agradezco mucho tus esfuerzos para lograr que me conforme con lo que no tiene remedio. Ojalá pudiera pensar que le caigo bien a la tía Norris. ¡Sería maravilloso saber que le importo a alguien! Aquí sé muy bien que no le importo a nadie; aunque quiero mucho este lugar.

—El lugar, Fanny, es lo que no dejarás, aunque dejes la casa. Tendrás el parque y los jardines a tu entera disposición, como siempre. No debe asustarse tu corazón por el cambio de nombre. En realidad frecuentarás los mismos paseos, elegirás libros en la misma biblioteca, verás a las mismas personas y montarás el mismo caballo.

—¡Oh, sí! ¡Mi querida yegua gris! ¡Ah, primo!, cuando recuerdo el miedo que sentía al montar caballos, los terrores cuando oía decir que me sentaría bien montar; cómo temblaba yo cuando mi tío hablaba de caballos. Ahora pienso en los amables trabajos que te tomabas para hacerme razonar y convencerme de que debía desechar mis temores y de que no tardaría en gustarme, y veo cuánta razón tenías, me inclino a esperar que sepas profetizar tan bien como siempre.

Finalmente terminó aquella conversación, que por mucho que le hubiera hecho bien a Fanny podrían haberse ahorrado perfectamente;

porque la señora Norris no estaba siquiera enterada de lo que se planeaba y desde luego no tenía la menor intención de llevarse a Fanny a vivir con ella. No sólo no se le había ocurrido sino que era algo que debía evitar con el mayor cuidado; y para impedir que se esperase tal cosa de ella, se había instalado en la más pequeña de las casas que había de su nivel social en toda la parroquia de Mansfield: la Casa Blanca tenía apenas el tamaño justo para ella y sus criados, un cuarto de huéspedes para recibir a alguna amiga, sobre el que hizo una observación particular: en una casa parroquial no pueden faltar cuartos de invitados, y era del todo necesario tener por lo menos uno habilitado para quien pudiera necesitarlo. Sin embargo, aun con todas sus precauciones, no pudo evitar que se pensara que se podía dar un mejor destino a ese cuarto, o quizá su misma insistencia en contar con él indujo a sir Thomas a suponer que ella estaba pensando en Fanny. Lady Bertram no tardó en poner las cosas en claro al comentar irreflexivamente a la señora Norris:

—Creo, hermana, que no hará falta que tengamos más a la señorita Lee cuando Fanny se vaya a vivir contigo.

Al oír esto, la señora Norris casi dio un salto.

—¿Vivir conmigo?; pero, querida lady Bertram, ¿qué ocurrencia es ésa?

—¿No se va a vivir contigo? Yo creía que habías arreglado eso con sir Thomas.

—¿Yo? ¡Oh, jamás! Nunca he dicho a sir Thomas nada parecido..., ni él a mí. ¡Vivir Fanny conmigo! Eso es lo último que se me ocurriría a mí, ni a nadie que nos conozca realmente a las dos. ¡Oh, Dios mío!; ¿qué podría yo hacer con Fanny? ¿Qué iba a hacer una pobre viuda desvalida, incapaz de nada y hundida por completo, con una muchacha de quince años, en la flor de la edad, en esa edad en la que se requieren más cuidados y atenciones, en la que se pone a prueba el temperamento más alegre? ¡Estoy segura de que sir Thomas no espera eso de mí! Él es mi amigo, y nadie que me tenga alguna estima me propondría una cosa así. ¿Cómo se le habrá ocurrido a sir Thomas decirte eso?

—En verdad, no lo sé. Supongo que pensó que era lo mejor.

—Pero, ¿qué ha dicho? No creo que haya expresado claramente que desea que me lleve a Fanny conmigo. Estoy segura de que, en el fondo, no puede desear que haga una cosa semejante.

—Bueno, creo que no; él sólo ha dicho que le parecía muy probable… y a mí me lo parecía también. Los dos hemos pensado que ella sería un consuelo para ti. Pero si no estás de acuerdo, si no lo quieres, no hay nada más que hablar. Fanny no es una carga aquí.

—¡Mi querida hermana!, por favor piensa en mi triste situación; ¿cómo iba a ser un consuelo para mí? Sólo soy una viuda pobre y desconsolada que ha perdido al mejor de los maridos y que tiene la salud consumida de tanto atenderlo y cuidarlo, y el ánimo aún peor, que ha perdido la paz en este mundo, y apenas tiene los suficiente para mantenerse en el nivel de una dama y vivir de una forma que no deshonre a la memoria del ser desaparecido… ¿Qué consuelo podría encontrar si echara sobre mí una carga como Fanny? Aunque lo desease por mí misma, no cometería semejante injusticia sobre la pobre muchacha. Yo sé que está en buenas manos, y desde luego que le está sentando bien. Yo debo combatir mis dificultades y mis penas como pueda.

—¿No estarás pensando en vivir completamente sola?

—¡Querida lady Bertram! ¿Para qué otra cosa estoy yo preparada sino para la soledad? De vez en cuando espero tener alguna amiga en mi casita, pues siempre tendré una cama para una amiga; pero la mayor parte de mis días venideros los pasaré en total reclusión. Si puedo arreglármelas con lo que tengo, eso es todo lo que pido.

—Espero, hermana, que las cosas no te vayan mal... después de todo. Sir Thomas dice que recibirás seiscientas al año.

—Sí, lady Bertram, no me quejo. Sé que no podré vivir como hasta ahora, pero tendré que restringir lo que pueda, y aprender a administrarme mejor. Yo he sido un ama de casa bastante liberal en los gastos, pero ahora no me va a dar vergüenza practicar el ahorro. Mi situación ha alterado mucho mis ingresos. Hay muchas cosas que provenían del pobre señor Norris, como pastor de la parroquia, que no espero recibir. Es imposible saber cuánto consumía nuestra cocina a causa de la gente extraña que pasaba por ella. En la Casa Blanca se vigilarán más las cosas. Yo debo vivir de acuerdo a mis ingresos, o me hundiré en la miseria, y reconozco que me produciría gran satisfacción poder hacer algo más..., tener algo ahorrado al final del año.

—Supongo que podrás. Siempre has podido, ¿no?

—Mi propósito, lady Bertram, es servir a los que vienen detrás de mí. Es por el bien de tus hijos por lo que quisiera ser más rica. No tengo a nadie más de quien ocuparme, y me alegraría pensar que puedo dejarles alguna pequeñez que les merezca la pena.

—Eres muy buena, pero no debes preocuparte por ellos. Ten la seguridad de que se les proveerá bien. Sir Thomas se ocupará de ello.

—Bueno, tú sabes que los medios de sir Thomas se podrían reducir bastante si su propiedad de La Antigua sigue dando tan poco rendimiento.

—¡Ah, eso no tarda en solucionarse!; sé que sir Thomas ha escrito al respecto.

—Bueno, lady Bertram —dijo la señora Norris, disponiéndose a marcharse—. Lo único que quiero decir es que mi mayor deseo es servir a la familia. En caso de que sir Thomas te vuelva a hablar de enviarme a Fanny, puedes decirle que mi estado de salud y de ánimo me impiden plantearme siquiera la posibilidad; además de que no habría cama para ella, ya que es necesario que yo cuente con una habitación por si viene alguna amiga.

Lady Bertram repitió a su marido lo suficiente de esta conversación como para que éste se convenciera de lo mucho que se había equivocado sobre los proyectos de su cuñada, la cual se puso desde ese momento a salvo de semejante eventualidad, y de la más ligera alusión al asunto por parte de sir Thomas; aunque éste no pudo menos que sorprenderse ante la negativa de ella de hacer algo por su sobrina, cuando había sido la principal promotora de la adopción; pero ya que había expresado su decisión de heredar a sus hijos cuanto poseía, él pensó que sería mejor dejar las cosas como estaban, dado que la intención de la señora Norris era ventajosa para la familia, y permitiría proveer mejor a la propia Fanny.

Fanny no tardó en enterarse de lo infundado que había sido su miedo a ser expulsada de la casa, y su alegría espontánea y natural al saber la noticia en cierto modo consoló al propio Edmund, respecto de algo que él entendía como poco provechoso para la muchacha. La señora Norris tomó posesión de la Casa Blanca; llegaron los Grant a la casa parroquial, y concluidas esas novedades, todo en Mansfield volvió a la normalidad.

Los Grant resultaron ser personas muy simpáticas y sociables, lo que produjo una gran satisfacción general entre sus nuevas amistades. Tenían sus defectos, cosa que la señora Norris no tardó en averiguar: el doctor era muy aficionado a la buena comida y cada día se servía un banquete en su casa. En cuanto a la señora Grant, en vez de medirse con los gastos, daba a su cocinera un sueldo tan alto como el que se pagaba en Parque Mansfield, y apenas se la veía en sus dependencias. La señora Norris no podía hablar sin enojo de tales desmanes, ni de la cantidad de huevos y mantequilla que se consumía regularmente en esa casa. A nadie como a ella le gustaba la abundancia y la hospitalidad; nadie despreciaba más las fiestas pobretonas; jamás había faltado nada en la casa parroquial, ni había criado nunca fama de tacaña; por lo menos así lo creía ella en sus tiempos; pero ahora sucedía algo que ella no podía entender: una dama tan refinada y dispendiosa estaba fuera de lugar en una parroquia rural. Ella pensaba que su propia despensa podría haber servido de ejemplo a la señora Grant, y, pese a las pesquisas que había hecho, no había logrado averiguar que la señora Grant hubiera tenido nunca una renta mayor a las cinco mil libras.

Lady Bertram escuchaba sin mucho interés esta clase de diatriba; ella no participaba en las críticas respecto del ahorro, pues nada tenía de experta en el tema; pero sentía que la belleza era ofendida cuando veía a la señora Grant tan bien instalada en la vida sin ser guapa, y manifestaba su asombro sobre esta cuestión casi con la misma frecuencia —aunque no tan profusamente— con que la señora Norris hablaba de las otras.

Apenas llevaba un año debatiendo estas cuestiones cuando ocurrió otro acontecimiento de tal importancia para la familia que pudo reclamar con justicia un puesto en el pensamiento y la conversación de ambas damas: sir Thomas decidió ir personalmente a La Antigua para cuidar personalmente de sus intereses y se llevó a su hijo mayor con la esperanza de apartarlo de ciertas compañías poco recomendables. Abandonaron Inglaterra con la idea de estar ausentes alrededor de un año.

La necesidad de tomar esta medida tenía plena justificación desde el punto de vista económico, y la esperanza de que la experiencia fuera provechosa para su hijo, hizo que sir Thomas se decidiera a abandonar al resto de la familia y delegar en otros la dirección de sus hijas en la etapa más interesante de sus vidas. Desde luego, él no creía que lady Bertram fuera capaz de sustituirlo en su ausencia, o siquiera que cumpliera como debía su propia función; pero tenía confianza suficiente en la atenta vigilancia de la señora Norris, y en el buen juicio de Edmund sobre la conducta de las dos, por lo que se marchaba sin temor.

A lady Bertram no le hacía ninguna gracia que su marido la dejara; pero no la inquietaba su seguridad ni la preocupaba su comodidad, porque era de esas personas que creen que no hay peligro, agobiante o difícil para nadie más que para ellas.

Por su parte, las señoritas Bertram fueron dignas de lástima en esa ocasión; aunque no por su pena, sino por la falta de ella. En realidad ellas no amaban a su padre, pues a él parecía no gustarle verlas disfrutar, y su ausencia, por desgracia, fue muy bien acogida por ellas, pues se sintieron liberadas de toda restricción, y, sin proponerse nada que sir Thomas les hubiese prohibido, se sintieron inmediatamente dueñas de sí mismas, y dispuestas a tomar todos los placeres que estuvieran a su alcance. Fanny sentía alivio y era consciente de ello casi igual que sus primas; pero su naturaleza más afectuosa le sugería que su sentimiento revelaba ingratitud, y le pesaba no tener pena por la ausencia del tío, ¡por ese tío que había hecho tanto por ella y por sus hermanos y que quizá se iba para no volver! Sin duda era una grave falta de sensibilidad el haberlo visto marchar sin una lágrima; además, la misma mañana en que se fue le había dicho que esperaba que pudiera ver a William el próximo invierno, y le había encargado que le escribiera y lo invitara a Mansfield en cuanto supiera que la flota en la que iba estaba en Inglaterra. Aquél había sido un detalle amable y considerado, e incluso, en algún momento, la había llamado "mi querida Fanny", olvidando su normal fruncimiento de seño y su frialdad. Pero había terminado su discurso de una manera que la mortificó, al añadir: "Si efectivamente viene William a Mansfield, espero que lo convenzas de que no has desaprovechado los muchos años que has pasado separada de él... Aunque me temo que encontrará a su hermana, de dieciséis, en algunos aspectos, muy parecida a su hermana de diez". Estas palabras hicieron llorar amargamente a Fanny cuando su tío se hubo ido. Y sus primas, al verla con los ojos enrojecidos, la tuvieron por una hipócrita.

4

Tom Bertram había pasado últimamente tan poco tiempo en casa que sólo se le echó de menos nominalmente, y lady Bertram no tardó en sorprenderse al comprobar lo bien que lo sustituía Edmund a la hora de trinchar, hablar con el mayordomo, escribir al abogado o instruir a los criados, así como de ahorrarle a ella toda clase de molestias o esfuerzos en muchos asuntos, con excepción del dictado de sus cartas.

Se recibieron las primeras noticias del feliz arribo de los viajeros a La Antigua, tras un viaje sin percances; aunque no antes de que la señora Norris diera curso a los más espantosos presagios y a tratar de que Edmund los compartiera cada vez que se encontraban a solas; y como estaba convencida de ser la primera persona en tener conocimiento de cualquier desgracia, había pensado ya el modo de comunicarla a los demás, cuando las seguridades de sir Thomas de que estaban sanos y salvos la obligaron a guardarse, por lo menos por ahora, su agitación y sus sentidos discursos preparatorios.

Llegó y pasó el invierno sin que la señora Norris tuviera que recurrir a sus trágicas palabras, pues las noticias seguían siendo buenas; además de que ahora ella estaba ocupada en maquinar diversiones para sus sobrinas, ayudarlas a arreglarse, difundir sus méritos y buscarles posibles maridos, además de atender a los cuidados de su propia casa, entrometerse en los menesteres de su hermana y vigilar el derroche de la señora Grant, que le quedaba muy poco lugar para ocuparlo siquiera con temores por los ausentes.

Las señoritas Bertram se hallaban ahora totalmente instaladas entre las beldades de la comunidad; y como a su belleza y a sus brillantes conocimientos se sumaban unos modales abiertos y naturales, matizados por una esmerada preparación en cuanto a la cortesía y amabilidad, tenían ganado el favor y la admiración de todos. Dominaban de tal modo su propia vanidad que parecían no tener ninguna, y no se daban aires de grandeza; aunque las alabanzas que acompañaban a tal comportamiento, reiteradas incansablemente por la tía, no hacían sino confirmar su convencimiento de que carecían de defectos.

Lady Bertram no acompañaba a sus hijas a actos sociales. Ella era demasiado indolente como para aceptar siquiera la satisfacción de madre de presenciar el éxito de sus hijas, pues de cualquier manera el participar en eventos públicos representaba molestias que ella prefería evitar, por lo que había delegado esa tarea a su hermana, quien nada deseaba más que tener un puesto de tan honrosa representación, por lo que se dedicaba a explotar cuanto podía el medio que le permitía frecuentar las sociedad sin tener que alquilar caballos.

Fanny no asistía a las fiestas de la temporada; pero disfrutaba siendo reconocidamente útil como acompañante de su tía cuando invitaban al resto de la familia; y como la señorita Lee había dejado Mansfield, se volvió, de manera natural, absolutamente imprescindible para lady Bertram durante las noches de baile o de recepción. Conversaba con ella, la escuchaba, le leía; y la tranquilidad de esas noches, su completa seguridad, en ese *tête-à-tête*, de no oír ruidos inoportunos, eran indeciblemente gratificantes para el espíritu que rara vez se encontraban una pausa en sus conversaciones. En cuanto a las diversiones de sus primas, le encantaba oírselas contar, sobre todo cuando se trataba de bailes, y de con quién había bailado Edmund. Pero se consideraba demasiado inferior para ocurrírsele que la admitirían alguna vez, así que escuchaba sin ningún interés particular. En general, fue un invierno agradable para ella; porque, aunque no trajo a William a Inglaterra, su firme esperanza de que llegaría la animaba mucho.

La primavera siguiente la privó de su apreciada amiga, la vieja yegua gris, y durante un tiempo corrió el peligro de sufrir una pérdida de salud a la vez que de afecto, porque, a pesar de que todo mundo sabía lo importante que eran para ella los paseos a caballo, no se tomó ninguna medida para que pudiese volver a montar; sus tías comentaban:

"puede utilizar los caballos de sus primas en el momento en que no les hagan falta a ellas"; y como las señoritas Bertram necesitaban los caballos todos los días, y no tenían la intención de llevar su cortesía al extremo de renunciar a ese placer, la oportunidad de montar no se presentaba nunca para Fanny. Ellas salían a dar agradables paseos en las mañanas soleadas de abril y mayo; y Fanny se quedaba en casa todo el día con una de las tías, o salía a caminar hasta extenuarse a sugerencia de la otra. Lady Bertram sostenía que el ejercicio era tan innecesario para las personas como desagradable para ella; y la señora Norris, que se pasaba el día andando, pensaba que todo el mundo debería hacer lo mismo. Edmund estaba ausente por entonces, de lo contrario hubiera puesto remedio a eso. Cuando regresó y se dio cuenta de la situación de Fanny, y de lo mucho que ella sufría, concluyó que no se podía hacer más que una cosa: "Fanny debía tener un caballo para sí"; ésta fue la firme sentencia que opuso a todas las objeciones que planeaban la indolencia de su madre y la economía de su tía, con la intención de hacer ver que carecían de importancia. La señora Norris no pudo menos que sugerir que se buscara algún viejo jamelgo entre los animales que pertenecían a Parque Mansfield, cosa que estaría muy bien, o tal vez que se pidiese un caballo al administrador, o quizás al doctor Grant, quien sin duda podría prestarles de vez en cuando la yegua con la que mandaba el correo. No podía sino considerar innecesario, y hasta incorrecto, que Fanny tuviese caballo propio, como sus primas. Estaba segura de que sir Thomas no lo habría consentido jamás, y debía señalar que hacer una compra semejante en su ausencia, aumentando con ello los grandes gastos de su cuadra en unos tiempos en que los ingresos no eran del todo seguros, le parecía injustificable. "Fanny debe tener caballo", fue la única respuesta de Edmud. Ciertamente la señora Norris no lo veía de la misma manera, pero lady Bertram sí, ella coincidía por completo en la opinión de su hijo, y pensaba que su padre también estaría de acuerdo; el único señalamiento de ella era que no había prisa; sólo le pedía que esperase hasta el regreso de sir Thomas, que él lo arreglaría; finalmente, él estaría de vuelta en septiembre… ¿qué habría de malo en esperar hasta septiembre?

Aunque Edmund estaba mucho más molesto con su tía que con su madre, dado que mostraba mucho menos estima por su sobrina, no pudo hacer más que atender a lo que decía, y finalmente optó por una solución que evitaba el riesgo de que su padre pensase que había gastado demasiado, y al mismo tiempo proporcionaba a Fanny el medio inmediato de hacer ejercicio, pues le parecía necesario que ella lo hiciera. Él tenía tres caballos propios, aunque ninguno de ellos estaba acostumbrado a ser montado por una mujer. Dos de ellos eran de cacería, y el tercero era un útil caballo de camino; él decidió cambiar ese caballo por uno que su prima pudiese montar; sabía dónde podía encontrarlo, y una vez decidido, hizo el trato y obtuvo una yegua que resultó ser un tesoro: con muy poco trabajo se adaptó exactamente a la función para la que se le destinaría, y de inmediato Fanny tomó posesión de ella. Ella no había imaginado que llegara a querer tanto a un animal como lo había hecho con su yegua gris; pero con la nueva yegua que le regaló Edmund superó su anterior afecto, no sólo por el animal en sí mismo, sino por las manos que se lo habían proporcionado; aquello fue algo que ella no podía expresar en palabras. Consideró a su primo como un ejemplo de bondad y de grandeza, dotado de una valía que nadie más que ella era capaz de apreciar, y merecedor de su gratitud en una medida que ningún afecto podía colmar. Sus sentimientos hacia él estaban formados por todo cuanto era respetuoso, agradecido, confiado y tierno.

Como el caballo seguía siendo, de nombre y de hecho, propiedad de Edmund, la señora Norris tuvo que aceptar que Fanny lo utilizara, y de haber pensado otra vez lady Bertram en su objeción, Edmund habría tenido una excusa ante sus ojos para no esperar el regreso de sir Thomas, pues llegó septiembre y sir Thomas seguía ausente, además de que no había señal de que sus asuntos pudieran terminar pronto. Cuando empezaba a pensar en regresar a Inglaterra habían surgido inconvenientes imprevistos, y la gran incertidumbre en que todo se hallaba en esos tiempos lo decidió a mandar a casa a su hijo, y esperar solo a que se solucionasen en definitiva los problemas. Tom llegó sin percances y con noticias felices acerca de la salud de su padre, lo que valió de poco a la señora Norris. El hecho de que sir Thomas hubiese enviado a su hijo le parecía hasta el punto una preocupación de padre que teme que su hijo permanezca en un ambiente peligroso, así que de inmediato la asaltaron graves presentimientos; y cuando llegaron las largas noches de otoño, la atormentaron de tal modo esas negras ideas en la melancólica soledad de su casa que se vio obligada a buscar refugio diario en el comedor de Parque Mansfield. Sin embargo, el retorno de los compromisos de invierno no dejaron de tener su efecto; y cuando se celebraban su atención estaba tan gratamente ocupada en vigilar los lances de su sobrina mayor que encontró un aceptable sosiego para sus nervios.

"Si el pobre sir Thomas tuviese la desgracia de no volver, sería un gran consuelo ver a nuestra querida María bien casada", pensaba a menudo, cada vez que la veía acompañada de algún hombre de fortuna; y sobre todo cuando les presentaron a un joven que acababa de heredar una de las propiedades más grandes de la región, que incluía una mansión espléndida.

Al señor Rushworth le impresionó desde el primer momento la belleza de la señorita Bertram, y dado que tenía la inclinación a casarse, no tardó en imaginarse enamorado. Era un joven corpulento, sin otra cosa que sentido común; pero como no había nada desagradable en su figura ni en sus modales, la joven dama se sintió muy satisfecha con su conquista. A sus veintiún años, María Bertram empezaba a considerar el matrimonio como un deber; y como el casarse con el señor Rushworth le iba a permitir disfrutar de unas rentas mucho mayores que las de su padre, y a proporcionarle una casa en la capital, lo que se había convertido para ella en un objetivo fundamental en la vida, el casarse con el señor Rushworth, si podía, era para ella algo así como una obligación moral, o un evidente deber. La señora Norris puso todo su empeño en alentar esta unión, con toda clase de insinuaciones y argucias para hacer que el plan matrimonial fuese viable y deseable para ambos. Entre otras cosas, ella trató de intimar con la madre del joven caballero, que en esos tiempos vivía con él; incluso obligó a lady Bertram a hacerle una visita matinal tras dieciséis kilómetros de recorrido sobre un no muy buen camino.

No tardó en nacer un buen entendimiento entre esta dama y ella; la señora Rushworth se mostró muy deseosa de que su hijo se casara y declaró que de todas las jóvenes que ella había conocido, la señorita Bertram parecía, por sus cualidades amables y sus méritos, la más apta para hacerlo feliz. La señora Norris aceptó el cumplido, y admiró el agudo discernimiento que tan bien sabía descubrir esos méritos, pues María, en efecto, era la alegría y el orgullo de todos; un ser absolutamente intachable, un auténtico ángel. Naturalmente, estando rodeada de tantos y tan valiosos admiradores, debía resultarle difícil elegir. Pero por lo que había visto la señora Norris en el escaso tiempo que se conocían, el señor Rushworth parecía ser cabalmente el joven que debía merecerla y unirla a él.

Después de bailar juntos un número apropiado de bailes, los dos jóvenes justificaron estas impresiones, e hicieron público su compromiso, por supuesto con la debida referencia al ausente sir Thomas, para gran satisfacción de sus respectivas familias y de los curiosos de la comunidad, que desde tiempo atrás habían comprendido la conveniencia de que el señor Rushworth se casara con la señorita Bertram.

Aún tardarían unos meses en recibir el consentimiento de sir Thomas; pero mientras tanto las cosas seguían su curso, pues nadie dudaba de que tal unión sería del agrado del padre, por lo que las relaciones entre las dos familias continuaron sin ninguna restricción, y el único intento de guardar discreción consistió en que la señora Norris, al hablar del asunto en todas partes, lo hacía como algo que no se debía comentar de momento.

Edmund era el único de la familia que consideraba una equivocación este noviazgo, y ninguno de los argumentos de su tía podía inclinarlo a encontrar en el señor Rushworth un compañero deseable. Reconocía que su hermana era el mejor juez de su propia felicidad; pero no le gustaba que su felicidad se cifrara en una renta cuantiosa, ni dejaba de decirse a sí mismo a menudo, cuando tenía delante al señor

Rushworth: "Si este hombre no tuviera doce mil libras al año, se le consideraría un ser bastante estúpido".

Por supuesto, a sir Thomas le hizo muy feliz la perspectiva de una alianza tan ventajosa, aunque no sabía prácticamente nada del asunto, solamente que era un arreglo afortunado, una unión ideal: del mismo condado y con los mismos intereses; así que mandó su conformidad en cuanto le fue posible. La única condición que ponía era que la boda no se celebrase hasta su regreso, pues estaba deseoso de volver y esperaba que pronto le sería posible. Escribió en abril, y tenía esperanzas de resolverlo todo a su entera satisfacción y abandonar La Antigua antes de que finalizara el verano.

Así estaban las cosas en el mes de julio, y Fanny acababa de cumplir los dieciocho años, cuando la sociedad del pueblo se vio aumentada con el hermano y la hermana de la señora Grant: el señor y la señorita Crawford, hijos de su madre en segundo matrimonio. Aquellos jóvenes eran dueños de una considerable fortuna: él poseía una hermosa propiedad en Norfolk, y ella veinte mil libras. De pequeños, la hermana los había querido mucho; pero poco después de que ella se casara murió la madre, y los dos pequeños fueron a vivir con un hermano del padre —al que la señora Grant no conocía—, así que apenas los había visto desde entonces. En la casa del tío habían encontrado un hogar cariñoso. El almirante y la señora Crawford, aunque no coincidían en nada más, sentían idéntico afecto por estos niños, aunque con cierta diferencia, pues cada uno tenía su predilecto, por el que mostraban gran debilidad. El almirante quería profundamente al muchacho, y la señora Crawford adoraba a la niña; pero cuando esta dama falleció, la niña quedó al garete en la casa del tío, quien era un hombre disoluto y quien, lejos de retener a su sobrina, había preferido acoger a su amante bajo su mismo techo, y a esto debía la señora Grant que su pequeña hermanastra le propusiera irse a vivir con ella, decisión que fue bien acogida por una y conveniente para la otra; porque la señora Grant, una vez agotados los habituales recursos de las damas que viven en el campo y carecen de hijos, con su sala de estar favorita más llena de muebles preciosos, y en posesión de una selecta colección de plantas y aves de corral, echaba de menos cierta variedad en el hogar. Así que le era sumamente grata la llegada de una hermana a la que había querido siempre, y a la que esperaba tener siempre a su lado mientras estuviese soltera. Su principal inquietud estaba en que el pueblo de Mansfield no lograra satisfacer los hábitos de una joven tan acostumbrada a Londres.

La señorita Crawford no carecía tampoco de temores respecto de su futura ubicación, aunque éstos provenían principalmente de sus dudas acerca del estilo de vida de su hermana, y el tono de la sociedad en la que se desenvolvía; y sólo después de intentar en vano convencer a su hermano de que fueran a establecerse a la casa que él tenía en el campo, decidió arriesgarse a vivir entre sus otros parientes. Por desgracia, Henry Crawford tenía aversión a todo tipo de residencia permanente o de círculo social limitado; no consiguió que su hermana coincidiera en un punto de tanta importancia, pero la acompañó con la mayor amabilidad a Northamptonshire, y se comprometió solemnemente a volver por ella en cuestión de media hora, tan pronto como se aburriera del lugar.

El reencuentro produjo una gran alegría para ambas partes. La señorita se encontró con una hermana que no era escrupulosa ni rústica en absoluto, con un marido que parecía un señor y una casa espaciosa y bien equipada. Por su parte, la señora Grant recibió a un joven y una muchacha de aspecto muy atractivo, a los que esperaba querer más que nunca. Mary Crawford era extraordinariamente bonita, y Henry, aunque no era propiamente guapo, tenía un rostro interesante, y la señora Grant dio por sentado que serían igual de excelentes en lo demás. Se sintió encantada por los dos, aunque su predilecta seguía siendo Mary, y, dado que nunca había podido vanagloriarse de la propia belleza, la hizo feliz poder hacerlo en la de su hermana. Aún no llegaba y ya le estaba buscando pareja, habiendo elegido a Tom Bertram, quien, aunque era el primogénito de un barón, no era demasiado para una joven con veinte mil libras y toda la elegancia y méritos que la señora Grant veía en ella. Como mujer abierta y cariñosa, no llevaba Mary tres horas en su casa cuando le contó todo lo que había planeado.

La señorita Crawford se alegró de encontrar una familia de semejante importancia tan cerca, y no le desagradó en absoluto la prematura preocupación de su hermana, ni la elección que había hecho. Su objetivo era el matrimonio, con tal que fuese una buena boda, y después de ver al señor Bertram en el pueblo, comprendió que no podía objetarlo, incluyendo su posición social. Así que, si bien exteriormente tomó el asunto a la ligera, en el fondo lo pensaba en serio, y se lo comentó a Henry.

—Pues tengo pensado algo más para completar el plan —dijo la señora Grant—. Me encantaría que los dos se quedaran a vivir aquí; y creo que tú, Henry, deberías casarte con la señorita Bertram, la más joven, que es una muchacha preciosa, alegre y distinguida; seguramente ella te haría muy feliz.

Henry asintió con la cabeza y le dio las gracias.

—Mira, querida hermana —comentó Mary—, si tú logras convencerlo para que haga algo así, sería un gran motivo de alegría para mí, y además sabré que cuento con un aliado muy inteligente; lo que siento es que no tengas media docena de hijas que colocar. Si convences a Henry de que se case, es que tienes las habilidades de las mujeres francesas, además de las de las inglesas, que han sido probadas ya. Tengo tres amigas que han languidecido por Henry, una tras otra; ¡y no te puedes imaginar los esfuerzos que han hecho ellas, sus madres, que también son mujeres muy inteligentes, y hasta mi tía y yo, para convencerlo, persuadirlo o engatusarlo para que se casara! Pero él es el soltero más difícil que te puedas imaginar. Si esas señoritas Bertram no quieren acabar con el corazón destrozado, es preferible que eviten a Henry.

—¡Oh, mi querido hermano!, no quiero creer eso de ti.

—Pues yo estoy seguro de que eres demasiado buena, más buena que Mary, y sabrás disculpar la inexperiencia y las vacilaciones de la juventud. Yo soy de carácter precavido y no estoy dispuesto a poner en peligro mi felicidad con una decisión apresurada. Nadie tiene más alto concepto del matrimonio que yo. Me parece muy acertada la descripción de la esposa que se hace en el verso de un poeta: "El *último* regalo del cielo".

—Fíjate bien, querida señora Grant, en la palabra que recalca mi hermano, y observa su sonrisa; no cabe duda que las lecciones del almirante lo han echado a perder.

—¡Oh!, yo hago muy poco caso de lo que pueda decir un joven sobre el matrimonio —dijo la señora Grant—. Cuando lo escucho decir que siente aversión a él, lo que pienso es que no ha encontrado aún a la persona adecuada.

El doctor Grant felicitó riendo a la señorita Crawford por no sentir aversión a ese estado.

—¡Claro que no!, y no me da ninguna vergüenza. Todo el mundo debería casarse, si puede hacerlo convenientemente; a mí no me gusta la gente que se malgasta en dudas; todo mundo debería casarse lo antes posible, para aprovechar al máximo el tiempo de la vida.

5

Los jóvenes se gustaron desde el principio. Había mucho atractivo en una y otra parte, y su amistad no tardó en prometer una familiaridad todo lo temprana que las buenas formas podían autorizar. La belleza de la señorita Crawford no mermaba a las de las señoritas Bertram; ellas eran demasiado guapas para molestarse porque otras también lo fueran, y se sintieron casi tan fascinadas como sus hermanos por los grandes ojos negros de Mary, por su tez morena y su belleza general. De haber sido alta, rubia y de formas llenas, tal vez podría haber sido una competidora más peligrosa; pero siendo como era no podían establecerse comparaciones drásticas, de manera que así como la señorita Crawford era una chica razonablemente bonita y agradable, las Bertram seguían siendo las jóvenes más hermosas del condado.

El hermano no era guapo; la primera vez que lo vieron lo encontraron bastante corriente; sin embargo, era un caballero, con unos modales agradables. En el segundo encuentro descubrieron que no era tan corriente; en realidad era común, pero tenía un porte gallardo, unos dientes tan regulares y estaba tan bien formado que no tardaron en olvidarse de que era corriente. Y al tercer encuentro, después de cenar con él en la casa parroquial, ya se había convertido en el joven más agradable que las hermanas habían conocido, y se sintieron igual de encantadas con él; aunque, dado el compromiso de María, el joven, en justicia, pertenecía a Julia; así que, antes de que el señor Crawford llevara en Mansfield una semana, Julia estaba por completo dispuesta a dejarse enamorar.

Las ideas de María al respecto eran más bien vagas y confusas. No quería ver ni entender del todo lo que estaba sucediendo; después de todo, ¿qué había de malo en que le gustara un joven agradable?...

todo mundo conocía su situación. Que el señor Crawford cuidara de sí mismo. Sin embargo, él no pensaba que estuviera en ningún peligro; las señoritas Bertram eran dignas de agasajo y era claro que ellas estaban dispuestas a dejarse agasajar. Henry se relacionaba con ellas sin otra intención que la de caerles bien; no pretendía que enloquecieran por él; pero con una intención y un temple que deberían haberle hecho juzgar y comprender las cosas mejor, se permitió una gran liberalidad en el trato con ambas.

—Me gustan una barbaridad tus amigas, hermana —dijo al volver de acompañarlas al coche, después de una cena—; son muy garbosas y agradables.

—Sí que lo son; y me encanta oírtelo decir. Pero seguramente la que más te gusta es Julia.

—¡Por supuesto!, la que más me gusta es Julia.

—¿De verdad? Pues parece que la mayoría de la gente considera a María como la más bonita de las dos.

—Supongo que sí; ella gana a su hermana casi en todos los aspectos, y me gusta más su cara… pero yo prefiero a Julia. La señorita María Bertram es sin duda más guapa, y la encuentro de lo más agradable; pero siempre preferiré a Julia, porque así me lo has ordenado.

—Yo no tengo por qué ordenarte nada, Henry; pero bien sé que, al final, Julia te gustará más.

—Pues ya te he dicho que me gusta más *al principio*.

—Bueno. No debes olvidar que la señorita María Bertram está comprometida. Recuérdalo, hermano. Ella ya ha hecho su elección.

—Sí, y por eso me gusta más. Una mujer prometida es siempre más atractiva que la que está libre; es como si se sintiera satisfecha de sí misma, ya no tiene preocupaciones, y seguramente siente que puede ejercer sin peligro todos sus poderes de fascinación. Todo es seguro en una mujer prometida; no puede hacer ningún daño.

—Bueno, en cuanto a eso… el señor Rushworth es una buena persona, y un gran partido para ella.

—Pues ésa es la opinión que tú tienes de tu amiga, crees que se trata de un matrimonio de mera conveniencia; pero yo no comparto esa opinión. Estoy convencido de que la señorita Bertram está muy unida al señor Rushworth. Yo lo veo en sus ojos cuando me habla de él. Pienso demasiado bien de la señorita Bertram como para suponer que le daría su mano a un hombre sin darle también su corazón.

—Mary, ¿cómo vamos a domar a nuestro hermano?

—Pienso que es mejor dejarlo en paz; no sirve de nada razonar con él. Al final lo engañarán.

—Pero yo no quiero que lo engañen, no quiero que lo embauquen; lo que quiero es que sea fiel y honesto.

—¡Vaya, pues! Déjalo que corra su suerte, y que lo engañen. De todos modos eso tendrá que ocurrir. Todo mundo es engañado tarde o temprano.

—En el matrimonio no siempre, Mary.

—¡Sobre todo en el matrimonio! Con el debido respeto a los que van a casarse, mi querida señora Grant, no hay uno entre cien, de uno y otro sexo, que no resulte engañado en el matrimonio. Por cualquier lado que se le mire, así es; y yo me doy cuenta de que *tiene* que ser así cuando pienso que el matrimonio es, de todas las transacciones, aquella en la que uno espera más del otro, y en la que uno mismo es menos honesto.

—¡Ah! ¡Has tenido una mala escuela de matrimonio en Hill Street!

—¡Desde luego! Mi pobre tía tuvo pocos motivos para que le gustara el matrimonio; sin embargo, desde mi punto de vista, todo es cuestión de maniobrar. Conozco a muchos que se han casado con toda la esperanza y la confianza puestas en una ventaja particular, o en los méritos y cualidades de la persona, y luego se han sentido totalmente defraudados, y después se han tenido que conformar con lo contrario… ¿qué es eso sino ser engañado?

—Mi querida criatura, en eso hay que tener un poco de imaginación. Perdona, pero no me convences. Te aseguro que no ves más que la mitad. Ves el mal, pero no ves el consuelo. Seguramente habrá pequeños tropiezos y desencantos en todas partes, y también sucede que todos esperamos demasiado; pero luego, si un proyecto de felicidad falla, la naturaleza humana se vuelve hacia otro; si el primer cálculo resulta erróneo, hacemos otro mejor; encontramos consuelo en alguna parte; y esos observadores mal pensados, querida Mary, que de nada hacen una montaña, son más engañados y decepcionados que los mismos sujetos que observan.

—¡Bien dicho, hermana! Rindo homenaje a tu *sprit de corps*. Cuando esté casada, quiero ser igual de segura; y quisiera que mis amigas, en general, lo fueran también… ¡cuántas penas me ahorraría!

—Estás tan mal como tu hermano, Mary; pero nosotros los vamos a curar. Mansfield los curará a los dos… y sin necesidad de engaños. Quédense a vivir aquí y los curaremos.

Los Crawford, sin querer que los curasen, se mostraron deseosos de quedarse: Mary se alegraba de tener una casa parroquial como su actual hogar, y Henry estaba también dispuesto a prolongar su visita. Había ido con la idea de pasar solamente unos días con ellos, pero Mansfield prometía mucho, y no había nada que lo reclamase en otra parte. La señora Grant se alegraba de tenerlos, y el doctor Grant estaba muy contento de que así fuera: una joven bonita y conservadora como la señorita Crawford es siempre una gran compañía para un hombre indolente y casero; y tener al señor Crawford como invitado era el pretexto para beber clarete todos los días.

La admiración que las señoritas Bertram sentían por el señor Crawford era probablemente más encendida de lo que la señorita Crawford había calculado por costumbre. Reconocía, sin embargo, que los hermanos Bertram eran muy guapos, que no era frecuente ver juntos a dos jóvenes así ni siquiera en Londres, y que sus modales, sobre todo los del mayor, eran muy buenos. Había estado mucho tiempo en Londres, tenía más desenvoltura y galantería que Edmund, y por tanto debía ser el preferido; y a decir verdad, el hecho de que fuera el mayor añadía otro poderoso incentivo. Había tenido un temprano presentimiento de que le *iba a gustar* más el mayor. Sabía que ésa era su dirección.

Tom Bertram, efectivamente, tenía que causar buena impresión; era de esos jóvenes que caen bien de inmediato, Su tipo de simpatía era de esas que a menudo resultan más atractivas que algunas cualidades de carácter superior; porque tenía unos modales corteses, un humor excelente, amplias amistades y muchas cosas que contar; a lo que no venía mal su derecho de sucesión a Parque Mansfield y al título de barón. Y no tardó la señorita Crawford en comprender que podían convenirle tanto él como su posición. Estudió el caso con el debido detenimiento, y encontró que casi todo estaba a su favor, incluyendo un parque —un parque de verdad, de más de doce kilómetros cuadrados—; una casa amplia, de construcción moderna, muy bien situada y resguardada, que merecía figurar en la colección de grabados de cualquier caballero del reino y a la que sólo faltaba para estar completa que la amueblaran de nuevo; unas hermanas agradables, una madre callada, y él mismo un hombre simpático, con la ventaja de haber dejado el juego por una promesa a su padre, y de convertirse en sir Thomas en el futuro. Todo eso podría venirle muy bien; pensó que debía cultivarlo, y así fue que empezó a interesarse un poco por su caballo, que iba correr en las carreras de B…

Estas carreras iban a alejar a Tom un poco después de iniciada su amistad; y como parecía que la familia no esperaba que regresase en muchas semanas, según sus enredos habituales; esta ausencia pondría a prueba su pasión. Mucho razonó él para inducirla a asistir a las carreras, e hizo planes para que fuera un grupo numeroso, llevado del fervor de su afición; pero todo se quedó en palabras.

Y entre tanto, ¿qué hacia y pensaba Fanny? ¿Cuál era su opinión respecto de los recién llegados? A pocas damas de dieciocho años se les podía pedir menos su opinión que a Fanny. Calladamente, sin que nadie se fijase apenas en ella, rindió tributo de admiración a la belleza de la señorita Crawford; pero como seguía juzgando muy corriente al señor Crawford, a pesar de que sus dos primas habían demostrado más de una vez lo contrario, no lo mencionaba jamás, y la única atención que despertaba era de un tenor como el siguiente:

—Comienzo a comprenderlos a todos, con excepción de la señorita Price —dijo la señorita Crawford cuando paseaba con los jóvenes Bertram—. Díganme, ¿ha debutado ya? Me tiene desconcertada. Vino a cenar a la casa parroquial con ustedes, y eso me hizo pensar que sí; sin embargo, habla tan poco que me hace suponer que no.

Edmund, a quien principalmente iban dirigidas las preguntas, contestó:

—Creo que sé a qué se refiere, pero no voy a contestar a esa pregunta. Mi prima es mayor. Tiene edad y juicio de mujer; pero yo no entiendo eso de debutar o no debutar.

—Sin embargo, no hay nada más fácil de averiguar. La distinción es muy clara. El aspecto y los modales son, por lo general, totalmente diferentes. Hasta ahora, creo que no podría equivocarme acerca de si una joven ha debutado o no. La que no ha salido lleva siempre la misma clase de ropa; una toca ajustada, por ejemplo; siempre se muestra muy recatada y jamás abre la boca… sí, ríase si quiere; pero le aseguro que es así, y salvo cuando se cae en la exageración, eso es normal y está muy bien. Las jovencitas deben ser calladas y modestas. Lo malo es que el cambio de actitud, cuando son presentadas en sociedad, sobreviene a menudo demasiado de sopetón. A veces pasan demasiado pronto de la reserva al extremo contrario: a la excesiva confianza; ése es el defecto del actual sistema. A una no le gusta ver a una muchacha de dieciocho o diecinueve años dispuesta a todo… cuando veíamos, quizá, que apenas era capaz de hablar el año anterior. Usted, señor Bertram, seguramente ha presenciado esa clase de cambios.

—Creo que sí; pero no es justo; ya veo a dónde quiere llegar. Se está riendo de mí y de la señorita Anderson.

—No es así; yo ni siquiera sé quién es esa señorita Anderson, y desconozco a lo que se refiere usted. Pero le aseguro que tendré mucho gusto en reírme de usted si me dice sobre qué.

—¡Ah!, lo hace usted muy bien; pero no voy a dejarme engañar hasta ese extremo. Sin duda ha tenido a la señorita Anderson delante de los ojos para describir ese cambio en una joven. La ha pintado con demasiada precisión para que pueda haber error. Fue exactamente así. Los Anderson, de Baker Street. El otro día estuvimos hablando de ellos. Edmund, tú me oíste hablar de Charles Anderson. La cosa fue exactamente como ha expuesto esta dama. Cuando Anderson me presentó a su familia, hará unos dos años, su hermana aún no había debutado, y yo no pude sacarle ni dos palabras. Me pasé una mañana sentado allí, esperando a Anderson, con ella y con una niña pequeña o dos en la habitación, porque la institutriz estaba enferma o se había ido, y la madre entraba y salía a cada momento con cartas de negocios; y yo no conseguí una mirada ni una palabra de parte de esa joven, ni contestación educada de ningún tipo. ¡Estuvo todo el tiempo con la boca cerrada y la cara apartada!, con un gesto de pasmo o indiferencia. No volví a verla en un año. Para entonces había debutado. La encontré en casa de la señora Holford, y no la reconocí. Se acercó a mí, me saludó como si nos conociéramos, se me quedó mirando de una forma que me turbó, y se puso a hablar y a reír de tal manera que yo no sabía dónde fijar los ojos. Me sentí el hazmerreír del salón en ese momento... Está claro que la señorita Crawford ha oído hablar de esa anécdota.

—¡Una preciosa anécdota!; y hay mucha verdad en ella, sin duda; es algo que honra a la señorita Anderson. Es un defecto demasiado corriente. Las madres no han dado hasta ahora con la manera correcta de manejar a sus hijas. Yo no sé donde está el error, no pretendo corregir a la gente; pero a menudo veo que está equivocada.

—Los que enseñan cómo debe ser la conducta de las mujeres —dijo el señor Bertram con galantería—, se esfuerzan en mostrarles el buen camino.

—El error es evidente —dijo Edmund con menor cortesía—; esas jóvenes han sido educadas mal. Les han inculcado ideas erróneas desde el principio. Ellas siempre actúan movidas por la vanidad, y no hay modestia sincera en su conducta *antes* de comparecer en sociedad... *ni después*.

—No sé —replicó la señorita Crawford dubitativa—. En eso no puedo estar de acuerdo con usted. Desde luego es la parte menos grave del problema. Mucho peor son las jóvenes que aún no han debutado y se dan los mismos aires y se toman las mismas libertades que si lo hubieran hecho, yo he visto algunos casos como ésos, y el efecto es todavía peor; ¡de lo más desagradable!

—Sí, desde luego es un inconveniente —dijo el señor Bertram—. Eso nos induce al error. Y uno no sabe qué hacer. La toca ajustada y el ademán recatado que tan bien describe usted nos indican qué se puede esperar; pero el año pasado yo cometí un grave error por falta de ambas cosas. El mes de septiembre fui a Ramsgate a pasar una semana con un amigo, justo al regresar de las Indias Occidentales. Este amigo es Sneyd… Edmund, tú me has oído hablar de Sneyd. Sus padres y sus hermanas estaban allí. Yo no las conocía. Cuando llegamos a Albion Place habían salido. Fuimos a buscarlas y las encontramos en el malecón. Estaban la señora Sneyd y sus dos hijas con unos amigos. Yo los saludé con deferencia, y como la señora Sneyd iba rodeada de caballeros, me puse al lado de ella, mostrándome lo más amable que podía; la joven se comportaba de una manera totalmente natural, y tan deseosa de hablar como de escuchar. Ni por un momento se me ocurrió que estuviera haciendo nada incorrecto. Me parecía que las dos iban igual; las dos bien vestidas, con velo y sombrilla como cualquier joven. Pero después me enteré de que había estado dedicando mis atenciones a la más joven, y que ella no había debutado, por lo que con su actitud estaba ofendiendo a la mayor. La señorita Augusta no debía haber recibido ese trato sino hasta seis meses después, y la señorita Sneyd al parecer no me lo ha perdonado.

—Fue un error, claro… ¡pobre señorita Sneyd! Aunque no tengo hermanas mayores, lo siento por ella. Debe ser muy ventajoso verse relegada antes de hora. Pero la culpa fue enteramente de su madre. La señorita Augusta debió haber ido con su institutriz. Esas cosas a medias jamás dan resultado. Pero, volviendo a la señorita Price… ¿Asiste a bailes? ¿Sale a cenar a todas partes, como a casa de mi hermana?

—No —respondió Edmund—. No creo que haya estado nunca en un baile. Mi madre apenas hace visitas y sólo sale a cenar a casa de la señora Grant; y Fanny se queda con ella en casa.

—¡Ah!, entonces todo está claro: La señorita Price no ha debutado.

6

El señor Bertam se marchó a B… y la señorita Crawford se dispuso a encontrar un gran vacío entre los jóvenes y a echarlo de menos en las reuniones que ahora se habían vuelto casi diarias entre las familias; y cuando cenaban todos en Park, poco después de irse él, ella volvió a ocupar su sitio al final de la mesa, esperando sentirse más melancólica con el cambio de señor. Iba a ser muy aburrido, estaba segura. Comparado con su hermano, Edmund no tenía nada que hacer. Pasaban la sopa con la mayor monotonía, bebían vino sin una sonrisa o una broma, y se trinchaba el venado sin el acompañamiento de alguna anécdota graciosa sobre algún asado anterior, o de alguna historia divertida sobre "mi amigo tal o cual". Ella trataba de distraerse con lo que ocurría en la cabecera, y observando al señor Rushworth, que hacía su aparición en Mansfield por primera vez desde la llegada de los Crawford. Había estado visitando a un amigo del condado vecino; y como este amigo había encargado recientemente a un arquitecto paisajista la reforma de su parque, el señor Rushworth había vuelto con la cabeza llena de ideas sobre el tema, y muy deseoso de reformar el suyo también; y aunque no decía mucho al respecto, era incapaz de hablar de otra cosa. El tema, que ya había sacado a relucir en el salón, lo reavivó en el comedor, con el evidente objetivo de ganar la atención y opinión de la señorita Bertram; y, aunque la actitud de ésta denotaba más un afán de superioridad que un deseo de complacerlo, la mención de Sotherton Court, y las ideas a ella vinculadas, le producían una complacencia que le impedía mostrarse desagradable.

—Me gustaría que viesen Compton —dijo el señor Rushworth—; ¡es de lo más perfecto! En mi vida he visto un lugar tan cambiado. Le dije a Smith que no sabía en donde me encontraba. El camino de acceso presenta ahora una de las vistas más espléndidas, y ver la casa es una de las mayores sorpresas. Confieso que al regresar ayer, Sotherton me pareció una prisión; una prisión vieja y tenebrosa.

—¡Oh, por favor! —exclamó la señora Norris—. ¡Una prisión! Sotherton Court es una de las mansiones antiguas más nobles del mundo.

—Pues también es una de las que necesita más cambios en el mundo, señora, en mi vida no he visto un lugar que requiera tantas reformas, además de que está tan abandonada que no sé que voy a hacer.

—No es extraño que el señor Rushworth piense así en estos momentos —dijo la señora Grant a la señora Norris con una sonrisa—; pero puede estar segura de que, a su debido tiempo, Sotherton recibirá todas las reformas que pueda desear su corazón.

—Pues yo tengo que intentar algo al respecto —dijo el señor Rushworth—; aunque no sé qué. Espero que me ayude algún buen amigo.

—Su mejor amigo para eso —dijo la señorita Bertram tranquilamente—, creo que puede ser el señor Repton.

—Eso es lo que estaba pensando. Le ha hecho tan buen trabajo a Smith que creo que debería contratarlo sin más. Cobrea cinco guineas al día.

—Pues aunque fuesen diez —dijo la señora Norris—, estoy segura de que a usted no le importaría. Los costos no deben ser impedimento. Yo en su lugar no pensaría en el dinero. Mandaría hacer todas las cosas lo mejor posible. Un lugar como Sotherton Court merece todo lo que el buen gusto y el dinero puedan aportar. Allí hay un espacio para trabajar y un parque que le aportaría una gran recompensa. Si yo tuviese la quinta parte de lo que es Sotherton estaría plantando y reformando sin parar; porque, naturalmente, me gustaría muchísimo. Sería ridículo intentar hacer nada donde vivo ahora, en los dos mil metros cuadrados que tengo. Ridículo, pero si tuviese más espacio, disfrutaría lo indecible reformando y plantando. Nosotros hicimos mucho en la tierra adscrita a la casa parroquial; la convertimos en un lugar completamente diferente de como era cuando la recibimos. Ustedes, los jóvenes, no se acuerdan de cómo era; pero si nuestro querido sir Thomas estuviera aquí les podría contar las mejoras que introdujimos; y más habríamos hecho, de no haber sido por la mala salud del señor Norris, que en paz descanse. Apenas podía salir a disfrutar, el pobre, y eso me desanimó a hacer varias cosas de las que sir Thomas y yo solíamos hablar. Si no llega a ser por eso, habríamos plantado un seto para separarlo del cementerio, como ha hecho el señor Grant. De todos modos, siempre estábamos haciendo algo. La primavera anterior al fallecimiento del señor Norris plantamos un árbol de albaricoques junto al muro de la cuadra, y ese árbol ahora se ha hecho grande y noble, alcanzando su perfección, señor —dirigiéndose ahora al doctor Grant.

—Sí, el árbol prospera sin la menor duda, señora —replicó el doctor Grant—; la tierra es buena, y yo nunca paso junto a él sin lamentar que dé una fruta que no merece la pena de cogerla.

—Señor, es de la clase *moor park*, y nos costó…, es decir, fue un regalo de sir Thomas; pero yo vi la factura y sé que costó siete chelines y se consignaba como "moor park".

—Pues la engañaron, señora —replicó el doctor Grant—; estas papas que nos estamos comiendo tienen el mismo sabor a albaricoque "moor park" que la fruta de ese árbol; fruta completamente insípida, en el mejor de los casos; un buen albaricoque como Dios manda es comestible, cosa que no ocurre con los de mi huerto.

—La verdad, señora —dijo la señora Grant, intentando hacerse oír por la señora Norris desde el otro lado de la mesa—, es que el doctor Grant no conoce el sabor natural de nuestros albaricoques. Me parece que no ha probado ninguno; pero yo creo que es una fruta aprovechable con un poco de ayuda, y mi cocinera y yo se la prestamos ampliamente, al elaborar tartas y mermeladas; la verdad es que nosotras usamos toda la fruta.

La señora Norris, cuyo rostro había comenzado a encenderse, se apaciguó con aquel comentario, y durante unos momentos se habló de temas ajenos a las reformas de Sotherton. El doctor Grant y la señora Norris rara vez hacían buenas migas; sus relaciones habían empezado muy mal y los hábitos de ambos eran totalmente dispares.

Tras esta breve interrupción, el señor Rushworth volvió a la carga:

—La propiedad de Smith es la admiración de todo el contorno, y la verdad es que no era nada cuando el señor Repton la tomó en sus manos. Creo que sí voy a contratar a Repton.

—Señor Rushworth —dijo lady Bertram—, yo en su lugar crearía una preciosa zona de arbustos. Es muy agradable adentrarse en los arbustos cuando es bueno el tiempo.

El señor Rushworth se apresuró a asegurarle su absoluta coincidencia y trató de decirle algún cumplido; pero entre la sumisión al gusto de ella, el hacer creer que ya antes tenía esa idea, y la necesidad de dar gusto a las damas en general, insinuando que había una en especial a la que estaba deseoso de complacer, se embrolló por completo, y Edmund se alegró de poner fin a su discurso ofreciendo vino. Sin embargo, el señor Rushworth, aunque normalmente no era muy hablador, aún tenía cosas que decir sobre el asunto que le preocupaba;

—Smith no tiene mucho más de cuarenta hectáreas de parque, o sea, bastante poco; lo que hace más sorprendente que la hayan podido mejorar de ese modo. Nosotros, en Sotherton, tenemos cerca de trescientas, sin contar los prados inundables; de manera que creo que si se ha podido hacer todo eso en Compton, se podrá hacer en todas partes. Allá han tenido que cortar dos o tres árboles añosos porque estaban cerca de la casa, aunque eran una hermosura; pero valió la pena, porque así se abrió una vista sorprendente, cosa que me hace pensar que Repton, o alguien así, podría encargarse de talar la avenida de Sotherton, la que va de la fachada oeste a lo alto de la cuesta, ya sabe usted —dijo, volviéndose hacia la señorita Bertram.

—¿La avenida?; en realidad no la recuerdo —dijo ella—; la verdad es que conozco muy poco Sotherton.

Fanny, que estaba sentada al otro lado de Edmund, exactamente enfrente de la señorita Crawford, y que había escuchado con atención, lo miró y dijo en voz baja:

—¿Talar una avenida?... ¡qué pena! Eso hace pensar en el poema de Cowper: "*Taladas avenidas, una vez más lloro vuestro destino inmerecido*".

Edmund sonrió y contestó:

—Me temo que esa avenida tiene muy pocas probabilidades de sobrevivir, Fanny.

—Me gustaría ver Sotherton antes de que lo talen; ver el sitio como es ahora, en su viejo estado. Pero no creo que pueda ser.

—¿No has estado nunca allí?... No, no has tenido ocasión; y por desgracia está muy lejos como para ir a caballo. Me encantaría poder llevarte.

—Bueno, no importa. Ya me contarás, cuando lo vea, qué es lo que ha cambiado.

—Deduzco —dijo la señorita Crawford— que Sotherton debe ser una vieja mansión; una de esas mansiones con cierto esplendor. ¿Tiene algún estilo concreto?

—El edificio data de los tiempos de la reina Isabel; es una construcción de ladrillo grande, regular; maciza, pero de aspecto respetable. Tiene muchas habitaciones espléndidas; pero está mal situado. Se encuentra en la parte baja del parque, por lo que se presta poco a la mejora. Pero el bosque es precioso, y hay un riachuelo al que, a mi juicio, podría sacársele mucho provecho. El señor Rushworth hace bien, creo, en querer darle un aire moderno, y no me cabe la menor duda de que lo hará muy bien.

La señorita Crawford escuchaba con atención, y se dijo a sí misma: "Pues sí que es un hombre educado, procura ver el lado bueno de las cosas".

—No quiero influir en el señor Rushworth —siguió diciendo—, pero si yo tuviese que remozar una propiedad, no me pondría en manos de un paisajista. Preferiría que tuviese menos belleza, pero decidirla yo mismo, y que fuera aumentando progresivamente. Preferiría soportar mis propios errores a los de él.

—Naturalmente, *usted* sabría lo que quiere; pero eso no va *conmigo*; yo no tengo ojo ni imaginación para esas cosas, a menos que me las pongan delante; y si tuviese una propiedad en el campo, agradecería muchísimo que se encargase de ella un señor Repton y me proporcionase toda la belleza que pudiera a cambio de dinero; y no la miraría hasta que él hubiera terminado.

—Pues a mí me encantaría ver los progresos —dijo Fanny.

—Claro, a usted la han educado para ello. Pero eso no forma parte de mi educación; y la única dosis que he recibido, proporcionada por quien no era el más entendido del mundo, me hace considerar que eso de meterse uno mismo en reformas es el mayor engorro del mundo. Hace tres años, mi señor tío, el almirante, compró una casa de campo en Twickenham para pasar los veranos; mi tía y yo fuimos entusiasmadas; pero aunque aquella propiedad era una verdadera preciosidad, no tardamos en comprobar que necesitaba una reforma. Total, que estuvimos tres meses viviendo en medio de la suciedad y el desorden, sin un camino de grava donde pisar, ni bancos donde sentarnos. En el campo me gusta tenerlo todo lo más completo posible: arbustos, parterres y rincones rústicos; pero todo hecho por otros, sin contar conmigo. Henry es diferente, a él le encanta hacer cosas.

A Edmund le apenó oír a la señorita Crawford, a la que estaba muy dispuesto a admirar, hablar con tanto desembarazo de su tío. Su sentido de la discreción se alteró y permaneció callado hasta que, incitado por nuevas sonrisas y animación, dio por terminado el tema.

—Señor Bertram —dijo la señorita Crawford—, al fin tengo noticias de mi arpa. Me han asegurado que está en Northampton sin novedad; probablemente lleva ahí diez días, a pesar de que nos han asegurado solemnemente que no —Edmund expresó su sorpresa y alegría—. La verdad es que nuestras averiguaciones han sido de lo más directas: mandamos a un criado y fuimos nosotros mismos; finalmente no está a más de un centenar de kilómetros de Londres; pero hoy han llegado noticias alentadoras. Un campesino la ha visto, se lo ha dicho a un molinero, el molinero se lo ha dicho a un carnicero, y el yerno del carnicero ha dejado recado en la tienda.

—Me alegro de que hayan llegado noticias, sea como sea; y espero que no sufra más retrasos.

—¡Oh, no!, estará aquí mañana; pero, ¿a que no adivina en qué vendrá? En carro o en carreta no. No ha sido posible alquilar ningún carruaje en el pueblo. Lo mismo podría haber buscado una palestra con porteadores.

—¿Le ha sido difícil, ahora, en mitad de la siega del heno tan tardía, alquilar un caballo y un carro?

—¡Oh, sí! ¡Me asombran las dificultades! Parecería raro que en el campo no hubiese carros y caballos de sobra, así que inmediatamente he mandado a mi doncella a alquilar uno; pero como no puedo asomarme a la ventana de mi gabinete sin ver una granja, ni pasear por el campo sin cruzar por delante de alguna, se me ocurrió que no tenía más que ir a pedirlos; y me ha contrariado bastante no haberlo conseguido. Imagine mi sorpresa al comprobar que he estado pidiendo la cosa más difícil del mundo, que he ofendido a todos los granjeros, a todos los peones, a todo el heno de la parroquia. En cuanto al mediero del doctor Grant, creo que será mejor no molestarlo; hasta mi cuñado, que es la amabilidad en persona por lo general, me ha mirado bastante enojado al saber lo que he hecho.

—No era de esperarse que se le ocurriera; pero si lo *piensa*, comprenderá que en ciertas épocas es muy importante recoger la hierba; en cualquier época del año, el alquilar un carro no es tan fácil como se imagina; nuestros agricultores no tienen esa costumbre; pero durante la época de cosechas les es imposible prescindir siquiera de un caballo.

—Ya me iré familiarizando con los usos de aquí; pero, atendiendo a la máxima de Londres, de que todas las cosas tienen su precio, al principio me molestó un poco esa diferencia de costumbres en el campo. De todos modos, el arpa llegará mañana. Henry, que es de lo más amable, ha ofrecido traerla en su birlocho, lo que significa que será transportada con todos los honores, ¿no es cierto?

Edmund habló del arpa como de su instrumento favorito y dijo que sería un placer escucharla pronto. Fanny nunca había escuchado ese instrumento, y manifestó vivos deseos de poderlo hacer.

—Me encantará tocar para ustedes dos —dijo la señorita Crawford—; al menos mientras quieran escuchar. Probablemente mucho más; porque me encanta la música, y cuando los que escuchan tienen el mismo gusto natural, la ejecutante toca mejor, porque se siente gratificada en más de un sentido. A propósito, señor Bertram, si escribe a su hermano, le ruego que le diga que me ha llegado el arpa; porque él me ha oído quejarme muchas veces de no tenerla conmigo. Y puede decirle, si quiere, que voy a ensayar los aires más dolientes, a tono con sus sentimientos cuando regrese; porque sé que su caballo perderá.

—Si le escribo, le pondré todo lo que usted me pide; aunque no veo el momento en que se presente la ocasión.

—No, supongo que aunque estuviera ausente un año, no le escribiría, ni él a usted, si lo pueden evitar. No se presentará la ocasión. ¡Qué seres más extraños son los hermanos! Ustedes no se escribirían a menos que fuera por una causa muy urgente; y cuando no tienen más remedio que tomar la pluma para contar que un caballo está enfermo, o que un pariente ha muerto, lo harán con el menor número de palabras posible. Entre ustedes sólo tienen un estilo. Lo conozco muy bien. Henry, que en todo lo demás es un hermano modelo, y me quiere, me pide consejo, tiene confianza en mí y se pasa horas enteras hablando conmigo, sin embargo jamás ha vuelto la página escribiendo una carta; y la mayoría de las veces no pone nada más que: "Querida hermana. Acabo de llegar. Bath se encuentra repleta. Todo sigue como siempre. Abrazos." Ése es el estilo de los hombres; ésa es toda la carta de un hermano.

—Cuando están lejos de la familia —dijo Fanny ruborizándose y pensando en William—, pueden escribir largas cartas.

—La señorita Price tiene un hermano en alta mar —dijo Edmund—, cuya bondad como corresponsal le hace pensar que es usted demasiado severa con nosotros.

—¿En alta mar?... Al servicio del rey, naturalmente.

Fanny hubiera preferido que lo contara Edmund, pero su decidido mutismo la obligó a relatar la situación de su hermano; su voz se animó hablando de su profesión, y los puertos extranjeros en los que había estado; aunque no pudo mencionar los años que hacía que no lo veía sin que se le llenasen los ojos de lágrimas. La señorita Crawford le deseó un pronto ascenso.

—¿Conoce usted al capitán de mi primo? —dijo Edmund—. ¿Al capitán Marshall? Usted tiene muchos amigos en la marina, supongo.

—Almirantes, muchos —dijo, con un aire de importancia—; pero conocemos muy pocos de rango inferior. Los capitanes con destino pueden ser hombres excelentes, pero no pertenecen a *nuestro* ambiente. Podría contar muchísimas anécdotas de varios almirantes; de ellos y de sus banderas, del aumento gradual de sus ingresos, y de sus disputas y sus celos. Pero, en general, puedo asegurarle que todos son ignorados y tratados con muy poca consideración. Desde luego, vivir en casa de mi tío me ha permitido conocer a un círculo de almirantes, y también he conocido muchos *contras* y *vices*… pero, por favor, no piense que estoy haciendo juegos de palabras.

Edmund se puso serio de nuevo, y se limitó a contestar:

—Es una noble profesión.

—Sí, la profesión está muy bien, con dos condiciones: si se hace fortuna, y si se tiene discreción en gastarla. Pero, en definitiva, no es mi profesión favorita. Nunca la he visto en forma amable.

Edmund volvió al tema del arpa, y otra vez se sintió feliz ante la perspectiva de oírla tocar.

Entretanto, los demás aún seguían dirimiendo el tema de las reformas de los parques; y la señora Grant no pudo menos de decirle a su hermano; aunque esto supondría desviar su atención de la señorita Julia Bertram:

—Mi querido Henry, ¿no tienes nada que decir? Tú has sido paisajista, y por lo que he oído, Everinham puede competir con cualquier propiedad de Inglaterra. Estoy segura de que su belleza natural es espléndida. Ya lo era antes, en mi opinión, con ese precioso declive del terreno, y esos árboles, ¡No sé que daría por verla otra vez!

—Nada me gustaría más como oír tu opinión al respecto —fue su respuesta—. Pero me temo que te ibas a llevar una decepción. No la encontrarías como te la imaginas ahora. En extensión es muy poca cosa, te sorprendería su insignificancia; y en cuanto a la reforma; es muy poco lo que tuve que hacer, demasiado poco. Me habría gustado meterme más a fondo.

—¿Le gusta ese trabajo? —dijo Julia.

—Muchísimo; pero entre las posibilidades naturales del terreno, evidentes incluso para los ojos de un novato, lo poco que se podía hacer y mis lógicas decisiones, aún no hacía tres meses que había llegado a la mayoría de edad cuando Everinham era ya lo que es ahora. Concebí el proyecto en Westminster, lo modifiqué un poco, quizá, en Cambridge, y lo llevé a cabo a los veintiuno. Envidio al señor Rushworth por la feliz ocasión que se le presenta. Yo he consumido la mía demasiado pronto.

—Los que ven deprisa, deciden deprisa y actúan deprisa —dijo Julia—. A usted nunca le faltará trabajo. En vez de envidiar al señor Rushworth, debería ayudarlo con sus opiniones.

La señora Grant, al oír la última parte de la conversación, insistió con emoción, convencida de que ningún juicio podría igualar al de su hermano; y como la señorita María Bertram hiciera suya la idea, y le diera pleno apoyo, declarando que le parecía infinitamente mejor consultar a asesores amigos y desinteresados que dejar el asunto, sin más, en manos de un profesional, el señor Rushworth se mostró muy vehemente en pedir al señor Crawford que le hiciera el favor de ayudarlo; y el señor Crawford, rebajando con modestia su propio talento, se puso a su entera disposición en todo lo que pudiera serle útil. A continuación, el señor Rushworth había empezado a proponer al señor Crawford que le hiciese el honor de visitar Sotherton, ofreciéndole habitación, cuando la señora Norris, como si leyese en el cerebro de sus dos sobrinas lo poco que aprobaban un plan que alejaba al señor Crawford, intervino con una modificación:

—Es clara la buena disposición del señor Crawford; pero, ¿por qué no lo acompañamos los demás? ¿Por qué no formamos una pequeña expedición? Aquí hay muchos a los que les interesan las reformas, mi querido señor Rushworth, y a los que les gustaría escuchar la opinión del señor Crawford sobre el terreno; además, podrían ser de utilidad las opiniones de ellos; por mi parte, hace mucho que deseo presentar nuevamente mis respetos a su señora madre; la única razón que me ha impedido ir a verla no es otra que la de no tener caballos de mi propiedad; pero ahora podría ir a pasar unas horas con la señora Rushworth, mientras el resto anduviera resolviendo cosas por ahí, o bien cenar en Sotherton, lo que podría ser un alegría para su madre, y emprender un delicioso regreso a la luz de la luna. El señor Crawford nos llevaría a mis sobrinas y a mí en su birlocho, y Edmund podría ir a caballo. Fanny se quedaría a hacerte compañía, hermana.

Lady Bertram no puso ninguna objeción, y todos los interesados en ir se apresuraron a expresar su total acuerdo, salvo Edmund, que lo escuchaba todo sin decir nada.

7

—Bueno, Fanny, ¿qué piensas de la señorita Crawford ahora? —dijo Edmund al día siguiente, después de meditar un rato la cuestión— ¿Te gustó ayer?

—Sí… mucho. Me gusta oírla hablar; me divierte…, ¡y es tan bonita que me da gusto mirarla!

—Sí, es su expresión lo que resulta atractivo. ¡Tiene unas facciones admirables! Pero, ¿no encontraste en sus palabras que no sonaban del todo correctas?

—¡Ah, sí!; no debería haber hablado de su tío como lo hizo. Me dejó completamente asombrada. Un tío con el que ha estado viviendo tantos años, sean cuales fueren sus defectos, y dicen que quiere tanto a su hermano que lo trata como a un hijo, según dicen. ¡No podía creerlo!

—Ya me imaginaba yo que te habías dado cuenta. Me pareció muy mal… muy poco respetuosa.

—Y muy desagradecida, me parece.

—Ésa es una palabra fuerte. No creo que su tío tenga ningún derecho a su gratitud; su esposa sí, y es su respeto a la memoria de su tía lo que la hace comportarse mal aquí. Está en una posición difícil. Con tan encendidos sentimientos, y esta viveza de ánimo, no debe ser fácil hacer justicia a su amor a la señora Crawford sin arrojar una sombra sobre el almirante. No pretendo saber quién fue más culpable en sus desavenencias, aunque la actual conducta del almirante puede inclinarnos a favor de su esposa; pero es natural y amable que la señorita Crawford absuelva enteramente a su tía. Yo no censuro sus opiniones; pero desde luego es una falta de discreción hacerlas públicas.

—¿No crees —dijo Fanny tras reflexionar unos momentos— que esa falta de discreción es reflejo de la propia señora Crawford, puesto que su sobrina ha sido enteramente educada por ella? No puede haberle inculcado las correctas nociones de lo que debía al almirante.

—Ésta es una observación atinada. Sí, es de suponer que los defectos de la sobrina sean los de la tía; y eso nos hace más comprensivos respecto al ambiente poco conveniente en que ha vivido. Pero creo que su actual hogar le sentará bien. El comportamiento de la señora Grant es como debe ser. Habla de su hermano con un grato afecto.

—Sí, al menos cuando se refiere a la brevedad de las cartas que le escribe. Casi me hizo reír; pero no puedo tener en mucha estima el amor o la amabilidad de un hermano que no se digna escribir a sus hermanas nada que merezca la pena leer cuando está lejos de ellas. Estoy segura de que William no me haría jamás una cosa así. ¿Y qué derecho tiene ella a suponer que *tú* no escribirías largas cartas si estuvieras ausente?

—Ése es el derecho, Fanny, de un espíritu jovial que aprovecha cualquier cosa que pueda contribuir a su propia diversión o a la de los demás; es perfectamente admisible, cuando no va teñido de mal humor o de rudeza; y no hay la menor sombra de lo uno o de lo otro en las palabras o la actitud de la señorita Crawford; no hay nada hiriente, destemplado o grosero. Ella es totalmente femenina, salvo en los casos de los que hemos hablado. Ahí sí que no tiene justificación; y me alegro de que lo veas como yo.

Dado que había modelado su espíritu y se había ganado su afecto, era muy probable que Fanny pensara como él; aunque a esta edad, en estas cuestiones, empezaba a haber ciertos atisbos de discrepancia. Porque él admiraba a la señorita Crawford, y eso podía llevarlo a un terreno al que Fanny no lo podía seguir.

Los atractivos de la señorita Crawford no disminuyeron. Llegó el arpa y esto incrementó su belleza, su gracia y su buen humor; porque tocaba con la mayor amabilidad, con una expresión y un gusto especialmente encantadores, y siempre decía algo inteligente al terminar cada pieza. Edmund acudía a diario a la casa parroquial a escuchar su instrumento favorito, y cada mañana obtenía invitación para la siguiente; porque a la dama no le desagradaba en absoluto tener un oyente. Y no tardó en ir todo sobre ruedas.

Una joven bonita, alegre, con un arpa tan elegante como ella misma, y puestas ambas junto a un ventanal que llegaba hasta el suelo y daba a un pequeño trozo de césped rodeado de arbustos de rico follaje veraniego, era suficiente para cautivar el corazón de cualquier hombre. La época del año, el paisaje, el aire, todo invitaba a la ternura y el sentimiento. La señora Grant trabajaba en su bastidor y todo respiraba armonía; y una vez que el amor se pone en movimiento, todo coopera. Aunque valía la pena observar la bandeja de emparedados, y al doctor Grant haciéndole los honores. Sin reflexionar sobre el particular y de hecho sin darse cuenta de nada, al final de una semana de estas visitas, Edmund se encontraba ya bastante enamorado; y hay que añadir, en honor de la dama, que, sin ser él el primogénito ni el hombre de mundo, ni poseer el arte del halago ni la viveza de la conversación, empezaba a resultarle agradable. Ella se daba cuenta, aunque no lo había previsto ni acababa de entenderlo. Porque él no era simpático en el sentido corriente, no gastaba bromas, no decía galanterías, sus opiniones eran inflexibles, y sus atenciones, sencillas y serenas. Había encanto, quizás, en su sinceridad, en su formalidad, en su integridad, cualidades que la señorita Crawford era capaz de percibir, aunque no de analizar. Pero no pensaba mucho en su situación. De momento, Edmund le caía bien; le gustaba tenerlo cerca… eso era todo.

Fanny no se extrañaba de que Edmund fuera todas las mañanas a las casa parroquial; le habría gustado ir ella también a escuchar el arpa (si hubiera podido entrar sin ser notada); y tampoco le extrañaba que al terminar el paseo de la tarde, y separarse las dos familias, considerase él oportuno acompañar a la señora Grant y a su hermana a la casa parroquial, mientras que el señor Crawford dedicaba sus atenciones a las damas del parque: pero lo consideraba muy mal intercambio; y si Edmund no estaba ahí para mezclarle el agua y el vino, prefería quedarse sin él. Le sorprendía un poco que pasara tantas horas con la señorita Crawford y no notara ya la clase de defecto que antes había observado, mientras que a ella, al estar en su compañía, se lo recordaba siempre alguna actitud o comentario. A Edmund le gustaba hablarle de la señorita Crawford, pero parecía convencido de que el almirante había sido perdonado, y Fanny no se atrevía a comentarle sus propias observaciones, pues temía que las interpretase como malevolencia de su parte.

El primer dolor que la señorita Crawford infligió a Fanny fue a consecuencia de su deseo de aprender a montar, deseo que se le despertó poco después de instalarse en casa de su hermana, por el ejemplo de las jóvenes de Parque Mansfield, y que, al crecer su amistad con Edmund, propició que éste le ofreciera su yegua mansa para los primeros intentos, ya que era el animal más apto para una principiante que se pudiera conseguir en las cuadras cercanas. Edmund no pretendía herir ni perjudicar a su prima con este ofrecimiento; Fanny no perdería un solo día de ejercicio, sólo tenía que llevar la yegua a la casa parroquial media hora antes de que la señorita Crawford iniciara su paseo. Lejos de ofenderse, Fanny casi se sintió abrumada de gratitud por el hecho de que su primo le planteara aquello como un favor personal.

La señorita Crawford hizo su primera prueba con gran mérito para sí misma y sin ninguna molestia para Fanny. Edmund, que había llevado a la yegua y que lo había organizado todo, regresó con tiempo de sobra, antes que Fanny y el viejo y fiel cochero que siempre la acompañaba cuando salía con sus primos. El recorrido del segundo día no fue tan ligero. La señorita Crawford disfrutaba tanto cabalgado que no quería regresar pronto. Activa, intrépida y de constitución fuerte, aunque algo baja de estatura, ella parecía hecha para ser amazona; algo añadían la ayuda y los consejos de Edmund al puro y sincero placer del ejercicio, y algo más la convicción de que superaba muchísimo a su sexo con sus rápidos progresos, como para no tener deseos de desmontar. Fanny, entretanto, estaba preparada y esperando, y la señora Norris empezaba a regañarla por no ir ella en su busca sin esperar a que apareciese Edmund con el caballo. Salió para evitar a su tía, y ver si llegaba su primo.

Las casas, aunque a menos de un kilómetro la una de la otra, no se veían; pero tras alejarse sólo cincuenta metros de la puerta de entrada pudo ver el parque, y dominar una vista de la casa parroquial con su terreno, que se elevaba ligeramente al otro lado del camino del pueblo. Y en el prado del doctor Grant divisó en seguida al grupo, a Edmund y a la señorita Crawford, los dos cabalgando juntos, al doctor y a la señora Grant, y a un lado, al señor Crawford con dos o tres mozos de cuadra. Le pareció un grupo feliz; todos atentos a una sola cosa, y evidentemente contentos, porque sus risas llegaban hasta ella; era un rumor que la alegraba también. Se preguntó si Edmund se había olvidado de ella y le dolió. No podía apartar los ojos del prado, no podía dejar de observar lo que ocurría. Al principio la señorita Crawford y su compañero dieron una vuelta al campo, que no era pequeño, al paso; luego, a sugerencia de ella, al parecer, iniciaron un medio galope; y para el tímido carácter de Fanny, fue asombroso comprobar lo bien que ella cabalgaba. Al cabo de unos minutos se detuvieron, Edmund se acercó a ella y le dijo algo; evidentemente le estaba dando consejos sobre el manejo de las riendas, pues había tomado su mano; Fanny lo vio, o acaso fue que la imaginación le proporcionó lo que el ojo no alcanzaba a ver. No tenía por qué asombrarse de todo eso, finalmente, era natural que Edmund se mostrara servicial y le dedicase su amabilidad. Fanny no pudo menos que pensar que el señor Crawford debía haberle ahorrado la molestia; que habría sido mucho más correcto que la hubiera asistido su propio hermano. Pero el señor Crawford, con toda su presuntuosa amabilidad y con toda su destreza con los coches, probablemente no sabía nada de la materia, y, comparado con Edmund, carecía de cortesía. Fanny empezó a pensar que iba a ser demasiado para la yegua este doble trabajo; si se olvidaban de ella, al menos deberían tener consideraciones con el pobre animal.

Pronto se tranquilizó un poco su compasión al observar que el grupo se dispersaba y ver que la señorita Crawford, todavía a caballo, pero asistida por Edmund a pie, cruzaba una verja que daba al camino y entraba en el parque, para dirigirse hacia donde estaba ella. Entonces

Fanny tuvo miedo de parecer mal educada o impaciente, y fue al encuentro de ellos, deseosa de evitar que se la juzgara de ese modo.

—¡Mi querida señorita Price! —dijo la señorita Crawford en cuanto estuvo bastante cerca para hacerse oír—. Vengo a presentarle mis disculpas por haberla hecho esperar; pero no tengo absolutamente ninguna excusa; sabía que era tarde y que me estaba portando muy mal; así que, por favor, perdóneme. Como sabe, hay que perdonar siempre el egoísmo porque no tiene cura.

La respuesta de Fanny fue extremadamente cortés, y Edmund añadió su convicción de que no tendría ninguna prisa.

—Hay tiempo de sobra para que mi prima pueda dar un paseo el doble de largo del que hace normalmente —dijo—, y ha contribuido usted a su comodidad al impedir que salga media hora antes, pues se están formando nubes, así que ella no sufrirá por el calor. Confío en que usted no se haya cansado mucho con tanto ejercicio. Me hubiera gustado ahorrarle el regreso a pie.

—Lo único que me cansa es bajarme de este caballo, se lo aseguro —dijo, al tiempo que saltaba al suelo con su ayuda—; yo soy muy fuerte; lo único que me cansa es hacer lo que no me gusta. Bien, señorita Price, le cedo el puesto de mala gana; pero espero sinceramente que tenga un agradable paseo, y será para mí una alegría tener noticias de este precioso y querido animal.

Ahora se unió a ellos el viejo cochero que había estado esperando con su propio caballo. Fanny fue subida al suyo y se pusieron en marcha hacia otro lado del parque. No se apaciguaron sus sentimientos desasosegados cuando, al mirar hacia atrás, vio que iban los dos cuesta abajo, charlando, en dirección al pueblo, ni la alivió el comentario de su acompañante, que había estado observando casi con el mismo interés, sobre la gran habilidad de la señorita Crawford como amazona.

—¡Es un placer ver montar a una dama con tan buen ánimo! —dijo—. Nunca había visto a una mujer montar tan bien. No parece pensar en el peligro; muy distinta a usted, señorita, cuando empezó a montar, hará seis años la Pascua que viene. ¡Válgame Dios!, cómo temblaba cuando sir Thomas la puso encima de un caballo la primera vez.

La señorita Crawford fue celebrada también en el salón. Las señoritas Bertram ponderaron el mérito de haber sido dotada de fuerza y valor por naturaleza; su placer al montar era como el de ellas, y su temprana destreza sobre el caballo era como la de ellas, cosa que tuvieron gran pacer en elogiar.

—Yo estaba segura de que montaría bien —dijo Julia—; ella tiene madera para eso. Su figura es igual de elegante que la de su hermano.

—Sí —añadió María—; y es igual de animada, además de que tiene la misma energía de carácter. Estoy convencida de que montar bien tiene mucho que ver con la inteligencia.

Cuando se retiraron a dormir. Edmund preguntó a Fanny si pensaba montar al día siguiente.

—No lo sé; no si necesitas la yegua —contestó.

—No la necesito para mí —dijo—; pero cada vez que te apetece quedarte en casa, pienso que la señorita Crawford se alegraría de tenerla más tiempo… toda la mañana, en realidad. Tiene muchas ganas de llegar hasta el ejido de Mansfield. La señorita Grant le ha estado hablando del precioso panorama que hay desde allí, y estoy seguro de que lo puede hacer. Pero con una mañana será suficiente. Sentiría muchísimo causarte molestias; aparte de que estaría muy mal: ella sólo monta por placer, y tú por salud.

—Mañana, desde luego, no voy a montar —dijo Fanny—; últimamente he salido mucho y me gustaría quedarme en casa. Sabes que ahora estoy lo bastante fuerte para caminar.

Edmund pareció alegrarse, lo que debió ser un consuelo para Fanny; y a la mañana siguiente tuvo lugar un paseo hasta el ejido de Mansfield; la expedición incluyó a todos los jóvenes, salvo a Fanny. Ellos disfrutaron mucho en el momento, pero mucho más después, por la tarde, comentando los incidentes del paseo. El éxito de un plan de este género por lo general da pie a otro, y el haber estado en el ejido de Mansfield despertó en todo el mundo las ganas de ir a otro sitio al día siguiente. Había muchos panoramas que mostrar, y aunque hacía calor, había caminos protegidos por las sombras de los árboles que se podían seguir; un grupo de jóvenes dispone siempre de un camino sombrío. Así se pasaron cuatro mañanas seguidas, mostrando a los Crawford los paisajes del condado y haciendo los honores a los lugares más pintorescos. Todo se conjugaba, todo era alegría y buen humor, y el calor sólo proporcionaba molestia suficiente para hablar de él con gusto. Pero el cuarto día se enturbió la felicidad de uno de ellos, y fue María Bertram. Edmund y Julia fueron invitados a cenar en la casa parroquial, y ella quedó excluida. Aquello había sido pensado y ejecutado por la señora Grant, de completo buen humor, porque era más o menos ese día que se esperaba al señor Rushworth en Parque Mansfield; sin embargo, la señorita Bertram tomó aquella exclusión como una grave ofensa, y fue una dura prueba para su buena educación el ocultar su disgusto y enojo, hasta que llegó a su casa. Y como el señor Rushworth no apareció, le aumentó el agravio, dado que no tuvo siquiera el desahogo de desquitar su enojo sobre él; sólo pudo ser hosca con su madre, su tía y su prima, y proyectar al máximo su mal humor durante la cena, y amargarles los postres.

Edmund y Julia entraron en el salón entre las diez y las once, refrescados por el viento de la noche, resplandecientes y alegres, exactamente lo contrario de cómo encontraron a las tres damas en la casa, ya que María apenas levantó los ojos del libro y lady Bertram estaba medio dormida; incluso la señora Norris, desasosegada por el mal humor de su sobrina, tras hacer una o dos preguntas sobre la cena, que no fueron inmediatamente contestadas, pareció casi decidida a no decir nada más. Durante unos minutos, el hermano y la hermana estuvieron demasiado entusiasmados cantando alabanzas a la noche y haciendo comentarios sobre las estrellas para ver más allá de sí mismos; pero al producirse la primera pausa, Edmund, mirando a su alrededor, dijo:

—¿Pero dónde está Fanny? ¿Se ha ido a la cama?

—No, no que yo sepa —replicó la señora Norris—. Estaba aquí hace un momento.

Con una voz suave, desde el oro extremo de la estancia, que era muy larga, Fanny dijo que estaba en el sofá. La señora Norris empezó a regañarla.

—Es una soberana estupidez, Fanny, estar allí todo el rato, en el sofá sin hacer nada. ¿Por qué no vienes a sentarte aquí, y haces algo con nosotras? Si no tienes ninguna labor, puedo darte algo de la cesta. Todavía está sin tocar el nuevo calicó que trajeron la semana pasada. Yo casi me he partido la espalda cortándolo. Deberías aprender a pensar en los demás, y créeme, es una vergüenza que una joven se pase las horas sentada en un sofá sin hacer nada.

Antes de que llegara a la mitad de su discurso, Fanny había regresado a su sitio junto a la mesa, y había vuelto a coger su labor, y Julia, que estaba de muy buen humor por los placeres del día, le hizo justicia al exclamar:

—Debo decir, señora, que Fanny es la que menos está en el sofá de toda la casa.

—Fanny —dijo Edmund después de mirarla con atención—, ¿seguro que no tienes dolor de cabeza?

Fanny no fue capaz de negarlo; pero dijo que no era muy fuerte.

—No te creo —replicó él—; conozco tu cara demasiado bien. ¿Desde cuándo lo notas?

—Desde poco antes de cenar, pero es sólo el calor.

—¿Has salido con este calor?

—¿Qué si ha salido? Claro que ha salido —dijo la señora Norris—; ¿querían tenerla en casa con un día tan hermoso? ¿Acaso no han salido todos? Incluso su madre ha salido más de una hora.

—Sí, es verdad, Edmund —comentó lady Bertram, a quien había despabilado la agria reprimenda de la señora Norris a Fanny—; he estado fuera más de una hora; permanecí sentada tres cuartos de hora en el jardín, mientras Fanny cortaba rosas, y te aseguro que ha sido muy agradable; aunque hacía mucho calor, había bastante sombra en el cenador; pero confieso que me daba miedo el regreso a casa.

—¿Ha estado Fanny cortando rosas?

—Sí, y me temo que van a ser las últimas de este año. ¡Pobre criatura! Hacía demasiado calor para ella; pero estaban tan en su punto que era imposible esperar.

—Desde luego, no había nadie para ayudarla —replicó la señora Norris, en un tono bastante suavizado—; me pregunto si no fue por eso que le dio el dolor de cabeza, hermana. Nada lo favorece tanto como permanecer de pie o inclinada al sol. Pero seguramente estará bien mañana. ¿Y si le das un poco de tu vinagre aromático? A mí siempre se me olvida llevar el mío.

—Ya se lo he dado —dijo lady Bertram—; se lo tomó al volver de tu casa la segunda vez.

—¿Cómo? —exclamó Edmund—; ¿ha estado paseando, cortando rosas y ha cruzado el parque con todo el calor, y por dos veces, señora? No me extraña que le duela la cabeza.

La señora Norris estaba hablando a Julia y no la oyó.

—Temí que fuera demasiado para ella —dijo lady Bertram—; pero una vez cortadas las rosas, tu tía quería parte, así que ha tenido que llevárselas a su casa.

—Pero, ¿eran tantas como para que hubiera tenido que ir dos veces?

—No, pero había que ponerlas a secar en el cuarto de invitados; y por desgracia, a Fanny se le había olvidado cerrar la puerta del cuarto y traer la llave; así que he tenido que volver.

Edmund se levantó y se puso a pasear por la habitación, diciendo:

—¿Y no podía haber ido nadie más que Fanny a hacer ese recado? Por Dios, señora, que ha sido un asunto muy mal llevado.

—Desde luego no podría haberse hecho mejor —exclamó la señora Norris, incapaz de seguir haciéndose la sorda—; a menos que hubiera ido yo, claro. Pero no puedo estar en dos sitios a la vez, y en ese momento estaba hablando de la lechera con el señor Green a petición de tu madre, y había prometido a John Groom escribir a la señora Jeffries sobre su hijo, y el pobre muchacho me llevaba esperando media hora. Creo que, en justicia, nadie puede acusarme de escurrir el bulto; pero la verdad es que no puedo hacerlo todo a la vez. En cuanto a haber mandado a Fanny a mi casa, no hay mucho más de medio kilómetro, así que no me parece que sea una exageración pedírselo.

A menudo yo voy y vengo tres veces al día, sea temprano o tarde, en cualquier época del año y sin andar pregonándolo.

—Pues ojalá tuviera Fanny la mitad de tu resistencia, tía.

—Si Fanny hiciese ejercicio con más regularidad, no se cansaría tan pronto. Hace tiempo que no monta a caballo, y estoy convencida de que si no monta por lo menos debería andar. Si ella hubiera estado cabalgando antes no se lo hubiera pedido; pero pensé que un poco de ejercicio le vendría bien, después de estar entre rosas, porque nada refresca más que un paseo después de un trabajo de este género; y aunque el sol era fuerte, no hacía demasiado calor. Entre nosotros, Edmund —señalando significativamente con la cabeza a su madre—; ha sido el estar cortando rosas, y entreteniéndose en la rosaleda, lo que le ha sentado mal.

—Me temo que ha sido eso, desde luego —dijo la cándida lady Bertram, que la había oído—Yo creo que allí fue donde cogió el dolor de cabeza, porque el calor era como para matar a cualquiera. Era más de lo que yo podría resistir. Estar sentada llamando a mi perrita para hacerla salir de los macizos ha sido demasiado para mí.

Edmund no dijo nada más a las dos damas; pero fue en silencio a otra mesa, en la que aún estaba la bandeja de la cena, llevó una copa de madeira a Fanny y la obligó a bebérsela casi toda. Ella hubiera querido rechazarla; pero las lágrimas que le originaban una diversidad de sentimientos hicieron que le resultara más fácil tragar que hablar.

Aunque Edmund estaba enojado con su madre y su tía, aún no lo estaba consigo mismo. El olvido en que había tenido a Fanny era peor que lo que habían hecho ellas. Nada de eso habría ocurrido si la hubiera atendido adecuadamente; pero llevaba cuatro días seguidos sin elección de compañía o de ejercicio, y sin excusa alguna con que evitar lo que a sus insensatas tías se les pudiera ocurrir. Le daba vergüenza pensar que Fanny no había podido montar un caballo en cuatro días, y decidió muy seriamente que, por muy poco que le apeteciera, debía suspender lo que era un placer para la señorita Crawford, y evitar que volviera a ocurrir.

Fanny se fue a la cama con el corazón tan rebosante como la primera noche de su llegada al parque. Probablemente su estado de ánimo había influido en su indisposición; porque se había sentido abandonada, y había estado luchando durante unos días contra el descontento y la envidia. Al recostarse en el sofá, al que había retirado para que no la vieran, el dolor de su alma se había hecho más grande que el de su cabeza, y el súbito cambio que la amabilidad de Edmund había producido a continuación hizo que no supiera cómo sostenerse.

8

Fanny reanudó sus paseos a caballo al día siguiente mismo, y como era una mañana fresca y agradable, menos calurosa que la de los últimos días, Edmund confió en que pronto se recuperaría de la pérdida de salud y placer. Mientras estaba ausente llegó el señor Rushworth acompañando a su madre, que venía por cortesía, para mostrarse especialmente gentil, instando a que hicieran la visita a Sotherton que habían planeado semanas antes, y que había quedado pendiente porque ella había estado fuera. La señora Norris y sus sobrinas se alegraron muchísimo, propusieron una fecha cercana, y todo el mundo estuvo de acuerdo, con tal que el señor Crawford estuviera disponible; las jóvenes no olvidaron esta condición, y aunque la señora Norris habría querido responder por él, nadie quiso autorizar esa libertad, ni correr el riesgo; finalmente, a sugerencia de la señorita Bertram, el señor Rushworth se dio cuenta de que lo más oportuno era ir él en ese momento a la casa parroquial, ver al señor Crawford y preguntarle si le iba bien el miércoles o no.

Antes de que estuviera de vuelta llegaron la señora Grant y la señorita Crawford. Ellas habían estado ausentes de la casa y no habían pasado por allí, así que no lo habían visto. Sin embargo, esperaban que encontrara al señor Crawford. Naturalmente, se habló del plan de Sotherton, a decir verdad, era casi imposible que se hablara de otra cosa, ya que la señora Norris estaba entusiasmada con la idea y la señora Rushworth, mujer ingenua, cortés, pomposa y aburrida que no juzgaba importante más que lo que atañía a sus propios intereses y a los de su hijo, no paraba de insistir a lady Bertram para que formara parte de la expedición. Lady Bertram rehusaba invariablemente; pero su plácida forma de rechazar la sugerencia hacía creer a la señora Rushworth que le apetecía ir; hasta que las palabras abundantes y categóricas de la señora Norris la convencieron de la realidad.

—El cansancio sería por demás excesivo para mi hermana, se lo aseguro, señora Rushworth; son dieciséis kilómetros de ida y dieciséis de vuelta. Debe disculpar a mi hermana en esta ocasión, y aceptar que nuestras dos queridas niñas y yo vayamos sin ella. Sotherton es el único lugar que podría tentarla a hacer un viaje tan largo; pero la verdad es que no puede ser. Se quedará acompañada de Fanny Price, y todo arreglado; en cuanto a Edmund, ya que no está aquí para hablar por sí mismo, diré en su nombre que le entusiasmará unirse a la expedición. Puede ir a caballo.

Obligada a aceptar que lady Bertram se quedara en casa, la señora Rushworth no pudo hacer otra cosa que sentirlo. "Era una verdadera pena no contar con la compañía de su señoría, y le habría agradado muchísimo ver también a la joven señorita Price, que aún no había estado en Sotherton; era una lástima que no pudiera visitar su propiedad".

—Es usted muy amable, la amabilidad en persona, mi querida señora —exclamó la señora Norris—; en cuanto a Fanny, tendrá montones de ocasiones de ver Sotherton, tiene tiempo de sobra por delante; y es absolutamente imposible que vaya ahora. Lady Bertram no puede prescindir de ella.

—¡Ah, no! ¡No puedo quedarme sin Fanny!

Convencida de que todo mundo quería ver Sotherton, la señora Rushworth incluyó a la señorita Crawford en la invitación; y aunque la señora Grant, que no se había tomado la molestia de visitar a la señora Rushworth a su llegada a la vecindad, declinó cortésmente la invitación, se alegró de obtener un motivo de disfrute para su hermana; y Mary convenientemente presionada y persuadida, no tardó en aceptar participar en la diversión. El señor Rushworth volvió triunfante de la casa parroquial, y Edmund hizo su aparición justo a tiempo de enterarse de lo que se había acordado para el miércoles, acompañar a la señora Rushworth al coche y escoltar hasta la mitad del parque a las otras dos damas.

Al regresar al comedor de desayuno encontró a la señora Norris tratando de decidir si convenía que la señorita Crawford fuera con el grupo, o si el birlocho de su hermano iría completo sin ella. Las señoritas Bertram se echaron a reír ante tal idea, asegurándole que en el birlocho cabían perfectamente cuatro, además del pescante, en el que podía ir uno.

—Pero, ¿qué falta hace ese carruaje de Crawford? —dijo Edmund—. ¿Por qué tiene que ir ése solo? ¿Por qué no utilizar la berlina de mi madre? El otro día, cuando se habló del plan, no entendí por qué la familia no hacía una visita en el coche propio.

—¡Cómo! —exclamó Julia—; ¿ir tres apretujadas en una berlina con este tiempo, cuando podemos tener asiento en un birlocho? No, mi querido Edmund, no me parece nada bien.

—Además —dijo María—, sé que el señor Crawford cuenta con llevarnos. Después de lo que pasó al principio, lo reclamaría como una promesa.

—Además, mi querido Edmund —añadió la señora Norris—, sería una inutilidad llevar dos coches cuando es suficiente con uno; y entre nosotros, al cochero no le gustan los caminos que hay de aquí a Sotherton; siempre se queja de las estrechuras que arañan el carruaje; y sabes que no estaría bien que, cuando venga sir Thomas, se encontrara con todo el barniz arañado.

—Ésa no es precisamente una razón muy delicada para utilizar el del señor Crawford —dijo María—; pero la verdad es que Wilcox es un viejo estúpido que no sabe conducir. Yo respondo de que no encontraremos estrecheces en el camino el miércoles.

—Bueno, supongo que no será difícil ni molesto viajar en el pescante de un birlocho —dijo Edmund.

—¿Molesto? —exclamó María—. ¡Pero si a todos nos parece el asiento preferido! No tiene comparación en cuanto a la vista del paisaje. Probablemente la señorita Crawford elegirá el asiento del pescante.

—Entonces no habrá problemas en que Fanny vaya con ustedes, pues habrá una plaza para ella.

—¿Fanny? —dijo la señora Norris—; mi querido Edmund, no se ha pensado en que venga con nosotros. Ella se queda con su tía. Así se lo he dicho a la señora Rushwoth. No se la espera allí.

—Creo, señora —dijo Edmund, dirigiéndose a su madre— que el único motivo para que Fanny no venga es tu propia comodidad. ¿Querías retenerla si pudieras arreglártelas sin ella?

—Por supuesto que no; pero *no puedo* quedarme sin ella.

—Sí puedes, si me quedo yo, como pienso hacer.

Ante estas palabras hubo una exclamación general.

—Sí —prosiguió—; en realidad no hace ninguna falta que vaya yo, y pienso quedarme en casa. Fanny tiene muchas ganas de ver Sotherton. Sé que lo desea muchísimo. No tiene a menudo satisfacciones de esta clase, y estoy seguro, señora, de que te alegrará complacerla en esto, ¿verdad?

—Claro que sí, muchísimo. Si tu tía no ve ninguna objeción.

La señora Norris tenía preparada la única objeción que le quedaba: haber asegurado categóricamente a la señora Rushworth que Fanny no podía ir y la extrañeza que causaría si la llevaban, dificultad que le parecía imposible de superar. ¡Sería de lo más sorprendente! Sería algo tan descortés, tan rayano en la falta de respeto hacia la señora Rushworth, cuyos modales eran el paradigma de la atención y la buena crianza, que realmente no se atrevía a llevarla. La señora Norris no tenía ningún cariño a Fanny, y nunca estaba dispuesta a facilitarle ningún placer; pero su oposición a Edmund ahora se debía más a su parcialidad en el plan, porque *era suyo*, que a ninguna otra cosa. Le parecía que lo había arreglado todo muy bien, y que cualquier alteración lo podía estropear. Así que, cuando Edmund le replicó, como hizo cuando ella se dignó escucharlo, que no tenía que preocuparse por la señora Rushworth, porque él había aprovechado la ocasión, al cruzarse con ella en el salón, para decirle que probablemente la señorita Price iría con el grupo, y al punto habría recibido una invitación suficientemente clara para su prima. La señora Norris se sintió demasiado contrariada para resignarse de buen grado, y se limitó a decir.

—Muy bien, muy bien, como quieras; arréglalo a tu manera; por supuesto, a mí me da igual.

—Me parece muy raro —dijo María—, que te quedes en casa por Fanny.

—Desde luego, te estará agradecidísima —añadió Julia, abandonando precipitadamente la habitación mientras hablaba, consciente de que era ella la que debía ofrecerse a quedarse en casa.

—Fanny se sentirá lo agradecida que requiera la ocasión —fue la sola respuesta de Edmund, y no se habló más del asunto.

La gratitud de Fanny al saber su plan fue en realidad mucho mayor que su alegría. Recibió la amabilidad de Edmund con un sentimiento tan grande e íntimo que él no fue capaz de percibir; pero le dolía que renunciase a cualquier diversión por ella, y no le produciría ninguna satisfacción ver Sotherton sin él.

En la siguiente reunión de las dos familias de Mansfied se produjo una modificación del plan; modificación que fue aceptada con la aprobación general. La señora Grant se ofreció para hacer compañía a lady Bertram durante ese día, en sustitución de Edmund, y el doctor Grant se uniría a ellas para la cena. Lady Bertram se sintió muy complacida y las jóvenes se animaron otra vez. Incluso Edmund se mostró muy agradecido con este arreglo que le permitía tomar parte en la excursión. La señora Norris pensó que era un plan excelente, y lo tenía en la punta de la lengua para proponerlo, cuando le tomó la delantera la señora Grant.

El miércoles amaneció con muy buen tiempo, y después del desayuno llegó el birlocho, conducido por el señor Crawford, con sus hermanas. Y como todo el mundo estaba preparado, no hubo sino que desembarcar a la señora Grant y ocupar los demás los asientos. El mejor de todos los lugares, el puesto de honor que todos deseaban, estaba libre. ¿Quién era la afortunada que lo ocuparía? Mientras las señoritas Bertram meditaban la mejor manera de tomar posesión de él, aparentando hacer un favor a los demás, la señora Grant zanjó la cuestión diciendo, al tiempo que bajaba del coche:

—Como son cinco, será mejor que uno se siente con Henry; y como Julia siempre ha dicho que le gustaría aprender a conducir, creo que ésta sería una magnífica oportunidad para que recibiera la primera lección.

¡Afortunada Julia! ¡Desventurada María! La primera ocupó de inmediato el asiento del pescante, y la segunda se sentó dentro, sumida en la melancolía y la mortificación, y el coche arrancó en medio de las expresiones de despedida de las dos damas que se quedaban y de los ladridos de la perrita en brazos de su dueña.

El camino discurría en medio de un paisaje agradable; y Fanny, cuyos paseos a caballo nunca habían sido muy largos, no tardó en quedarse absorta, observando feliz todo lo que era novedad para ella, y admirando todas las cosas bonitas. No era frecuente que la invitaran a sumarse a la conversación de las otras, ni ella lo deseaba. Normalmente sus mejores compañeros eran sus propios pensamientos y reflexiones, y contemplando la configuración del paisaje, los cambios de los caminos, la diferencia en las tierras, el estado de las cosechas, las casas, los ganados, los niños, encontraba una distracción que sólo habría podido ser mayor si hubiera tenido a Edmund para comunicarle sus sentimientos. Ése era el punto de semejanza entre ella y la dama que iba sentada a su lado; en todo, excepto en el caso de Edmund, la señorita Crawford era muy diferente: carecía en absoluto de la delicadeza de gusto, espíritu o sentimientos de Fanny; ella miraba la naturaleza abrupta sin fijarse demasiado; toda su atención estaba puesta en los hombres y las mujeres, en sus aptitudes para la alegría y el buen humor. Sin embargo, mirando hacia atrás para ver a Edmund cuando iba a cierta distancia, o cuando se adelantaba en la subida de alguna cuesta empinada, estaban unidas; y un "ahí está" brotaba al mismo tiempo de las dos.

Durante los primeros diez kilómetros, la señorita Bertram viajó bastante incómoda; su campo de visión terminaba invariablemente en el señor Crawford y en su hermana, sentados juntos, que hablaban y reían sin parar; y sólo ver su perfil expresivo cuando se volvía hacia Julia con una sonrisa, y oír la risa de ella, eran perpetua fuente de irritación que su propio sentido de la corrección a duras penas podía suavizar. Cuando Julia se volvía, lo hacía siempre con la cara radiante, y cada vez que les hablaba era con la mayor animación: "¡Oh, la vista del campo desde aquí es encantadora; ojalá pudieran verla todos..." Pero el único ofrecimiento de intercambiar el asiento se lo hizo a la señorita Crawford cuando llegaron a lo alto de una larga cuesta, y su invitación se limitó a: "Aquí hay una preciosa vista panorámica. Me gustaría que estuvieses aquí arriba; pero imagino que no querrías cambiar, aunque te insistiera"; y la señorita Crawford apenas tuvo tiempo de contestar cuando ya bajaban la cuesta a buen paso.

Cuando llegaron a las inmediaciones de Sotherton, la señorita Bertram se encontró en mejor posición, de manera que puede decirse que se doblaron sus recursos. Tenía sentimientos-Rushworth y sentimientos-Crawford, pero en la proximidad de Sotherton el influjo de los primeros fue considerable. La importancia del señor Rushworth se había convertido en la propia importancia, y sentía un especial orgullo cuando decía a la señorita Crawford: "Ese bosque pertenece a Sotherton", o comentar de pasada: "creo que ahora es todo propiedad del señor Rushworth, a un lado y otro del camino". Este placer fue aumentando a medida que se acercaban a la magnífica mansión que era la antigua casa solariega de la familia, con todos sus derechos judiciales.

—Ahora que ya no tenemos más camino pedregoso, señorita Crawford, se han acabado las incomodidades. El resto del trayecto es plano y agradable. El señor Rushworth lo arregló al heredar la propiedad. Aquí empieza el pueblo. Aquellas casas son una vergüenza. El campanario de la iglesia se considera notablemente hermoso. Me alegro de que la iglesia no esté tan cerca de la Casa Grande como suele ocurrir en los antiguos lugares. La molestia de las campanas debe ser terrible. Ésa es la casa parroquial: un edificio de aspecto limpio, y tengo entendido que el sacerdote y su esposa son personas muy amables. Aquello es el asilo, construido por algún antepasado de la familia. A la derecha está la casa del administrador: un hombre muy respetable. Ahora estamos llegando a la casa de guardia y la entrada; pero todavía nos queda por recorrer casi kilómetro y medio de parque. Como ve, no es feo desde este extremo; hay una arboleda preciosa, pero la situación de la casa es horrible. Hay medio kilómetro cuesta abajo hasta ella, y es una lástima; porque no tendría mala perspectiva si el acceso fuera mejor.

La señorita Crawford no se quedaba corta en admirar; adivinaba muy bien los sentimientos de la señorita Bertram, y convirtió en una cuestión de honor el alentar al máximo su disfrute. La señora Norris desbordaba de placer y locuacidad, y hasta Fanny tuvo algo que decir con admiración, y fue oída con complacencia. Sus ojos se iban fijando en todo cuanto estaba a su alcance, y tras algún esfuerzo por divisar la casa, y comentar que "era una clase de edificio que no podía sino mirar con respeto", añadió.

—¿Dónde está la avenida? El edificio da al este, según veo; así que la avenida debe estar detrás. El señor Rushworth habló de la fachada oeste.

—Sí, está exactamente detrás de la casa; empieza a cierta distancia, y sube medio kilómetro hasta el final del parque. Se ve un poco desde aquí... algunos de los árboles más distantes son todos robles.

La señorita Bertram hablaba ahora con decidida autoridad de lo que había tomado completamente a la ligera cuando el sueño, ante la entrada principal, su ánimo tenía toda la feliz intensidad emocional que la vanidad y el orgullo pueden proporcionar.

9

El señor Rushworth estaba en la puerta para recibir a su dama, y dio la bienvenida al grupo entero con la debida atención. En el salón, su madre los acogió con igual cordialidad, y la señorita Bertram recibió de los dos toda la distinción que era de desear. Terminadas las salutaciones de llegada, había que comer primero, y se abrieron de par en par las puertas del salón comedor, al que se llegaba atravesando dos piezas intermedias, donde se había preparado una abundante y refinada colación. Se habló mucho, se comió mucho y todo discurrió muy bien. A continuación abordaron el tema del día: ¿le gustaría al señor Crawford echar una ojeada al parque, de la manera que él estimara mejor? El señor Rusworth mencionó su cabriolé, y el señor Crawford sugirió que sería más deseable disponer de un coche que pudiese llevar a más de dos.

—Privarnos de la ventaja de otros ojos y otras opiniones pude ser peor incluso que perder el actual placer.

La señora Rushworth propuso que se llevasen también el tílburi; pero eso sólo fue aceptado como último recurso; las jóvenes ni sonrieron ni dijeron nada. Su siguiente proposición de enseñar la casa a los que aún no la habían visto fue mejor acogida, porque la señorita Bertram tendría el placer de exhibir su tamaño, y los demás se alegraban de hacer algo.

Así que se levantó el grupo, y guiados por la señora Rushworth recorrió diversas estancias, todas altas, amplias muchas de ellas, y profusamente amuebladas al gusto de cincuenta años atrás, con suelos brillantes, sólida caoba, rico damasco, mármoles, dorados y esculturas; cada cosa bellísima en su género. Había abundancia de cuadros, algunos muy buenos, aunque la mayoría eran retratos de familiares que nadie conocía, con excepción de la señora Rushworth, quien se había tomado el trabajo de aprender lo que el ama de llaves le había podido enseñar, y ahora estaba casi tan capacitada como ella para mostrar la casa. En esta ocasión se dirigía en especial a la señorita Crawford y a Fanny, aunque no podía compararse el interés que ponían una y otra; porque la señorita Crawford, había visto docenas de casas y todas la tenían sin cuidado, por lo que simplemente escuchaba cortésmente, mientras que Fanny —para quien todo era novedoso e interesante— atendía con sincera seriedad a lo que la señora Rushworth contaba sobre los primeros tiempos de la familia; su ascenso y grandeza, las visitas reales y las pruebas de lealtad, encantada de relacionar cualquier detalle con la historia conocida, o de encender su imaginación con escenas del pasado.

La situación de la casa hacía imposible que ninguna de las habitaciones tuviera grandes vistas, y mientras Fanny y algunos de los otros escuchaban a la señora Rushworth, Henry Crawford miraba serio y meneaba la cabeza ante las ventanas. Todas las habitaciones de la fachada oeste dominaban, por encima de un cuadro de césped, el principio de la avenida, justo al otro lado de la alta cerca de hierro y las puertas.

Tras visitar infinidad de habitaciones que no parecían tener otra función que aumentar el impuesto sobre ventanas y el trabajo de las criadas, dijo la señora Rushworth:

—Ahora vamos a visitar la capilla, a la que habría que entrar por arriba y verla desde lo alto; pero como estamos entre amigos, los llevaré por aquí, si me lo permiten.

A Fanny la había preparado su imaginación para algo más suntuoso que esta mera habitación amplia y oblonga, abastecida de todo lo necesario para el culto, sin otra cosa notable o solemne que una gran profusión de caoba, con los cojines de terciopelo rojo asomado por encima el antepecho de la galería familiar.

—Me han decepcionado —susurró muy bajo a Edmund—. No es la idea que yo tengo de una capilla. Aquí no hay nada terrible, nada melancólico, nada grandioso. No hay naves, ni arcos, ni inscripciones, ni estandartes. Ningún "estandarte agitado por el viento nocturno de los cielos". No hay signo alguno del que "yace debajo de un monarca escocés".

—Olvidas, Fanny, la fecha tardía en que fue construida, y con qué limitado propósito, comparada con las viejas capillas de los castillos y los monasterios. Sólo era para uso privado de la familia. Supongo que sus miembros han sido enterrados en la iglesia parroquial. Allí es donde debes buscar los estandartes y las proezas.

—He sido una tonta al no caer en eso; pero me sigue decepcionando.

La señora Rushworth comenzó su perorata.

—Esta capilla fue arreglada, tal como la ven, en tiempos de Jacobo II. Antes de ese periodo, tengo entendido, los bancos eran sólo de madera, y hay razón para pensar que las fundas, los cojines del púlpito y los asientos de la familia eran sólo de paño púrpura; pero no es completamente seguro. Es una hermosa capilla, y tuvo un uso constante mañana y tarde. Las oraciones las leía siempre el capellán de la familia, según recuerdan muchos. Pero el difunto señor Rushworth dejó esa tradición.

—Cada generación aporta sus mejoras —dijo la señora Crawford, con una sonrisa, a Edmund.

La señora Rushworth fue a repetirle la lección al señor Crawford; y Edmund, Fanny y la señorita Crawford se quedaron juntos aparte.

—Es una pena —exclamó Fanny— haber dejado esa costumbre. Es un aspecto valioso de los viejos tiempos. La capilla y el capellán son elementos muy característicos de una casa grande, de la idea que tenemos de cómo debe ser una casa solariega. ¡Es hermoso: la familia entera reuniéndose regularmente para rezar!

—Muy hermoso, sí —exclamó la señorita Crawford echándose a reír—. Debían de hacer muchísimo bien los jefes de familia, obligando a las pobres doncellas y a los criados a dejar el trabajo o la distracción para rezar aquí dos veces al día, mientras ellos ponían cualquier excusa para no hacerlo.

—Ésa no es la idea que tiene Fanny de reunirse la familia —dijo Edmund—. Si no asisten el señor y la señora, se hace más daño que beneficio a la costumbre.

—En cualquier caso, es más discreto dejar que la gente se las arregle en esas cuestiones. A todo el mundo le gusta ir a su aire: escoger por sí mismo el momento y el modo de cumplir con su devoción. La obligación de asistir, el formulismo, la sujeción, la cantidad de tiempo… todo eso resulta pesado, y no le gusta a nadie; y si la buena gente que se pasaba el rato arrodillada bostezando en la galería hubiera podido imaginar que llegaría un tiempo en que hombres y mujeres podrían seguir en cama otros diez minutos, cuando se despertaran con dolor de cabeza, sin peligro de que alguien les reprochase el no haber asistido a la capilla, habrían saltado de alegría. ¿No se imaginan la desgana con la que antiguas bellezas de la casa Rushworth acudirían muchas veces a esta capilla? Las jóvenes señoras Eleanor y Bridget, todas tiesas en aparente devoción, pero con la cabeza llena de cosas muy distintas, sobre todo si el pobre capellán no merecía ni ser mirado, y en esos días imagino a los sacerdotes muy por debajo incluso de lo que son ahora.

Durante unos momentos no le contestaron. Fanny se ruborizó y miró a Edmund; pero se sentía demasiado enojada para hablar; y él necesitó unos instantes de recogimiento antes de poder decir:

—Su carácter alegre le impide mirar con seriedad siquiera los asuntos más serios. Nos ha hecho una descripción divertida, y conociendo la naturaleza humana no se puede decir que no fuera así. Todos sabemos lo difícil que es *a veces* concentrar el pensamiento en lo que queremos; pero suponiendo que sea algo frecuente, o lo que es lo mismo, una debilidad convertida en hábito por la dejadez, ¿qué puede esperarse de la devoción *privada* de tales personas? ¿Crees que los espíritus ligeros que se han dedicado a divagar en la capilla, estarían más recogidos en un gabinete?

—Sí, es muy probable. Al menos tendrían dos ventajas a su favor. Habría menos cosas que los distrajeran, y no se cansarían tanto.

—El espíritu que no lucha consigo mismo es una circunstancia, encontrará motivos de distracción en otra, creo; y la influencia del lugar y del ejemplo son capaces a menudo de generar mejores sentimientos que aquellos en los que se empezó. Reconozco, sin embargo, que la mayor parte del servicio religioso supone a veces demasiado esfuerzo para la mente. Nos gustaría que no fuera así; pero yo aún no hace demasiado que he dejado Oxford como para olvidar lo que son las oraciones en la capilla.

Estaba hablando de ese modo, y el resto del grupo andaba disperso por la capilla, cuando Julia llamó la atención del señor Crawford hacia su hermana, diciendo:

—Mire al señor Rushworth y a María, el uno al lado del otro, exactamente como si estuvieran celebrando la ceremonia. ¿No tienen toda la pinta de estar casándose?

El señor Crawford sonrió con aquiescencia, y dando un paso hacia María, dijo en un tono que sólo podía oír ella:

—No me gusta ver a la señorita Bertram tan cerca del altar.

Sobresaltada, la dama retrocedió instintivamente un paso o dos; pero se recobró en seguida y fingió reír. Y le preguntó un poco más fuerte "si la llevaría él".

—Me temo que sería muy fuerte para eso —replicó con una mirada significativa.

Julia, que se reunió con ellos en ese momento, continuó la broma:

—¡Dios mío!, sería una verdadera lástima que no se celebrara ahora mismo, si tuviéramos la debida licencia; porque ahora estamos todos juntos y nada sería más íntimo y agradable.

Y hablaba y reía a este propósito con muy poca discreción como para que la oyesen el señor Rushworth y su madre, exponiendo a su hermana a las galanterías generales de su enamorado, mientras la señora Rushworth comentaba con discreta sonrisa y dignidad que sería el más feliz acontecimiento para ella cuando se celebrara.

—¡Ojalá Edmund se hubiese ordenado ya! —exclamó Julia, corriendo donde estaba él con la señorita Crawford y Fanny—; mi querido Edmund, si estuvieses ordenado, podrías celebrar las ceremonias ahora mismo. Qué lástima que no lo estés; porque el señor Rushworth y María están perfectamente preparados.

El semblante de la señorita Crawford, al oír a Julia, habría podido divertir a un espectador desinteresado. Pareció horrorizarse ante la nueva información que estaba recibiendo. Fanny la compadeció. "Cuánto debe lamentar lo que ha dicho hace un momento", le pasó por la cabeza.

—¿Ordenarse? —dijo la señorita Crawford—; ¿es que va usted a ser clérigo?

—Sí, recibiré las órdenes en cuanto regrese mi padre… Probablemente las próximas Navidades.

La señorita Crawford, tras recobrar el ánimo y el color, se limitó a comentar:

—De haberlo sabido antes habría hablado del clero con más respeto —y cambió de conversación.

Poco después, dejaron la capilla al silencio y la quietud que imperaban en ella, con pequeñas interrupciones, durante todo el año. Abrió la marcha la señorita Bertram, disgustada con su hermana, y todos tuvieron la sensación de haber estado allí demasiado tiempo.

Ahora habían visto toda la parte baja de la casa, y la señora Rushworth, que nunca se daba por vencida, habría seguido hacia la escalinata principal y los habría llevado por todas las habitaciones de arriba, si su hijo no la hubiera interrumpido con una duda sobre si tendrían tiempo.

—Porque si nos entretenemos demasiado con la casa —dijo con esa especie de evidencia palmaria que cabezas despejadas no pueden evitar—, no nos dará tiempo para lo que hay que hacer afuera. Son más de las dos y la cena es a las cinco.

La señora Rushworth se resignó, e iba probablemente a debatirse más a fondo la cuestión de inspeccionar el terreno, junto con el quién y el cómo, y la señora Norris estaba empezando a planear qué combinación de coches y caballos podría hacerse, cuando los jóvenes, al toparse con una puerta tentadoramente abierta a un tramo de escalera que daba acceso directo al césped y a los arbustos, y a todas las delicias del parque, como por un solo impulso, deseosos de aire y de libertad, se apresuraron a salir.

—De momento salgamos por aquí —dijo la señora Rushworth, captando cortésmente el deseo general, y siguiéndolos—. Aquí tenemos muchas plantas y curiosos faisanes.

—Me pregunto —dijo el señor Crawford, mirando a su alrededor— si hay algo aquí que necesitemos ver, antes de ir a otra parte. Veo muros muy prometedores. Señor Rushworth, ¿convocamos consejo sobre este césped?

—James —dijo la señora Rushwoth a su hijo—, creo que la zona silvestre será una novedad para todos. Las señoritas Bertram no la han visto aún.

No hubo objeción alguna; pero durante unos momentos, nadie se sintió inclinado a iniciar ningún plan, ni a dirigirse a ningún sitio. Todos se sentían atraídos por las plantas o los faisanes, y se desperdigaron en feliz independencia. El señor Crawford fue el primero en ponerse en marcha para examinar las posibilidades de ese extremo de la casa. El césped, limitado a uno y otro lado por un muro alto, comprendía, más allá de la primera zona de plantas, un campo de bolos y más allá un largo paseo en terraza, con una valla de hierro detrás, que dominaba una perspectiva, por encima de ellos, hasta las copas de los árboles de la zona silvestre adyacente. Era un buen sitio para descubrir defectos. La señorita Bertram y el señor Rushworth siguieron en seguida al señor Crawford; y cuando, poco después, los otros se dividieron en grupos, Edmund, la señorita Crawford y Fanny encontraron a los tres en la terraza enfrascados en deliberaciones y se unieron a ellos de manera natural. Después de departir un breve tiempo, los dejaron y siguieron andando. El otro grupo: la señora Rushworth, la señora Norris y Julia, iba todavía muy atrás; porque Julia, cuya feliz estrella había dejado de predominar, se había visto obligada a quedarse al lado de la señora Rushworth, y a acomodar sus pasos impacientes al lento caminar de la dama, mientras que su tía, al toparse con el ama de llaves que había salido a dar de comer a los faisanes, se había quedado a hablar con ella. La pobre Julia, única de los nueve que no estaba relativamente satisfecha con su suerte, soportaba ahora una completa penitencia, con un estado de ánimo muy diferente del que la Julia del birlocho podría haber hecho prever. La cortesía que le habían enseñado a practicar como un deber le impedía escapar, mientras que la falta de esa especie de autodominio superior, de esa consideración justa a los demás, de ese conocimiento del propio corazón, de ese principio de lo que está bien, que no había formado parte ninguna de su educación, la hacia sentirse desgraciada en el fondo.

—Hace un calor insoportable —dijo la señorita Crawford después de dar una vuelta por la terraza, cuando se acercaban por segunda vez a la puerta del centro que daba acceso a la zona silvestre—. ¿Alguien tiene inconveniente en que nos refresquemos? Aquí hay un bosquecillo precioso, si se puede llegar a él. ¡Ojala que no esté esa puerta cerrada con llave!... Pero naturalmente lo estará; en estos sitios, los únicos que pueden ir a donde se les antoja son los jardineros.

La puerta, sin embargo, no estaba cerrada con llave, y se alegraron de salir por ella y dejar atrás el sol implacable. Un número considerable de escalones los condujeron a la zona silvestre, consistente en una plantación de árboles de unos ocho mil metros cuadrados de extensión; y aunque la mayoría eran alerces, laureles y hayas taladas, guardaban demasiada regularidad, por lo que conformaban una agradable zona de sombra y belleza natural, en comparación con el campo de bolos y la terraza. Todos agradecieron el frescor, y durante un rato no fueron capaces de hacer otra cosa que andar y admirar. Por último, tras una breve pausa, la señorita Crawford empezó:

—Así que va a ser clérigo, señor Bertrand. Eso ha sido una gran sorpresa para mí.

—¿Una sorpresa por qué? Podría haber supuesto que pensaba abrazar alguna profesión, y seguramente se ha dado cuenta de que no soy ni abogado, ni soldado, ni marino.

—Es cierto; pero, en fin, no se me había ocurrido. Y siempre suele haber un tío o un abuelo que deja la fortuna al hijo segundo.

—Una práctica muy loable —dijo Edmund—, aunque no de carácter universal, y yo soy una de las excepciones; así que me toca hacer algo por mí mismo.

—Pero, ¿por qué clérigo?, yo creía que eso se dejaba al hijo menor cuando había varios que elegían antes que él.

—¿Entonces cree usted que la Iglesia no hace jamás su propia elección?

—"Jamás" es una palabra atroz. Pero sí; pienso en el *jamás* coloquial, que hace las veces de *muy pocas veces*. Porque, ¿qué se puede hacer en la Iglesia? A los hombres les gusta destacar. Y se puede ganar distinción en cualquiera de las otras profesiones, pero no en la Iglesia. Un clérigo no es nada.

—El *nada* coloquial tiene sus gradaciones, espero, lo mismo que el *jamás*. Ciertamente, un sacerdote no puede vivir inmerso en el lujo o en la elegancia. No debe acaudillar multitudes, ni marcar el tono en el vestir. Pero no puedo calificar de "nada" un estado que tiene a su cargo todo aquello que es de primerísima importancia para la humanidad, ya se vea de manera individual o colectiva; en lo temporal y en lo eterno. Un clérigo tiene la tutela de la religión y la moral, y por consiguiente los modos de comportamiento que se derivan de su influencia. Nadie aquí puede calificar ese oficio de *nada*. Si el hombre que lo desempeña no es nada, es porque ha descuidado su deber, porque ha renunciado a su justa importancia, y se ha apartado de su camino para parecer lo que no debía parecer.

—Usted da más importancia al sacerdote de lo que se suele oír por ahí o de lo que yo soy capaz de comprender. No veo que tenga mucha influencia ni importancia en la sociedad; así que, ¿cómo la adquiere, cuando se los ve tan raramente? ¿Cómo pueden dos sermones semanales, aún suponiendo que valga la pena escucharlos, aún suponiendo que el predicador tenga la sensatez de preferir a los de Blair• a los suyos propios, hacer todo lo que usted dice, guiar las maneras y los usos

---

• *Hugh Blair* (1718-1800). Teólogo escocés famoso por sus sermones.

y costumbres de una gran congregación durante el resto de la semana? Apenas se ve a un sacerdote fuera del púlpito.

—Bueno, usted habla de Londres, yo estoy hablando de la nación entera.

—La metrópolis, imagino, es una buena muestra de lo demás.

—No de la proporción de virtudes y vicios de todo el reino, espero. No es en las grandes ciudades donde encontramos nuestra mejor moralidad. No es allí donde la gente respetable de cualquier confesión puede hacer el mayor bien, y, desde luego, no es allí donde más se siente la influencia del clero. Un buen predicador es seguido y admirado; pero no es sólo predicando bien como un buen sacerdote será útil a la parroquia y a la vecindad, donde la parroquia y la vecindad son de una dimensión tal que pueden conocer su carácter privado y observar su conducta general, lo que rara vez puede ocurrir en Londres. El clero se pierde allí entre la multitud de sus feligreses. Se los conoce en gran medida sólo como predicadores. Y respecto a influir en la conducta pública, la señorita Crawford no debe malinterpretarme, ni suponer que los considero árbitros de la buena crianza, reguladores del refinamiento y la cortesía, y maestros de ceremonias de la vida. Las costumbres a las que yo me refiero más bien podrían llamarse *conducta*, quizá resultado de los buenos principios; efecto, en definitiva, de esas doctrinas que es deber de ellos enseñar y recomendar; y allí donde se encuentren, creo, vemos que, según sean o no sean los sacerdotes lo que deben ser, así será el resto de la nación.

—Desde luego —dijo Fanny con suave seriedad.

—Vaya —exclamó la señorita Crawford—. Ya ha convencido usted a la señorita Price.

—Quisiera poder convencer a la señorita Crawford también.

—No creo que lo consiga —dijo ella con una amplia sonrisa—. Estoy tan sorprendida como al principio de que piense ordenarse. En realidad tiene capacidad para algo mejor. Vamos, piénselo bien. No es demasiado tarde, entre en el derecho.

—¡Entre en el derecho! Me lo dice con la misma facilidad que si dijera “entre en el bosque”.

—Seguro que va a decir que el derecho es un bosque más intrincado que ése; pero me anticipo a decirlo yo; y le pido que recuerde que me he anticipado.

—No hace falta que se apresure a impedirme decir una ingeniosidad, porque yo no tengo nada de ingenioso. Soy una persona de lenguaje llano y prosaico, y puedo pasarme media hora merodeando alrededor de una réplica sin dar con ella.

A continuación siguió un silencio general. Cada cual se quedó pensativo. Fanny fue la primera en romperlo, diciendo:

—Me extraña estar cansada sólo de andar por este bosquecillo agradable; pero si no les importa, cuando lleguemos a un banco, me gustaría que nos sentáramos un poco.

—Mi querida Fanny —exclamó Edmund, tomándola inmediatamente del brazo por debajo del suyo—, ¡qué desconsiderado soy! Espero que no estés muy cansada. Tal vez —volviéndose a la señorita Crawford— mi otra compañera pueda hacerme el honor de tomarse de mi otro brazo.

—Gracias, pero no estoy nada cansada —no obstante se tomó de su brazo mientras hablaba, y la gratitud de Edmund por este gesto, por sentir ese contacto por primera vez, hizo que se olvidara un poco de Fanny.

—Apenas me toca —dijo Edmund—. No hace que me sienta útil. ¡Qué diferencia entre el peso del brazo de una mujer y el de un hombre! En Oxford he llevado muchas veces a un hombre apoyado a lo largo de una calle; usted es como el peso de una mosca, en comparación.

—En realidad no estoy cansada, lo que casi me sorprende; porque debemos llevar caminando más de un kilómetro por este bosque, ¿No cree?

—No llevamos ni medio —respondió con decisión; porque no estaba aún tan enamorado como para medir distancias, ni calcular el tiempo con femenino desorden.

—¡Ah! No tiene en cuenta la cantidad de vueltas que hemos dado. Hemos hecho un recorrido francamente sinuoso; y el bosque mismo debe tener más de medio kilómetro de largo en línea recta, porque aún no hemos visto el final desde que dejamos el camino ancho.

—Pero recuerde que, antes de dejar el camino ancho, hemos visto el final; cuando estuvimos mirando todo el panorama desde arriba, y lo vimos cerrado por la verja de hierro; y no tendrá más de un estadio de largo.

—Bueno, yo no sé nada de estadios, pero estoy segura de que es un bosque muy largo, y hemos estado torciendo a un lado y a otro desde que hemos entrado en él; así que cuando digo que hemos andado más de un kilómetro dentro de él, estoy hablando dentro de sus límites.

—Llevamos exactamente un cuarto de hora aquí —dijo Edmund, sacando el reloj—. ¿Cree que caminamos a seis kilómetros y medio por hora?

—¡Por favor no me atosigue con el reloj! Los relojes van siempre demasiado deprisa o demasiado despacio, no quiero que me mande ningún reloj.

Unos pasos más adelante llegaron al final mismo del paseo del que habían estado hablando. Y, retirado del borde, protegido por la sombra y dominando el parque por encima de una valla baja, había un banco de cómodas dimensiones en el que se sentaron.

—Me da miedo que te hayas cansado demasiado, Fanny —dijo Edmund mirándola—; ¿por qué no lo has dicho antes? Será un día poco divertido para ti, si te cansas. Cualquier ejercicio la cansa en seguida, señorita Crawford, salvo montar a caballo.

—¡Qué pena, entonces, que me haya permitido acaparar su caballo toda la semana pasada! Me avergüenzo de usted y de mí; pero no volverá a suceder.

—Su atención y consideración me hacen ver más claramente mi propia negligencia. El bienestar de Fanny está más seguro en sus manos que en las mías.

—No me sorprende que se sienta cansada ahora, porque no hay obligación que canse más que la que hemos llevado a cabo esta mañana: visitar una casa grande, andar de habitación en habitación, forzar la vista y la atención, escuchar explicaciones que no entendemos, admirar lo que nos tiene sin cuidado… O sea, hacer lo que se considera lo más aburrido del mundo, y que es lo que le ha parecido a la señorita Price, aunque no se haya dado cuenta.

—En seguida habré descansado —dijo Fanny—; estar sentada a la sombra en un día precioso, y mira el verdor, es la manera más perfecta de refrescarse.

Tras estar sentados unos momentos, la señorita Crawford se levantó otra vez.

—Tengo que moverme —dijo—. A mí me cansa estar sentada. Estoy harta de mirar por encima de esta valla. Voy a ver la misma vista desde aquella verja de hierro, aunque no se vea igual de bien.

Edmund se levantó también.

—Bueno, señorita Crawford, si mira del paseo para arriba se convencerá de que no puede haber más de medio kilómetro, o la mitad de medio.

—¡Es una distancia enorme! —replicó ella—. Se ve con un golpe de vista.

Aunque en vano, Edmund siguió razonando con ella; no quería calcular, no quería comparar. Sólo sonreía y asentía. La lógica más coherente no habría podido ser más seductora; y hablaban con mutua satisfacción. Finalmente acordaron que debían tratar de determinar las dimensiones del bosque andando un poco más por él. Lo recorrerían de un extremo a otro en la línea en la que estaban ahora (porque había un sendero recto abajo, junto a la valla); torcerían, quizá, en alguna dirección, si eso podía ayudarlos, y regresarían en unos minutos. Fanny dijo que ya había descansado y que iría también, pero no se lo consintieron. Edmund la instó a que se quedara donde estaba con una seriedad que Fanny no se atrevió a contradecir, y la dejaron en el banco, pensando con agrado en las atenciones de su primo, aunque lamentando muchísimo el no ser más fuerte. Los estuvo observando hasta que torcieron, y siguió mirando hasta que dejó de oírlos.

10

Pasó un cuarto de hora, pasaron veinte minutos, y Fanny seguía pensando en Edmund, en la señorita Crawford y en sí misma, sin que nadie la interrumpiera. Empezaba a extrañarle que tardaran tanto, y a prestar atención, deseosa de oír de nuevo sus pasos y sus voces. Escuchó, y finalmente *oyó*; oyó voces y pasos que se acercaban; pero apenas acababa de comprender que no eran los que esperaba, cuando la señorita Bertram, el señor Rushwoth y el señor Crawford aparecieron por el mismo sendero por el que había llegado Fanny, y se detuvieron delante de ella.

"¡La señorita Price sola!", y "mi querida Fanny, ¿por qué estás aquí?" fueron los saludos que escuchó. Entonces les contó lo ocurrido.

—¡Pobre querida Fanny! —exclamó su prima—... ¡Que falta de consideración! Tenías que haberte quedado con nosotros.

Luego, sentada con un caballero a cada lado, reanudó la conversación que traían, y habló con gran animación de la posibilidad de hacer reformas. No se había decidido nada; pero Henry Crawford estaba lleno de ideas y proyectos, y, en general, cualquier cosa que él proponía era aprobada inmediatamente, primero por ella, y luego por el señor Rushworth, cuyo principal interés parecía ser el escuchar a los demás y apenas arriesgaba una idea original, aparte de desear que hubieran visto la residencia de su amigo Smith.

Transcurridos de ese modo unos minutos, la señorita Bertram, que observaba el cancel, expresó el deseo de cruzarla y entrar en el parque para abarcar mejor sus perspectivas y sus planos. Eso era precisamente lo que todos los demás deseaban, era lo mejor, el único modo de proseguir el paseo con algún provecho, en opinión de Henry, ahí veía una loma, como a medio kilómetro, que les brindaría precisamente la vista de la casa; así que debían cruzar el cancel y dirigirse a esa loma. Pero lo encontraron cerrado. El señor Rushwoth lamentó el no haber traído la llave; había estado pensando si tomarla o no. No volvería a salir sin ella nunca más. Pero esa decisión no solucionaba la actual dificultad. No podían entrar en el parque; y como la señorita Bertram no cejaba en su deseo, el señor Rushworth acabó diciendo sin más que iría a traer la llave, y se marchó.

—Evidentemente eso es lo mejor que se puede hacer, puesto que estamos bastante lejos de la casa —dijo el señor Crawford, cuando se hubo marchado el señor Rushworth.

—Sí, no puede hacerse otra cosa. Pero, sinceramente, ¿no encuentra usted la propiedad peor de lo que esperaba?

—¡Oh, no!, muy al contrario; me parece mejor, espléndida y completa en su estilo; aunque, a decir verdad, no es el mejor estilo —agregó en voz baja—. No creo que vuelva a ver Sotherton con tanto placer como ahora. No creo que otro verano la mejore para mí.

Tras un momento de embarazo, la dama contestó:

—Es usted demasiado mundano como para poder ver las cosas de otra manera que no sea la de un hombre de mundo. Si los demás piensan en un Sotherton mejorado, no me cabe duda de que usted también.

—Me temo que no soy tan mundano como me convendría en algunos aspectos. Mis sentimientos no son tan pasajeros, ni mis recuerdos de tan grato dominio, como los de los auténticos hombres de mundo.

A esto siguió un breve silencio. La señorita Bertram empezó otra vez:

—Parecía muy contento conduciendo el coche esta mañana, y eso me ha alegrado mucho. Usted y Julia han venido riendo todo el camino.

—¿De veras? Sí, creo que sí; pero no me acuerdo de mucho… ¡Ah!, creo que le iba contando alguna anécdota ridícula de un viejo mozo de cuadra irlandés que tenía mi tío. A su hermana le encanta reír.

—¿Le parece más alegre que yo?

—Cuánto más fácilmente se divierte uno —replicó, riendo—, es mejor la compañía. No creo que la hubiera distraído usted contándole anécdotas irlandesas durante un viaje de dieciséis kilómetros.

—Naturalmente yo me considero tan alegre como Julia; pero ahora tengo más cosas en qué pensar.

—Sin duda…, y hay situaciones en la que demasiada alegría denota falta de sensibilidad. Sus expectativas, sin embargo, son demasiado optimistas para que justifiquen la falta de alegría. Ante sí se abre un panorama muy halagüeño.

—¿Habla usted literalmente, o en un sentido figurado?... Supongo que literalmente. Sí, desde luego, el sol es espléndido y el parque parece muy alegre; pero, por desgracia, ese cancel, esa valla, me produce cierta sensación de encierro y de opresión. ¡No puedo salir!, como cantaba el estornino —mientras hablaba, lo hacía como cantando, y así se acercó al cancel; él la siguió—… ¡Oh, cuánto tarda el señor Rushworth en traer la llave!

—Seguramente usted no saldría sin la llave, y sin la autoridad y la protección del señor Rushworth; creo que podría salir sin mucha dificultad por encima del cancel, por aquí, con mi ayuda. Creo que eso es factible, si realmente desea más libertad, y no lo considera vedado.

—¿Vedado? ¡Qué tontería! Desde luego que puedo salir así, y desde luego lo voy a hacer. El señor Rushworth estará aquí dentro de unos minutos, no nos perderemos de vista.

—O si nos perdemos, la señorita Price será tan amable de decirle que nos puede encontrar en la loma, en el grupo de árboles que hay en lo alto.

A Fanny le pareció que no estaba bien, y no pudo evitar hacer un intento de impedirlo.

—Vas a lastimarte, María —gritó—; vas a herirte con las astillas de los barrotes, o vas a desgarrarte el vestido; puedes caerte en la zanja de abajo. Será mejor que no lo hagas.

Mientras Fanny decía todo esto, María pasó sin percances del otro lado; y sonriendo, contenta de su éxito, dijo:

—Gracias, mi querida Fanny, pero mi vestido y yo estamos sanos y salvos; así que hasta luego.

Fanny se quedó sola otra vez, sin que hubiera mejorado su ánimo, dado que la entristecía casi todo lo que había visto y oído, la asombraba la conducta de la señorita Bertram, y la irritaba el señor Crawford. Tomaron una dirección tortuosa y, según le pareció, muy poco lógica hacia la loma, y desaparecieron en seguida de su vista. Estuvo unos minutos sin ver ni oír a ninguno de sus compañeros. Le daba la impresión de que tenía el bosquecillo para sí misma. Casi había pensado que Edmund y la señorita Crawford lo habían abandonado; pero era imposible que Edmund se hubiera olvidado por completo de ella.

De nuevo la sacaron de sus desagradables meditaciones unos pasos súbitos: alguien se acercaba deprisa por el camino principal. Esperaba ver aparecer al señor Rushwoth, pero era Julia, toda acalorada y sin aliento, quien, con expresión de desencanto, exclamó al verla:

—¿Dónde están los otros? Creí que María y el señor Crawford estaban contigo.

Fanny se lo explicó.

—¡Vaya!, pues no los veo por ninguna parte —miraba ansiosa hacia el parque—. Pero no pueden estar muy lejos y creo que podré hacer lo mismo que María, incluso sin ayuda.

—Pero Julia, el señor Rushworth estará aquí de un momento a otro con la llave. Espera a que venga.

—Ni hablar. Estoy harta de esta familia en lo que va de la mañana. Sabrás que acabo de escapar de la pesada de su madre. ¡Ya he soportado una buena penitencia mientras que ustedes estaban sentados aquí, tan contentos! Bien hubieras podido estar tú con ella; pero siempre te las ingenias para escabullir el bulto.

Este comentario fue de lo más injusto, pero Fanny lo aceptó y lo pasó por alto; Julia estaba enojada y tenía un temperamento impulsivo; pero ella sabía que se le iba a pasar rápido, así que no le hizo caso; solamente le preguntó si había visto al señor Rushworth.

—Sí, lo he visto. Corría como si le fuera la vida en ello, y se ha detenido justo para decirnos a dónde iba y dónde se encontraban todos.

—Es una lástima que se haya tomado tanta molestia por nada.

—Pues eso es asunto de María. Yo no tengo por qué cargar con sus culpas. A la madre no la he podido evitar porque la pesada de la tía Norris andaba chismorreando con el ama de llaves; pero del hijo sí me puedo librar.

Sin decir más caminó hacia la cerca, la saltó y se alejó sin escuchar la última pregunta de Fanny sobre si había visto a la señorita Crawford y a Edmund. Sin embargo, la clase de temor que ahora tenía Fanny, allí sentada, de enfrentarse al señor Rushworth le impidió pensar en la prolongada ausencia de ambos. Le parecía una desconsideración y le daba mucho apuro tener que contarle lo sucedido. El señor Rusworth llegó donde estaba ella menos de cinco minutos después de marcharse Julia, y aunque Fanny se lo contó con la mayor delicadeza, él no pudo más que sentirse mortificado y un poco molesto. Al principio no dijo nada; pero en su expresión manifestó su enorme sorpresa y desagrado; se dirigió al cancel y se quedó delante de él, como sin saber qué hacer.

—Me han pedido que me quedara; mi prima María me ha encargado que le diga que los encontrará en aquella loma, o por allí.

—Creo que no voy a dar un paso más —dijo él con hosquedad—; no veo a nadie. Cuando llegue a la loma, lo mismo se han ido a otra parte. Ya he andado bastante.

Se sentó al lado de Fanny con un semblante de lo más sombrío.

—Lo siento mucho —dijo ella—; es una verdadera contrariedad —y hubiera querido decir algo más.

Después de un rato de silencio, dijo el señor Rushworth:

—Pienso que pudieran estar esperándome.

—La señorita Bertram pensaba que iba a seguirla.

—No tendría que seguirla si me hubiese esperado.

Eso era incuestionable, por lo que Fanny guardó silencio. Tras una nueva pausa, él dijo:

—Dígame, señorita Price: ¿Es usted tan gran admiradora del señor Crawford como lo son algunos? Yo, desde luego, no veo nada especial en él.

—No me parece nada apuesto.

—¿Apuesto? Nadie puede considerar apuesto a un hombre bajo como él. No llega al metro setenta y cinco. No me extrañaría que midiera uno setenta. A mí me parece un tipo más bien feo. En mi opinión, estos Crawford no son ninguna joya. Estábamos muy bien sin ellos.

Aquí se le escapó a Fanny un leve suspiro, y no supo contradecirle.

—Si hubiera puesto yo alguna objeción a traer la llave, habría sido una excusa; pero he ido en cuanto me ha dicho que la quería.

—No ha podido usted portarse con mayor amabilidad, y estoy segura de que ha ido lo más rápido que ha podido; lo que ocurre es que hay largo trecho de aquí hasta la casa, hasta dentro de la casa, quiero decir; cuando la gente espera suele calcular muy mal el tiempo, y medio minuto les parece cinco.

El señor Rushworth se levantó y se dirigió a la cancela otra vez, y deseó haber tenido la llave encima en su momento. A Fanny le pareció notar indicios de apaciguamiento, y esto la animó a hacer otro intento; así que dijo:

—Es una pena que no vaya a buscarlos. Esperaban tener una mejor perspectiva de la casa desde esa parte del parque, y estarán pensando cómo mejorarlo; pero no podrán decidir nada sin usted.

Fanny descubrió que se le daba mejor alentar que retener a un compañero. El señor Rushworth se dejó convencer.

—Bien —dijo—, si usted cree que es mejor que vaya, sería una tontería haber traído la llave para nada —y abrió la cerca y se fue sin más.

Los pensamientos de Fanny volvieron ahora a los dos que la habían dejado hacía bastante tiempo, por lo que, impaciente, decidió ir a buscarlos. Siguió sus pasos por el sendero de abajo, y acababa de meterse por otro cuando le llegaron la voz y la risa de la señorita Crawford; el ruido se fue acercando, y tras algunas revueltas aparecieron los dos ante ella: acababan de entrar en el bosque desde el parque, del que habían salido por un cancel que no estaba cerrado y que los había tentado a poco de dejar a Fanny, habían cruzado una parte del parque, hasta la misma avenida a la que Fanny había estado esperando toda la mañana poder llegar y se habían sentado al pie de uno de los árboles. Esto es lo que le contaron. Era evidente que habían pasado el tiempo de agradable manera y no tenían conciencia de lo que habían tardado. El máximo consuelo de Fanny fue que Edmund le asegurara que había querido que hubiese estado con ellos, y que, desde luego, habría vuelto por ella si no se hubiera encontrado ya cansada; pero aquello no fue suficiente para disipar el dolor de haberla dejado sola una hora, que él redujo a unos minutos, ni para desterrar la curiosidad que sentía por saber de qué habían estado hablando todo ese tiempo; pero el resultado fue, para su desencanto, que de común acuerdo decidieron regresar a la casa.

Al llegar al pie de la escalinata que conducía a la terraza, aparecieron en lo alto la señora Rushworth y la señora Norris, dispuestas a visitar la zona silvestre al cabo de un ahora y media de haber salido de la casa. La señora Norris había estado demasiado ocupada para ir más deprisa. Cualesquiera que hubieran sido los incidentes que habían enturbiado el placer de sus sobrinas, para ella había sido una mañana de completo disfrute; porque el ama de llaves, tras infinidad de cumplidos a propósito de los faisanes, la había llevado a visitar la lechería, le habría hablado de las vacas, y le había dado la receta de un famoso queso de nata; en el momento de que Julia las dejara se les había unido un jardinero, con el que la señora Norris había hecho una gran amistad, porque ella lo había orientado sobre la enfermedad de su nieto, asegurándole que se trataba de una fiebre terciaria, y le había prometido un remedio; y él, a cambio, le había enseñado las plantas más selectas del invernadero, y hasta le había regalado una curiosísima clase de brezo.

Después de este encuentro regresaron juntos a la casa, para seguir charlando y hojeando números de la revista *Quarterly* sentados en los sofás; ahí permanecieron hasta que regresaron los otros, y llegó la hora de cenar. Era bastante tarde cuando entraron las señoritas Bertram y los dos caballeros. Su paseo parecía haber sido sólo parcialmente agradable, y nada productivo en cuanto al objeto del día. Según contaron, habían estado buscándose los unos a los otros, y cuando se juntaron por fin —le dio a Fanny la impresión— ya era demasiado tarde para restablecer la armonía, así cómo para decidir nada, según confesaron. Al mirar a Julia y al señor Rushworth, comprendió que no era suyo el único pecho descontento, pues había tristeza en el rostro de los dos. El señor Crawford y la señorita Bertram estaban mucho más alegres, y durante la cena le pareció que él se tomaba especial interés en disipar cualquier pequeño resentimiento de los otros dos, y devolver el buen humor general.

A la cena siguieron inmediatamente el té y el café; el viaje de dieciséis kilómetros que les esperaba no permitía mucha pérdida de tiempo, y desde que se sentaron a la mesa hasta la llegada del coche a la puerta, todo fue una sucesión de bulliciosas naderías. La señora Norris, que no podía estarse callada y había obtenido del ama de llaves unos cuantos huevos de faisán y queso de nata, y se deshacía en cortesías a la señora Rushworth, se dispuso a abrir la marcha. Al mismo tiempo, el señor Crawford, acercándose a Julia, dijo:

—Espero no haber perdido a mi compañera, a menos que le dé miedo el aire de la noche en un asiento tan expuesto.

Julia no había previsto esta invitación, pero la aceptó con gran amabilidad, y su día iba a terminar casi tan bien como había empezado. La señorita Bertram había pensado otra cosa y se sintió algo decepcionada; pero su convencimiento de ser en realidad la preferida la consoló en secreto, y le permitió recibir las atenciones de despedida del señor Rushworth como debía. Desde luego, él se alegraba más de ayudarla a subir al interior del birlocho que a trepar al pescante… alegría que pareció confirmar el arreglo.

—¡Bueno, Fanny, hoy ha sido un estupendo día para ti!, de eso no hay duda —dijo la señora Norris cuando el coche atravesaba el parque—. ¡Una verdadera delicia de principio a fin! Y por supuesto debes estar agradecidísima a tu tía Bertram por haber hecho posible que vinieras. ¡Nada menos que un día entero de diversión, eso has tenido!

María estaba lo bastante molesta como para decir inmediatamente:

—Me parece que a usted le ha ido bastante bien también. Parece que lleva el regazo cargado, y aquí, entre nosotras va una cesta que me está golpeando el codo de manera despiadada.

—Cariño, es sólo una plantita de brezo que el amable jardinero ha insistido en que me llevara; pero si te molesta, la llevaré yo encima. Toma, Fanny, llévame tú este paquete; ten cuidado de que no se te caiga; es un queso de nata, igual que ese riquísimo que hemos tomado en la cena. Nada ha alegrado más a la buena señora Whitaker que el haberle aceptado uno de sus quesos. Me he estado resistiendo, hasta que he visto que casi se le llenaban los ojos de lágrimas, y he sabido que es de la clase que tanto le gusta a mi hermana. ¡Esa señora Whitaker es un tesoro! Casi se ha escandalizado al preguntarle si se servía vino en la segunda mesa, y ha regañado a los criados por su negligencia. Hazte cargo del queso, Fanny, así puedo llevar bien el otro paquete y la cesta.

—¿Y qué otras cosas ha logrado gratis? —dijo María medio complacida de que Sotherton fuese tan elogiado.

—Pues nada, cariño, solamente estos cuatro hermosos huevos de faisán que la señora Whitaker me ha obligado a aceptar; no ha querido admitir una negativa. Ha dicho que sería una distracción para mí, al saber que vivo sola, tener un animalito de esta clase; y te aseguro que lo será. Le diré a la lechera que se los ponga a la primera gallina clueca, y si salen me los llevaré a mi casa y pediré prestada una jaula; será una delicia cuidarlos en mis horas de soledad. Y con un poco de suerte, tu madre tendrá también el suyo.

Era una noche hermosa, suave, tranquila, y el trayecto fue todo lo agradable que pudo hacerlo la serenidad de la naturaleza; pero cuando la señora Norris dejó de hablar, el viaje fue totalmente silencioso para los de dentro, pues ya se les había agotado el ánimo y casi todos iban tratando de determinar si el día les había resultado más placentero que fatigoso.

11

El día en Sotherton, con todos sus defectos, despertó en las señoritas Bertram sentimientos mucho más amables que las cartas de La Antigua, que llegaron a Mansfield poco después. Era mucho más grato pensar en Henry Crawford que en sir Thomas; y pensar en que su padre iba a estar nuevamente en Inglaterra dentro de poco, como se deducía de sus últimas cartas, ahora les parecía de lo más inoportuno.

El mes fatídico, que se señalaba para su llegada, era noviembre. Sir Thomas lo anunciaba con toda la decisión que le daban su experiencia y su preocupación. Sus asuntos estaban lo bastante adelantados como para justificar su propósito de sacar pasaje en el barco de septiembre, y por consiguiente esperaba ver de nuevo a su amada familia a primeros de noviembre.

María era más digna de compasión que Julia, porque para ella la llegada del padre significaba casarse pronto, y el regreso de la persona más preocupada por su felicidad la uniría al enamorado de quien ella había decidido que dependiera esa felicidad. Era una sombría perspectiva, y todo lo que podía hacer era correr un velo sobre el asunto, y esperar ver otra cosa cuando ese velo se descorriera. Era difícil que llegara a principios de noviembre, pues por lo general se producían retrasos a causa de la falta de pasaje, o algo por el estilo, ese "algo" providencial cuyo alivio siente el que cierra los ojos mientras mira, o el entendimiento mientras discurre. Si llegara pronto, lo haría a mediados de noviembre, y para mediados de noviembre faltaban tres meses; y tres meses representaban trece semanas… y en trece semanas podrían ocurrir muchas cosas.

Sir Thomas se habría sentido profundamente herido si hubiera sospechado siquiera la mitad de lo que sus hijas pensaban de su regreso, y lo habría consolado muy poco saber el interés que despertó en el pecho de otra joven. La señorita Crawford se enteró de la buena nueva al llegar con su hermano a pasar la tarde en Parque Mansfield, y aunque no pareció mostrar más curiosidad por el asunto que la que demandaba la cortesía, y expresó sus sentimientos con una discreta felicitación, escuchó la noticia con un interés no fácilmente satisfecho. La señora Norris explicó los pormenores de la carta y el asunto se dio por terminado; pero después del té, estaba la señorita Crawford de pie frente a la ventana abierta, con Edmund y Fanny, mirando el paisaje crepuscular, mientras las señoritas Bertram, el señor Rushworth y Henry Crawford estaban ocupados con las velas del piano, cuando ella dijo de pronto, volviéndose hacia el grupo:

—¡Qué feliz parece el señor Rushworth!, seguramente está pensando en el mes de noviembre.

Edmund se volvió a mirar al señor Rushworth también, pero no tuvo nada que decir.

—El regreso de su padre será un acontecimiento interesantísimo.

—Por supuesto, después de una ausencia tan larga; de una ausencia no sólo larga, sino llena de peligros.

—Sí, pero además será anunciadora de otros acontecimientos importantes, por ejemplo el matrimonio de su hermana y su ordenación.

—Sí.

—No se lo tome a mal —dijo la señorita Crawford riendo—, pero eso me recuerda a los héroes paganos, que después de llevar a cabo grandes proezas en extrañas tierras, a su regreso ofrecían sacrificios a los dioses.

—En este caso no hay ningún sacrificio —replicó Edmund con grave sonrisa, y mirando otra vez hacia el piano—. Es absolutamente la elección de ella.

—¡Ah, sí! Lo sé. Era sólo una broma. Ella no ha hecho sino lo que haría cualquier joven, y no me cabe la menor duda de que es feliz. El otro sacrificio, naturalmente, no lo puede entender usted.

—Le aseguro que mi ordenación es tan voluntaria como el casamiento de María.

—Es una suerte que coincidan tan bien su inclinación y la conveniencia de su padre; tengo entendido que le tiene reservado un sustancioso beneficio eclesiástico.

—Y usted supone que es eso lo que ha influido en mí.

—Yo estoy segura de que no —exclamó Fanny.

—Gracias por tus palabras, Fanny; pero eso es más de lo que yo mismo podría afirmar. Al contrario, probablemente me ha inclinado el saber que hay tal provisión para mí. Y no creo que esté tan mal que sea así. No hay ninguna aversión natural que vencer, y no veo ningún motivo por el que un hombre sea peor sacerdote por el hecho de que tendrá pronto medios suficientes. He estado en buenas manos. Espero no haber influido en una dirección equivocada, y desde luego mi padre fue escrupuloso al concederlo. No me cabe duda de que me influyó, aunque creo que no es en absoluto censurable.

—Es lo mismo —dijo Fanny tras una breve pausa— que cuando ingresa en la marina el hijo de un almirante o cuando se mete en el ejército el hijo de un general; nadie ve nada raro en ello. Nadie se extraña de que prefieran la especialidad en la que sus amigos pueden ayudarle mejor, ni sospecha que van con menos convicción de lo que parecen.

—No lo es, mi querida señorita Price, y por buenas razones. La profesión, sea la marina o el ejército, es su propia justificación. Lo tiene todo a su favor: heroísmo, peligro, esfuerzo, distinción. Los soldados y los marinos son siempre bien acogidos por la sociedad. Nadie se extraña de que los hombres sean soldados o marinos.

—Pero usted piensa que los motivos de un hombre que se ordena sacerdote con la certeza de ascender pueden ser sospechosos, ¿no es así? —dijo Edmund—. Para estar justificado ante usted ha de hacerlo en la más completa incertidumbre de alcanzar alguna provisión.

—¿Cómo ordenarse sin un beneficio eclesiástico? ¡No, eso es una locura, una absoluta locura!

—¿Puedo preguntarle cómo va a cubrir las necesidades de la iglesia, si no se ordena con un beneficio eclesiástico? No, porque evidentemente no sabría qué contestar. Pero debo pedirle alguna ventaja para el sacerdote que usted propone. Dado que no lo pueden mover esos sentimientos que usted considera verdaderas tentaciones de recompensa para el soldado y el marino en el momento de elegir su profesión, porque, bien visto, el heroísmo y la distinción están en su contra, por lo que en ese caso quienes eligen esa profesión serían menos sospechosos de falta de sinceridad o buenas intenciones.

—Bueno, sin duda es muy sincero el preferir unos ingresos ya previstos a la preocupación de trabajar para ganárselos, y tiene la mejor de las intenciones al pretender no hacer nada el resto de su vida salvo comer, beber y engordar. En realidad, señor Bertram, es indolencia; indolencia y amor a la comodidad… una loable carencia total de ambición, de gusto por la buena compañía y de inclinación a esforzarse por ser agradable, lo que empuja a los hombres al sacerdocio. Un sacerdote no tiene otra cosa que hacer que ser desaseado y egoísta, leer el periódico, mirar cómo pasa el tiempo y pelear con su mujer. En realidad su coadjutor se encarga de todo, y la ocupación de su vida es comer.

—Sin duda existen sacerdotes así; pero creo que no abundan tanto como para justificar que la señorita Crawford los considere la regla general. Sospecho que al hacer esta censura global y superficial no está juzgando por sí misma, sino según el punto de vista de las personas cuyas opiniones sesgadas escuchaba a diario. Es imposible que haya llegado a un gran conocimiento del clero a través de su observación personal. Ha debido de conocer personalmente a muy pocos de los que condena de manera tan tajante. Usted habla como se hablaba en la mesa de su tío.

—Yo hablo de lo que me parece que es la opinión general; y cuando la opinión es general, normalmente es correcta. Aunque yo no he visto muchas vidas domésticas de sacerdotes, son demasiados los que las han visto para que haya falta de información.

—Cuando se condena de manera indiscriminada a un grupo de hombres instruidos, tengan la denominación que tengan, hay deficiencia de información —sonriendo—… o alguna otra cosa. Su tío o sus colegas almirantes conocían pocos sacerdotes, quizá quitando a los capellanes de los barcos, a los que, buenos o malos, estaban siempre deseando tener lejos.

—¡Pobre William! El capellán del *Antwerp* es muy amable con él —fue la tierna exclamación de Fanny, muy acorde con el objeto de sus sentimientos, aunque no de la conversación.

—Me he sentido tan poco inclinada a adoptar las opiniones de mi tío —dijo la señorita Crawford— que no puedo suponer eso; y ya que insiste, debo decir que no carezco enteramente de medios para ver cómo son los sacerdotes, puesto que en la actualidad vivo en casa de mi cuñado, el doctor Grant, quien es una persona amabilísima y muy atento conmigo; él es un caballero y me atrevo a decir que inteligente y culto; a menudo pronuncia buenos sermones y es muy respetable; pero también me parece un *bon vivant* y un egoísta, cuyo paladar hay que consultar para todo; él no mueve un dedo a favor de nadie, y encima, si la cocinera comete un error, la toma con su excelente mujer. A decir verdad, casi nos echa a Henry y a mí esta misma tarde, por un disgusto a propósito de un ganso al que no ha podido hincar el diente. Mi pobre hermana se ha visto obligada a quedarse, a aguantar.

—No me extraña su desaprobación, le doy mi palabra. Ése es un gran defecto de carácter, empeorado por el malísimo hábito del sibaritismo. Ver a su hermana sufrir las consecuencias debe ser muy doloroso para una sensibilidad como la suya… mira, Fanny, esto está en contra nuestra, es imposible defender al señor Grant.

—Así es —replicó Fanny—; sin embargo, no hay porque atribuir su carácter a su profesión; yo creo que fuera cual fuese la que el doctor Grant hubiera elegido, habría aportado a ella un… bueno, no un buen carácter; y dado que en la marina o en el ejército habría tenido bajo su mando mucha más gente que ahora, hubiera sido más desdichado como marino o como soldado que como sacerdote. Además, creo que el doctor Grant habría corrido más peligro de empeorar con una profesión más activa y mundana, en la que habría tenido menos tiempo y menos obligaciones, y en la que se abría sustraído a ese conocimiento de sí mismo, o por lo menos *a la frecuencia* de ese conocimiento, a la que le es imposible sustraerse ahora. Un hombre, quiero decir un hombre con sentido común, como el doctor Grant, no puede habituarse a enseñar a los demás toda las semanas cuáles son sus deberes, no puede ir a la iglesia dos veces cada domingo y predicar un buen sermón, como hace, sin que esto le haga un bien a sí mismo. Debe hacerle pensar, y no me cabe duda de que se esfuerza en reprimirse más de lo que se habría esforzado si no hubiera sido sacerdote.

—No podemos probar lo contrario, desde luego; pero yo le deseo a usted un destino mejor, señorita Price que el de ser esposa de un hombre cuya afabilidad depende de sus propios sermones; porque, aunque pueda predicar para sí un buen sermón los domingos, es lo bastante malo como para pelearse sobre gansos de lunes por la mañana hasta el siguiente sábado por la noche.

—Creo que el hombre capaz de pelearse con Fanny —dijo Edmund con afecto—, tiene que ser insensible a cualquier sermón.

Fanny salió al ventanal, y la señorita Crawford sólo tuvo tiempo de añadir en son de broma:

—Me da la impresión de que la señorita Price está más acostumbrada a merecer alabanzas que a oírlas.

Cuando las señoritas Bertram la invitaron a unirse a su coro, se dirigió al instrumento. Edmund la siguió con la mirada arrobado de admiración ante sus muchas cualidades: desde sus modales afables a la gracia y ligereza de su paso.

—Ahí va el buen humor en persona —dijo un momento después—. ¡Ahí va un carácter que jamás haría sufrir! ¡Qué bien anda! ¡Y con qué buen grado acepta la situación de los demás! En cuanto se lo piden, se une a ellos. ¡Qué pena —añadió tras un instante de reflexión— que haya estado en las manos que ha estado!

Fanny estuvo de acuerdo, y vio con placer que Edmund se quedaba en el ventanal con ella, a pesar del esperado coro, y que a continuación dirigía los ojos, como ella, hacia el escenario de afuera, donde todo era solemne, sedante y hermoso bajo el esplendor de una noche serena y el contraste de la sombra profunda del bosque. Entonces Fanny habló de sus sentimientos:

—¡Aquí hay armonía! —dijo—. ¡Hay serenidad! ¡Hay eso que deja atrás a la pintura y a la música, y sólo la poesía es capaz de reflejar! ¡Aquí hay todo eso que puede apaciguar las tribulaciones y el elevar el corazón hacia el arrobamiento! Cuando contemplo una noche como ésta, siento como si no hubiera maldad ni sufrimiento en el mundo; y desde luego, habría mucho menos de lo uno y de lo otro si se prestase más atención a la sublimidad de la naturaleza y la gente saliera más de sí misma contemplando un paisaje así.

—Me encanta oír tu entusiasmo, Fanny. Es verdad que es ésta una noche bellísima y son dignos de compasión aquellos a quienes no se ha enseñado a sentir un poco de lo que tú sientes… aquellos a los que no se les ha inculcado el gusto por la naturaleza desde temprana edad. Es mucho de lo que se pierden.

—Tú eres quien me ha enseñado a pensar y a sentir esas cosas, primo.

—Pues he tenido una alumna muy bien dispuesta. ¡Mira, allí se ve Arturo, muy brillante!

—Sí, y la Osa. Me gustaría ver Casiopea.

—Para eso tendríamos que salir al césped. ¿No tendrás miedo?

—En absoluto. Hace tiempo que no miramos las estrellas.

—Sí. No comprendo por qué —el coro comenzó a entonar una canción—. Espera a que terminen, Fanny —dijo él, volviéndose de espaldas a la ventana, y a medida que avanzaban las voces, Fanny vio con mortificación cómo avanzaba él también, dirigiéndose paso a paso hacia el instrumento. Y cuando cesaron, estaba junto a los cantores, y era el que más insistía en oír cantar al coro otra vez.

Fanny suspiró sola en la ventana, hasta que la señora Norris, amenazándola con que iba a resfriarse, la hizo entrar.

12

Sir Thomas debía regresar en noviembre, y su hijo mayor tenía obligaciones que lo reclamaban antes en la casa. La proximidad de septiembre trajo noticias de Tom Bertram, primero en forma de una carta del guardabosque, y luego, de otra a Edmund; y a finales de agosto llegó en persona, para volver a ser alegre, agradable y galante según requería la ocasión o demandaba la señorita Crawford, y a hablar de carreras y de Weymouth, de fiestas y de amigos, cosas que seis semanas antes había escuchado ella con interés, y que ahora la convencieron, por la fuerza misma de la comparación, de que prefería al hermano más joven.

Era una pena, y lo sentía sinceramente. Pero era así; de modo que, lejos de pensar en casarse con el mayor, no quiso ejercer sobre él más atracción que la que le exigía el más elemental derecho de la belleza consciente: su larga ausencia de Mansfield, sin otro pensamiento que el placer, y sin otro consejo que su propia voluntad, había dejado claro que ella le era indiferente, y la indiferencia de ella era tan igual que aunque el señor Bertram llegara a ser ahora el mismo dueño absoluto de Parque Mansfield, el nuevo sir Thomas, no sería capaz de aceptarlo como esposo.

La época y las obligaciones que trajeron al señor Bertram a Mansfield llevaron al señor Crawford a Norfolk. Everingham reclamó su presencia al empezar septiembre. Se fue por un par de semanas de tal monotonía para las señoritas Bertram que debía haberlas puesto en guardia, y haber hecho que incluso Julia reconociese, pese a los celos que tenía de su hermana, la absoluta necesidad de desconfiar de sus atenciones, y desear que no volviera; un par de semanas con suficiente tiempo libre entre la caza y el sueño para convencer al caballero de que debía prolongar su ausencia mucho más, de haber estado habituado a examinar sus propios motivos, y a reflexionar sobre dónde le llevaba la satisfacción de su presuntuosa vanidad; pero, irreflexivo y egoísta a causa de la prosperidad y el mal ejemplo, no solía mirar más allá del momento presente. Las hermanas guapas, inteligentes y atractivas eran un recreo para su espíritu saciado. Y no hallando en Norfolk placeres sociales que igualasen a los de Mansfield, regresó allí de muy buen grado en el plazo previsto, donde fue recibido con la misma alegría por aquellas con cuyos sentimientos venía a seguir jugando.

María, atendida únicamente por el señor Rushworth, y condenada a escuchar los repetidos incidentes del deporte diario de éste, buenos o malos, su jactancia acerca de los perros, sus celos de los vecinos, sus dudas sobre el derecho de éstos a cazar, su persecución de los furtivos —temas que no llegarían a la sensibilidad femenina si no hay talento en el uno, o afición en la otra—, había echado muchísimo de menos al señor Crawford, y Julia, libre y sin nada que hacer, se consideraba con todo el derecho de echarle de menos mucho más. Cada hermana se creía predilecta. Julia lo justificaba por las indirectas de la señora Grant, inclinada a creer lo que deseaba, y María por las indirectas del propio señor Crawford. Todo volvió al mismo cauce de antes de marcharse: su trato con las dos era bastante animado y agradable para no perder terreno con ninguna, evitando la formalidad y toda persistencia, solicitud o fervor que pudiera llamar la atención de los demás.

Fanny era la única del grupo que encontraba algo que no le gustaba: desde el día de Sotherton, no podía ver al señor Crawford con ninguna de las hermanas sin someterse a observación, y rara vez dejaba de causarle asombro o censura, y si su confianza en su propio juicio hubiera sido tan firme como el ejercicio que hacía de éste en los demás, o hubiera estado segura de que veía con claridad y que juzgaba con objetividad, probablemente habría hecho algún comentario importante a su confidente habitual. En cambio así, sólo se atrevía a aventurar alguna alusión, y la alusión se perdía.

—Me sorprende —decía— que haya vuelto tan pronto el señor Crawford después de haber pasado aquí tanto tiempo, siete semanas seguidas. Decía que le gustaba tanto viajar y cambiar de sitio, que creí que, en cuanto se fuera, habría algo que lo llevaría a alguna otra parte. Está acostumbrado a vivir en sitios mucho más divertidos que en Mansfield.

—Eso le honra —fue la respuesta de Edmund—, y diría que agrada a su hermana. A ella no le gusta su inconstancia.

—¡Qué bien les cae a mis primas!

—Sí, su trato con las mujeres no tiene más remedio que agradar. Creo que la señora Grant sospecha que tiene preferencia por Julia; yo aún no he observado ningún síntoma al respecto; aunque me gustaría que así fuera. No tiene ningún defecto que una relación seria no pueda eliminar.

—Si la señorita Bertram no estuviera prometida —dijo Fanny con cautela—, yo casi pensaría a veces que la admira más que a Julia.

—Lo que indica, quizá, que le gusta más Julia de lo que te figuras, Fanny; porque ocurre a menudo que un hombre, antes de decidirse completamente, distingue más a la hermana o a la amiga íntima de la mujer en la que realmente piensa, que a ella misma. Crawford tiene demasiado sentido común para permanecer aquí si se viera en algún peligro respecto a María; yo no temo en absoluto que sus sentimientos no sean fuertes, después de la prueba que ha dado.

Fanny supuso que se había equivocado, y decidió pensar de otro modo en adelante; pero pese a todo lo que la sumisión a Edmund podía hacer, y a toda la ayuda de miradas y alusiones coincidentes que a veces notaba en los demás y que parecían confirmar que el señor Crawford se inclinaba por Julia, no siempre sabía qué pensar. Una noche estuvo escuchando las esperanzas de su tía Norris a este propósito, y sus sentimientos, así como los de la señora Rushworth sobre una cuestión parecida, y no podría por menos de asombrarse de lo que oía; y le habría gustado no verse obligada a oír, porque mientras los demás jóvenes bailaban, ella tenía que permanecer sentada junto a la chimenea, muy en contra de su voluntad, y además entre ambas señoras, vigilando la puerta y deseando ver entrar a su primo mayor, de quien esperaba fervientemente que la sacara a bailar. Era el primer baile de Fanny, aunque sin los preparativos ni el esplendor que suelen acompañar al primer baile de muchas jóvenes, dado que se había organizado esa tarde, con la colaboración a última hora de un violinista del salón de los criados, y la posibilidad de formar cinco parejas gracias a la ayuda de la señora Grant y un amigo íntimo del señor Bertram que acababa de llegar de visita. Sin embargo, Fanny había disfrutado enormemente durante cuatro bailes, y sentía muchísimo perder siquiera un cuarto de hora. Y mientras esperaba y suspiraba, mirando a veces a los que bailaban y a veces a la puerta, no podía dejar de oír este diálogo entre las mencionadas damas:

—Creo, señora —dijo la señora Norris con los ojos puestos en el señor Rushworth y en María, que formaban pareja por segunda vez—, que vamos a volver a ver caras alegres.

—Es cierto, señora —replicó la otra con afectada sonrisa—; va a ser una gran satisfacción mirar ahora; creo que ha sido una lástima que hayan tenido que separarse. A los jóvenes en su situación habría que excusarlos de cumplir con las fórmulas rutinarias. Me extraña que mi hijo no lo haya propuesto.

—Tal vez lo ha hecho, señora. El señor Rushworth no es tímido; pero nuestra querida María tiene un sentido tan estricto de lo que está bien, y un tacto tan exquisito del que rara vez se encuentra en nuestros días, señora Rushworth, que desea evitar llamar la atención. Querida señora, observe usted su cara en este momento; ¡qué diferencia de cómo la tenía en los dos últimos bailes!

Efectivamente, la señorita Bertam parecía radiante de felicidad, sus ojos centelleaban de placer y hablaba con gran animación, porque Julia y su pareja, el señor Crawford, estaban al lado de ella; los cuatro se encontraban apiñados. Fanny no recordaba su anterior expresión porque, por su parte, había estado bailando con Edmund y no había reparado en ella.

La señora Norris prosiguió:

—Es delicioso, señora, ver a los jóvenes tan felices y tan bien acoplados en parejas. No puedo por menos que pensar en la dicha de sir Thomas. ¿Y qué me dice de la posibilidad de que haya otro emparejamiento? El señor Rushworth ha dado buen ejemplo, y esas cosas son muy contagiosas.

La señora Rushworth, que no veía más que a su hijo, no supo qué decir.

—Los dos de allá, señora; ¿no ve usted síntomas en ellos?

—¡Por Dios que sí!; la señorita Julia y el señor Crawford… una pareja perfecta. ¿Qué renta tiene él?

—Cuatro mil al año.

—¡Muy bien…! El que no tiene más debe conformarse con lo suyo. Cuatro mil al año es una bonita fortuna, y parece un joven muy distinguido y formal; espero que la señorita Julia sea muy feliz.

—Todavía no hay nada serio, señora. Sólo lo hablamos entre nosotras; pero no me cabe duda de que lo habrá. Él cada vez se muestra más solícito en sus atenciones.

Fanny no pudo seguir escuchando. Dejó completamente de atender a esa conversación e incluso de pensar durante un rato, porque Tom Bertram había vuelto de nuevo al salón, y aunque comprendía que era un gran honor para ella que le pidiera un baile, pensó que eso podía suceder.

El señor Bertram se acercó al pequeño círculo, pero en vez de pedirle el baile, acercó una silla y se puso a referirle el estado de un caballo que tenía enfermo, y la opinión del mozo de cuadra al que acababa de dejar. Fanny comprendió que no la iba a rescatar, y con la modestia de su carácter se dio cuenta al punto de que había ido demasiado lejos al esperar tal cosa. Cuando terminó de contarle lo del caballo tomó un periódico de la mesa, y tras echarle una ojeada, dijo en un tono lánguido:

—Si te apetece bailar, Fanny, estoy dispuesto a sacarte.

El ofrecimiento fue rechazado con idéntica cortesía. "No le apetecía bailar".

—Me alegro —dijo él en un tono más animado, arrojando el periódico—, porque la verdad es que estoy reventado. Me asombra que esa buena gente aguante tanto tiempo de pie. Deben de estar todos enamorados, para encontrar divertida esta insensatez… y me imagino que lo están. Si miramos bien, podemos ver que son parejas de enamorados… todos menos Yates y la señora Grant… y, aquí, entre nosotros, ¡pobre mujer! Debe necesitar un amor tanto como la que más. Su vida debe ser desesperadamente aburrida con el doctor —haciendo una mueca maliciosa mientras hablaba y buscaba con la vista al doctor, pero como lo tenía sentado junto a su codo, tuvo que cambiar súbitamente de tema y de expresión, tanto que Fanny, pese a todo, no pudo contener la risa—. ¡Extraño asunto el de América, doctor Grant! ¿Usted qué opina? Yo siempre pienso en recurrir a usted para saber qué debo hacer en cuestiones públicas.

—Mi querido Tom —exclamó su tía—, dado que no bailas, supongo que no tendrás inconveniente en jugar con nosotras una partida de *rubber*, ¿verdad? —y abandonando su silla y acercándose a él para reforzar su proposición, añadió por lo bajo—: Queremos formar una partida por la señora Rushworth; a tu madre le encantaría, pero no tiene tiempo, por su labor. Pero contigo y el doctor Grant estaríamos completos; aunque nosotras sólo vamos a jugar con medias coronas, tú y él pueden apostar medias guineas.

—Me encantaría —dijo él en voz alta, levantándose de un salto—; sería una verdadera satisfacción para mí; pero en este momento me disponía a bailar. Vamos, Fanny —tomándole la mano—, ya no te hagas la remolona, ¡vamos, o se acabará el baile!

Fanny se dejó llevar encantada; aunque le fue imposible sentir la menor gratitud hacia su primo, ni distinguir, como desde luego distinguió él, entre el egoísmo ajeno y el suyo propio.

—¡Muy modesta petición, sí señor! —exclamó indignado cuando se alejaban—. Querer tenerme clavado a una mesa de juego durante dos horas, con ella y el doctor Grant siempre discutiendo y esa vieja fisgona que sabe tanto de *whist* como de álgebra. ¡Me gustaría que la tía Norris fuera algo menos entrometida! ¡Y pedírmelo de esa manera!, además, sin la menor discreción, delante de todos, como para acorralarme y no darme oportunidad de rechazar el ofrecimiento. Eso es lo que más me crispa. Lo que más furioso me pone es cuando la gente hace como que te pide un favor, dándote la opción de hacerlo, y al mismo tiempo pedírtelo de manera que no tienes más remedio que hacerlo; ¡sea lo que sea! Si no tengo la suerte de estar contigo, no me habría podido librar… ¡Cuando a la tía Norris se le mete algo en la cabeza, no hay quien la pare!

13

Aquel nuevo agregado a la comunidad, el honorable John Yates, no tenía mucho que lo recomendase, aparte de su costumbre de gastar y vestir a la moda, ser el hijo menor de un lord y gozar de relativa independencia económica; y es probable que sir Thomas hubiera juzgado muy poco deseable su introducción en Mansfield. La amistad de Tom Bertram con él se había iniciado en Weymouth, donde habían pasado diez días juntos en el mismo círculo; y esa amistad, si podía llamarse así, había quedado confirmada y perfeccionada al ser invitado el señor Yates a incluir Mansfield en su camino siempre que pudiera, y su promesa de ir, misma que se cumplió mucho antes de lo esperado, debido a la súbita disolución de un gran grupo que se había reunido en casa de otro amigo, donde había acudido desde Weymouth. Llegó con las alas del desencanto y la cabeza llena de ideas sobre el teatro, ya que había formado parte de un grupo teatral; y cuando faltaban dos días para la representación de la obra en la que él tenía un papel, el súbito fallecimiento de una pariente muy allegada de la familia desbarató el plan y dispersó a los actores. ¡Estar tan cerca de la felicidad, tan cerca de la fama, tan cerca del boato de las funciones privadas de Ecclesford, residencia del honorabilísimo lord Ravenshaw de Cornualles, que naturalmente habría inmortalizado al grupo durante un año por lo menos! Y perderlo todo habiéndolo tenido tan cerca era un perjuicio que el señor Yates había sentido profundamente, por lo que no podía hablar de otra cosa. Ecclesford y su teatro, con su vestuario y sus montajes, sus ensayos y sus bromas, eran su recurrente tema, y vanagloriarse de lo pasado su único consuelo.

Afortunadamente para él, el amor al teatro es tan general, y el deseo de actuar tan fuerte entre los hombres, que no le costó ningún trabajo el ganarse el interés de sus oyentes. Todo era fascinante para ellos, desde el reparto hasta el epílogo, y pocos había que no hubieran querido tomar parte, o habrían vacilado en poner a prueba sus aptitudes. La obra en que participara el señor Yates había sido *Promesas de amantes*•, en la que él había hecho el papel del conde Cassel.

—Un papel sin importancia —dijo—, que no me gustaba nada, y que desde luego no volvería a aceptar; pero había decidido aceptar lo que se me diera, dado que lord Ravenshaw y el duque se habían quedado con los personajes que valía la pena representar antes de que yo llegara a Ecclesford; y aunque lord Ravenshaw ofreció cederme el suyo, comprenderán ustedes que yo no podía consentir eso. Lo sentí por él, que sobrevaloraba sus facultades; él no valía para barón... ¡un hombre bajo, con voz débil, que se quedaba ronco invariablemente a los diez minutos! Él habría echado a perder la obra; pero yo había decidido no oponer reproches. Sir Henry pensaba que el duque no valía la pena para hacer el personaje de Frederick, pero en realidad era porque quería el papel para sí, cuando en realidad estaba en mejores manos que en las suyas. Me sorprendió ver a sir Henry en semejante trance. Por fortuna, la fuerza de la obra no dependía de él. Nuestra Agatha era inimitable, y al duque había muchos que lo consideraban magnífico. Y la verdad es que la obra nos hubiera salido estupenda.

"¡Vaya que fue una mala suerte!"... "Creo que merecen ustedes toda compasión", fueron las reacciones de simpatía de los oyentes.

—No vale la pena lamentarse; pero, desde luego, no pudo morirse la pobre anciana en un momento más inoportuno. Uno no puede evitar desear que se hubiera retenido la noticia los tres días que necesitábamos. No eran más que tres días; y puesto que sólo se trataba de una abuela y había fallecido a trescientos kilómetros, creo que no hubiera pasado nada. Sé que se sugirió; pero lord Ravenshaw, que me parece uno de los hombres más correctos de Inglaterra, no quiso prestar oídos a esa idea.

• *Lover's Vows* (1798). Obra de Elizabeth Inchbald, adaptada de la pieza alemana *Das Liebes Kind*, de Friedrich Ferdinand von Kotzebue.

—En vez de una comedia, un sainete —dijo el señor Bertram—. Fracasada la puesta en escena de *Promesas de amantes*, lord y lady Ravenshaw tuvieron que representar *Mi abuela*• ellos solos. Bueno, puede que él se consuele con lo que ella le deja; y quizá, entre amigos, empezaba a tener su prestigio y sus pulmones en su papel de barón, y no sintió tener que renunciar. Pero para compensarlo a usted, señor Yates, creo que deberíamos montar un pequeño teatro en Mansfield, y pedirle que sea nuestro director.

Esta sugerencia, aunque producto del momento, no se desvaneció con el momento, porque a todos les nació un gran entusiasmo por el teatro, y a nadie más que a él, que ahora era el amo y señor de la casa, y que, disponiendo de bastante tiempo libre para convertir cualquier novedad en diversión segura, tenía asimismo un grado de aptitud y gusto cómico que se adaptaba exactamente a la novedad de la interpretación; así que la idea volvió una y otra vez.

—¡Ojalá tuviéramos un teatro y los decorados de Ecclesford para intentar hacer algo!

Las dos hermanas se hicieron eco de este deseo, y Henry Crawford —para quien, con toda su experiencia de placeres, era una satisfacción que aún no había probado— se entusiasmó con la idea.

—Sinceramente —dijo—, creo que en este momento sería lo bastante necio como para hacer cualquiera de los personajes que se hayan escrito, desde *Shylock* o *Ricardo III*, al héroe cantor de una farsa con casaca roja y sombrero de tres picos. Siento que podría ser cualquier cosa, o todas las cosas que podría declamar o vociferar, o suspirar, o hacer cabriolas en cualquier tragedia o comedia de la lengua inglesa. Hagamos algo. Representemos aunque sea media obra... un acto, una escena; ¿qué nos lo puede impedir? No estas caras, por supuesto —mirando hacia las señoritas Bertram—; y en cuanto al teatro, ¿qué más da? Podemos hacerlo para divertirnos nosotros. Cualquier habitación de esta casa puede servir.

• *My Grandmother*, obra fársica de Prince Hoare.

—Hay que tener telón —dijo Tom Bertram—; unos cuantos metros de paño verde pueden hacer de telón; y quizá sea suficiente.

—¡De sobra! —exclamó el señor Yates—; con un bastidor o dos de un lado para subirlo, puertas en línea, y tres o cuatro decorados que bajar, no haría falta nada más, para una cosa así. Para divertirnos no necesitamos más.

—Yo creo que deberíamos conformarnos con menos —dijo María—. No habría tiempo, y podrían surgir otras dificultades. Es mejor aceptar lo que sugiere el señor Crawford, y que nuestra meta sea *la representación y no el teatro*. Muchas partes de nuestras mejores obras teatrales no tienen nada que ver con los decorados.

—No —dijo Edmund, que empezaba a escuchar con alarma—. No hagamos nada a medias. Si se hace una obra, que sea en un teatro como debe ser, con patio de butacas, palcos y gallinero; y hagamos una obra entera de principio a fin: que sea una obra alemana, no importa cuál, con su correspondiente sainete ingenioso y burlesco, su baile, su danza popular, y con una canción en los entreactos. O superamos a los de Ecclesford, o nada.

—Vamos, Edmund; no te pongas desagradable —dijo Julia—. A nadie le gusta tanto el teatro como a ti, ni ha ido tan lejos para ver una obra.

—Cierto, para ver una interpretación de verdad, una interpretación de profesionales experimentados; pero no iría a la habitación de al lado para ver los toscos esfuerzos de los que no han sido instruidos en la profesión, un grupo de caballeros y damas que tienen que luchar contra todos los inconvenientes de la educación y el decoro.

Tras una breve pausa, no obstante, prosiguió el tema, que fue debatido con sostenida vehemencia, y con la discusión aumentó la inclinación de cada uno, y cada uno conoció la inclinación de los demás; y aunque no llegaron a nada, sino que Tom Bertram prefería una comedia y sus hermanas y Henry Crawford una tragedia, ya que nada podía haber más fácil en el mundo que encontrar una obra que complaciera a todos, la resolución de interpretar una cosa u otra pareció tan decidida que Edmund se sintió bastante desasosegado. Decidió impedirlo si le era posible, si bien su madre, que había estado escuchando la conversación en la mesa no había puesto el menor reparo.

Esa misma noche tuvo ocasión de probar sus fuerzas. María, Julia, Henry Crawford y el señor Yates estaban en la habitación del billar. Tom los dejó y se dirigió al salón, donde Edmund estaba de pie, pensativo, junto a la chimenea, y lady Bertram en el sofá, un poco apartada, con Fanny cerca de ella, arreglándole la labor. Al entrar, dijo en un tono exaltado:

—¡Creo que no hay en todo el mundo una mesa de billar tan horrible como la nuestra! No la soporto más, y creo que nada hará que me vuelva a acercar a ella. Pero hay una cosa buena que acabo de comprobar: la habitación es ideal para representar una obra de teatro; tiene la forma y las dimensiones justas, y en cinco minutos podemos hacer que las puertas del fondo se comuniquen, con sólo correr la estantería del despacho de nuestro padre. Es exactamente lo que necesitamos, si nos decidimos. Y el despacho puede ser un excelente camerino. Parece comunicado a propósito con la habitación del billar.

—No lo dirás en serio, Tom, eso de hacer una función —dijo Edmund en voz baja, al acercarse el hermano al fuego.

—¿Qué no? Más en serio que nunca. ¿Qué es lo que te sorprende?

—Creo que estaría muy mal. En general, las representaciones teatrales privadas se prestan a ciertas objeciones, pero dadas *nuestras* circunstancias, creo que sería sumamente indiscreto intentar algo así; mostraría una gran falta de consideración a nuestro padre, ausente como está, y en cierto modo en constante peligro; además creo que sería imprudente respecto a María, cuya situación es delicada; bien visto: extremadamente delicada.

—¡Tú te lo tomas todo demasiado en serio! Como si fuéramos a dar tres funciones por semana hasta el regreso de nuestro padre, e invitar a toda la comunidad. No va a suceder nada de eso. Lo único que pretendemos es divertirnos, introducir un poco de variedad en el ambiente, y ejecutar nuestras aptitudes en algo nuevo. No necesitamos público ni publicidad. Se puede confiar, creo, en que escogeremos una obra irreprochable, y no imagino que haya más daño o peligro para ninguno de nosotros en hablar con el elegante lenguaje escrito de algún autor respetable que charlar con nuestras propias palabras. Yo no tengo ningún temor, ni siento reparo alguno. Y en cuanto a la ausencia de nuestro padre, lejos de ser una objeción, lo considero un motivo de más; porque la espera de su regreso supone una gran inquietud para nuestra madre, y si podemos distraer esa ansiedad por algún medio y levantarle el ánimo durante las próximas semanas, daré por muy bien empleado nuestro tiempo, y estoy seguro de que así le parecerá a él. Es un periodo de gran desasosiego para ella.

Al decir esto, los dos miraron a su madre. Lady Bertram, hundida en un ángulo del sofá, imagen misma de la salud, riqueza, holgura y tranquilidad, se estaba sumiendo en un suave sopor mientras Fanny le resolvía las pequeñas dificultades de su labor.

Edmund sonrió y meneó la cabeza.

—¡Por Júpiter! Eso no vale —exclamó Tom, dejándose caer en una butaca con una sonora carcajada—. Verdaderamente, madre, es que su inquietud… bueno, en eso no tengo razón.

—¿Qué ocurre, preguntó lady Bertram en el tono pastoso de quien despierta a medias—. Yo no estaba dormida.

—Por supuesto que no, mamá; nadie lo ha pensado. Bueno, Edmund —prosiguió, volviendo al tema, postura y tono anteriores en cuento la madre comenzó a cabecear otra vez—, de todos modos, yo sigo manteniendo lo dicho; : no vamos a hacer nada malo.

—No coincido contigo; estoy seguro de que nuestro padre lo desaprobaría totalmente.

—Y yo estoy convencido de lo contrario. A nadie le gusta más el ejercicio del talento en los jóvenes, ni lo fomenta más, que nuestro padre; y creo que siempre ha tenido un marcado gusto por todo lo que significa interpretar, declamar o recitar. Desde luego, a nosotros nos animaba a ello cuando éramos chicos. ¿Cuántas veces hemos llorado sobre el cadáver de Julio César, o hemos repetido el *ser o no ser* en esta misma habitación para entretenerlo? Y, por supuesto, yo me he llamado *Norval*• todas las Navidades de mi vida.

—Es muy distinto, tú mismo tienes que ver la diferencia. Cuando éramos escolares, nuestro padre quería que habláramos bien; pero no quería que sus hijas mayores representasen obras de teatro. Su sentido del decoro es riguroso.

—Sé todo eso —dijo Tom de mal humor—. Conozco a nuestro padre tan bien como tú, y cuidaré de que sus hijas no hagan nada que le pudiera disgustar. Tú ocúpate de tus cosas, Edmund, que yo me ocuparé del resto de la familia.

Si estás decidido a representar una obra —replicó el perseverante Edmund—, espero que sea de manera discreta y limitada, y creo que no deberías montar ningún escenario; sería tomarse libertades con la casa de nuestro padre, en su ausencia, lo que no tendría justificación.

—En todo lo que se refiera a eso seré responsable —dijo Tom en tono decidido—. Su casa no sufrirá ningún daño; tengo tanto interés en cuidar de ella como tú; y en cuanto a hacer algún cambio como el que he sugerido hace unos momentos, de correr una estantería o abrir una puerta, o incluso utilizar el salón del billar una semana, es como suponer que se opondría a que estemos más en esta habitación y menos en el desayunador de lo que estábamos antes de que se fuera, o que corramos el piano al otro lado de la habitación… ¡y suponer eso es una soberana tontería!

—La innovación, aunque no esté mal como tal, lo estará como gasto.

—¡Oh que prodigioso gasto! Lo menos costará, en total, unas veinte libras… Por supuesto habrá que montar un escenario, pero ese sería de lo más sencillo: una cortina verde, con un pequeño trabajo de carpintería…, y ya está. Y como lo de la carpintería lo puede hacer en casa el propio Christopher Jackson, sería ridículo hablar del costo; y mientras se encargue Christopher de ello, todo estará bien para sir Thomas. Tú te crees que en esta casa nadie sabe mirar por las cosas

---

• Personaje principal de la obra de teatro *Douglas, a Tragedy*, de John Home.

o juzgar más que tú. Si no quieres participar, no participes; pero no pienses que vas a mandar en los demás.

—En cuanto a participar —dijo Edmund—, de plano me niego.

Tom salió de la habitación mientras hablaba Edmund, y éste se sentó y se puso a remover el fuego, disgustado y pensativo.

Fanny, que lo había oído todo, y había compartido con Edmund y había compartido cada uno de sus sentimientos durante la conversación, se aventuró a decir ahora, deseosa de transmitir algún consuelo:

—Tal vez no encuentren una obra adecuada para ellos. Me parece que tu hermano y tus hermanas tienen un gusto muy diferente.

—En eso no tengo mucha esperanza, Fanny. Si se empeñan en llevar el plan adelante, seguramente encontrarán una obra. Hablaré con mis hermanas y trataré de disuadirlas. Eso es todo lo que puedo hacer.

—Me parece que la tía Norris está de tu parte.

—Quizá lo esté; pero ella no tiene ninguna influencia sobre Tom ni sobre mis hermanas; y si no logro convencerlos, dejaré que las cosas sigan su curso sin intentar cambiarlas. Las discusiones familiares son el peor de los males, y es preferible hacer lo que sea, antes que ser comidilla para todo el mundo.

Sus hermanas, con las que tuvo ocasión de hablar la mañana siguiente, se mostraron tan impacientes ante su consejo, tan inflexibles ante sus reconvenciones, y tan decididas por la causa del placer, como Tom. La madre no ponía ninguna objeción al plan, y ellas no tenían el más mínimo temor por el hecho de que su padre pudiera desaprobarlo. No podía haber daño alguno en lo que se había hecho en el seno de muchas familias respetables, y por mujeres de la mayor consideración; y debía estar loca la persona escrupulosa que fuera capaz de ver nada censurable en un plan como el suyo, en el que sólo iban a intervenir hermanos, hermanas y amigos íntimos, y no iba a trascender más allá de ellos mismos. Julia parecía inclinada a admitir que la situación de María podía requerir especial precaución y delicadeza; pero no podía hacerse extensible a ella, pues estaba completamente libre. En cuanto a María, consideraba que su compromiso la elevaba muy por encima de la sujeción, y la dispensaba, más que a Julia, de consultar a su padre o a su madre. Seguía insistiendo Edmund sobre el particular, aunque con poca esperanza, cuando entró Henry Crawford en la habitación, recién llegado de la casa parroquial, y dijo en voz alta:

—No faltarán actores en nuestro teatro, señorita Bertram. Ni faltarán tramoyistas… mi hermana les envía saludos, y espera ser admitida en la compañía; y será feliz en el papel de la vieja dueña o doncella sumisa que ustedes no quieran hacer.

María lanzó a Edmund una mirada como diciendo: "¿Qué dices ahora? ¿Podemos estar equivocados cuando Mary Crawford piensa lo mismo?". Y Edmund, acallado, tuvo que reconocer que el encanto de interpretar podía muy bien fascinar a las mentes de genio; y con la ingeniosidad del amor, acentuar más el propósito amable y complaciente del mensaje que ninguna otra cosa.

El plan progresaba. Era inútil toda oposición. Y en cuanto a la señora Norris, Edmund se había equivocado al suponer que iba a oponer resistencia. Ella no planteó ninguna objeción que no le desmontaran en cinco minutos su sobrino y su sobrina mayores, que la manejaban como querían; y como todo el plan iba a acarrear muy poco gasto a nadie, y ninguno a ella, y preveía en todo las delicias de las prisas, el jaleo y la importancia, y vislumbraba la inmediata ventaja de tener que dejar su casa, donde llevaba un mes viviendo a su propia costa, y tomar habitación en la de ellos, a fin de poder ayudarlos a cualquier hora; de hecho se entusiasmó grandemente con el proyecto.

14

Fanny estuvo más cerca de acertar de lo que Edmund había supuesto. La empresa de buscar una obra apropiada para todos resultó no ser pequeña; y el carpintero, que había recibido instrucciones y tomado medidas, había sugerido y eliminado al menos dos tipos de dificultades, y había dejado clara la necesidad de ampliar el plan y el presupuesto, se habían puesto a trabajar, aunque aún faltaba por encontrar la obra; pero se estaban llevando a cabo otros preparativos. De Northampton había llegado un rollo enorme de paño verde, que la señora Norris había cortado (ahorrando tres cuartas con su habilidad), y ahora las criadas estaban confeccionado el telón, aunque seguían sin tener seleccionada la obra. Y cuando ya llevaban tres días en estos trabajos, Edmund comenzó a abrigar esperanzas de que no la encontraran.

En realidad, había tantas cosas por atender, tanta gente a la que dar gusto, tantas peticiones y buenos papeles, y sobre todo tanta necesidad de que fuese a la vez tragedia y comedia, que no parecía haber mucha posibilidad de decidir nada, como todo lo que persigue la juventud y el cielo puede ofrecer.

A favor de lo trágico, se pronunciaron las señoritas Bertram, Henry Crawford y el señor Yates; a favor de lo cómico, Tom Bertram; aunque no del todo solo, porque era evidente que los deseos de Mary Crawford, aunque cortésmente guardados, se inclinaban en la misma dirección; pero la determinación y vehemencia de Tom Bertram parecían hacer innecesarios los aliados; e independientemente de esta diferencia irreconciliable, querían una obra que tuviera muy pocos personajes, que todos fueran importantes, y que tres de ellos fueran femeninos: hojearon las mejores obras en vano. Ni *Hamlet*, ni *Macbeth*, ni *Otelo*, ni *Douglas*, ni *Gamester* ofrecían algo que pudiese satisfacer a los trágicos; y *El escándalo*, *La rueda de la Fortuna*, *El heredero ante la ley*, y un largo etcétera, fueron cayendo sucesivamente después de acaloradas discusiones. No se proponía ninguna obra que no encontrara objeciones de alguno, y constantemente se oía repetir de uno u otro lado: "¡Ah, no; no puede ser! Nada de tragedias desaforadas. Demasiados personajes. No hay un solo papel femenino que valga la pena. Todo menos eso, mi querido Tom. Sería imposible cubrir todos esos papeles. No se puede esperar que nadie haga ese personaje. No es más que una bufonada de principio a fin. Ésa podría ser, quizá, si no fuera por los papeles bajos. Si quieren mi opinión, siempre he pensado que ésa es la obra más sosa de la lengua inglesa. No quiero ponerme difícil colaboraré encantado; pero no creo que pudiéramos elegir nada peor".

Fanny miraba y escuchaba; no dejaba de divertirla observar el egoísmo que, más o menos disimulado, parecía dominar a todos, y se preguntaba cómo acabaría todo. Para su propia distracción, podría haber deseado que dieran con algo representable, ya que nunca había visto ni siquiera media obra; pero todo lo que consideraba más elevado estaba en contra de ese plan.

—¡No llegaremos a nada! —finalmente dijo Tom Bertram—. Estamos perdiendo el tiempo de la manera más lamentable. Hay que decidirse por alguna. La que sea; pero escoger. No podemos andar con remilgos. No tienen por qué temer que haya algún personaje de más, pues podemos *doblarlos*. Debemos aprender a ceder un poco. Si un papel es insignificante, mayor será nuestro mérito al darle relieve. Desde este momento, yo no voy a poner ninguna objeción; aceptaré el papel que se me quiera asignar, con tal que sea cómico. Sólo pongo la condición de que sea cómico.

A continuación, lo menos por quinta vez, propuso *El heredero ante la ley*•, dudando sólo si quedarse con el papel de lord Duberley o con

---

• *The Heir at Law* (1797), de G. Colman.

el del doctor Pangloss, e intentando muy seriamente convencer a los demás, aunque sin éxito, de que había personajes bastante trágicos en el resto del reparto.

La pausa que siguió a este infructuoso esfuerzo concluyó al tomar la palabra Tom Bertram de nuevo, el cual, tomando uno de los muchos volúmenes de teatro que había sobre la mesa y hojeándolo, exclamó de repente:

—¡*Promesas de amantes!*... ¿No podríamos representarla nosotros, aquí, como los de Ravenshaw? ¿Cómo no se nos ha ocurrido? Creo que nos vendría como anillo al dedo. ¿Qué dicen ustedes? Aquí hay dos estupendos papeles trágicos para Yates y Crawford, y un mayordomo simpático para mí.., si nadie lo quiere; sé que es un papel insignificante, pero a mí me gusta, y, como he dicho, estoy decidido a aceptar lo que sea y a hacerlo lo mejor posible. En cuanto a los otros, los puede hacer cualquiera, Son sólo el conde Caddel y Anhalt.

La sugerencia fue bien acogida. Todo el mundo se estaba cansando de la indecisión. Y lo primero que pensaron fue que hasta ahora no se había propuesto nada tan apropiado para cada uno. El señor Yates se sintió particularmente complacido: había estado soñando con hacer de barón en Ecclesford, había envidiado cada parlamento de lord Ravenshaw, y lo había repetido en su habitación. Pronunciar los parlamentos con la atronadora voz del barón Wildenhaim era la cumbre de su ambición teatral; y con la ventaja de saberse ya la mitad de las escenas, se ofreció ahora con la mayor diligencia para dicho papel. Para hacerle justicia, no obstante, decidió no quedárselo sin más, pues también recordaba que había muy buenos parlamentos en el papel de Frederick, y profesaba igual deseo de hacer ese otro. Henry Crawford estaba dispuesto a aceptar cualquiera de los dos. Se contentaría gustosamente con que el señor Yates no quisiera, y siguió un breve intercambio de cortesías. La señorita Bertram, que sentía todo el interés de una Agatha en la cuestión, se encargó de decidirlo, haciendo ver al señor Yates que éste era un asunto en el que debía tenerse en cuenta la estatura y la figura, y que siendo su talla la más alta, parecía irle mejor hacer de barón. Los demás reconocieron que tenía razón, y tras ser aceptados los dos papeles conforme esos razonamientos, estuvo segura del propio Frederick. Había, pues, tres papeles adjudicados —sin contar al señor Rushworth que, siempre según María, haría con mucho gusto el que le diesen—, cuando Julia, que al igual que su hermana pensaba hacer el papel de Agatha, empezó a sentir escrúpulos por la señorita Crawford.

El señor Crawford rogó que se pensara en eso; estaba completamente seguro de que a su hermana no le apetecía actuar, aunque quizá echara una mano, y que no permitiría que contasen con ella en el caso presente. Pero a esto se opuso en seguida Tom Bertram, sosteniendo que el papel de Amelia le iría con toda propiedad a la señorita Crawford, si lo aceptaba.

—Le va de una manera tan natural como necesaria —dijo—; lo mismo que el de Agatha le puede ir a cualquiera de mis hermanas. No será ningún sacrificio por parte de ellas, ya que es bastante cómico.

Siguió un breve silencio. Las dos hermanas parecían inquietas, porque cada una pensaba que tenía más derecho que la otra al papel de Agatha, y esperaba que los demás le insistieran para que lo aceptase. Henry Crawford, que entretanto había tomado el libreto de la obra y hojeaba el primer acto con aparente indiferencia, zanjó en seguida el asunto:

—Yo rogaría a la señorita Julia Bertram —dijo— que no escogiera el papel de Agatha, porque echaría a perder toda mi solemnidad. No lo escoja, de verdad —volviéndose a ella—. No soportaría verla con el semblante palidecido y transida de dolor; inevitablemente me vendrían al pensamiento las muchas veces que hemos reído juntos, y Frederick y su mochila no tendrán más remedio que salir corriendo.

Lo dijo en un tono simpático y cortés; pero la forma se perdió en la materia para los sentimientos de Julia. Lo vio dirigir una mirada hacia María, que confirmaba el agravio que le infligía… sin duda era un plan, una estratagema; la echaban de lado; la preferida era María: la sonrisa triunfal que María intentaba reprimir relataba lo acertadamente que había comprendido, y antes de que Julia se dominara lo bastante como para hablar, su hermano se pronunció en contra de ella también, diciendo:

—¡Sí!, María tiene que ser Agatha. Es la que mejor hará de Agatha. Aunque Julia dice que prefiere la tragedia, yo no confiaría en ella. No tiene nada de trágica. No tiene el aspecto adecuado para la tragedia. Su rostro no es un rostro trágico; se mueve con demasiada viveza; habla demasiado rápido y no tiene seriedad. Ella haría mejor de la vieja aldeana, de la mujer del campesino. Sí, ése es un estupendo papel para ti, te lo aseguro. La vieja alivia la altisonante benevolencia de su marido con un gran sentido del humor. Tú harás de la mujer del campesino.

—¿De mujer del campesino? —exclamó Yates—. Pero, ¡qué dice! ¿El papel más trivial, insignificante y miserable de la obra?..., el más vulgar, sin una sola intervención que merezca la pena. ¿Hacerlo su hermana? ¡Esa propuesta es una ofensa! En Ecclesford ese papel se le asignó a la institutriz. Todos coincidimos en que no se le podía ofrecer a nadie más. ¡Un poco más de justicia, señor director, por favor! No merece usted el cargo si no es capaz de apreciar mejor las aptitudes de su compañía.

—En cuanto a eso, mi buen amigo, hasta el momento de empezar a trabajar mi compañía y yo debe haber un poco de tanteo; lo que yo menos pretendo es hacerle un menosprecio a Julia. Pero no puede haber dos Agathas, y tiene que haber una mujer del campesino, y estoy seguro de haber dado ejemplo de modestia al conformarme con hacer del viejo mayordomo. Si el papel es breve, más mérito tendrá al hacerlo valer, y si está tan radicalmente en contra de todo humor, que diga el texto del campesino en vez del de la mujer, y que se intercambien sus intervenciones; él, desde luego, es bastante solemne y patético. No afectaría a la obra; y en cuanto al campesino, dado que tendrá los parlamentos de la esposa, lo puedo hacer yo de mil amores.

—Pese a todo su pronunciamiento a favor de la mujer del campesino —dijo Henry Crawford—, es imposible adatar una cosa así para su hermana, y no podemos consentir que se abuse de su amabilidad. No debemos permitir que se acepte ese papel. No hay que dejar que se conforme. Necesitamos su talento para el de Amelia, pues éste es un personaje incluso más difícil que el de Agatha; de hecho lo considero el personaje más difícil de la obra; requiere grandes dotes y una gran finura para darle humor y sencillez, sin caer en la extravagancia. Yo he visto fracasar a buenas actrices en ese papel. A decir verdad, la sencillez resulta inalcanzable para la mayoría de las actrices profesionales. Exige una delicadeza de sentimientos que muchas no tienen. Exige ser una dama… una Julia Bertram. Lo hará, ¿verdad? —volviéndose hacia ella con una expresión de ferviente solicitud que la abochornó un poco; pero mientras Julia dudaba qué responder, su hermano intervino otra vez para proponer como mejor candidata a la señorita Crawford:

—No, no; Julia no puede hacer de Amelia. Es un papel que no le va. No le gustaría. No lo haría bien. Es demasiado alta y robusta. Amelia ha de tener una figura pequeña, frágil, aniñada, saltarina. A quien le va es a la señorita Crawford, y sólo a ella. Le encaja de maravilla, y estoy seguro de que lo hará admirablemente.

Sin hacerle caso, Henry Crawford siguió suplicando:

—Debe hacernos ese favor; no tiene más remedio. Cuando haya estudiado el personaje, estoy seguro de que se dará cuenta de que le va. Usted podrá elegir la tragedia; pero, desde luego, parece que la comedia la elige a usted. Tendrá que ir a verme a la prisión con una cesta de comida. No irá a negarme esa visita a la prisión, ¿verdad? Ya me parece verla entrar con la cesta.

Julia acusó el influjo de su voz. Titubeó; pero, ¿trataba sólo de calmarla para que olvidara la anterior afrenta? No se fiaba de él. El desaire había sido de lo más evidente. Quizá ahora se estaba burlando de ella. Miró a su hermana con recelo; la expresión de María lo decidiría: si la veía fastidiada y alarmada… pero en realidad María estaba serena y satisfecha; y Julia comprendió que en ese sentido no podía estar contenta sino a costa suya. Así que, con atropellada indignación, y con voz temblorosa, le dijo:

—No parece tener miedo de no poder contenerse cuando entre con la cesta de comida, como cabría suponer, ¡sólo como Agatha le iba a provocar la risa!

Calló; Henry Crawford se sintió ridículo, y como si no supiese qué decir, Tom Bertram comenzó otra vez:

—La señorita Crawford hará de Amelia. Será una excelente Amelia.

—No se preocupe si me quedo sin papel —exclamó Julia vivamente irritada—; no haré el de Agatha, ni desde luego ningún otro; y en cuanto a Amelia, es el personaje que peor me cae del mundo. No la soporto. Es una muchachita odiosa, impertinente, artificiosa y descarada. Siempre he rechazado la comedia, y ésta es de la peor especie. —Y dicho esto salió precipitadamente, dejando confundido a más de uno, pero despertando muy poca comprensión, salvo en Fanny, que había sido oyente callada de todo el debate y que no podía verla dominada por los celos sin sentir una gran compasión.

Su salida fue seguida de un breve silencio; pero a continuación volvió su hermano al tema de *Promesas de amantes*, y se puso a hojear ávidamente la obra, ayudado por el señor Yates, para ver qué decorados harían falta, mientras María y Henry hablaban en voz baja, y la declaración con que empezó María de: "Por supuesto, yo le cedería con mucho gusto el papel a Julia; pero aunque es probable que a mí me salga mal, estoy segura de que a ella le saldría peor", recibió evidentemente todos los cumplidos que reclamaba.

Después de seguir así un rato, se disgregó el grupo: Tom Bertram y el señor Yates se fueron juntos a continuar deliberando a la habitación que ahora empezaban a llamar el *teatro*, y la señorita Bertram decidió bajar a la casa parroquial para ofrecer el papel de Amelia a la señorita Crawford. Fanny se quedó sola.

El primer uso que hizo de su soledad fue coger el libro que habían dejado sobre la mesa, y empezar a familiarizarse con la obra de la que tanto había estado oyendo hablar. Le había picado la curiosidad y la leyó con una avidez sólo suspendida de vez en cuando por el asombro de que hubiese sido propuesta y aceptada para una representación privada. Le parecía que los papeles de Agatha y Amelia, cada uno por razones diferentes, eran absolutamente inadecuados para que se representasen en un hogar: la situación de la una y el lenguaje de la otra eran tan impropios de una mujer decente que no podía imaginar que sus primas se dieran cuenta de aquello en lo que se estaban metiendo; sólo deseó que Edmund las previniera lo antes posible con la amonestación que sin duda les haría.

15

La señorita Crawford aceptó el papel de muy buena gana, y poco después de volver la señorita Bertram de la casa parroquial llegó el señor Rushworth, con lo que quedó adjudicado otro personaje. Le ofrecieron el del conde Cassel y el de Anhalt; al principio no supo cuál escoger, y pidió a la señorita Bertram que lo aconsejase, pero cuando supo el diferente estilo de los personajes, cuál era cada uno, y después de recordar que había visto representar la obra en Londres, y que le había parecido que Ahnalt era un tipo estúpido, se decidió por el conde. La señorita Bertram aprobó su decisión, porque cuanto menos tuviera que aprender, mejor; y aunque no coincidía con el deseo de él, de que el conde y Agatha pudieran actuar juntos, ni aguardaba con paciencia mientras él hojeaba el libro con la esperanza de descubrir una escena en que aparecieran a la vez, tomó amablemente el papel de él y recortó todas las intervenciones que podían abreviarse; señalándole además la necesidad de que fuera vistosamente vestido, y escogiéndole los colores. Al señor Rushworth le gustó la idea de engalanarse, aunque fingió desdeñarla, y se concentró demasiado en imaginar cuál sería su aspecto para pensar en los demás, sacar conclusiones, o sentir el desagrado que María medio temía.

Así, pues, quedaron resueltas muchas cosas antes de que Edmund, ausente toda la mañana, supiera nada del asunto. Pero cuando entró en el salón, antes de la cena, el tono de la discusión entre Tom, María y el señor Yates era acalorado, y el señor Rushwort acudió diligente a su encuentro para darle la gran noticia.

—Ya tenemos la obra —dijo—. Será *Promesas de amantes*; yo voy a ser el conde Cassel, y saldré primero con un traje azul y una capa de raso rosa, y después llevaré otro precioso disfraz, a modo de traje de caza. No sé si me gustará.

Los ojos de Fanny siguieron a Edmund, y su corazón latió por él al oír estas palabras y ver su expresión, y comprender cuáles debían ser sus sentimientos.

—*¿Promesas de amantes?* —en un tono del más grande asombro, fue su única réplica al señor Rushworth, y se volvió hacia sus hermanos como recelando una desagradable contradicción.

—Sí —exclamó el señor Yates—. Después de todas nuestras discusiones y reparos, hemos llegado a la conclusión de que nada se adapta tan bien a nosotros, nada es tan apropiado como *Promesas de amantes*. Lo asombroso es que no hayamos pensado en esa obra antes. Mi estupidez ha sido imperdonable, porque ahora contamos con la experiencia de todo lo que he visto en Ecclesford; ¡y es enormemente útil tener un modelo!... ¡Hemos repartido ya casi todos los papeles!

—Pero, ¿qué van a hacer con las mujeres? —dijo Edmund con gravedad, mirando a María.

María se ruborizó a pesar de sí misma al contestar:

—Yo tengo el papel que debía hacer lady Ravenshaw, y —dijo con gran firmeza— la señorita Crawford hará de Amelia.

—Jamás habría imaginado que esa clase de obra se iba a cubrir con tanta facilidad entre nosotros —replicó Edmund, dirigiéndose a la chimenea donde estaban sentadas su madre, su tía y Fanny, y sentándose también, con expresión contrariada.

El señor Rushworth lo siguió para decir:

—Yo entro tres veces, y tengo cuarenta y dos intervenciones. Es un papel importante, ¿no? Aunque no me hace mucha gracia la idea de ir con esas elegancias. No me voy a reconocer con un traje azul y una capa de raso rosa.

Edmund no le pudo contestar. Unos minutos después el señor Bertram fue reclamado fuera de la habitación para que aclarase esas dudas al carpintero; y dado que salió acompañado del señor Yates, y poco después lo siguió el señor Rushworth, Edmund aprovechó la ocasión para decir:

—No puedo manifestar delante del señor Yates el juicio que me merece esa obra por respeto a sus amigos de Ecclesford; pero quiero decirte ahora, mi querida María, que esa obra me parece sumamente inadecuada para ser representada en privado, y que espero que te abstengas de participar. Tengo la seguridad de que lo harás cuando la hayas leído atentamente. Lee sólo el primer acto en voz alta a tu madre o a tu tía, a ver si ellas la aprueban. No hará falta remitirte al juicio de nuestro padre, estoy seguro.

—Tú y yo vemos las cosas de manera muy distinta —exclamó María—; te aseguro que conozco la obra perfectamente, y con unas pocas omisiones y demás que haremos, por supuesto, no veo que contenga nada reprochable; y yo no soy la única mujer que la encuentra apta para una representación privada.

—Pues lo siento —respondió él—. Pero en esta cuestión eres tú la que debe ir a la cabeza. Tienes que dar ejemplo. Si los demás han cometido un error, te corresponde a ti corregirlos y mostrarles cuál es la verdadera delicadeza. En todo lo que se refiere al decoro, tu conducta debe ser la ley para el resto del grupo.

Esta alusión a su importancia como ejemplo tuvo un cierto efecto, porque a nadie le gastaba más ir a la cabeza que a María; y desbordante de buen humor, contestó:

—Te lo agradezco mucho, Edmund; tienes muy buena intención por supuesto; pero de todos modos creo que ves las cosas con demasiado rigor, y desde luego no voy a ponerme a dar discursos a los demás sobre un tema como éste, sería lo más improcedente que se me podría ocurrir.

—¿Acaso crees que estoy pensando en una cosa así? No; lo que yo te pido es que tu conducta sea el único discurso. Di que, al estudiar el papel, no te sientes capaz de hacerlo, que has visto que hace falta más esfuerzo y más confianza de lo que tú puedes poner. Dilo con firmeza y será suficiente. Toda persona discreta comprenderá tus motivos. Renunciarán a esta obra, y tu delicadeza saldrá enaltecida como debe ser.

—No representes nada indecoroso, querida —dijo lady Bertram—. A sir Thomas no le gustaría... Fanny, toca la campanilla, ¡quiero la cena! Seguro que Julia estará ya vestida.

—Estoy convencido, señora —dijo Edmund adelantándose a Fanny—, de que a sir Thomas no le gustaría.

—Pues bien, querida; ¿oyes lo que dice Edmund?

—Si yo rechazo mi papel —dijo María con un celo renovado—, lo tomará Julia.

—¡Como! —exclamó Edmund—. ¿Conociendo tus motivos?

—¡Ah!, puede pensar en la diferencia que hay entre nosotras, en la diferencia de nuestras situaciones... pensar que no tiene por qué ser tan escrupulosa como yo. Estoy segura de que diría eso. No; perdona, pero no puedo volverme atrás. Está todo demasiado avanzado; decepcionaría a todo el mundo. Tom se enfadaría muchísimo; y si nos ponemos excesivamente escrupulosos, no representaremos nada.

—Lo mismo iba a decir yo —dijo la señora Norris—: si empiezan a poner reparos a cada obra, acabarán por no representar nada... y ya han tirado dinero en los preparativos; yo estoy segura de que eso representaría un desdoro para todos nosotros. Yo no conozco la obra; pero como dice María, si tiene algo un poco demasiado subido, cosa que ocurre en casi todas las obras de teatro, pues eso se elimina y ya. No debemos ser demasiado meticulosos, Edmund. Como el señor Rushworth actúa también, no habrá ningún mal en ello. Yo sólo habría deseado que Tom hubiera sabido lo que quería cuando empezaron los carpinteros, porque con esas puertas laterales se ha perdido medio día de trabajo. Sin embargo las cortinas quedarán muy bien. Las criadas tienen muy buen gusto, y creo que podemos devolver unas docenas de anillas; no conviene ponerlas demasiado juntas. Yo espero ser de alguna utilidad, evitando gastos inútiles y haciendo la mayoría de las cosas. Debe haber siempre una cabeza firme que supervise a los jóvenes. Se me ha olvidado contarle a Tom algo que se me ha ocurrido hoy mismo. He ido a echar una mirada al gallinero, y cuando iba a salir, he visto a Dick Jackson que se dirigía a la puerta de servicio con dos tablas de pino en la mano, que con toda seguridad llevaba a su padre; la madre lo habría mandado a donde el padre, y luego el padre lo habría enviado a traer dos tablas porque no podía hacer no sé qué sin ellas. Yo sabía lo que quería decir todo esto, porque la campanilla de la comida sonaba en ese mismo momento sobre nuestras cabezas, y como detesto a esos Jackson que son tan abusivos y sacan provecho de todo lo que pueden, he dicho allí mismo al chico, un zoquete de diez años, que debía aprovecharse de sí mismo: "Yo le llevaré las tablas a tu padre, Dick; así que vuelve corriendo a tu casa". El chico se me quedó mirando embobado, y se ha marchado sin decir ni media palabra; aunque creo que tiene la lengua bastante viva; pero también creo que eso lo ha curado de venir a merodear por la casa durante una temporada. ¡Odio esa codicia! El padre de ustedes es demasiado bueno con esa familia al darle empleo al hombre todo el año.

Nadie se molestó en contestar a esa perorata; los otros volvieron poco después, y Edmund vio que su única satisfacción era el haber hecho lo posible por ponerlos en el buen camino.

La cena transcurrió en una atmósfera opresiva. La señora Norris volvió a contar su triunfo sobre Dick Jackson, pero no se habló mucho de la obra ni de los preparativos, porque la desaprobación de Edmund la compartía incluso su hermano, aunque no lo había reconocido. María, sin el apoyo alentador de Henry Crawford, pensó que era mejor evitar el tema. El señor Yates, que intentaba hacerse agradable a Julia, encontró el mal humor de ésta menos impenetrable en cualquier tema que en el de su propio pesar por haberse separado de la compañía; y el señor Rushworth, que sólo tenía en la cabeza su propio papel y su vestimenta, agotó pronto cuanto podía decir de lo uno y de lo otro.

Pero las cuestiones del teatro estuvieron en suspenso sólo una hora o dos; aún quedaban muchas cosas por resolver, y cobrando nuevo impulso al ánimo de la noche, poco después de reunirse todos en el salón, Tom, María y el señor Yates fueron a sentarse en comisión a una mesa separada, con la obra abierta delante, y se estaban enfrascando en el tema, cuando se vieron gratamente interrumpidos por la aparición del señor y la señorita Crawford, los cuales, pese a lo tarde y oscuro y embarrado que estaba, no quisieron dejar de ir, y fueron recibidos con la mayor alegría.

"Qué tal, cómo marcha todo"; "qué han acordado"; "no podemos hacer nada sin ustedes", siguieron a los primeros saludos. Henry Crawford se sentó inmediatamente a la mesa con los otros tres, mientras su hermana se acercaba a lady Bertram para presentarle sus respetos.

—Tengo que felicitar a su señoría —dijo—, porque al fin han escogido la obra. Aunque la naturaleza la ha dotado de una paciencia ejemplar, estoy segura de que ya se había cansado de todas nuestras diferencias y discusiones; puede que esas cosas satisfagan a los actores, pero los demás agradecen infinitamente más que lleguen a una decisión; así que le doy con toda sinceridad esta alegría; y a la señora Norris y a todos los que están en esa misma situación —mirando con cierto temor y alguna malicia, más allá de Fanny, a Edmund.

Lady Bertram le contestó muy cortésmente, pero Edmund no dijo nada. No rechazó que se le considerase un mero observador, al margen de las discusiones. Tras conversar unos minutos con el grupo sentado ante el fuego, la señorita Crawford volvió al de la mesa, y de pie junto a ellos pareció estar interesada en sus planes, hasta que, como acordándose de algo, exclamó:

—Mis buenos amigos, observo que están muy plácidamente enfrascados en esas casas y tabernas, interiores y exteriores… pero, por favor, díganme, ¿cuál es mi destino?; ¿quién va a hacer Anhalt?; a qué caballero de entre ustedes voy a tener el placer de amar?

Durante un momento todos se quedaron en suspenso, y a continuación se pusieron a relatar la triste realidad: aún no tenían un Anhalt. El señor Rushworth iba a ser el conde Cassel, pero nadie había escogido el papel de Anhalt.

—Podría haberlo escogido yo —dijo el señor Russwoth—; pero he pensado que me gusta más el del conde… aunque no me acaban de convencer las galas que tengo que usar.

—Ha elegido muy atinadamente, desde luego —replicó la señorita Crawford con expresión animada—. El de Anhalt es un papel difícil.

—El conde tiene cuarenta y dos intervenciones —dijo el señor Rushworth—, no es ninguna bagatela.

—No me sorprende que falte Anhalt —dijo la señorita Crawford, tras una breve pausa—. Amelia no se merece otra cosa. Una joven tan atrevida puede muy bien asustar a los hombres.

—A mí me encantaría hacer ese papel, si pudiera —exclamó Tom—. Pero, por desgracia, el mayordomo y Anhalt intervienen juntos. De todos modos, no lo voy a descartar..., veré qué se puede hacer.

—Yo creo que ese papel debería hacerlo su hermano —dijo el señor Yates, en voz baja—. ¿No cree?

—No se lo voy a pedir —replicó Tom con gesto frío y decidido.

La señorita Crawford se puso a hablar de otra cosa, y poco después fue a reunirse con el grupo de la chimenea.

—No me quieren con ellos —dijo sentándose—. No hago más que confundirlos, y obligarlos a decir palabras corteses. Señor Edmund Bertram, puesto que no va a participar en la obra, podría hacer de consejero desinteresado; así que me permitiré pedirle su opinión: ¿Qué podemos hacer con Anhalt? ¿Es factible que lo doble alguno de nosotros? ¿Qué aconsejaría usted?

—Lo que yo aconsejaría —dijo Edmund con tranquilidad— es que cambiaran de obra.

—A mí eso no me importaría —replicó ella—; porque, aunque no me desagrada especialmente el papel de Amelia si está bien apoyado, o sea, si trabajamos todos bien, siento que se considere inconveniente. Pero nadie *de esa mesa* —mirando hacia allá— quiere escuchar su consejo, y desde luego no lo seguirán.

Edmund no dijo nada más.

—De haber un papel que pudiera tentarlo a usted, supongo que sería el de Anhalt —comentó la dama con astucia, tras una breve pausa—; porque es sacerdote, claro.

—Pues no me tienta en absoluto —replicó él—, ya que sentiría ridiculizar al personaje con mi mala actuación. Debe de ser muy difícil evitar que Anhalt parezca un predicador, todo serio y formal; y el hombre que elige esa profesión es, quizá, el último en querer representarla en el escenario.

La señorita Crawford se quedó callada, y con cierto resentimiento y mortificación, acercó más la silla a la mesa del té, y concentró su atención en la señora Norris, que la presidía.

—Fanny —exclamó Tom Bertram desde otra mesa, desde donde presidía atentamente la conferencia y la incesante conversación—, necesitamos tus servicios.

Fanny se levantó inmediatamente, esperando que le encargasen algún recado, porque aún no se había perdido la costumbre de emplearla de ese modo, pese a toda la oposición de Edmund.

—No, no hace falta que te levantes. No te necesitamos en este momento. Sólo será para nuestra obra. Harás de mujer del campesino.

—¿Yo? —exclamó Fanny, sentándose otra vez con una expresión de susto—. Sinceramente deseo que se me excuse. No podría hacer ningún papel aunque me diesen todo el oro del mundo. No, decididamente no puedo.

—Lo siento, pero tendrás que hacerlo; no te podemos dispensar. No tienes por qué asustarte, es una pequeñez, una insignificancia, con una docena de intervenciones, cuanto más; y no importaría mucho si nadie te oye decir una palabra; así que puedes ser todo lo apocada que quieras. Pero necesitamos que se te vea.

—Si te dan miedo media docena de intervenciones —exclamó el señor Rushwoth—, ¿qué haría usted con un papel como el mío? Tengo que aprenderme cuarenta y dos parlamentos.

—No me da miedo aprender de memoria lo que sea —dijo Fanny, asustada al ver que era la única que tenía la palabra en ese momento en la habitación, y notar que casi todas las miradas estaban puestas en ella—; es que no puedo actuar.

—Sí, sí; lo harás sobradamente bien para nosotros. Tú apréndete el papel, y ya te enseñaremos lo demás. Sólo tienes dos escenas, y yo seré el campesino; yo te introduciré y te sacaré, y lo harás muy bien, te lo aseguro.

—De ningún modo, Tom Bertram; perdóname; tú no lo comprendes. Me es absolutamente imposible. Si lo hiciera, lo único que conseguiría es decepcionar a todos.

—¡Vamos, vamos! No seas tan vergonzosa. Lo harás muy bien. Seremos todo lo comprensivos que haga falta. No esperamos que seas perfecta. Te pondrás un vestido marrón, un delantal blanco y una cofia, te pintaremos algunas arrugas y patas de gallo en los ojos, y harás de una viejecita perfecta.

—Tienes que disculparme, de veras; tienes que disculparme —exclamó Fanny, cada vez más ruborizada por la excesiva presión, mirando con angustia a Edmund, que la observaba amablemente; pero como Edmund no quería exasperar a su hermano interviniendo, se limitó a dirigirle una sonrisa de aliento. Sus súplicas no tuvieron efecto alguno en Tom, que repitió lo que había dicho antes; y no sólo Tom: su petición fue apoyada por María, el señor Crawford y el señor Yates con una insistencia más amable y ceremoniosa que la suya, pero que resultaba absolutamente abrumadora para Fanny. Y antes de que pudiera replicar, la señora Norris completó el acoso diciéndole en un susurro a la vez irritado y audible:

—Vaya la que estás armando por una bobada. Me avergüenza, Fanny, que te hagas la difícil para complacer a tus primos en una tontería de esta clase. Con lo amables que ellos son contigo. Hazme el favor de aceptar ese papel de buen grado, y no se hable más del asunto.

—No le insista, señora —dijo Edmund—. No es justo presionarla de esa manera. Está viendo que no es de su agrado. Déjela decidir por sí misma como hacemos todos. Su juicio es perfectamente fiable… por favor no se la apremie más.

—¡Yo no la voy a apremiar! —dijo la señora Norris con aspereza—; pero consideraré que es una terca y una desagradecida si no hace lo que le piden su tía y sus primos… Muy desagradecida en verdad, teniendo en cuenta quién es y lo que es.

Edmund estaba demasiado enfadado para hablar; pero la señorita Crawford, tras mirar unos momentos a la señora Norris con ojos asombrados, y luego a Fanny, a la que empezaban a asomarle las lágrimas, dijo inmediatamente con cierta sequedad:

—No me gusta este sitio; hace demasiado calor aquí para mí —y corrió la silla hasta el otro lado de la mesa, cerca de Fanny, diciéndole en voz baja mientras se acomodaba—: No haga caso, señorita Price; ésta es una noche de malos humores: todo el mundo se molesta y se enfada; pero no les hagamos caso. —Y siguió hablándole y tratando de animarla con gran amabilidad, a pesar de no estar ella misma demasiado animada. Con una mirada a su hermano impidió que la comisión del teatro siguiera insistiendo; y los sentimientos realmente buenos por los que se regía le devolvieron rápidamente el poco favor que había perdido de parte de Edmund.

Fanny no quería a la señorita Crawford; pero ahora le agradeció muchísimo su amabilidad. Y cuando, tras observar su labor y desear aprenderla ella también, y pedirle el patrón, y suponer que Fanny se estaba preparando para su *puesta de largo*, porque naturalmente sería presentada en sociedad cuando su prima se casara, la señorita Crawford le preguntó si tenía noticias recientes de su hermano el marino, y le dijo que tenía curiosidad por conocerlo, y que lo imaginaba un joven muy guapo, y le aconsejó que le pidiera que se hiciese un retrato antes de volver a la mar… no pudo menos de reconocer que era un halago muy agradable, y escuchar y contestarle con más animación de la que hubiera querido.

Aún seguían las deliberaciones sobre la obra, y la señorita Crawford dejó de prestar atención a Fanny al decirle a Tom Bertram con infinito pesar que le era imposible hacer de Anhalt además de mayordomo; había estado intentando seriamente hacer compatibles los dos papeles, pero no podía ser: tenía que renunciar.

—Pero no habrá dificultad en cubrirlo —añadió—. Haremos correr la voz y tendremos candidatos de sobra para escoger. Ahora mismo podría nombrar lo menos a seis jóvenes, en un radio de diez kilómetros, que estarían encantados de formar parte de nuestra compañía; y hay uno o dos que no nos harían quedar mal. A mí no me daría ningún miedo confiar en Oliver o en Charles Maddox. Tom Oliver es muy despierto, y Charles Maddox es un joven caballeroso como el que más; así que tomaré el caballo mañana por la mañana, iré a Stoke, y se lo propondré a uno de ellos.

Mientras hablaba, María se volvió con inquietud hacia Edmund, esperando que se opusiera a semejante ampliación del plan, tan contrario a su postura anterior. Pero Edmund no dijo nada. Tras reflexionar un momento, la señorita Crawford replicó tranquilamente:

—Por mi parte, no tengo nada que objetar a cualquier solución que decidamos entre todos. Yo conozco a alguno de esos caballeros, el señor Charles Maddox cenó un día en casa de mi hermana; ¿no es así, Henry? Es un joven de aspecto tranquilo. Lo recuerdo muy bien. Propóngaselo a él, por favor, me será menos desagradable que tener a un completo desconocido.

Charles Maddox sería el candidato: Tom expresó su decisión de ir a verlo por la mañana, temprano. Julia, que apenas había despegado los labios antes, comentó con sarcasmo, y dirigiendo una mirada primero a María y luego a Edmund, que "el teatro de Mansfield iba a animar enormemente a la vecindad"; Edmund siguió callado, y sólo mostró sus sentimientos con una obstinada gravedad.

—No me siento muy entusiasmada con nuestra obra —dijo la señorita Crawford en tono bajo a Fanny, tras meditar un momento—, y puedo decir, respecto al señor Maddox, que abreviaré algunas de sus intervenciones, además de gran parte de las mías, antes de que ensayemos juntos. Será muy desagradable, y de ningún modo lo que yo esperaba.

16

La señorita Crawford no consiguió hacer que Fanny olvidara el incidente. Al terminar la velada se marchó a la cama todavía embargada por él, con los nervios alterados por la violencia del ataque de su primo Tom, tan público e insistente, y el ánimo por los suelos a causa de las agrias expresiones y reproches de su tía. Llamarle la atención de esa manera, escuchar lo que no era sino preludio de algo infinitamente peor, insistirle en que hiciera algo tan imposible como tomar parte en una obra de teatro y lanzarle luego la acusación de terquedad e ingratitud, reforzándola con una alusión a la dependencia de su situación, había sido demasiado desagradable en su momento para que perdiese importancia al recordarlo sola; sobre todo, con el temor añadido de lo que podía ocurrir por la mañana como continuación del asunto. La señorita Crawford la había protegido sólo de momento; si Tom y María volvían a pedirle su participación en la obra, con toda la autoridad de que eran capaces de desplegar, y Edmund no estaba presente… ¿qué haría? Se durmió sin poder responder a tal pregunta; y a la mañana siguiente, al despertar, la halló igual de insoluble. Dado que el pequeño ático blanco —que era su dormitorio desde que se incorporó a la familia— no le sugería ninguna respuesta, acudió, en cuanto estuvo vestida, a una habitación de la que venía siendo igualmente dueña desde hacía un tiempo, y que era más amplia y conveniente para pasear y pensar. Aquella habitación había sido "la clase", y así la habían llamado hasta que las señoritas Bertram se negaron a seguirle dando ese nombre, aunque de hecho había seguido siendo utilizada como salón de clases por parte de la señorita Lee, quien vivía allí. En esa habitación las niñas habían aprendido a leer y a escribir, y habían charlado y reído hasta hacía menos de tres años, en que las dejó la señorita Lee. La habitación había quedado entonces sin uso, y durante un tiempo permaneció completamente abandonada, salvo por Fanny, que entraba a recoger sus plantas y a coger alguno de los libros que todavía le gustaba guardar allí, dado el poco espacio y acomodo de su cuartito de arriba; pero poco a poco, al darse cuenta de la comodidad que representaba, había ido trasladando más pertenencias y pasaba más tiempo allí; y dado que no había nada que se lo impidiese, había ido tomado posesión de una manera simple y natural, hasta que todos reconocieron que la habitación "este" —como la llamaban desde que María Bertram cumplió dieciséis años— era casi tan propia de Fanny como su ático blanco; la pequeñez de la una hacía el uso de la otra tan razonable que las señoritas Bertram, cuyas habitaciones eran del todo lo superiores que su sentido de la superioridad exigía, lo aprobaban por entero. En cuanto a la señora Norris, tras estipular que no se encendiese en ella nunca la chimenea para Fanny, se resignó relativamente a que utilizase lo que nadie quería; aunque los términos en que a veces hablaba de esa concesión parecía dar a entender que aquél era el mejor salón de la casa.

Su ambiente era tan acogedor que incluso sin fuego era habitable muchas mañanas tempranas de primavera, e incluso muchas mañanas tardías de otoño para un espíritu voluntarioso como el de Fanny; y mientras había un rayo de sol, esperaba que no la sacaran de ahí, aunque estuviese ociosa todo el tiempo. Allí podía encerrarse después de cualquier trance desagradable abajo, y hallar inmediato consuelo en alguna ocupación o curso de sus pensamientos. Tenía al alcance sus plantas, sus libros —que fue coleccionando desde que tuvo el primer chelín—, su pupitre y sus labores de caridad o de ingenio; o, si no se sentía con ganas de hacer nada, si no podía hacer otra cosa que meditar, no veía ningún objeto en este aposento que no estuviera vinculado a algún recuerdo entrañable. Todas las cosas eran amigas, o encauzaban sus pensamientos hacia algún amigo; y aunque a veces había sufrido mucho, aunque sus motivos habían sido a menudo mal interpretados, sus sentimientos mirados con indiferencia y su comprensión subestimada, aunque había conocido el dolor de la tiranía, el ridículo y la indiferencia, sin embargo casi toda repetición de lo uno o lo otro le había traído algún consuelo: su tía Bertram la había consolado, la señorita Lee la había animado y, lo que era más frecuente, Edmund había sido su defensor y amigo; él había apoyado siempre sus causas, o le había explicado sus propias intenciones, le había dicho que no llorase, o le había dado alguna prueba de afecto que hizo deliciosas sus lágrimas… Y ahora la distancia lo había fundido y armonizado todo a tal extremo que cualquier aflicción pasada tenía un tono de dulzura escondido. Le era muy querida esta habitación, y no había cambiado sus muebles por los más suntuosos de la casa, aunque lo que había sido originalmente sencillo había sufrido todos los estragos infantiles… y sus mayores elegancias y ornamentos eran un gastado taburete de trabajo de Julia, demasiado estropeado para figurar en el salón, tres transparencias en los tres últimos cristales inferiores de la ventana, donde la abadía de Tintern se hallaba entre una caverna italiana y un lago de Cumberland iluminado por la luna, una colección de siluetas de la familia que, indignas de figurar en otro sitio, se hallaban en la repisa de la chimenea, y junto a ellas, clavado en la pared, el pequeño boceto de un barco, enviado hacía cuatro años por William desde el mediterráneo, con el *Antwerp* al pie. Con letras tan altas como el palo mayor.

A este refugio bajó Fanny para tratar de apaciguar su espíritu agitado y vacilante; para ver si contemplando la silueta de Edmund captaba alguno de sus consejos, o dando aire a sus geranios podía aspirar un soplo de fuerza espiritual. Pero lo que tenía que disipar era algo más que el temor por su propia perseverancia; había empezado a sentirse indecisa sobre lo que *debía hacer*, y mientras daba vuelta por la habitación, sus dudas iban en aumento. ¿Tenía razón al negarse a hacer lo que con tanta vehemencia le pedían, lo que con tanta fuerza deseaban? ¿Qué podía ser tan esencial frente a un plan en el que algunas de las personas a las que debía la mayor amabilidad habían puesto el corazón? ¿No era eso malevolencia, egoísmo y miedo a exponerse? ¿Era suficiente la opinión de Edmund, su convencimiento de que sir Thomas lo desaprobaría totalmente, para justificar su decidida negativa a los demás? Era muy inquietante para ella el dudar de la verdad y pureza de sus propios escrúpulos; y al mirar a su alrededor vio reforzado el derecho de sus primos a ser complacidos, con la presencia de los numerosos regalos que había recibido de ellos. La mesa ante la ventana estaba cubierta de cajas de labores y estuches de agujas que le habían regalado en distintas ocasiones, sobre todo Tom; y se sintió abrumada por la deuda que todos estos recuerdos generosos le producían. Un golpecito en la puerta la sacó de ese intento de encontrar el camino de su deber, y a su suave "adelante" siguió la aparición de alguien ante el cual solía dejar a un lado todas sus dudas. Le iluminaron sus ojos al ver a Edmund.

—Fanny, ¿puedo hablar contigo unos minutos? —dijo.

—Naturalmente.

—Quiero consultarte una cosa. Necesito tu opinión.

—¿Mi opinión? Exclamó ella, encogiéndose ante semejante deferencia, pese a lo mucho que le agradaba.

—Sí, tu consejo y opinión. No sé qué hacer. Ese plan de representar una obra va de mal en peor. Han escogido casi lo peor; y ahora van a acabarlo de arreglar, pues van a pedirle colaboración a un joven al que apenas conocemos. Es el fin de toda la intimidad y el decoro del que se habló al principio. Yo no veo ningún mal en que intervenga Charles Maddox; pero la excesiva intimidad a la que le dará derecho el ser admitido entre nosotros de este modo es sumamente inaceptable. La *más* que intimidad: la familiaridad. No soporto la idea… me parece un daño de tal magnitud que considero un deber impedirlo si es posible. ¿Piensas igual que yo?

—Sí, pero, ¿qué se puede hacer? ¿Sigue tu hermano decidido?

—No puedo hacer más que una cosa, Fanny. Encargarme yo del papel de Anthalt. Estoy convencido de que ninguna otra solución dejará satisfecho a Tom.

Fanny no supo qué decir.

—No me hace ninguna gracia —prosiguió—. A nadie le gusta que lo obliguen a aparentar semejante falta de lógica. Después de pronunciarme en contra de ese plan, es absurdo que me una a ellos ahora que los están sobrepasando en todos los sentidos; pero no se me ocurre otra salida… ¿y a ti, Fanny?

—Pues no —dijo Fanny despacio—; de momento tampoco se me ocurre nada; pero…

—¿Pero qué? Veo que nuestra opinión no coincide. Piénsalo un poco. Quizá no te das cuenta como yo del daño que esto puede hacer, de lo desagradable que tiene que ser el admitir a un joven de este modo, permitirle que tome confianza, autorizarle a venir a todas horas, y darle pie para que se salte de repente toda reserva. ¡Me molesta el sólo pensar en la libertad que se crearía en cada ensayo! Ponte en el lugar de la señorita Crawford, Fanny. Piensa en lo que sería hacer de Amelia con un desconocido. Tiene derecho a que la compadezcamos, porque evidentemente ella se compadece a sí misma. Anoche, cuando hablaba contigo, oí lo suficiente para comprender la poca gracia que le hace actuar con un desconocido; y cómo probablemente aceptó el papel esperando algo muy diferente; sin considerar demasiado el asunto, quizá, para prever lo que podía ocurrir; sería muy poco generoso, y estaría verdaderamente mal, exponerla a una situación así. Hay que respetar sus sentimientos. ¿No crees tú, Fanny?... titubeas.

—Lo siento por la señorita Crawford; pero siento más pena por ti al verte forzado a hacer algo en contra de lo que estabas firmemente determinado, y que sabes que desagradaría a tu padre. ¡Qué triunfo para los otros!

—No van a tener mucho motivo de júbilo cuando se den cuenta de lo mal que se me da la actuación. Pero desde luego que será un triunfo, y tendré que asumirlo como tal. Pero si puedo ser el medio de restringir la publicidad del asunto, de limitar su difusión, de poner límites a nuestra locura, me daré por satisfecho. En mi actual posición, no tengo ninguna influencia, no puedo hacer nada; los he ofendido y no quieren oírme; pero cuando les haya devuelto el humor con esta concesión, tengo la esperanza de convencerlos para que representen la función ante un círculo mucho más pequeño que el que ahora se proponen. Será un logro considerable. Mi propósito es reducirlo a la señora Rushworth, y los Grant. ¿No valdría la pena eso?

—Sí, será un buen punto.

—Pero no tiene tu aprobación. ¿Puedes decirme alguna otra solución con qué obtener un beneficio igual?

—¡Oh, primo!

—Si estás en contra, tendré que desconfiar de mí; pero tampoco puedo permitir que Tom ande por ahí buscando a quien convencer para que actúe, sea quien sea, con tal de que tenga pinta de caballero. Creía que habías comprendido más los sentimientos de la señorita Crawford.

—Estoy segura de que se alegrará mucho. Será un gran alivio para ella —dijo Fanny, tratando de mostrarse más afectuosa.

—Nunca le había visto un comportamiento tan amable como el que tuvo contigo anoche. Ganó mucho en mi estima.

—¡Oh, sí, fue muy amable!; y me alegro de que se le ahorre…

No pudo terminar la generosa efusión, su conciencia la detuvo a la mitad; pero Edmund se sintió satisfecho.

—Iré cuando haya desayunado —dijo—, y estoy seguro de que les daré una alegría. Y ahora, querida Fanny, no te interrumpo más. Quieres ponerte a leer. Pero no podía estar tranquilo hasta que hablase contigo y llegara a una decisión. Dormido o despierto, mi cerebro no ha parado de darle vueltas al asunto en toda la noche. No es una buena solución, pero estoy seguro de que será menos mala de lo que podría ser. Si Tom está levantado, iré a verlo y se lo anunciaré, y cuando nos veamos en el desayuno, estaremos todos contentísimos ante la perspectiva de hacer juntos y de manera unánime algo tan loco. Entretanto, tú harás un viaje a China, supongo. ¿Cómo vas con lord Macartney?• —dijo, abriendo un libro que había sobre la mesa y luego tomando algunos otros—. ¡Ah!, y aquí están los *Cuentos* de Crabbe, y el *Idler*••

• Se refiere al libro *His Plates to his Embassy to China* (1796), de George Macartney (1737-1806).

•• George Crabbe (1754-1806) publicó una antología titulada *Tales* (cuentos) en 1812. *The Idler* de Samuel Johnson (1709-1784), difundidos por entregas entre 1758 y 1760.

que te divertirán cuando te abrume el libro gordo. Yo admiro mucho tu pequeña biblioteca, y en cuanto me haya ido, estoy seguro de que echarás de tu cabeza toda esa estupidez del teatro y te acomodarás delante de tu mesa. Pero no estés aquí mucho tiempo, no te vayas a resfriar.

Se marchó; pero para Fanny no hubo lectura, ni China, ni sosiego. Edmund le había hecho la más inconcebible y desagradable confidencia, y no era capaz de pensar en otra cosa… ¡Actuar en el teatro! ¡Después de todos sus escrúpulos! Después de todas sus objeciones tan acertadas y tan públicas. Después de todo lo que le había oído decir, de haber sentido su estado de ánimo y haber visto sus actitudes. ¿Cómo era posible? Edmund era contradictorio. ¿Se estaba engañando a sí mismo? ¿Se estaba equivocando? ¡Ah!; todo era por culpa de la señorita Crawford. Había visto su influencia en todas sus conversaciones, y era lamentable. Ahora habían perdido importancia las dudas y alarmas sobre su propia conducta que la habían atormentado, y que había tenido dormidas mientras escuchaba a Edmund. Se las tragó esta ansiedad tan grande. Que las cosas siguiesen su curso: le daba igual cómo terminaran. Ya podían acosarla sus primos, que no conseguirían hacerle daño. Estaba fuera de su alcance; y si finalmente la obligaban a ceder… no importaba. Ahora todo era *desventura*.

17

Aquel fue un día de triunfo para Tom Bertram y para María. No habían esperado obtener la victoria sobre la discreción de Edmund, y aquel triunfo fue de lo más delicioso para ellos. Con eso ya no había nada preocupante en su acariciado proyecto, y se felicitaron en secreto de haber provocado los celos a los que atribuyeron el cambio, y se sintieron satisfechos en varios sentidos. No les importaba que Edmund siguiera con el gesto serio y diciendo que no le gustaba el plan general y que desaprobaba la obra en particular; de cualquier manera ellos habían ganado, y él actuaba con motivos egoístas. Edmund había bajado de esa altura moral que se había mantenido hasta ahora, y su descenso los hacía ahora mejores y más felices.

Sin embargo, se portaron muy bien con él a este respecto, no dejando que el júbilo les llegara más allá de las comisuras de los labios, y parecieron considerar un gran alivio el haberse librado de la intromisión de Charles Maddox, como si hubieran tenido que admitirlo contra el deseo de todos. "Deseaban hacerlo todo dentro del círculo familiar. Un desconocido entre ellos habría roto la armonía"; y cuando Edmund, siguiendo esta idea, expresó su esperanza de que fuera reducido el público que iba a asistir, se mostraron de momento dispuestos a prometer lo que fuera. Todo era animación y alegría; la señora Norris se brindó a hacerle el vestido, el señor Yates le aseguró que la última escena de Anhalt con el barón admitía mucha acción y énfasis, y el señor Rushworth se puso a contar sus intervenciones.

—Quizá ahora —dijo Tom— se muestre Fanny más dispuesta a complacernos; quizás puedas convencerla.

—No, su decisión es terminante; definitivamente no actuará.

—Está bien, de acuerdo —y no se dijo una palabra más. Pero Fanny se sentía otra vez en peligro, y empezaba a flaquearle la indiferencia ante ese peligro.

No produjo menos sonrisas en la casa parroquial este cambio de Edmund. La señorita Crawford estaba encantada, y se puso a hablar del plan con una alegría tan súbitamente renovada que sólo pudo tener un efecto en él. "Naturalmente, hacía bien en respetar tales sentimientos; él se alegraba de haberse decidido". Así que la mañana transcurrió entre muy dulces, aunque no muy sanas, satisfacciones. Esto le reportó a Fanny una ventaja: a petición sincera de la señorita Crawford, la señora Grant accedió con su habitual buena disposición a hacer el papel que habían pedido a Fanny que hiciera, y eso fue todo lo que trajo de agradable ese día para ella. Y hasta eso, cuando fue a comunicárselo a Edmund, le llegó acompañado de dolor, porque era la señorita Crawford a quien debía agradecérselo; a la señorita Crawford, cuyos amables esfuerzos debían suscitar su gratitud, y cuyo mérito al hacerlos fue ensalzado con el calor de la admiración. Fanny estaba a salvo, pero la paz y la seguridad no tenían nada que ver aquí. En realidad jamás había tenido el espíritu más lejos de la paz. No pensaba en absoluto que había hecho mal; pero salvo eso, se sentía desasosegada. Su corazón y su juicio estaban igualmente en contra de la decisión de Edmund y no se sentía inclinada a absolverlo de su inconstancia y se sentía dominada por los celos y la agitación. La señorita Crawford llegó con una expresión risueña que era como un insulto, y le dirigió un saludo amistoso al que a duras penas pudo contestar con serenidad. Todo el mundo a su alrededor se mostraba contento y activo, dichoso e importante; cada cual tenía sus intereses: su papel, su vestido, su escena favorita, sus amigos, sus aliados; todos andaban ocupados en consultar y comparar, o divertidos con la agudeza de sus propios comentarios. Sólo Fanny se sentía triste e insignificante. No participaba en nada; podía quedarse o marcharse, permanecer sentada en medio del bullicio o retirarse a la soledad de la habitación del este, sin que nadie la viera o la echara de menos. Casi pensaba que habría sido preferible cualquier cosa antes que esto. La señora Grant era importante:

se encomiaba su buen carácter, se tenía en cuenta su gusto y su tiempo, se reclamaba su presencia, se la buscaba y atendía; y sobre todo se la elogiaba. Y Fanny, al principio, corrió el peligro de envidiarle el papel que había asumido y que ella había rechazado. Pero la reflexión le trajo mejores sentimientos, y le hizo comprender que la señora Grant tenía derecho al respeto, cosa que nunca había podido tener ella, y que aunque le hubieran tributado el más grande, jamás habría estado a gusto sumándose a un plan que, sólo por consideración a su tío, debía condenar completamente.

El corazón de Fanny no era ni mucho menos el único que sangraba, como no tardó en reconocer ella misma: también Julia sufría, aunque no estaba totalmente exenta de culpa.

Henry Crawford había jugado con sus sentimientos; pero ella lo había permitido durante demasiado tiempo, y aún buscaba sus atenciones con unos celos de su hermana tan razonables como debía haber sido su cura; y ahora que se le habían abierto los ojos y había comprobado su preferencia por María, la aceptó sin ninguna inquietud por la situación de María, y sin esforzarse en lograr la tranquilidad racional para sí. Permanecía sentada en melancólico silencio, envuelta en una gravedad que nada disipaba, ni conmovía la curiosidad, ni animaba el ingenio; o si aceptaba las atenciones del señor Yates, era respondiendo con forzada alegría y aludiendo a las representaciones de los demás.

Durante un día o dos después de la afrenta, Henry Crawford se había esforzado en borrarla con sus habituales galanterías y atenciones, aunque no se molestó lo suficiente en perseverar tras algunos rechazos, y concentrándose demasiado en su juego para llevar adelante más de un coqueteo se volvió indiferente a la pelea, o más bien la consideró un desenlace afortunado, puesto que puso discreto fin a lo que no habría tardado en despertar esperanzas en otros, además de en la señora Grant. No le gustaba a ésta ver a Julia excluida de la obra y sentada aparte; pero como esto realmente no afectaba su felicidad, y como Henry debía ser el mejor juez de la suya propia y, según él, le aseguraba con la sonrisa más persuasiva que ni él ni Julia habían pensado seriamente el uno en el otro, no podía hacer otra cosa que renovar su antigua prudencia respecto a la hermana mayor, suplicando a Henry que no arriesgase su tranquilidad mostrando demasiada admiración, y participar con naturalidad en todo lo que trajera alegría a los jóvenes en general, haciendo disfrutar a los dos que tanto quería en particular.

—No me sorprendería que Julia estuviera enamorada de Henry —comentó a Mary.

—Pues yo diría que sí lo está —contestó Mary con firmeza—; pero me da la sensación de que lo están las dos hermanas.

—¿Las dos? No, no; eso no estaría bien. No se lo digas a él. Piensa en el señor Rushworth.

—Mejor sería que se lo dijeses a la señorita Bertram. Tal vez le vendría bien. Yo pienso a menudo en las propiedades y la independencia del señor Rushworth; me encantaría que estuviesen en otras manos... Pero no pienso nunca en él. Un hombre con una propiedad así podría representar al condado; podría eludir cualquier profesión y representar al condado.

—Quizá no tarde en formar parte del Parlamento. Cuando regrese sir Thomas, tal vez se presente el candidato por algún municipio; pero todavía no le ha ofrecido nadie la posibilidad de hacer algo.

—Sir Thomas va a hacer cosas importantes a su regreso —dijo Mary tras una pausa—. ¿Recuerdas el "Discurso al tabaco", de Hawkins Brown, imitando a Pope:

Bendita hoja
cuyas fragantes oleadas dispensa
al sacerdote juicio
a los templarios modestia.

—Sí, pero yo lo interpretaría así:

Bendito caballero
cuya firme mirada dispensa
a Ruswoth sentido
a los hijos opulencia.

—¿No crees tú, señora Grant, que todo parece depender del regreso de sir Thomas?

—Pues tú encontrarás su actitud muy justa y razonable cuando lo veas en familia, te lo aseguro. Creo que no marcharíamos bien sin él. Tiene un aire refinado y solemne que le sienta muy bien al jefe de una casa como ésa, y mantiene a cada uno en el lugar que le corresponde. Lady Bertram parece más una nulidad ahora que cuando está él en casa, y nadie más que él puede mantener a raya a la señora Norris. Pero, Mary, no vayas a imaginar que a María Bertram le importa Henry. A Julia desde luego que no, de lo contrario no habría coqueteado como lo hizo anoche con el señor Yates; y aunque Henry y María son buenos amigos, creo que a ella le gusta demasiado Sotherton para ser veleidosa.

—Yo no apostaría mucho por las posibilidades del señor Rushworth, si Henry se mete en medio antes de que se firmen las capitulaciones.

—Si tienes esa sospecha, creo que deberíamos hacer algo; en cuanto se termine lo de la obra, hablaremos seriamente con él, y haremos que se aclare; y si no pretende nada, lo enviaremos lejos por un tiempo, aunque sea mi hermano.

Sin embargo, aunque la señora Grant no notaba nada, Julia sufría, y ese sufrimiento pasaba igualmente inadvertido a la suspicacia de los miembros de su propia familia. Ella en realidad se había enamorado, lo estaba aún, y experimentaba todo el dolor que un temperamento cálido y un espíritu elevado soportarían sin duda ante la frustración de una esperanza querida, aunque irracional. Junto con la profunda sensación de haber sido engañada. Su corazón estaba herido e irritado, y sólo era capaz de sugerirle consuelos fincados en la irritación. La hermana con la que tan bien se había llevado ahora se había convertido en su mayor enemiga; se habían vuelto extrañas, y Julia no era indiferente a la esperanza de que tuvieran un final lamentable las atenciones que aún veía, de que tuviera un castigo la vergonzosa conducta de María para consigo misma, así como para el señor Rushworth. Sin tener ningún defecto importante de carácter ni diferencia de opinión que les impidiera ser buenas amigas mientras sus intereses fuesen los mismos, las hermanas, ante una situación así, carecían de un afecto o de un principio suficiente que las hiciera compasivas o justas, que les inspirase honra o compasión. María se daba cuenta de su triunfo, e iba a lo suyo sin importarle Julia; y Julia no soportaba ver cómo Henry Crawford distinguía a María, sin mirar si despertaba celos o podía acarrear finalmente un escándalo.

Fanny veía casi todo lo que le pasaba a Julia, y la compadecía; pero no había camaradería entre ellas. Julia no era comunicativa, y Fanny no se tomaba libertades. Eran dos almas solitarias que sufrían, o conectadas sólo por la conciencia de Fanny.

La falta de interés de los dos hermanos y de la tía por la agitación de Julia, y la ceguera para descubrir su verdadera causa, había que imputarlas al hecho de tener ocupado el cerebro. Estaban totalmente absortos. Tom vivía sumido en las preocupaciones de su teatro, y no veía nada que no tuviera relación inmediata con él. Edmund, entre su papel teatral y su papel real, entre las exigencias de la señorita Crawford y su propia conducta, entre el amor y la coherencia, tampoco se daba cuenta de nada; y la señora Norris estaba demasiado ocupada en idear y dirigir los pequeños detalles de la compañía teatral, en supervisar los diversos trajes con criterio económico, cosa que nadie le agradecía, y el ahorrar al ausente sir Thomas media corona aquí, otra media allá; pero siempre entretenida en la observación de la conducta y de la felicidad de sus sobrinas.

18

Todo seguía ahora su curso normal: el local del teatro, el vestuario y los actores avanzaban; pero aunque no surgió ningún otro impedimento serio, Fanny descubrió, transcurridos unos días, que no todo era alegría dentro del grupo, y que no se vería la continuidad de semejante unanimidad y deleite, cosa que había sido casi demasiado para ella al principio. Todo el mundo comenzó a tener contrariedades, y Edmund más que todo el mundo. Totalmente en contra de su opinión, llegó de la capital un pintor de decorados y se puso a trabajar, aumentando así considerablemente los gastos, y lo que era peor, el esplendor de la empresa. Y su hermano, en vez de dejarse guiar por él en lo de hacer una representación en la intimidad, andaba invitando a cada familia que se encontraba en su camino. El propio Tom empezaba a impacientarse por los lentos progresos del pintor, y a sufrir la comezón de la espera. Se había aprendido su papel —sus papeles, porque había asumido todos los pequeños papeles compatibles con los del mayordomo—, y estaba deseando actuar, por lo que cada día que pasaba ocioso tendía a aumentarle la impresión de insignificancia de todos sus papeles, y a hacerle lamentar no haber escogido alguna otra obra.

Fanny, que siempre era una oyente muy cortés, y a menudo la única que había a la mano, recibía las quejas y lamentaciones de la mayoría. Sabía que todos pensaban que el señor Yates declamaba horrorosamente, que el señor Yates estaba decepcionado con Henry Crawford, que Tom Bertram hablaba tan deprisa que no se le entendía, que la señora Grant le estropeaba todo riéndose, que Edmund iba retrasado con su papel, y que era penoso tener que hacer algo con el señor Rushworth, ya que necesitaba que le apuntaran en cada intervención. También sabía que el pobre señor Rushworth casi nunca lograba que alguien ensayara con él; su queja le llegó igual que las de los demás; y la evitaba tan claramente ante sus ojos la prima María, y ensayaban ésta y el señor Crawford la primera escena con tan innecesaria frecuencia, que no tardó en aterrarla la idea de que tuviera que oír tantas quejas de él. Lejos de estar contentos y satisfechos, observaba que cada cual pedía algo que los demás no tenían, lo que daba lugar al descontento general. Todo el mundo tenía un papel demasiado largo o demasiado corto; nadie quería escuchar como era debido, nadie recordaba por qué lado tenía que entrar, nadie más que el que se lamentaba hacía caso de las instrucciones.

Fanny pensaba que disfrutaba inocentemente de la obra más que todos ellos; Henry Crawford interpretaba bien, y era un placer para ella colarse en el teatro para ver ensayar el primer acto, a pesar de los sentimientos que le despertaban las intervenciones de María. Le parecía que María también lo hacía bien… demasiado bien; y después de un ensayo o dos, Fanny empezó a ser la única oyente, y unas veces como apuntadora, y otras como espectadora, se convertía en una gran ayuda. Según podía juzgar, el señor Crawford era con mucho el mejor de los actores; tenía más confianza que Edmund, más juicio que Tom, más talento y más gusto que el señor Yates. No le caía simpático como persona, pero debía reconocer que era el mejor actor, y sobre esto no había muchos que opinaran de manera diferente. El señor Yates, desde luego, tronaba contra su sosería y su insipidez. Hasta que un día se volvió el señor Rushworth hacia ella con expresión ceñuda y dijo:

—¿Ve algo digno y convincente en todo esto? Por mi vida que no lo puedo admirar; y, entre nosotros, ver a ese hombre pequeño, enteco y de pinta ordinaria dándoselas de actor, es de lo más ridículo en mi opinión.

A partir de ese momento volvió a sus antiguos celos, que María, cada vez con más esperanzas con respecto a Crawford, se cuidaba poco de disipar; con lo cual la posibilidad de dominar sus cuarenta y dos intervenciones disminuyó considerablemente. En cuanto a que hiciera algo medianamente bien con ellas, a nadie se le ocurría pensarlo salvo a su madre, que lamentaba que el papel de su hijo no fuera más importante, y aplazó ir a Mansfield hasta que los ensayos estuvieran lo bastante avanzados como para comprender la ilación de las escenas. Los demás, en cambio, sólo aspiraban a que recordase la palabra de entrada y la primera frase de su intervención, y fuera capaz de seguir al apuntador en lo demás. Fanny, con su compasión y bondad, se tomaba todas las molestias para enseñarle cómo debía aprender, dándole toda la ayuda y consejos que podía, tratando de confeccionarle una memoria artificial, y aprendiéndose ella misma cada palabra de su papel, sin conseguir, no obstante, que progresara gran cosa.

Muchos eran, desde luego, los temores y desasosiegos que asaltaban a Fanny; pero pese a todos ellos, y a otros menesteres que reclamaban su tiempo y su atención, estaba tan lejos de permanecer ociosa o de no colaborar como de carecer de compañero de inquietud, y tan lejos de que no le pidieran su tiempo como su compasión. El abandono que preveía al principio resultó carecer de fundamento. De vez en cuando tenía que ayudar a los unos y a los otros. Era, quizá, lo que estaba más en paz consigo misma.

Además, había gran cantidad de labor de aguja que necesitaba su ayuda; y era evidente que la señora Norris pensaba que estaba tan entusiasmada como los demás, a juzgar por el modo con que lo proclamaba:

—¡Vamos, Fanny! —gritaba — , éstos son buenos tiempos para ti; pero deja de andar mirando de habitación en habitación; te necesito aquí. Estoy que no me puedo enderezar, de hacerle la capa al señor Rusworth sin pedir más raso; y ahora creo que bien podrías ayudarme a coserla. Sólo son tres costuras, y eso lo haces tú en un abrir y cerrar de ojos. Me consideraría afortunada si no tuviera más trabajo por delante que el de coser. Eres la más entusiasmada, estoy segura. Ahora que si tuvieras que hacerlo tú todo, seguro que no irías muy deprisa.

Fanny se puso a trabajar en silencio sin intentar defenderse; pero su tía Bertram, más amable, comentó en su defensa:

—No es de extrañar, hermana, que Fanny esté encantada; todo es nuevo para ella. A ti y a mí nos solía gustar muchísimo el teatro, y a mí todavía me gusta; y en cuanto tenga un poco más de tiempo, pienso asistir a los ensayos también. ¿De qué trata la obra, Fanny? Todavía no me lo has contado.

—¡Ah, hermana. No se lo pidas ahora; porque Fanny no es de las que saben hablar y trabajar a la vez. Se trata de *Promesas de amantes*.

—Creo que van a ensayar tres actos mañana por la tarde —dijo Fanny a su tía Bertram—; eso le dará la ocasión de ver interpretar a todos los actores.

—Será mejor que esperes a que cuelguen el telón — terció la señora Norris— . Será dentro de un día o dos: da muy poca impresión de teatro sin un telón; desde luego, una obra de teatro tiene muy poco sentido si falta el telón, y mucho me equivocaré si no lo encuentras levantado en preciosos festones.

Lady Bertram pareció totalmente resignada a esperar. Fanny no compartía la calma de su tía. Pensaba en el día siguiente; porque si ensayaban los tres actos, Edmund y la señorita Crawford actuarían juntos por primera vez; el tercer acto contenía la escena con los dos que más le interesaba, y deseaba y temía ver cómo la hacían. El tema era el amor: el caballero describe un matrimonio por amor, y la dama hace poco menos que una declaración de amor.

Fanny había leído y releído la escena con multitud de interrogantes y emociones dolorosas, y esperaba con ansiedad su representación como un acontecimiento casi demasiado importante. No creía que la hubieran ensayado aún; ni siquiera en privado.

Llegó la mañana, el plan para la noche seguía en vigor, y pensar en él no sosegaba a Fanny. Ella trabajaba con gran diligencia bajo las instrucciones de su tía; pero su diligencia y su silencio ocultaban una mente ansiosa y abstraída; y hacia mediodía huyó con su labor a la habitación del este, a fin de no tener que ocuparse de un nuevo, y a su juicio totalmente innecesario ensayo del primer acto que Henry Crawford estaba proponiendo, deseosa a la vez de tener tiempo para sí misma y de evitar la presencia del señor Rushworth. Al pasar por el salón, vio fugazmente que subían las dos damas de la casa parroquial; pero esto no la hizo modificar su deseo de retirarse, y llevaba un cuarto de hora en la habitación del este, trabajando y pensando sin que nadie la interrumpiese, cuando sonó un golpecito en la puerta, y entró la señorita Crawford.

—¿He acertado?... sí, ésta es la habitación del este. Mi querida señorita Price, le pido perdón pero acudo a usted para pedirle ayuda.

Fanny, totalmente sorprendida, se esforzó en mostrarse dueña de la habitación con palabras corteses y miró con preocupación la rejilla brillante de la chimenea vacía.

—Gracias, estoy bien, no tengo frío. Permítame estar aquí unos momentos, y recitarle mi papel en el tercer acto. He traído el libreto; ¡si fuera tan amable de ensayarlo conmigo, le estaría infinitamente agradecida! He venido con la idea de ensayarlo con Edmund, los dos solos, antes de la noche; pero no está por ahí; y aunque estuviese, no creo que pueda ensayar con él hasta haberme familiarizado un poco. En realidad, se trata de un parlamento o dos. Me hará el favor, ¿verdad?

Fanny asintió con mucha cortesía, aunque con voz muy débil.

—¿Ha echado una ojeada al papel que me ha tocado a mí? —prosiguió la señorita Crawford, abriendo el libro—. Aquí está. Al principio me pareció que no era muy importante; pero, ¡Dios mío!, mire este párrafo y éste, y éste otro… ¿Cómo voy a mirarlo a la cara y decirle esas cosas? ¿Podría hacerlo usted? Aunque, siendo su primo, yo creo que es muy distinto. Quiero que ensaye conmigo para imaginar que usted es él, y hacerme a la idea poco a poco. A veces se parece a él.

—Quién, ¿yo? Bueno, haré con mucho gusto lo que pueda… pero tendré que leerlo, porque es muy poco lo que puedo recitar de ese papel.

—Nada, supongo. Naturalmente usted deberá tener el libreto. Vamos allá. Debemos tener dos sillas que usted debe acercar al proscenio. Vaya…, esas sillas son buenas para una clase, pero sin duda no están pensadas para el teatro. Son estupendas para sentarse unas niñas, y darse patadas mientras les explican la lección. ¿Qué dirían su profesora y su tío se vieran que les damos otra aplicación? Si nos viese sir Thomas en este momento, ensayando en toda la casa; yo pienso que se santiguaría. Yates no para de vociferar en el comedor. Lo he oído cuando subía la escalera; y el teatro, naturalmente, está ocupado por Agatha y Frederick, que no se cansan de ensayar. Si no les sale perfecto me llevaré una sorpresa. A propósito, me he asomado hace cinco minutos, justo en uno de esos momentos en que intentan *no abrazarse*, y el señor Rushwoth estaba conmigo. Me pareció que empezaba a ponerse nervioso, así que he salido lo más rápido que pude, diciéndole en voz baja: "Hará una estupenda Agatha, hay algo muy *maternal* en su actitud, y algo enormemente *maternal* en su voz y su semblante". ¿He hecho bien? Se ha animado en seguida. Y ahora, vamos a mi monólogo.

Empezó, y Fanny participó con todo el modesto sentimiento que la idea de que sustituyese a Edmund pretendía inspirar, aunque con una belleza y una voz tan femeninas que no daban muy buena representación de un varón. Pese a semejante Anhalt, la señorita Crawford tuvo suficiente ánimo; y llevaban recitada la mitad de la escena cuando las interrumpió un golpecito en la puerta; y la entrada de Edmund, a continuación, suspendió el ensayo.

La sorpresa, el apuro y el gozo afloraron en los tres ante este inesperado encuentro, y dado que Edmund venía con el mismo propósito que había traído a la señora Crawford, el apuro y el gozo fueron probablemente más que momentáneos en ellos. También Edmund traía su libro y venía a pedir a Fanny que repasara con él, y le ayudara a prepararse para la noche, sin saber que la señorita Crawford estaba en la casa; y grande fue su alegría y animación al verse ahí reunidos por la casualidad, contrastando ideas y coincidiendo en elogios hacia los amables oficios de Fanny.

Pero Fanny no compartía esa calidez. Su ánimo se oscurecía con el resplandor de ellos, y se daba cuenta de que se estaba casi reduciendo a la nada para ellos, hasta el punto de no encontrar consuelo alguno en el hecho de haber sido requerida por el uno y el otro. Ahora debían ensayar juntos. Edmund se lo propuso a la dama; le suplicó, le insistió hasta que, no muy mal dispuesta desde el principio, no fue capaz de negarse al final; y pidieron a Fanny que les apuntara y tan sólo observara. De esa manera le otorgaron la función de juez y crítico, y ella expresó seriamente su deseo de ejercerla, y de enseñarles los defectos; pero todos sus sentimientos se negaban a hacer tal cosa, y no pudo, no quiso, no se atrevió a intentarlo. De haber estado capacitada para la crítica, su conciencia le habría impedido manifestar la menor desaprobación, de la que creía sentir demasiada sobre el conjunto de las cosas para ser justa y sincera en los detalles. Y era suficiente para ella con apuntarles, a veces, más que suficiente; porque no siempre lograba prestar atención al libreto. Observándolos se olvidaba de sí misma, y agitada por la actitud cada vez más animada de Edmund; cerró el libro y se alejó exactamente cuando él necesitaba ayuda. Lo atribuyeron a un no muy razonable cansancio, le dieron las gracias y la compadecieron. Pero Fanny merecía más compasión de la que ella esperaba que sospechasen. Por último, concluyó la escena, y se vio obligada a sumar sus elogios a los cumplidos que se dirigieron el uno al otro; y cuando estuvo sola otra vez, y fue capaz de repasar mentalmente lo ocurrido, se inclinó a creer que su interpretación iba a tener tanto sentimiento y naturalidad que sin duda daría prestigio a los dos, y que sería para ella una dolorosa exhibición. Fuera cual fuese su afecto, no obstante, este día aún debía recibir el embate más fuerte.

El primer ensayo formal de los tres actos iba a tener lugar por la noche; la señora Grant y los Crawford habían prometido volver con ese fin después de cenar, y todos los interesados esperaban el momento con expectación. Por tal motivo, parecía reinar animación general; Tom estaba contento de dar ese importante paso hacia el final; Edmund estaba alegre desde el ensayo de la mañana, y en todas partes parecieron allanarse las pequeñas contrariedades. Todos estaban impacientes y activos. No tardaron en ponerse en marcha las damas, las siguieron rápidamente los caballeros, y a excepción de lady Bertram, la señora Norris y Julia, estuvieron todos en el teatro a hora temprana; y tras iluminarlo hasta donde permitía su estado inacabado, se pusieron a esperar la llegada de la señora Grant y de los Crawford, para dar comienzo al ensayo.

No tuvieron que esperar mucho; aunque la señora Grant no se presentó. Le era imposible acudir. El doctor Grant había dicho que sufría una indisposición, a la que su cuñada daba poco crédito, y que no podía prescindir de su esposa.

—El doctor Grant está enfermo —dijo Mary Crawford con fingida solemnidad—. No ha podido comerse su faisán hoy, y está enfermo por eso. Lo ha encontrado duro y ha devuelto el plato; desde entonces está sufriendo.

¡Qué decepción! Realmente era una pena que no asistiera el doctor Grant. Sus modales agradables y su conformidad hacían que todos la estimaran… pero ahora era absolutamente imprescindible. No podían actuar, no podían ensayar de manera satisfactoria sin ella. Esto estropeó la tranquilidad de la velada. ¿Qué se podía hacer? Tom, que era el campesino, estaba desesperado. Tras unos momentos de perplejidad, algunas miradas empezaron a volverse hacia Fanny, y una o dos voces dijeron:

—¿Y si la señorita Price fuera tan amable de leer el papel?

Al punto se vio abrumada de súplicas: todo el mundo se lo pedía. "Fanny, por favor, hazlo; si no te resulta demasiado desagradable".

Pero Fanny aún se resistía. No soportaba la idea de hacerlo. ¿Por qué no se lo pedían a la señorita Crawford? ¿O por qué no se había quedado ella en su habitación, donde se sentía segura, en vez de asistir al ensayo? Sabía que la iba a irritar y al hacerla sufrir, sabía que su obligación era mantenerse alejada. Éste era su justo castigo.

—Sólo tiene que leer el papel —dijo Henry Crawford con renovada insistencia.

—Estoy segura de que puede recitar cada palabra de ese papel —añadió María—; porque el otro día corrigió a la señora Grant en veinte de sus intervenciones. Fanny, estoy segura de que te sabes el papel.

Fanny era incapaz de negarlo, y todos seguían insistiendo. Y cuando Edmund repitió su deseo, con una mirada de afectuosa confianza en su bondad, no tuvo más remedio que ceder. Lo haría lo mejor posible.

Todos se sintieron aliviados… y Fanny se abandonó a los temblores de su corazón palpitante mientras los demás se disponían a empezar.

Y empezaron… Demasiado inmersos en su propio ruido como para que percibieran desusados sonidos en otro lado de la casa, habían avanzado ya un poco cuando de pronto se abrió la puerta de par en par, y apareciendo Julia con el rostro lívido, exclamó:

—¡Nuestro padre ha llegado! En este momento está en el recibidor.

19

¿Cómo describir la consternación del grupo? Para la mayoría fue un momento de indescriptible horror. ¡Sir Thomas en casa! Todos sintieron la instantánea convicción de que aquello era un golpe de la realidad; nadie abrigó la mínima esperanza de que aquello pudiera ser un engaño o un error. El semblante de Julia era la prueba irrefutable del hecho; y tras los primero sobresaltos y exclamaciones, nadie dijo una sola palabra durante algo así como medio minuto; cada uno miraba al otro con la expresión demudada, y casi todos lo consideraban un golpe de lo más inoportuno, de lo más intempestivo... ¡de lo más espantoso! Quizá para el señor Yates no fue sino una molesta interrupción de la velada, y tal vez el señor Rushworth lo tomó como una bendición; pero todos los demás corazones se encogieron bajo cierto sentimiento de autocondena o de alarma indefinida. En su interior, los demás se dijeron: "¿Qué va a ser de nosotros? ¿Qué vamos a hacer ahora?". Fue una pausa terrible, y terrible para todos los oídos el rumor de pasos y de puertas que se abrían, confirmando el anuncio.

Julia fue la primera en reaccionar, y en volver a hablar. Habían quedado en suspenso los celos y la amargura; el egoísmo se había disuelto en la causa común; pero en el momento de entrar, Frederick estaba escuchando con expresión devota el parlamento de Agatha, y apretándole la mano contra su corazón, y al observar esto, y ver que pese a la conmoción de sus palabras él seguía en la misma actitud y retenía la mano de su hermana, su corazón herido volvió a llenarse de rencor; y enrojeciéndose del mismo modo que había palidecido antes, salió de la habitación diciendo:

—Yo no tengo miedo de enfrentarme a él.

Su salida sacudió a los demás; los dos hermanos dieron al mismo tiempo un paso adelante, conscientes de que era necesario hacer algo. Les bastó un breve intercambio de palabras. La situación no admitía diferencia de pareceres: debían acudir inmediatamente al salón. María se unió a ellos con idéntico propósito, en este momento la más decidida de los tres; porque el mismo detalle que había ahuyentado a Julia era para ella el apoyo más dulce. El que Henry Crawford le retuviera la mano en tal momento, en un momento de semejante prueba de importancia, valía por siglos de duda y de inquietud. Lo acogió como una prueba de la más seria determinación, y le dio fuerzas incluso para enfrentarse a su padre. Salieron, sin escuchar al señor Rushworth que repetía: "¿Voy yo también? ¿No sería mejor que fuera yo también? ¿No estaría bien que fuera yo?". Pero no bien cruzaron la puerta, fue Henry Crawford quien se encargó de contestar a sus ansiosas preguntas; y animándolo por todos los medios a que fuese sin demora a presentar sus respetos a sir Thomas, lo envió tras los otros con ingenua premura.

Sólo dejaron a Fanny con los Crawford y el señor Yates. Sus primos habían prescindido totalmente de ella, y como la opinión que tenía sobre su derecho al afecto de sir Thomas era demasiado humilde para que se le ocurriera ponerse a la altura de sus hijos, se alegró de quedarse y tener un pequeño respiro. Su agitación y alarma excedían a la que sentían los demás debido a su predisposición que ni siquiera su inocencia conseguía anular. Se sentía a punto de desvanecerse; le estaba volviendo el antiguo temor a su tío, junto con una compasión por él y por casi todos los del grupo, a causa de lo que aguardaba a sir Thomas…, y una indecible preocupación por Edmund. Había buscado asiento, y allí soportaba temblando todos esos pensamientos horribles, en tanto que los otros tres, libres de toda traba, daban rienda suelta a su disgusto, lamentando aquella llegada tan inesperada y prematura como si se tratase del acontecimiento más desafortunado, y deseando sin ningún miramiento que sir Thomas hubiese tardado el doble de tiempo en su viaje, o que siguiese en La Antigua.

Los Crawford eran más vehementes en esto que el señor Yates, dado que conocían más a la familia, y tenían más idea del perjuicio que les iba a traer. Para ellos era seguro que la obra se había malogrado, presentían la inminente disolución de todo el plan, mientras que el señor Yates lo tomaba sólo como una interrupción momentánea, un desastre para la velada, e incluso llegó a sugerir la posibilidad de reanudar el ensayo después del té, una vez que se calmase la agitación del recibimiento de sir Thomas, y que éste tuviese tiempo para distraerse presenciándolo. Los Crawford se echaron a reír ante tal sugerencia; y tras convenir en que lo mejor sería irse discretamente a casa y dejar sola a la familia, propusieron al señor Yates que los acompañara y pasara la velada en la casa parroquial. Pero el señor Yates, que nunca había tenido en mucho la autoridad paterna ni la intimidad familiar, no creyó que fuera necesario; así que les dio las gracias, y dijo que "prefería quedarse, a fin de presentar gentilmente sus respetos al viejo caballero, puesto que había llegado; y además no creía que estuviese bien que todo el mundo saliese corriendo".

Fanny empezaba a recobrarse, y a pesar de que si tardaba en acudir podría parecer una falta de respeto, cuando quedó resuelto este asunto, y tras encargarse de transmitir las disculpas del hermano y la hermana, que se disponían a marcharse, abandonó la habitación para cumplir el horrible deber de presentarse ante su tío.

Demasiado pronto se encontró en la puerta del salón; se detuvo un momento, esperando lo que sabía que no le iba a venir: un valor que el exterior de una puerta jamás le había dado, hizo girar el pomo con desesperación y tuvo delante las luces del salón, y a toda la familia reunida. Al entrar le llegó al oído su propio nombre: Sir Thomas miraba en ese momento a su alrededor diciendo: "¿Pero dónde está Fanny? ¿Cómo es que no veo a mi pequeña Fanny?". Y al descubrirla, fue hacia ella con un afecto que la asombró y la emocionó, llamándola "su querida Fanny", besándola con afecto y comentando con manifiesto placer "¡cuánto había crecido!". Fanny no sabía qué pensar, ni a dónde mirar. Estaba abrumada. Sir Thomas jamás se había mostrado tan amable con ella, amabilísimo. Su actitud parecía haber cambiado;

su voz parecía acelerada por la exaltación de la alegría, y todo lo que había parecido sobrecogedor en su dignidad parecía haberse transformado en ternura. La acercó a la luz y volvió a contemplarla; le preguntó por su salud; y luego, corrigiéndose, comentó que no necesitaba preguntar, dado que su aspecto era suficientemente elocuente sobre ese punto. El delicado rubor que sustituyó a la anterior palidez de su rostro confirmó su creencia en que había mejorado en salud y belleza. A continuación le preguntó por su familia, sobre todo por William, y su amabilidad en general era tanta que la hizo reprocharse el haberlo querido tan poco, y haber considerado su regreso una desgracia. Y cuando encontró valor para mirarlo a la cara, y vio que había adelgazado y tenía el aspecto bronceado por el sol, ajado y consumido por la fatiga y el clima tórrido, sintió que aumentaban sus tiernos sentimientos, y le pesó considerar cuánto disgusto insospechado estaba a punto de abatirse sobre él.

Sir Thomas era efectivamente el alma del grupo que a sugerencia suya se había sentado alrededor del fuego. Era el que más derecho tenía al uso de la palabra, y el placer de estar de nuevo en casa, en el centro de la familia, tras una separación tan larga, lo hacía especialmente comunicativo y hablador, y estaba dispuesto a dar toda la información que se le pidiera sobre su viaje, y a responder a cualquier pregunta de sus dos hijos casi antes de que la hicieran. Sus intereses en La Antigua habían prosperado rápidamente al final, y acababa de llegar de Liverpool, adonde había tenido oportunidad de hacer el paquebote, y contó punto por punto todos los incidentes y peripecias, y sus idas y venidas sentado junto a lady Bertram, mientras miraba con honda satisfacción los rostros que lo rodeaban, interrumpiéndose más de una vez para expresar su suerte de encontrarlos a todos en casa, pese a haber llegado de improviso, y reunidos tal como había sido su deseo, aunque no confiaba en que eso sucedería. No se olvidaba del señor Rushwoth; ya lo había saludado y estrechado su mano con gran cordialidad, y ahora lo incluía como los miembros más íntimamente ligados a Mansfield. Nada había en el aspecto del señor Rushwoth que lo hiciera antipático, y sir Thomas ya le tenía simpatía.

Nadie en la reunión lo escuchaba con tanto arrobamiento como su esposa, que lo miraba con un aire de gran felicidad y cuyos sentimientos se habían encendido con su súbita llegada, de manera que estaba más cerca del nerviosismo que nunca en sus últimos veinte años. Casi se había sentido halagada durante unos minutos, y aún seguía tan sensiblemente animada como para olvidarse de su labor, apartar a Pug de su lado y dedicar toda su atención y el resto del sofá a su marido. No tenía inquietudes por nadie que turbase su bienestar; durante la ausencia de su esposo había pasado el tiempo de manera irreprochable: había hecho gran cantidad de labor de tapiz y muchos metros de cenefa, y habría respondido con tanta naturalidad de la buena conducta y ocupación provechosa de todos los jóvenes como de las suyas propias. Estaba tan contenta de verlo otra vez, y de escucharlo, y de tener los oídos entretenidos y el entendimiento lleno de relatos, que empezó a comprender lo mucho que lo había echado de menos, y lo difícil que le había sido el soportar una ausencia tan prolongada.

La alegría del señor Norris no era en absoluto comparable con la de su hermana. No es que la inquietaran los muchos temores de que sir Thomas desaprobase el actual estado de su casa en cuanto supiera lo que estaba pasando, porque estaba tan ciega que, salvo la cautela instintiva con que había hecho desaparecer la capa de raso roja del señor Rushworth al entrar su cuñado, casi podría decirse que no mostró ningún signo de alarma; sin embargo estaba molesta por su modo de regresar. No le había permitido hacer nada. En vez de haberla llamado fuera de la habitación para ser ella la pregonera de la feliz noticia por toda la casa, sir Thomas, fiándose muy razonablemente de los nervios de su esposa y sus hijos, no había recurrido a otra colaboración que la del mayordomo, al que había seguido casi inmediatamente al salón. La señora Norris se sentía frustrada en la función en la que siempre había confiado, ya fuera la de anunciar su llegada o su muerte; y ahora intentaba mostrarse atribulada, cuando no había razón para ello, y se esforzaba en ser imprescindible donde no hacía falta sino tranquilidad y silencio. De haber accedido sir Thomas a comer algo, ella de inmediato habría ido al ama de llaves con instrucciones engorrosas y habría ofendido a los criados con órdenes apremiantes; pero sir Thomas se había negado a cenar; no tomaría nada, nada en absoluto, hasta que sirvieran el té; prefería esperar el té. A pesar de todo, la señora Norris le sugería de vez en cuando algo diferente, y en el momento en que narraba lo más interesante de su viaje de regreso a Inglaterra, cuando cundió la alarma ante la aparición de un corsario francés, le interrumpió el relato ofreciéndole sopa.

—Le aseguro, mi querido sir Thomas, que una taza de sopa le sentaría mucho mejor que el té. Tómese una taza de sopa.

Sir Thomas no se dejó provocar.

—Siempre la misma preocupación por el bienestar de los demás, mi querida señora Norris —le respondió—. Pero de veras no quiero tomar otra cosa que el té.

—Entonces, lady Bertram, convendría en que ordenaras preparar ya el té, y le metieras un poco de prisa a Baddely, que parece que anda retrasado esta noche. —Se fue a llevar ese encargo y sir Thomas prosiguió su relato.

Finalmente, hubo una pausa. Había agotado todos los temas de momento, y le pareció suficiente mirar a su alrededor con satisfacción, ora a uno, ora a otro del círculo amado; aunque no se prolongó mucho ese silencio: llevada de su euforia, lady Bertram se volvió muy locuaz, y cuál no sería la sorpresa de sus hijos cuando la oyeron decir:

—¿A que no sabes cómo se han estado divirtiendo últimamente estos jóvenes, sir Thomas?... ¡pues haciendo teatro! Se lo han pasado maravillosamente actuando.

—¿De verdad? ¿Y qué han representado?

—¡Ah! Ellos mismos te lo contarán todo.

—El *todo* se resume en dos palabras —se apresuró a decir Tom, con fingida despreocupación—; pero no merece la pena aburrir a nuestro padre con eso ahora. Ya se lo contaremos con detalle mañana, señor. Hemos estado intentando ensayar y montar unas escenas, una pequeñez; sólo por hacer algo y entretener a nuestra madre, esta semana pasada. Hemos tenido lluvia casi sin parar desde que empezó octubre, de manera que casi hemos estado encerrados en casa durante días.

Yo apenas he sacado la escopeta desde el día tres. En los primeros días la caza fue aceptable, pero después no hemos hecho ni el intento siquiera. El primer día fui al bosque de Mansfield, y Edmund se dirigió a los setos que hay más allá de Easton, y entre los dos trajimos seis pares; aunque pudimos haber matado seis veces más. Pero le aseguro, señor, que respetamos su faisanes como habría sido su deseo. No creo que encuentre su bosque menos provisto que como lo estaba. En mi vida había visto el bosque de Mansfield tan poblado de faisanes como este año. Espero que tenga pronto un día de caza, señor.

De momento conjuró el peligro, y alivió la angustia de Fanny; pero cuando trajeron el té, poco más tarde, y sir Thomas dijo, levantándose, que no podía seguir un momento más en la casa sin echar una ojeada a su despacho, volvió todo el nerviosismo. Se marchó antes de que nadie dijese una palabra para prepararlo sobre el cambio que iba a encontrar allí; y un silencio de alarma siguió a su desaparición. El primero en hablar fue Edmund:

—Hay que hacer algo —dijo.

—Es hora de que pensemos en nuestras visitas —dijo María, sintiendo aún la mano apretada contra el corazón de Henry Crawford, e importándole muy poco lo demás— ¿Dónde has dejado a la señorita Crawford, Fanny?

Fanny dijo que se habían marchado, y dio el recado.

—Entonces, el pobre Yates está solo —exclamó Tom—. Voy a traerlo, no vendrá mal su ayuda cuando salga todo a la luz.

Se dirigieron al teatro, y llegaron justo a tiempo de presenciar el primer encuentro de su padre con su amigo. Sir Thomas se había quedado muy sorprendido al descubrir velas encendidas en su despacho; y al echar una mirada a su alrededor, notó otros indicios que habían estado allí recientemente, además de que había cierto desorden en los muebles. Sobre todo le sorprendió descubrir que habían quitado la estantería de delante de la puerta que daba a la habitación del billar; pero apenas tuvo tiempo de asombrarse de todo esto, cuando oyó un ruido en la habitación del billar, lo que lo dejó aún más asombrado. Alguien hablaba allí en tono fuerte… no conocía la voz… más que hablar, *vociferaba*. Se dirigió a la puerta, alegrándose en ese momento de que estuviera despejada, y al abrirla se encontró con el escenario de un teatro, frente a un joven que declamaba con exageración y que estuvo a punto de tumbarlo de espaldas. En el mismo instante en que Yates descubría a sir Thomas, y ejecutaba quizá el mejor sobresalto de cuantos había intentado en el curso entero de sus ensayos, entró sir Thomas Bertram por el otro extremo de la habitación; y en su vida encontró más difícil mantenerse serio. La expresión de solemnidad y asombro de su padre en su primera aparición en un escenario, y en general la metamorfosis del apasionado barón Wildenhaim en el educado y tranquilo señor Yates, saludando a sir Thomas con una inclinación de cabeza y murmurando unas palabras de excusa fue una exhibición, una muestra de actuación consumada que no hubiera querido perderse por nada. Con toda probabilidad sería la última escena representada en ese escenario; pero estaba seguro de que no podía haberle salido mejor. La empresa cerraba con el más brillante éxito.

Había poco tiempo, sin embargo, para recrearse en lo divertido. Era preciso acudir a presentarlos, y en medio de una multitud de sentimientos embarazosos, lo hizo lo mejor que pudo. Sir Thomas saludó al señor Yates con la apariencia de cordialidad que correspondía a su carácter, aunque en realidad estaba tan poco complacido con la necesidad de esta relación como con el modo de iniciarse. Conocía lo bastante a la familia y parientes del señor Yates como para que su introducción como "un amigo especial" —otro más del centenar de "amigos especiales" de su hijo— resultase sumamente inoportuna, e hizo falta toda la ventura de hallarse de nuevo en el hogar, y toda la indulgencia que esto podía infundirle, para salvar a sir Thomas de la ira de sentirse turbado en su propia casa, de formar parte de una representación ridícula, en medio de un ridículo montaje teatral, y forzado en ese momento tan intempestivo a admitir la presentación de un joven al que estaba seguro de desaprobar, y cuya desembarazada indiferencia y volubilidad en el transcurso de los primeros cinco minutos parecía señalarle como el más centrado de los dos.

Tom comprendió los pensamientos de su padre, y deseando sinceramente que decidiera darles sólo parcial expresión, empezó a ver más claro que podía haber fundamento para la ofensa, que podía haber motivo para la mirada que su padre dirigió al techo y al estuco de la habitación; y que cuando preguntó con plácida gravedad por el destino de la mesa de billar, no iba más allá de una muy comprensible curiosidad. Bastaron unos minutos de tan incómodos sentimientos para uno y otro; y tras conseguir sir Thomas articular unas palabras de serena aprobación en respuesta a una ansiosa pregunta del señor Yates sobre si no le parecían afortunados los arreglos, volvieron los tres caballeros al salón, sir Thomas con una mayor gravedad que no dejó de tener su efecto en todos.

—Vengo del teatro que han montado ustedes —dijo con serenidad, al tiempo que se sentaba—. Me he encontrado en él de manera por completo inesperada. Su contigüidad con mi despacho... pero me ha tomado de sorpresa, en realidad, ya que no tenía la menor sospecha de que eso de la representación iba tan en serio. Según he visto a la luz de las velas, y acredita a mi amigo Christopher Jackson. —Y a continuación habría querido cambiar de conversación y tomarse el café en paz, departiendo sobre cuestiones domésticas con talante más sosegado. Pero el señor Yates, sin discernimiento para captar el mensaje de sir Thomas, ni timidez, tacto o discreción suficiente para dejarlo distinguir la conversación mientras se reunía con los otros, sin forzarla apenas, se empeñó en retenerlo en el tema del teatro, atormentándolo con preguntas y comentarios al respecto, y obligándolo finalmente a escuchar toda la historia de su decepción en Ecclesford. Sir Thomas escuchó con gran cortesía, pero encontró muchas cosas que ofendían su sentido del decoro y confirmaban la mala opinión que le merecía el modo de pensar del señor Yates de principio a fin del episodio, y al terminar no fue capaz de darle otra seguridad de comprensión que la que pudo transmitir con una inclinación de cabeza.

—Ése es, en realidad, el origen de nuestra representación —dijo Tom tras meditar un momento—. Mi amigo Yates ha traído la infección de Ecclesford, y la ha extendido como se extienden siempre esas cosas, señor. Probablemente con más rapidez, dado el gusto que usted nos inculcó en otro tiempo por esta clase de cosas. Era como pisar terreno conocido otra vez.

El señor Yates tomó en cuanto pudo el tema de su amigo, y dio cuenta a sir Thomas de lo que habían hecho y estaban por hacer, le contó cómo fueron aumentando gradualmente sus aspiraciones, la feliz superación de las primeras dificultades, y el prometedor estado en que se hallaba ahora la empresa, contándolo todo con una ceguera que le impedía no sólo notar el inquieto removerse de sus amigos en sus asientos, la alteración de sus semblantes, el nerviosismo, los carraspeos desasosegados, sin ver siquiera la expresión del rostro que tenía delante, y cómo se contraía la frente curtida de sir Thomas al mirar con interrogante gravedad a sus hijas y a Edmund, deteniéndose especialmente en este último, y transmitiéndole un mensaje, una reconvención, una desaprobación que le calaba hasta lo más hondo. No menos intensamente lo sentía Fanny, que había corrido su silla tras el extremo del sofá de su tía y, parapetada de ese modo para no llamar la atención, observaba cuanto ocurría ante ella, Jamás había esperado presenciar semejante mirada de reproche de sir Thomas a Edmund; y el pensar que en cierto modo era merecida, la agravaba. La mirada de sir Thomas quería decir: "Edmund, yo confiaba en tu buen juicio, ¿Qué has hecho?". En su imaginación, Fanny se arrodilló ante su tío, y se hinchó el pecho como para exclamar: "Ay, a él no! ¡Mire así a todos los demás, pero a él no!".

El señor Yates seguía hablando.

—A decir verdad, sir Thomas, estábamos en mitad del ensayo cuando ha llegado usted. Estábamos ensayando seguidos los tres primeros actos, y no salía del todo mal, en términos generales. Ahora nuestra compañía se ha dispersado; los Crawford se han ido a casa, puesto que no se podía hacer más esta noche; pero si quiere hacernos el honor de acompañarnos mañana por la noche, no tengo ningún temor en cuanto al resultado. Pediremos su indulgencia, como actores inexpertos le suplicaríamos ser indulgente con nosotros.

—Tendrán mi indulgencia, señor —replicó gravemente sir Thomas—; pero sin más ensayos. —Y con una sonrisa que le quitaba severidad, añadió—: He vuelto a casa para ser feliz e indulgente —volviéndose hacia los demás, dijo con tranquilidad—: Las últimas cartas de Mansfield mencionaban al señor y a la señorita Crawford. ¿Son personas agradables?

Tom era el único preparado para responder; y dado que no tenía especial interés por ninguno de los dos, ni celos amorosos ni teatrales, pudo hablar muy liberalmente del uno y de la otra:

—El señor Crawford es un caballero de lo más agradable; en cuanto a su hermana, es una joven dulce, bonita, elegante y alegre.

El señor Rushworth no fue capaz de contenerse.

—No digo que no sea un caballero, en realidad; aunque creo que debemos decir a su padre que no mide más de uno sesenta; de lo contrario, tal vez espere conocer a un hombre apuesto.

Sir Thomas no entendió el comentario, y miró con sorpresa al que había hablado.

—Si quieren mi opinión —prosiguió el señor Rushworth—, me parece muy desagradable estar ensayando continuamente, es como repetir demasiadas veces una buena comida. Ya no me gusta actuar como al principio. Creo que lo pasamos infinitamente mejor sentados cómodamente aquí, todos juntos, sin hacer nada.

Sir Thomas volvió a mirarlo, y luego replicó con una sonrisa de aprobación:

—Me alegra que nuestra forma de pensar sea tan coincidente en esta cuestión. Me satisface en verdad. Es muy lógico que yo sea precavido y muy perspicaz, y tenga muchos escrúpulos que mis hijos no tienen; asimismo, mi valoración de la tranquilidad doméstica, de un hogar cerrado a los placeres ruidosos, supera con mucho la de ellos. Pero que usted, a su edad, piense igual es una circunstancia que dice mucho a favor de usted y de todos los emparentados con usted; y yo aprecio la importancia de tener un aliado de tal peso.

Sir Thomas intentaba expresar la opinión de señor Rushworth con palabras más exactas que las que él mismo podía encontrar. Comprendía que no debía esperar descubrir en el señor Rushworth una lumbrera; pero como joven formal y juicioso, con mejores principios de los que podía deducirse de su discurso, pretendía valorarlo muy altamente. Muchos de los otros no pudieron evitar una sonrisa. El señor Rushworth no sabía qué hacer con tantos signos llenos de sentido; pero con una expresión que manifestaba cómo se sentía realmente, enormemente satisfecho con la buena opinión de sir Thomas, y sin abrir apenas la boca, hizo lo posible por conservar esa buena opinión un poco más.

20

Lo primero que hizo Edmund a la mañana siguiente fue ir a ver a su padre a solas, e informarle fielmente del plan de representar una obra de teatro, defendiendo su propia participación sólo en la medida en que podía juzgar ahora —momento más sereno— que sus motivos lo merecían, y reconociendo con total candidez que había accedido a ello con tal parcialidad que hacía muy dudoso su juicio sobre la cuestión. Y a la vez que se justificaba, cuidaba de no decir nada descortés de los demás; aunque sólo había una persona cuya conducta pudo mencionar sin ninguna necesidad de defensa o de justificación.

—Todos somos más o menos culpables —dijo—; todos menos Fanny. Ella es la única que ha actuado rectamente todo el tiempo, y ha sido coherente, ha estado en contra de principio a fin. No ha dejado de pensar en lo que se le debía a usted. Encontrará en Fanny todas las cualidades que podría desear.

Sir Thomas vio toda la falta de decoro de semejante plan entre semejante grupo de jóvenes, y en semejante momento, con toda la claridad que su hijo había supuesto; estaba demasiado afectado para usar muchas palabras, y tras estrechar la mano a Edmund, pensó borrar la impresión desagradable, y olvidar lo que había sido olvidado, en cuanto le fuera posible, una vez que despejasen la casa de todo objeto que evocara ese recuerdo y le devolviesen el estado que le correspondía. No hizo ninguna reconvención a sus otros hijos; prefería creer que se habían dado cuenta de su error, a aventurarse a investigar. La reprobación que suponía poner punto final a todo, eliminar todo preparativo, sería suficiente.

Había una persona en la casa, no obstante, a la que no podía dejar de mostrar su opinión con sólo su actitud. No podía por menos de dar a entender a la señora Norris que era de esperarse que hubiera interpuesto su consejo para evitar lo que sin duda desaprobaba ella misma. Los jóvenes habían sido muy desconsiderados al idear ese plan; debían haber sido capaces de discernir mejor por sí mismos; pero eran jóvenes y, salvo Edmund, los creía de carácter inestable, y eso mismo hacía que mirase la aquiescencia de la señora Norris ante sus actividades equivocadas, su tranquilidad ante sus diversiones peligrosas, con más sorpresa que si hubiese inspirado tales actividades y diversiones. La señora Norris estaba un poco desconcertada, y más callada que nunca en su vida; porque le daba vergüenza confesar que no había visto esa falta de decoro que para sir Thomas era evidente, y no había admitido que su influencia era insuficiente, que les habría hablado en vano. La única salida era dejar el asunto lo antes posible, y desviar los pensamientos de sir Thomas hacia cauces más risueños. Tenía muchos méritos que insinuar sobre su atención general a los intereses y comodidades de la familia, muchos esfuerzos y sacrificios que considerar en forma de paseos apresurados o de abandono súbito de su sitio junto al fuego, y muchas indirectas excelentes a lady Bertram y a Edmund que detallar, para que desconfiaran y economizaran, gracias a las cuales se había conseguido siempre un muy considerable ahorro y se había descubierto a más de un criado desaprensivo. Pero su principal fuerza estaba en Sotherton. Su más grande apoyo y gloria estaba en haber propiciado la relación con los Rushworth. En eso sí era invulnerable. Se atribuía el mérito de haber hecho que la admiración del señor Rushworth por María desembocara en algo positivo.

—Si no fuera por mí —dijo—, y por mi empeño en ser presentada a su madre, y convencer luego a mi hermana para hacerles una primera visita, tan cierto como que estoy aquí que no hubiera resultado nada… porque el señor Rushworth es de esos jóvenes amables y discretos que necesitan hacer acopio de valor, y hay bastantes muchachas que hubieran querido pescarlo, de haber estado libre; pero yo no dejé piedra por remover: estaba dispuesta a mover cielo y tierra para convencer a mi hermana, hasta que finalmente fuimos. Ya conoce usted la distancia que hay hasta Sotherton; era a mediados de invierno y los caminos estaban casi intransitables; pero yo la convencí.

—Sé lo grande, lo justamente grande que es la influencia de usted en lady Bertram y sus hijos, y me preocupa tanto más que eso no fuera…

—¡Mi querido sir Thomas, tendría que haber visto el estado de los caminos ese día! Yo creía que no íbamos a llegar, aunque naturalmente llevábamos cuatro caballos, y el pobre cochero quiso acompañarnos, con su gran afecto y amabilidad; aunque casi no podía ir sentado en el pescante a causa del reuma del que yo lo venía atendiendo desde las fiestas de San Miguel. Al final se lo han curado; pero pasó muy mal todo el invierno; y aquél día amaneció tan húmedo que no pude por menos de ir a su aposento antes de ponernos en camino, y decirle que no se aventurase: se estaba poniendo ya la peluca, y le dije: "Cochero, será mejor que no venga; su señora y yo iremos sin problemas; ya sabe lo seguro que es Stephen, y Charles lleva tanto tiempo yendo por los delanteros, que estoy segura de que no hay ningún peligro". Pero en seguida me di cuenta de que no servía de nada; estaba decidido a ir, y como no quiero ser pesada ni entrometida, no le insistí. Pero cada sacudida me dolía por él; y cuando nos metimos en los carriles pedregosos de Stoke, donde entre el hielo y la nieve sobre las piedras, la cosa estaba tan mal como no se imagina, me sentí verdaderamente angustiada por él. ¡Y luego los pobres caballos! Ya sabe usted la pena que me han dado siempre los caballos… finalmente, cuando llegamos al pie de la cuesta de Sandcroft, ¿qué se imagina usted que hice? Se va a reír de mí, pero me bajé del coche y subí andando. Eso hice. Puede que no le ahorrara mucho, pero algo era; yo no podía ir cómodamente sentada, a costa de esos nobles animales. Cogí un resfriado espantoso, pero no me importó. Mi propósito se cumplía con la visita.

—Espero que sigamos juzgando esa relación merecedora de las molestias tomadas para establecerla. No hay nada notable en los modales del señor Rushworth; pero anoche vi con agrado cuál parece ser su opinión sobre *determinando* asunto: su decidida preferencia por una plácida reunión familiar frente al bullicio y la confusión de una representación teatral. Al parecer piensa exactamente como uno puede desear.

—Sí, efectivamente… y cuanto más lo conozca, más le agradará. No es un joven brillante, ¡pero tiene mil cualidades buenas!; y es tan inclinado a respetarlo a usted, que todos se ríen de mí porque piensan que eso es obra mía: "Vaya, señora Norris", dijo el otro día la señora Grant, "si el señor Rushworth fuera su hijo, no mostraría más respeto por sir Thomas".

Sir Thomas, vencido por las evasivas de la señora Norris, desarmado por su adulaciones, renunció a hablar del asunto, y tuvo que darse por satisfecho con la convicción de que, cuando se trataba del placer de los que amaba, su afecto predominaba a veces sobre su juicio.

Fue una mañana atareada para él. No pudo dedicar mucho tiempo a hablar con los de la casa, pues tenía que reintegrarse a todas las ocupaciones habituales de su vida en Mansfield: ver al administrador y al recaudador, inspeccionar y hacer cuentas, visitar las cuadras, los jardines y las plantaciones más cercanas de su propiedad. Pero, hombre activo y metódico, no sólo había hecho todo esto antes de volver a ocupar su sitio en la cabecera de la mesa como señor de la casa, sino que había mandado al carpintero desmontar lo que hacía poco había montado en el salón del billar, y había despedido al pintor de decorados a tan temprana hora que podía justificar la grata creencia de que ahora estaría en Northampton por lo menos. El pintor de decorados se había ido, pero había estropeado el piso de una habitación, había echado a perder todas las esponjas del cochero y había dejado a cinco criados ociosos e insatisfechos; y sir Thomas tuvo la esperanza de que un día o dos bastarían para borrar toda huella de lo ocurrido, incluso para destruir todos los ejemplares en rústica de *Promesas de amantes* que hubiera en la casa, y echaba a las llamas todos los que descubría.

El señor Yates empezó a comprender ahora las intenciones de sir Thomas, aunque seguía lejos de adivinar por qué. Él y su amigo habían estado de caza toda la mañana, y Tom había aprovechado la ocasión para explicarle, con oportunas disculpas por las rarezas de su padre, lo que cabía esperar. El señor Yates lo sintió todo lo profundamente que se puede suponer. Verse frustrado por segunda vez en lo mismo era un caso de verdadera mala suerte, y su indignación era tal que, si no fuera porque deseaba mostrar delicadeza hacia su amigo y su hermana más joven, habría considerado un deber hacer ver al barón lo absurdo de su proceder e inspirarle un poco más de racionalidad. Así lo pensaba firmemente mientras estuvieron en el bosque de Mansfield y durante todo el camino de regreso; pero había algo en sir Thomas, cuando estuvieron sentados alrededor de la misma mesa, que hizo que el señor Yates juzgase más prudente dejarlo tranquilo, permitiendo que siguiese creyendo que lo del teatro era una insensatez y no enfrentarse a él. Había conocido muchos padres insoportables, y a menudo había tropezado con las contrariedades que ocasionaban; pero nunca, en toda su vida, había visto ninguno de esta categoría, tan obtusamente moralizante, tan odiosamente tirano como sir Thomas. Él no se consideraba un hombre que pudiera soportar esas cosas. Si no fuera por sus hijos; y podía agradecer a su preciosa hija Julia el que el señor Yates decidiera seguir unos días más bajo su techo.

La velada transcurrió con aparente tranquilidad; aunque casi todos estaban disgustados, y la música que sir Thomas pidió que tocasen sus hijas contribuyó a ocultar la falta de verdadera armonía en el ambiente. En especial, María se encontraba muy inquieta. Para ella era de la mayor importancia que Crawford no perdiese el tiempo en declararse, y había pasado un día sin que se hubiese producido avance alguno en ese terreno. Había estado toda la mañana esperando verlo, y aún seguía esperándolo por la noche. El señor Rushworth había salido temprano para Sotherton con la gran noticia; y María había esperado inocentemente una inmediata aclaración que le ahorrara la molestia de volver nunca más. Pero no habían visto a nadie de la casa parroquial, ni uno solo de sus habitantes, ni habían recibido otra noticia que una amable nota de la señora Grant a lady Bertram en la que la felicitaba y se interesaba por ella. Era el primer día, desde hacía muchas, muchísimas semanas, que dejaban de verse totalmente las dos familias. Hasta ahora, y desde principios de agosto, no habían pasado cuarenta y ocho horas sin reunirse por uno u otro motivo. Fue un día lleno de tristeza y desasosiego. El siguiente, aunque por distinto motivo, no lo fue menos. A los primeros momentos de febril alegría siguieron horas de intenso dolor. Henry Crawford estaba en la casa otra vez; había llegado con el doctor Grant, que deseaba presentar sus respetos a sir Thomas; y a hora bastante temprana les pasaron al comedor de desayuno, donde estaba casi toda la familia. Sir Thomas apareció muy pronto, y María presenció encantada y nerviosa la presentación a su padre del hombre que amaba. Sus sentimientos eran indefinibles; como lo fueron unos minutos después, cuando oyó a Henry Crawford, que ocupaba una silla entre ella y Tom, preguntar a éste, en voz baja, si había algún plan para reanudar los ensayos tras la feliz interrupción —dirigiendo una cortés mirada hacia sir Thomas—, porque en tal caso volvería a Mansfield en cuanto se lo pidiese el grupo; se iba a marchar de inmediato, debía reunirse con su tío en Bath sin pérdida de tiempo; pero si había la posibilidad de reanudar *Promesas de amantes*, se consideraría totalmente comprometido, anularía cualquier otro compromiso, y estaría con su tío con la condición de que se le permitiese acudir a Mansfield cuando se lo pidiesen. La obra no habría de perderse por su ausencia.

—Desde Bath, o Norfolk, o Londres, o York… desde donde esté —dijo— acudiría a reunirme con ustedes desde cualquier punto de Inglaterra, en una hora.

Estuvo bien que en ese momento hablara Tom y no su hermana. Él dijo inmediatamente y con toda naturalidad:

—Siento que se vaya; pero en cuanto a la obra, no hay nada que hacer… —mirando a su padre—. Ayer fue despedido el pintor, y mañana quedará muy poca cosa del teatro. Yo sabía desde el principio lo que iba a pasar. Pero aún es pronto para ir a Bath. No encontraría a nadie allí.

—Es la temporada en que está habitualmente mi tío.

—¿Cuándo piensa marcharse?

—Puede que hoy mismo esté en Banbury.

—¿Qué cuadras utiliza en Bath? —preguntó a continuación; y mientras hablaban de ese particular, María, que no carecía de orgullo y resolución, se preparó para afrontar su parte con relativa serenidad.

Poco después, el señor Crawford se volvió hacia ella, repitiendo casi todo lo que ya se había dicho, sólo que en un tono más suave y con más expresión de pesar. Pero, ¿de qué valían sus palabras o su expresión? Se marchaba... y si no lo hacía por propia voluntad, sí pensaba permanecer fuera voluntariamente; porque, salvo lo que podía deber a su tío, los compromisos se los imponía él mismo. Podía decir que eran necesarios; pero ella bien sabía que él amaba su independencia. La mano que tanto había apretado la suya contra su corazón, la mano y el corazón, ¡estaban ahora igualmente inmóviles y pasivos! La sostenía su espíritu, pero la angustia de su mente era inmensa. No tuvo que estar mucho rato soportando lo que le habían despertado esas palabras que su comportamiento contradecía, ni sujetando el tumulto de sus sentimientos con el freno de la educación; porque no tardó la cortesía en hacerle apartar su atención de ella, y la visita de despedida, como a continuación se reconoció abiertamente que era, fue breve... Se había ido: le había tomado la mano por última vez, había saludado con la cabeza, y María corrió a buscar la ayuda que la soledad podía prestarle. Henry Crawford se había marchado; se había ido de la casa. Y menos de dos horas después, había abandonado la parroquia. Y así terminaron todas las esperanzas que su vanidad egoísta había despertado en María y en Julia Bertram.

Julia se alegró de que se hubiera ido. Había empezado a resultarle odiosa su presencia; y dado que María no lo había conquistado, ahora estaba lo bastante fría como para prescindir de toda venganza. No quería añadir el escándalo al abandono: desaparecido Henry Crawford, podía incuso compadecer a su hermana.

Con espíritu más puro se alegró Fanny al saber la noticia. La oyó durante la cena y la interpretó como una bendición. Todos los demás la comentaron con pesar, y alabaron los méritos del señor Crawford con la debida gradación de sentimientos, desde la sinceridad de la consideración demasiado parcial de Edmund, a la indiferencia de su madre, que hizo el comentario demasiado rutinario. La señora Norris se puso a mirar a su alrededor y a maravillarse de que, pese a haberse enamorado de Julia, no hubiera llegado a dar ningún paso, y casi temía haber estado ella misma remisa en animarlo; pero con tantos por los que preocuparse, ¿cómo iba su actividad a marchar al paso de sus deseos?

Un día o dos después se había ido también el señor Yates. Sir Thomas tenía especial interés en que se fuera. Dado que quería estar a solas con su familia, la presencia de un extraño, incluso mejor que el señor Yates, hubiera sido inoportuna; pero la de él, frívolo y seguro de sí mismo, ocioso y caro, era molesta en todo sentido. Ya de por sí era pesado, pero como amigo de Tom y admirador de Julia se había vuelto enojoso. A sir Thomas le tenía completamente sin cuidado que el señor Crawford se fuera o se quedara... Pero el deseo que expresó al señor Yates mientras lo acompañaba a la puerta, de que tuviera un buen viaje, lo expresó con sincera satisfacción. El señor Yates se había quedado para ver la destrucción de todos y cada uno de los preparativos teatrales de Mansfield, la eliminación de cuanto tenía que ver con la obra. Cuando abandonó la casa, ésta había recobrado toda la sobriedad que la había caracterizado; y sir Thomas, al verlo salir, pensó que se había librado del peor personaje relacionado con el plan, y el último de ellos al que quisiera volver a dedicarle algún pensamiento.

La señora Norris consiguió quitar de su vista un artículo que podía haber puesto de mal humor a sir Thomas. El telón, que con tanto talento y éxito había dirigido, se fue con ella a su casa, donde casualmente hacía falta paño verde.

21

El regreso de sir Thomas supuso un cambio radical en las costumbres de la familia, aparte del episodio de *Promesas de amantes*. Bajo su mandato, Mansfield fue un lugar diferente. Algunos miembros de la sociedad se marcharon, y el espíritu de muchos otros se sumió en la tristeza: todo se volvió aburrimiento y melancolía, en comparación con los día pasados; rara vez lo animaba medianamente una fiesta familiar, más bien deprimente que divertida. Había poco contacto con la casa parroquial. Sir Thomas, por lo general reacio a intimar, era poco inclinado ahora a concertar visitas, excepto en una dirección. Los Rushworth eran la única ampliación del círculo de su propia casa que era capaz de solicitar.

A Edmund no le sorprendían estos sentimientos de su padre, ni lamentaba nada, salvo la exclusión de los Grant.

—Pero ellos —comentó a Fanny— tienen derecho. Son de los nuestros; son parte de la familia. Me gustaría que mi padre tuviera más en cuenta la infinidad de atenciones que han tenido con mi madre y mis hermanas mientras él ha estado fuera. Temo que se sientan despreciados. Pero la verdad es que mi padre casi no los conoce. No llevaban aquí ni un año cuando él se marchó de Inglaterra. Si los conociera mejor, apreciaría su amistad como se merece; porque lo cierto es que son exactamente la clase de personas que a él le caen bien. A veces falta aquí un poco de animación; mis hermanas parecen deprimidas, y Tom desde luego no está contento. El doctor y la señora Grant nos alegrarían, y harían las veladas más animadas, incluso a mi padre.

—¿Tú crees? —dijo Fanny—. A mí me parece que a tu padre no le gustan las caras ajenas. Me parece que aprecia mucho la misma tranquilidad de que hablas, y que todo lo que necesita es el sosiego de su propio círculo familiar. A mí no me parece que estemos más serios de lo que solíamos estar, quiero decir antes de irse mi tío. Que yo recuerde, siempre han sido lo mismo. Nunca se oían muchas risas en su presencia. O si acaso hay algún cambio, creo que no es sino el que una ausencia como la suya tiende a producir al principio. Hay una especie de reserva. Pero no recuerdo que nuestras veladas fueran alegres antes, salvo cuando mi tío estaba en la capital. Ningún joven lo es, supongo, cuando las personas a las que respetamos están en casa.

—Creo que tienes razón, Fanny —contestó Edmund tras una breve reflexión—. Creo que nuestras veladas, más que haber cambiado, son otra vez lo que antes eran. La novedad estaba en que se habían vuelto animadas. Sin embargo, ¡que cambio más impresionante en espacio de unas semanas! Yo me he sentido como si no hubiéramos vivido antes así.

—Yo supongo que soy más seria que otras personas —dijo Fanny—. A mí las veladas no me parecen largas. Me encanta oír a mi tío hablar de las Indias Occidentales. Podría estar escuchándolo horas seguidas. Me distrae más que hacer otras muchas cosas... Pero creo que no soy como los demás.

—¿Por qué dices eso? —sonriendo—. ¿Quieres que te diga que eres diferente de los demás porque eres la más juiciosa y discreta? Pero, ¿cuándo has recibido tú, ni nadie, un cumplido de mí, Fanny? Si quieres que te alaben, acude a mi padre. Él te dará satisfacción. Pregúntale a tu tío qué piensa, y oirás cumplidos de sobra; y aunque quizá vayan dirigidos principalmente a tu persona, deberás resignarte, y confiar en que sus ojos descubran con el tiempo igual belleza en tu espíritu.

Estas palabras eran tan nuevas para Fanny que la turbaron.

—Tu tío piensa que eres muy bonita, Fanny; ése es un hecho. Cualquiera daría a eso más importancia que yo, y cualquiera habría sentido más que no te hubieran considerado bonita antes, pero la verdad es que tu tío nunca te había admirado hasta ahora; pero hay que ver cómo ha mejorado tu cutis; ¡cuánto ha ganado tu semblante y tu figura!... No, Fanny, no te inquietes porque te ve de esa manera. Él es solamente tu tío; si no admites la admiración de un tío, ¿qué va a ser de ti? Realmente debes empezar a acostumbrarte a la idea de merecer que te miren. No debes tener ningún miedo a convertirte en una mujer guapa.

—Ah, no hables así, ¡por favor no hables así! —exclamó Fanny, dominada por más sentimientos de los que ella misma tenía conciencia.

Al verla angustiada, dejó ese tema, y se limitó a añadir más en serio:

—Tu tío está predispuesto hacia ti en todos los sentidos; y sólo deseo que hables más con él. Estás demasiado callada cuando nos reunimos por las noches.

—Pero si hablo con él más que antes. Estoy segura. ¿No me oíste preguntarle anoche sobre el mercado de esclavos?

—Sí, te oí… y esperé que a esa pregunta siguieran otras. A tu tío le habría gustado que le hubieses hecho más preguntas.

—Y a mí me habría gustado hacerlas… ¡Pero había un silencio mortal! Y como mis primas estaban sin decir nada, o parecían no tener ningún interés en esto…, así que no me atreví. Pensé que iba a parecer que quería lucirme a su costa mostrando una curiosidad y un placer en su información que él desearía que sintieran sus hijas.

—La señorita Crawford tenía mucha razón en lo que dijo el otro día: a ti parece que te da casi tanto miedo destacar y recibir elogios como a otras que no les hagan caso. Estuvimos hablando de ti en la casa parroquial, y ésas fueron sus palabras. Tiene mucho discernimiento. No conozco a nadie que sepa analizar mejor el carácter de las personas. ¡Es extraordinaria, para ser tan joven! Desde luego, a ti te comprende mejor que la mayoría de los que te conocen desde hace tiempo; y respecto a algunos otros, por comentarios que hace de pasada me doy cuenta de que podría definirlos con la misma exactitud, si no se lo impidiera la delicadeza. Me pregunto qué pensará de mi padre. Debe tenerlo por un hombre elegante, de modales sumamente caballerosos, graves, consecuentes; pero quizá, como lo ha visto tan pocas veces, le parezca un poco antipática su reserva. Si se hubieran tratado un poco más los dos, estoy seguro de que habrían congeniado. A mi padre le habría encantado su alegría... en cuanto a ella, tiene talento para apreciar las dotes de él. ¡Ojalá se vieran con más frecuencia! Espero que la señorita Crawford no crea que le cae mal.

—Debe sentirse demasiado segura de la estima de todos ustedes —dijo Fanny con un breve suspiro— para tener un temor de esa naturaleza. Y el deseo que debe tener sir Thomas de estar a solas con su familia, habiendo regresado tan recientemente, eso es algo tan natural que la señorita Thomas no puede sacar de ello ninguna conclusión. Dentro de poco, seguramente, volveremos a reunirnos igual que antes, con la diferencia que traiga la época del año.

—Es el primer mes de octubre que pasa en el campo desde que era niña. No considero que Tunbridge o Cheltenham sean el campo. Y noviembre es un mes aún más riguroso, e imagino que la señora Grant deseará fervientemente que no encuentre Mansfield aburrido, cuando entremos en el invierno.

Fanny podía haber dicho muchas cosas; pero era más prudente callar, y dejar intactos todos los recursos de la señorita Crawford, sus cualidades, su vivacidad, su importancia, y sus amigos, no fuera que pudiese parecer descortés alguno de sus comentarios. La opinión favorable que la señorita Crawford tenía de ella merecía al menos una agradecida indulgencia; así que se puso a hablar de otra cosa.

—Mañana, creo, tu padre cena en Sotherton; y tú y Tom también. Seremos muy pocos en casa. Espero que a tu padre le siga gustando el señor Rushworth.

—Eso es imposible, Fanny; estoy seguro de que a partir de la visita de mañana le va a gustar menos; porque vamos a estar cinco horas en su compañía. Me horrorizaría la insulsez del día, si no fuera porque después va a venir algo peor, y que ello dejará huella en sir Thomas. No puede seguir engañando mucho tiempo más. Lo siento por los dos, y daría lo que fuera porque Rushwoth y María no se hubiesen conocido.

En esto, efectivamente, el desengaño de sir Thomas era inminente. Ni toda su buena disposición hacia el señor Rushworth, ni todo el respeto del señor Rushworth por él, podían impedir que descubriera muy pronto parte de la verdad: que el señor Rushworth era un hombre de poco empuje, tan ignorante de los negocios como de los libros, con opiniones volubles en general, y al parecer sin ninguna crítica sobre sí mismo.

Había esperado tener un yerno muy distinto, y comenzaba a preocuparle María, tratando de comprender sus sentimientos. No hacía falta observar demasiado para notar que la indiferencia era el mejor clima para ambos. La actitud de ella hacia el señor Rushworth era fría y despreocupada. No podía quererlo, y no lo quería. Sir Thomas decidió hablar seriamente con ella. Por ventajosa que fuese la boda, por prolongado y público que fuera el compromiso, no debía sacrificar a ello su felicidad. Quizá había aceptado al señor Rushworth demasiado precipitadamente, y al conocerlo mejor se estaba arrepintiendo.

Sir Thomas le habló con solemne amabilidad; le dijo sus temores, le preguntó sus deseos, le pidió que fuese franca y sincera, y le aseguró que era preferible afrontar todos los inconvenientes, y romper por completo esa relación, si veía que con ella no iba a ser feliz. Él actuaría por ella y la liberaría. María tuvo un momento de lucha mientras escuchaba; sólo un momento. Al terminar su padre, estuvo en condiciones de dar una respuesta inmediata, decidida, y sin nerviosismo aparente. Le agradecía su comprensión y bondad paternal, pero se equivocaba al suponer que tenía el menor deseo de romper su compromiso, o que hubiera cambiado en algo su opinión o inclinación desde que lo había formalizado. Tenía en la mayor estima a la persona o el carácter del señor Rushworth, y no abrigaba ninguna duda sobre su felicidad con él.

Sir Thomas se quedó satisfecho; demasiado, quizá, para llevar el asunto hasta donde su criterio habría aconsejado a otros. Aquella era una alianza a la que no habría renunciado sin pesar. Y razonó de la siguiente manera: el señor Rushworth era lo suficientemente joven para mejorar; con buenas relaciones él podía y debía mejorar; y si María podía hablar ahora con tanta seguridad de su felicidad con él, y hacerlo, por cierto, sin el prejuicio y la ceguera del amor, habría que creerle. Probablemente sus sentimientos no eran profundos; nunca había imaginado que lo fueran; pero eso no supondría una mengua de su bienestar, y si podía prescindir de ver en su marido una persona notable y brillante, desde luego tendría todo lo demás a su favor. Una joven bien dispuesta que no se casaba por amor era en general sumamente apegada a su propia familia, y la proximidad de Sotherton a Mansfield, naturalmente brindaría una ventaja, y sería una fuente continua de los gozos más inocentes y amables. Tales eran los razonamientos que se hizo sir Thomas, feliz de conjurar los embarazosos inconvenientes de una ruptura, los interrogantes, las reflexiones y el reproche que vendrían a continuación, feliz de asegurar un matrimonio que le reportaría mayor respetabilidad e influencia, y muy feliz de pensar que el talante de su hija era el más favorable para este propósito.

La entrevista concluyó tan satisfactoriamente para él como para ella. Estaba eufórica de haber afianzado su futuro de manera irrevocable, de haberse vinculado de nuevo a Sotherton, de estar a salvo de la posibilidad de dar a Crawford el triunfo de gobernar sus acciones y destruir su porvenir. Se retiró con orgullosa resolución, decidida sólo a portarse más precavidamente con el señor Rushworth en lo sucesivo, a fin de que su padre no volviera a recelar de ella.

De haber hablado sir Thomas con su hija sólo tres o cuatro días después de que Henry Crawford se marchara de Mansfield, antes de que se apaciguaran sus emociones, antes de que perdiera toda esperanza respecto a él y decidiera definitivamente soportar a su rival, la respuesta, quizá, habría sido diferente; pero después de otros tres o cuatro días sin que volviera, o enviara una carta, un mensaje, una señal que le sosegara el corazón, sin esperanza de obtener alguna ventaja con esta separación, se le enfrió el espíritu lo bastante para buscar todo el consuelo que el orgullo y la venganza podían proporcionar.

Henry Crawford había destruido su felicidad, pero no debía saberlo; no debía destruir su estima, su imagen, tampoco su prosperidad. No debía imaginarla suspirando por él en el retiro de Mansfield, rechazando Sotherton y Londres, la independencia y el esplendor… por él. La independencia le era más necesaria que nunca; la falta de ella en Mansfield, mucho más hondamente sentida. Era cada vez menos capaz de soportar la contención que su padre le imponía. La libertad que su ausencia había permitido se había vuelto ahora absolutamente necesaria. Tenía que escapar de él y de Mansfield lo antes posible, y buscar consuelo para su alma herida en la fortuna y la importancia social, en el bullicio y el mundo. Estaba completamente decidida, y no cambiaría.

Para un sentimiento así, la dilación, incluso la dilación requerida por los múltiples preparativos, habría sido funesta, y el señor Rushworth casi estaba tan impaciente como ella por casarse. En cuanto a los preparativos del ánimo, no necesitaba ninguno; porque estaba dispuesta a casarse por odio a su propia casa, a la circunspección, a la tranquilidad; por el dolor de un afecto marcado por el desengaño, y el menosprecio por el hombre con el que se iba a casar. Lo demás podía esperar. Los preparativos de nuevos coches y muebles podían esperar a Londres y a la primavera, en que podría imponer con más libertad su propio gusto.

Puestos de acuerdo los protagonistas, en seguida se vio que bastaban unas semanas para disponer los arreglos imprescindibles para la boda.

La señora Rushwoth estaba de acuerdo en retirarse, y dejar paso a la afortunada joven a la que su amado hijo había elegido; y a primeros de noviembre, con su doncella, su criado y su coche, se mudó a Bath con todo el decoro de una gran señora, para allí, en sus veladas sociales, hacer ostentación de las maravillas de Sotherton, disfrutando tan absolutamente de ellas en la animación de las mesas de juego como lo había hecho allá; y antes de que mediara ese mes se celebró la ceremonia que dio nueva dueña a Sotherton.

Fue una boda muy correcta. La novia iba elegantemente vestida; las dos damas de honor eran debidamente inferiores; la llevó su padre, su madre aguantó con las sales en la mano, temiendo sufrir un desmayo; su tía hizo lo posible por no llorar, y el servicio fue leído de forma impresionante por el doctor Grant. Casi no se puso reparos a la ceremonia, con excepción de que el coche que trasladó a los novios y a Julia de la iglesia a Sotherton era el mismo tílburi que el señor Rusworth llevaba usando desde hacía un año. En todo lo demás, la etiqueta del día resistió la revista más rigurosa.

Concluyó, y se fueron. Sir Thomas se sentía preocupado, como debe sentirse todo padre en tal circunstancia, y hasta sufría en gran medida la inquietud que habría debido sufrir la esposa si hubiera sido aprensiva, y de la cual por fortuna se había librado. La señora Norris era todo júbilo ayudando risueña en los quehaceres del día, mismo que pasó en el parque para sostener el ánimo de su hermana, y brindando a la salud del señor y la señora Rushwoth, con una o dos copas suplementarias, porque era ella quien había hecho posible la unión… ella lo había hecho todo, y nadie había sospechado, a juzgar por lo orgullosa que se mostraba de su triunfo, que hubiera oído hablar jamás de infelicidad conyugal, o que tuviera la más ligera idea del carácter de la sobrina que había crecido bajo su mirada.

El plan de la joven pareja era trasladarse unos días después a Brighton, y alquilar allí una casa durante unas semanas. Todo lugar público era nuevo para María, y Brighton es casi tan animado en invierno como en verano. Cuando las diversiones dejaran de ser novedad, ya habría tiempo para ampliar el radio hasta Londres.

Julia debía ir con ellos a Brighton. Desde que había terminado la rivalidad entre las dos hermanas, habían ido recobrando poco a poco gran parte de su antiguo entendimiento, y al menos eran lo bastante amigas para que cada cual se sintiese contentísima de estar con la otra en esos momentos. Tener otra compañía, aparte de la del señor Rushworth, era de la mayor importancia para su dama, y Julia estaba tan deseosa de novedades y diversiones como María, aunque quizá no había dado tanto por tenerlas, y habría soportado mejor la subordinación paterna.

Su marcha introdujo otro cambio profundo en Mansfield: dejaron un vacío que requería tiempo para poderlo llenar. El círculo familiar se redujo considerablemente, y aunque las señoritas Bertram habían contribuido bien poco a animarlo, se las echaba de menos. E incluso su madre las extrañaba… y cuánto más su cariñosa prima, que vagaba por la casa y pensaba en ellas, y se afligía por ellas con un dolor profundo que ellas no habían hecho nada para merecer.

22

Con la marcha de sus primas aumentó la importancia de Fanny. Al convertirse en la única joven del salón, en la titular de esa sección de la familia en la que hasta ahora había ocupado un modesto tercer lugar, le fue imposible evitar que se fijaran en ella, que pensaran más en ella y la tuvieran más en cuenta que antes; ya no era raro oír preguntar:

"¿Dónde está Fanny?"; aunque no se la requiriese para nada concreto.

No sólo aumentó su valor en el parque, sin también en la casa parroquial. Para esta casa, en la que apenas entraba un par de veces al año desde la muerte del señor Norris, se convirtió en la casa deseada y solicitada; y en los días oscuros y lodosos de noviembre, muy grata para Mary Crawford. Sus visitas, iniciadas por casualidad, continuaron por invitación. La señora Grant, deseosa de propiciar cualquier cambio que distrajera a su hermana, no tuvo dificultad en convencerse a sí misma de que estaba siendo amabilísima con Fanny, y brindándole la gran ocasión de cultivarse al insistirle en que les visitara a menudo.

Fanny había ido al pueblo a hacer un recado para su tía Norris, cuando la sorprendió un chaparrón cerca de la casa parroquial, y al verla desde una de las ventanas tratando de guarecerse bajo las ramas y las escasas hojas que aún le quedaban a un roble cercano al edificio, la obligaron a entrar, no sin cierta molesta recurrencia por su parte. Se había resistido a un atento criado; pero cuando salió el propio doctor Grant con un paraguas, no pudo más que sentir vergüenza, y entrar en la casa lo más deprisa posible; y para la pobre señorita Crawford, que había estado contemplando la lúgubre lluvia con desaliento, lamentando que se le hubiera estropeado el plan de hacer ejercicio por la mañana, y toda posibilidad de ver a nadie aparte de ellos mismos durante las siguientes veinticuatro horas, el ligero ruido de la puerta, y la aparición de la señorita Price mojada en el vestíbulo, fueron algo delicioso. Le hizo ver con toda claridad el valor de un acontecimiento en el campo en un día de lluvia. Al punto volvió a animarse, y fue la más activa en prestar ayuda a Fanny, descubriendo que estaba más empapada de lo que había admitido al principio, y proporcionándole ropa seca; y Fanny se vio obligada a aceptar todas esas atenciones, se dejó ayudar y atender por criadas y señoras, bajando de nuevo al salón para esperar una hora, mientras duraba la lluvia. La bendición de algo nuevo que ver y en qué pensar se extendió a la señorita Crawford, que continuó animada hasta el momento de vestirse para la cena.

Tan afables y simpáticas estuvieron las dos hermanas que Fanny había podido disfrutar de la visita si no se hubiese considerado de paso, o hubiese previsto que iba a aclarar al término de una hora, y a ahorrarle el apuro de que sacaran el coche y los caballos del doctor Grant para llevarla a casa, como le habían dicho. Como su ausencia ocasionó inquietud en la casa con ese tiempo, no tenía ninguna preocupación; porque, dado que sólo sus dos tías estaban enteradas de su ausencia, sabía perfectamente que ninguna de las dos la sentiría, y que en cualquier casa que su tía Norris dijera que estaba durante la lluvia, allí estaría sin ninguna duda para la tía Bertram.

Empezaba a asomar el sol, cuando Fanny, al ver un arpa en la habitación, hizo alguna pregunta sobre ella, lo que en seguida la llevó al reconocimiento de que le encantaría oírla tocar, y a la confesión casi increíble de que no la había oído nunca desde que la trajeron a Mansfield. A Fanny le parecía esto muy natural. Apenas había estado en la casa parroquial desde la llegada del instrumento; no había motivo para que no fuera así. Pero la señorita Crawford, al acordarse de que hacía tiempo le habían expresado el deseo de oírla, se preocupó por su propio olvido… "¿Le gustaría que tocara algo?", y "¿Qué quiere oír?", fueron las preguntas que le hizo, con la mejor disposición.

Y se puso a tocar, feliz de tener una nueva oyente: una oyente agradecida, maravillada de su ejecución, y que no parecía carecer de gusto. Tocó hasta que la mirada de Fanny, desviándose hacia la ventana porque el tiempo había aclarado, le dio a entender que debía terminar.

—Espere un cuarto de hora más —dijo la señorita Crawford—, a ver qué pasa. No salga corriendo en cuanto ha dejado de llover. Esas nubes son alarmantes.

—Pero han pasado ya —dijo Fanny—. Las he estado observando. El tiempo viene del sur.

—Del sur o del norte, sé reconocer una nube cuando va cargada, y no debe salir mientras se la vea tan amenazadora. Además, quiero tocar algo más para usted; se trata de una pieza preciosa: la predilecta de su primo Edmund. Quédese a escuchar la predilecta de su primo.

Fanny comprendió que debía quedarse; y aunque no había esperado oír esa proposición para pensar en Edmund, tal rememoración le hizo especialmente viva su figura, y entonces lo imaginó sentado en aquella habitación, una y otra vez, quizá en el mismo sitio donde estaba ella ahora, escuchando con ininterrumpido placer la pieza favorita, tocada, le parecía, con gran sentimiento y expresión. Y contenta de que le gustase lo que le gustaba a él, se mostró más sinceramente impaciente por marcharse al terminar esta pieza musical de lo que estaba al principio. Y al hacerse evidente, le pidieron con toda simpatía que las visitase otra vez, que pasase a recogerlas siempre que pudiese salir de paseo y que fuese a escuchar más cosas en el arpa; de manera que consideró obligado hacerlo, si no había nada en casa que se lo impidiera.

Ése fue el origen de aquella especie de intimidad que nació entre ellas a los catorce días de haberse marchado las señoritas Bertram, amistad derivada principalmente del deseo de novedad de la señorita Crawford, y que al principio tenía poca influencia en los sentimientos de Fanny, quien iba a visitarla cada dos o tres días; era como una especie de fascinación: no se sentía a gusto si no iba, aunque sin tenerle cariño, sin pensar nunca como ella, sin una sensación de agradecimiento porque era solicitada ahora que no había nadie más, y sin obtener otro placer de su conversación que el entretenimiento momentáneo, y aun éste muchas veces a costa de su modo de pensar, cuando consistía en bromear sobre personas o asuntos que Fanny quería que se respetasen. Iba, sin embargo; y muchas veces paseaban durante media hora entre los arbustos de la señora Grant, y el tiempo era excepcionalmente templado para la época del año; incluso se atrevían a sentarse en uno de los bancos ahora relativamente expuestos, permaneciendo allí, quizá, en mitad de alguna tierna exclamación de Fanny sobre las delicias de un otoño tan prolongado, llegaba un súbito viento frío que, derribando las últimas hojas amarillas alrededor de ellas, las obligaba a levantarse de un salto y caminar para entrar en calor.

—¡Es precioso! —dijo Fanny mirando a su alrededor, mientras se sentaban juntas un día—; cada vez que vengo aquí me sorprende más la belleza de estos arbustos. Hace más de tres años, esto sólo era un seto tosco en el lindero del prado; nunca me pareció que fuera nada, ni que pudiera llegar a ser nada; y ahora se ha convertido en un paseo. Y sería difícil decir si más estimable como utilidad o como ornamentación. Y puede que dentro de otros tres años hayamos olvidado…, casi hayamos olvidado lo que fue antes. ¡Qué asombrosos, qué prodigiosos son los trabajos del tiempo y los cambios del espíritu humano!

Y siguiendo el último curso de sus pensamientos, añadió poco después—: Si alguna facultad de nuestra naturaleza puede considerarse más sorprendente que las demás, creo que es la memoria. Los poderes, los fallos, las desigualdades de la memoria parecen más manifiestamente incomprensibles que los de ninguna otra de nuestras inteligencias. La memoria es unas veces retenedora, servicial, obediente; otras atolondrada y endeble, y otras… ¡incontrolable y tiránica! Por supuesto, somos un milagro en todos los sentidos… Pero el poder de recordar y olvidar parece un misterio especialmente inalcanzable.

La señorita Crawford, indiferente y distraída, no tuvo nada que decir; y Fanny, al darse cuenta, volvió a llevar sus reflexiones sobre lo que pensó que podría interesarle.

—Quizá parezca una impertinencia por mi parte, pero admiro el gusto que la señora Grant ha demostrado en todo esto. ¡Qué discreta sencillez hay en el trazado de este paseo! ¡No se ha intentado nada complicado!

—Sí, contestó la señorita Crawford con desinterés—, está muy bien para un lugar como éste; no se piensa en amplitud..., y aquí, entre nosotras, nunca había imaginado, hasta que vine a Mansfield, que una parroquia rural aspirase a tener un paseo de arbustos ni nada parecido.

—¡A mí me encanta ver cómo crecen los arbustos! —contestó Fanny—. El jardinero de mi tío dice que la tierra de aquí es mejor que la suya, y parece que así es, a juzgar por cómo crecen los laureles y los arbustos de hoja perenne en general. ¡Los de hoja perenne! ¡Qué belleza, qué maravilla, qué prodigio esos arbustos de hoja perenne! ¡Qué variedad más asombrosa de la naturaleza, si nos ponemos a pensar! En algunos países sabemos que la variedad está en los árboles que pierden la hoja, pero eso no hace menos asombroso que el mismo suelo y el mismo sol alimenten plantas que difieren en la primera regla y ley de su existencia. Quizá piense que exagero; pero cuando salgo, sobre todo cuando me siento al aire libre, tiendo a dejarme llevar por esta especie de inclinación al asombro. No puedo poner los ojos en el producto más vulgar de la naturaleza sin encontrar materia para las divagaciones.

—A decir verdad —replicó la señora Crawford—, yo soy más bien como el famoso duque de Luis XIV•, y confieso que no veo nada tan maravilloso en este paseo de arbustos como el estar yo en él. Si alguien me hubiera dicho hace un año que este sitio iba a ser mi hogar, que iba a pasar aquí mes tras mes, como he pasado, desde luego que no lo habría creído. ¡Sin embargo, llevo ya casi cinco meses! Los cinco meses más tranquilos de mi vida, además.

—Tal vez para usted sean demasiado tranquilos.

• Según Voltaire, durante el reinado de Luis XIV, en Francia, se le preguntó a un duque, qué era lo que le parecía más admirable de Versalles; y el respondió: *el estar yo aquí*.

—Así lo habría juzgado yo, en teoría, pero… —se le encendieron los ojos mientras hablaba—, en conjunto, nunca había pasado un verano tan feliz. El caso es que… —con aire más pensativo y bajando la voz— es imposible saber a dónde puede llevar.

A Fanny se le aceleró el corazón, y no se sintió con fuerzas para suponer ni preguntar más. La señorita Crawford, no obstante, prosiguió con animación:

—Me doy cuenta de que me he adaptado a la vida campestre mucho más de lo que esperaba. Incluso imagino que debe ser agradable pasar la mitad del año en el campo, en determinadas condiciones… Muy agradable. Una elegante casa de tamaño razonable, estar en el centro de las relaciones familiares, con continuos compromisos entre sus miembros, gobernar la sociedad del contorno; ser considerada, quizá, por encima incluso de los que son más acaudalados, y dejar el círculo jovial de tales diversiones sólo para estar a solas con la persona más agradable del mundo. No hay nada horrible en semejante cuadro, ¿verdad, señorita Price? No tengo por qué envidiar a la nueva señora Rushworth, con una cosa así.

—¿Envidiar a la señora Rushworth? —fue todo lo que Fanny se atrevió a decir.

—Bueno, bueno; sería muy feo por nuestra parte mostrarnos severas con la señora Rushworth; porque estoy segura de que le vamos a deber muchas horas de alegría y felicidad. Tengo la esperanza de que nos reunamos todos muchas veces en Sotherton, otro año. Una boda como la de la señorita Bertram es una bendición para todos, porque una de las primeras satisfacciones de la esposa del señor Rushworth será llenar la casa, dar los mejores bailes del contorno.

Fanny no dijo nada, y la señorita Crawford se quedó pensativa; hasta que, de repente, alzando los ojos al cabo de unos minutos, exclamó:

—¡Ah, ahí está él! —Pero no era el señor Rushworth, sino Edmund, que en ese momento venía caminando hacia ellas, en compañía de la señora Grant—. Mi hermana y el señor Bertram. Me alegro de que su primo mayor se haya ido; así él puede volver a ser el señor

Bertram. Eso de "el señor Edmund Bertram", suena tan solemne, tan penoso, tan de hermano menor, que lo detesto.

—¡Qué diferente pensamos! —exclamó Fanny—. Para mí, "el señor Bertram" es algo frío y no significa nada, algo sin calor ni carácter. Es un tratamiento de caballero, nada más. En cambio en el nombre de Edmund hay nobleza; es un nombre de heroísmo y renombre: de reyes, príncipes y caballeros armados; y parece alentar el espíritu de la caballería y de los afectos acendrados.

—Concedo que el nombre es bonito en sí mismo, y que lord Edmund o sir Edmund suenan maravillosamente; pero sumérjalo en el frío, en el anonadamiento de un "señor"..., y encontrará que "señor Edmund" es tanto como "señor John", o "señor Thomas". Bueno, ¿vamos al encuentro de ellos y nos ahorramos la mitad de un sermón por sentarnos al aire libre en esta época del año, estando de pie antes de que empiecen?

Edmund se unió a ellas con especial alegría. Era la primera vez que las veía juntas desde el inicio de esta relación más fluida, de la que se había enterado con gran satisfacción. Esta amistad entre las dos jóvenes a las que tanto quería era exactamente lo que más podía desear, y hay que decir, para elogio de la perspicacia del enamorado, que no pensaba que Fanny fuera la única ni la que más ganaba en esta amistad.

—Bueno —dijo la señorita Crawford—, ¿no nos regaña por nuestra imprudencia? ¿Para qué cree que hemos estado sentadas, sino para que nos reprendan y nos rueguen y supliquen que no lo volvamos a hacer?

—Es posible que las hubiera regañado —dijo Edmund—, si las hubiera encontrado solas una u otra; pero si cometen juntas la imprudencia, tendré que pasarla por alto.

—No pueden llevar mucho tiempo sentadas —exclamó la señora Grant—, porque al subir a tomar el chal las he visto desde la ventana de la escalera, y estaban paseando.

—Y en realidad —añadió Edmund—, hace tan bueno que no puede decirse que sea una imprudencia estar sentadas unos minutos. No siempre hay que juzgar el tiempo por el calendario. A veces podemos tomarnos más libertades en noviembre que en mayo.

—¡Vaya! —exclamó la señorita Crawford—. ¡Son ustedes los amigos más decepcionantes e insensibles que he conocido! No hay manera de inspirarles un momento de inquietud. ¡No saben lo mucho que hemos sufrido, ni el frío que hemos pasado! Pero hace mucho que tengo al señor Bertram por una de las personas que menos se dejaría influir por cualquier pequeña maniobra contra el sentido común con que fuera atormentada una mujer. Tenía muy poca esperanza en él desde el principio; pero a ti, señora Grant, mi hermana del alma, creo que tendría derecho de alarmarte un poco.

—No te hagas ilusiones, mi queridísima Mary. No tienes la más pequeña posibilidad de conmoverme. Tengo mis temores, pero van en una dirección totalmente distinta; y si tuviese el poder de alterar la meteorología, te habría estado soplando todo el tiempo un ventarrón del este; porque hay aquí algunas de mis plantas que Robert dejará a la intemperie porque las noches son suaves; y sé que al final vendrá un cambio repentino, caerá una helada que tomará desprevenido a todo el mundo, por lo menos a Robert, y yo las perderé todas. Y lo que es peor, la cocinera me ha estado diciendo que el pavo que yo tenía interés en preparar el domingo, porque sé que el Dotor Grant lo disfrutará mucho más en domingo, después de los rigores del día, no aguantará más allá de mañana. Ésas son algunas de las quejas que me hacen considerar el tiempo inoportunamente sofocante.

—¡Delicias domésticas de la vida pueblerina! —dijo la señorita Crawford con sarcasmo—. Recomiéndame al verdulero y al pollero.

—Mi querida niña, recomienda tú al doctor Grant al decanato de Westminster o al de San Pablo, y me alegraré de tu verdulero y tu pollero tanto como tú. Aquí, en Mansfield, no tenemos ese personal. ¿Qué quieres que haga?

—¡Bueno! No puedes hacer nada, aparte de lo que ya haces: dejar que te atormenten continuamente sin perder nunca la paciencia.

—Muchas gracias, Mary; pero no hay manera de escapar a estos pequeños disgustos. Vivimos donde podemos vivir; y cuando tú residas en la capital y vaya a verte, creo que te encontraré con los tuyos, a pesar del verdulero y del pollero… o quizá precisamente por ellos. Su distancia y falta de puntualidad, o sus precios y fraudes exorbitantes te arrancarán amargas quejas.

—Pienso ser demasiado rica para lamentar ni sentir nada de eso. Una buena renta es la mejor receta para la felicidad, que yo sepa. Desde luego, puede asegurarme todo el mirto y el pavo que me apetezca.

—¿Piensa ser muy rica? —dijo Edmund, con una expresión que, a los ojos de Fanny tenía un grave significado.

—Por supuesto, ¿usted no? ¿No queremos serlo todos?

—Yo no puedo pretender algo que está fuera de mi alcance. La señorita Crawford puede escoger su grado de riqueza. No tiene más que señalar los miles que quiere al año, y no cabe la menor duda de que llegarán. Mi intención es sólo no ser pobre.

—Con moderación y economía, y acomodando las necesidades a los ingresos, y demás. Todo eso lo comprendo muy bien, y es un plan muy correcto para una persona de su edad, con medios limitados y una escasa vida social. ¿Qué puede desear usted, aparte de un mantenimiento decente? No tiene mucho tiempo por delante, y sus parientes no están en situación de hacer nada por usted, ni de mortificarlo con el contraste de su propia riqueza e importancia. ¡Sea honrado y pobre, adelante!; pero yo no lo voy a envidiar, ni creo que lo respete siquiera. Siento mucho más respeto por las personas que son honradas y ricas.

—Su grado de respeto por la honradez, rica o pobre, es precisamente lo que a mí menos me importa. No pienso ser pobre. Estoy decididamente en contra de la pobreza. Lo que deseo es que no mire a la pobreza como algo inferior a la honradez en el punto medio, en la posición económica media.

—Pues sí la miro, si puedo llegar más arriba. Tendré que considerar inferior a todo el que se conforma con la oscuridad cuando podría ascender a la distinción.

—Pero, ¿cómo se puede ascender? Al menos, ¿cómo puede mi honradez alcanzar alguna distinción?

No era una pregunta fácil de contestar, y dio lugar a un "¡Oh!" un tanto prolongado por parte de la hermosa dama, antes de que pudiera añadir:

—Podría entrar en el Parlamento; o debería haber ingresado en el ejército hace años.

—Eso está fuera de lugar ahora; y en cuanto a entrar en el Parlamento, me parece que tendré que esperar a que se convoque una asamblea especial para representantes de segundones con pocos medios de subsistencia. No, señorita Crawford —añadió en tono más serio—, hay distinciones que, si las juzgase inalcanzables o vedadas para mí harían que me sintiera desgraciado... Pero son de otra naturaleza.

Fanny observó con dolor una mirada inquieta de él, mientras hablaba, y lo que pareció un gesto de inteligencia por parte de la señorita Crawford al contestarle riendo. Y sintiéndose capaz de prestar atención a la señora Grant, a cuyo lado caminaba ahora, detrás de los otros, casi había decidido regresar a casa inmediatamente, y sólo esperaba hacer suficiente acopio de valor para decirlo, cuando los tañidos del gran reloj de Parque Mansfield, al dar las tres, la hicieron comprender que llevaba ausente mucho más de lo habitual, y aceleraron su deliberación interior sobre si irse o no inmediatamente. Empezó a despedirse con toda decisión, cuando en ese mismo instante recordó Edmund que su madre le había estado preguntando por ella, y que él había bajado a la casa parroquial con objeto de acompañarla de regreso.

La prisa de Fanny fue mayor, y había echado a correr sola sin esperar siquiera a Edmund; pero todos avivaron el paso, y la acompañaron a la casa por la que tenía necesariamente que pasar. El doctor Grant estaba en el vestíbulo, y al detenerse a hablar con él se dio cuenta por el gesto de Edmund que se proponía ir con ella; se estaba despidiendo (cosa que no podía menos que agradecerle). En el momento de separarse, el doctor Grant invitó a Edmund a cenar cordero con él el día siguiente; y apenas había empezado Fanny a sentirse violenta ante su situación, cuando la señora Grant, cayendo súbitamente en la cuenta, se volvió hacia ella y le pidió que les hiciese el honor de acompañarlos también. Fue una atención tan nueva, un detalle tan totalmente inédito en los acontecimientos de la vida de Fanny, que se sintió abrumada de sorpresa y de confusión; y mientras balbuceaba unas palabras de agradecimiento, pero que "no sabía si la iban a dejar", miró a Edmund en busca de opinión y ayuda. Pero Edmund, encantado de la dicha que se ofrecía a Fanny, y confirmando con media mirada y media frase que no encontraría objeción más que por parte de su tía, no pensaba que su madre se opusiera a dejarla ir, y le aconsejó decididamente que aceptara la invitación; y aunque Fanny no se atrevía, ni animándola él, a semejante gesto de audaz indiferencia, no tardaron en acordar que, si no surgía nada en contra, la señora Grant contaría con ella.

—Y ya sabe cuál va a ser la cena —dijo la señora Grant sonriendo—: el pavo; pero le aseguro que estará estupendo, porque mi inestimable cocinera —volviéndose a su esposo —insiste en preparar el pavo mañana.

—Está bien, de acuerdo —asintió el doctor Grant—; tanto mejor. Me alegra saber que tienes algo bueno en casa. Pero creo que la señorita Price y el señor Edmund Bertram deben venir sin más. No nos hace falta saber el menú; nuestro propósito es tener una reunión jovial, no un suculento banquete. Comeremos pavo, ganso, pierna de cordero o lo que tu cocinera quiera darnos.

Los dos primos regresaron a pie, y salvo comentar al principio esta invitación, de la que Edmund dijo contento que era muy oportuna para que ella cultivase aquella amistad que ella veía como un placer. Una vez agotado ese tema, Edmund permaneció en silencio, pensativo, como sin ánimo de iniciar otra conversación.

23

—Pero, ¿por qué la señora Grant ha tenido que invitar a Fanny? —dijo lady Bertram—. ¿Cómo se le ha ocurrido invitar a Fanny? Ella nunca ha cenado allí. Yo no puedo quedarme sin ella, y seguro que ella no quiere ir… Fanny, ¿verdad que no quieres ir?

—No iré si no puede usted prescindir de mí, señora —dijo Fanny con abnegación.

—Pero tendrá a mi padre a su lado toda la velada.

—Por supuesto que lo tendré.

—¿Y si le pregunta a mi padre su opinión, señora?

—Bien pensado, Edmund, lo haré. En cuanto lo vea, preguntaré a sir Thomas si puedo prescindir de ella.

—En eso haga como guste, señora; pero yo me refiero a preguntarle sobre la conveniencia o no de aceptar la invitación; y me permito adelantar que la considerará correcta por parte de la señora Grant, y por lo tanto que sería apropiado que Fanny la acepte, sobre todo por ser la primera vez que la invitan.

—No sé, se lo preguntaremos. Pero sin duda le sorprenderá que la señora Grant haya querido invitar a Fanny.

No había nada más que añadir, ni de qué hablar, hasta que estuviese presente sir Thomas. Pero dado que el asunto afectaba a su comodidad para la tarde siguiente, lady Bertram siguió dándole vueltas en la cabeza, de manera que media hora más tarde, al volver él de la plantación, y pasar camino de su gabinete, le llamó cuando casi había cerrado la puerta.

—Espera un momento, sir Thomas, tengo algo que consultarte.

Su tono de serena languidez —jamás se molestaba en elevar la voz— era siempre escuchado y atendido; sir Thomas se detuvo y se acercó a ella. Lady Bertram comenzó su historia y Fanny salió de la habitación, porque el oír lo que se hablaría de ella era algo que sus nervios no podían soportar. Estaba deseosa —quizá más de lo que debiera— de saber si al final iría o no. Pero si su tío se extendía hablando y argumentando con la mirada seria que acostumbraba, y la miraba a ella de esa manera, y al final decidía que no, podía no ser capaz de permanecer debidamente impasible y respetuosa. Entretanto, su causa marchaba bien. Empezó así, por parte de lady Bertram:

—Tengo que decirte algo que te va a sorprender: la señora Grant ha invitado a Fanny a cenar.

—¿Y bien? —dijo sir Thomas, como esperando que prosiguiera para ver dónde estaba la sorpresa.

—Edmund quiere que la deje ir. Pero, ¿cómo voy a prescindir de ella?

—Volverá tarde —dijo sir Thomas, sacando el reloj—; pero, ¿dónde está la dificultad?

Edmund se vio en la obligación de hablar para cubrir las lagunas que había en la información de su madre. Lo contó todo, y ella se limitó a decir:

—¡Qué extraño! La señora Grant nunca la había invitado.

—Pero, ¿no es natural que la señora Grant quiera procurarle una visita agradable a su hermana? —comentó Edmund.

—De lo más natural —dijo sir Thomas, tras una breve reflexión—; y aunque no tuviera ninguna hermana, seguiría siendo de lo más natural, en mi opinión. Que la señora Grant tenga un detalle de cortesía con la señorita Price, sobrina de lady Bertram, no necesita explicación. Lo único que me puede sorprender es que sea la primera vez. Fanny ha hecho bien en dar sólo una respuesta condicional. Al parecer, piensa como es debido. Pero como yo saco en conclusión que seguramente le gustaría ir, dado que a los jóvenes les gusta reunirse, no veo motivo para negarle ese gusto.

—Pero yo no puedo quedarme sin ella, sir Thomas.

—Yo creo que sí.

—Ella es la que se encarga siempre del té, cuando no está aquí mi hermana.

—Convenceremos a tu hermana para que venga a pasar el día aquí, con nosotros; y, desde luego, estaré yo.

—Bien; entonces puede ir, Edmund.

La buena noticia le llegó en seguida. Edmund llamó a su puerta, camino de su habitación.

—Bueno, Fanny, ya está todo arreglado; y sin la mínima vacilación por parte de tu tío. Él no tiene más que una opinión, y es que debes ir.

—Gracias; me alegro muchísimo —comentó Fanny instintivamente; aunque cuando se despidió de él y cerró la puerta, no pudo menos que pensar: "¿Por qué me tengo que alegrar? ¿Acaso no sé que ahí voy a ver y oír cosas que me van a doler?".

Pero, pese a esa convicción, se sentía contenta. Por simple que pudiera parecer este compromiso a los ojos de otras personas, para ella tenía gran importancia y novedad; porque quitando el día de la excursión a Sotherton, casi nunca había cenado fuera; y aunque ahora se alejaría sólo un kilómetro, y cenaría con tres personas nada más, de todos modos era cenar fuera, y todos los pequeños preparativos eran por sí solos motivo de gozo. Pero no tuvo la comprensión, ni la ayuda de las que deberían haber compartido sus sentimientos y dirigido su gusto; porque lady Bertram jamás había pensado en ser útil a nadie, y la señora Norris, cuando llegó por la mañana en respuesta a una temprana visita e invitación de sir Thomas, estaba de muy mal humor y parecía interesada sólo en echar a perder a su sobrina, en la mayor medida posible, sus alegrías presentes y futuras.

—¡Vaya, Fanny, qué suerte tienes, recibiendo semejantes atenciones y favores! Puedes agradecer a la señora Grant el haber pensado en ti, y a tu tía por dejarte ir; deberás considerarlo una excepción, porque espero que te des cuenta de que no hay realmente motivo para que se te invite ni para que salgas a cenar; y no cuentes tampoco con que se repita. Ni pienses que te invitan por deferencia a ti; la atención va dirigida a tus tíos y a mí. La señora Grant considera una cortesía para con nosotros tener una atención contigo; si no, ni se le habría pasado por la cabeza. Y ten la seguridad de que si llega a estar en casa tu prima Julia, no te habrían invitado a ti.

La señora Norris había conseguido neutralizar de tal modo el favor de la señora Grant que Fanny, al comprender que esperaba que hablara, sólo pudo decir que estaba muy agradecida a su tía Bertram por dejarla ir, y que estaba procurando dejar la labor de la tarde de tal manera que no la echase de menos.

—¡Oh! Puedes estar segura de que tu tía puede estar muy bien sin ti; si no, no te hubiera dejado ir; además de que estaré yo, así que no te preocupes; espero que tengas un día muy agradable y que disfrutes; aunque tengo que decir que cinco es un número de lo más incómodo para sentarse a la mesa. ¡No puede menos que sorprenderme que una dama tan refinada como la señora Grant no haya caído en la cuenta! Sobre todo para su mesa, que ocupa casi todo el comedor. Si se hubiera contentado el doctor con la mía cuando dejé la casa, como habría hecho cualquier persona con sentido común, en vez de comprar una nueva de ese tamaño, más ancha, literalmente más ancha que la de aquí, cuánto mejor habría sido, ¡y cuánto más respetado sería también! Porque cuando la gente se sale del nivel que le corresponde, deja de ser respetada. Tenlo presente, Fanny. ¡Cinco, sólo cinco alrededor de la mesa! Aunque seguramente les servirán una cena como para diez.

La señora Norris cobró aliento y prosiguió:

—La necedad y la ridiculez de la gente que se sale de su propio nivel y trata de aparentar más de lo que es me recuerda que tengo que darte un consejo, Fanny, ahora que vas a estar con otra gente sin que estemos nosotras; te pido por lo que más quieras que no te pongas en evidencia, ni hables y empieces a opinar como si fueras una de tus primas… como si fueras la querida señora Rushworth o Julia. Créeme que eso no estaría nada bien. Recuerda que, estés donde estés, debes ponerte siempre en último lugar; y aunque veas que la señorita Crawford está como en su elemento, por así decirlo, en la casa parroquial, no debes hacer lo mismo. Y en cuanto a volver, te quedarás el tiempo que diga Edmund, Deja que él decida eso.

—Sí, señora, no pensaba hacer otra cosa.

—Y si comienza a llover, lo que me parece muy probable, porque no he visto una tarde más amenazadora en mi vida, arréglatelas para volver tú sola, sin esperar a que te preparen el coche. Yo, desde luego, no espero que se haga de noche para volver a casa; así que por mí no sale ningún coche; así que piensa en lo que pueda pasar, y sal preparada.

A la sobrina le pareció totalmente razonable. Valoraba su derecho a las comodidades todo lo bajo que la señora Norris era capaz de colocarlo; y cuando sir Thomas, poco después, abrió la puerta y dijo: "Fanny, ¿a qué hora quieres el coche?", sintió tal grado de asombro que le fue imposible responder.

—¡Mi querido sir Thomas! —exclamó la señora Norris roja de ira—, ¡Fanny puede ir a pie!

—¿A pie? —repitió sir Thomas en un tono de incontestable dignidad, y adentrándose más en la habitación—; ¿Acudir a pie a una cena mi sobrina, en esta época del año?... ¿Te parece bien a las cuatro y veinte?

—Sí, señor —respondió Fanny, casi con los sentimientos de un criminal hacia la señora Norris; y no pudiendo soportar permanecer con ella en lo que podía parecer una actitud de triunfo, salió de la habitación detrás de su tío, demorándose sólo lo suficiente para oír estas palabras, dichas con irritada excitación:

—¡Es absolutamente innecesario! ¿Demasiada consideración! Pero va Edmund, es verdad: es por Edmund. Ya noté que la otra noche hablaba como si hubiera tomado un poco de más.

Pero no logró engañar a Fanny. Sabía que el coche era por ella, y sólo por ella; y esta atención de su tío, llegada apenas después de las reconvenciones de su tía, le produjo algunas lágrimas de agradecimiento cuando estuvo sola.

El cochero apareció puntual; un minuto después bajó el caballero, y como la dama llevaba varios minutos sentada en el salón por escrupuloso temor a retrasarse, sir Thomas los vio marcharse a una hora en que sus hábitos de puntualidad consideraron correcta.

—Ahora debo mirarte, Fanny —dijo Edmund, con la sonrisa de un hermano afectuoso—, y decirte que me gustas mucho, y por lo que puedo juzgar con esta luz, estás muy guapa. ¿Qué te has puesto?

—El vestido nuevo que mi tío me regaló generosamente para la boda de mi prima. Espero no estar demasiado elegante; pero he pensado que debía ponérmelo cuanto antes, y que tal vez no tenga otra ocasión en todo el invierno. Espero que no te parezca impropio.

—Una mujer nunca está demasiado elegante cuando va toda de blanco; no, no veo que portes demasiadas elegancias; sólo lo que es perfectamente apropiado. Tu vestido es precioso. Me gustan esos lunares brillantes. ¿No tenía la señorita Crawford un vestido parecido?

Cerca ya de la casa parroquial, pasaron por delante de la cuadra y la cochera.

—¡Caramba, tienen visita! —dijo Edmund—. Ahí hay un coche. ¿A quién irán a presentarnos? —y bajando el cristal para ver mejor—: Es de Crawford; ¡el birlocho de los Crawford, seguro! Ahí están sus dos criados empujándolo para meterlo a la vieja cochera. Eso quiere decir que está aquí. Eso sí que es una sorpresa, Fanny. Me alegrará mucho verlo.

Fanny no tuvo ocasión ni tiempo para expresar un sentimiento muy diferente; pero la idea de tener también a tal persona observándola aceleró mucho su agitación; y en ese estado realizó la temida ceremonia de entrada al salón.

En el salón estaba efectivamente el señor Crawford; había llegado justo a tiempo de cenar; y la sonrisa y cara de satisfacción de los otros tres, de pie en derredor de él, revelaban lo bien acogida que era su súbita decisión de escapar de Bath para pasar unos días con ellos. Edmund y él intercambiaron un cordial saludo y, a excepción de Fanny, el placer fue general. Incluso para ella podía tener alguna ventaja su presencia, dado que cualquier aumento del número de reunidos favorecería su inclinación a permanecer callada sin que nadie se fijase en ella. En seguida vio que era así; porque, aunque tuvo que aceptar

—como le indicaba su sentido de la corrección, pese a la opinión de su tía Norris— ser la principal dama de la reunión, y someterse a las pequeñas distinciones que esto comportaba; una vez sentados todos a la mesa, encontró que la conversación tomaba unos derroteros en los que no hacía ninguna falta su intervención: tenían tanto que hablar de Bath el hermano y la hermana, de caza los dos jóvenes caballeros, de política el señor Crawford y el doctor Grant, y de todo el señor Crawford y la señora Grant, que Fanny tuvo ante sí la más prometedora perspectiva de limitarse a escuchar en silencio, y pasar unas horas sumamente agradables. Sin embargo, no fue capaz de agasajar al caballero recién llegado mostrando algún interés en su plan de quedarse un tiempo en Mansfield y enviar por sus caballos de caza de Norfolk; plan que, sugerido por el doctor Grant, aconsejado por Edmund y alentado fervorosamente por las dos hermanas, tomó en seguida en consideración, e incluso pareció querer que ella lo animase para tomar esa decisión. Preguntó a Fanny si le parecía que continuaría despejado el tiempo; pero sus respuestas fueron todo lo breves e indiferentes que permitía la buena educación. No podía desearle que se quedara, y, por encima de todo, deseaba que no le dirigiera la palabra.

Al verlo, acudían a su mente las imágenes de las dos primas ausentes, especialmente María; en cambio a él, al parecer, no le inquietaba ningún recuerdo embarazoso: aquí estaba otra vez, en el mismo lugar donde había ocurrido todo, y por lo visto con ganas de quedarse a disfrutar sin las señoritas Bertram, como si no hubiese conocido jamás Mansfield en otra situación. Fanny lo oyó referirse a ellas sólo de manera genérica, hasta que estuvieron reunidos todos en el salón; entonces, mientras Edmund hablaba con el doctor Grant de algún asunto particular que los absorbía enteramente, y la señora Grant se hallaba ocupada en la mesa del té, empezó a hablar de ellas a su otra hermana, y lo hacía con una sonrisa significativa que le parecía odiosa a Fanny.

—¡Con que Rushworth y su bella esposa están en Brighton! —dijo—. ¡Hombre feliz!

—Sí, llevan allí un par de semanas, ¿verdad, señorita Price? Julia está con ellos.

—Y supongo que el señor Yates no andará lejos.

—¿El señor Yates? No sabemos nada del señor Yates. No creo que figure mucho en las cartas que llegan a Parque Mansfield; ¿no cree usted, señorita Price? Mi amiga Julia sabe que no debe inquietar a su padre hablándole del señor Yates, me parece.

—¡Pobre señor Rushworth y sus cuarenta y dos intervenciones! —siguió diciendo Crawford—. Nadie podrá olvidarlas. ¡Pobre hombre! Lo recuerdo como si lo estuviera viendo: con sus esfuerzos y su desesperación. Mucho me equivocaré si su adorable María le pide alguna vez que recite para ella las cuarenta y dos intervenciones. —Y añadió con momentánea seriedad—: Es demasiado buena para él... demasiado. —Luego, volviendo a adoptar otra vez el tono de amable galantería, y dirigiéndose a Fanny, dijo—: Usted fue la mejor amiga del señor Rushworth; no podemos olvidar su amabilidad y su paciencia, su incansable paciencia, tratando de ayudarlo a aprender el papel, e intentando darle una memoria que la naturaleza le ha negado... ¡inspirarle algún entendimiento con la superabundancia del suyo! Quizá no tuvo él la sensibilidad suficiente para apreciar sus esfuerzos, pero me atrevo a decir que honró al resto de la compañía.

Fanny se ruborizó, pero no dijo nada.

—¡Es como un sueño, como un precioso sueño! —exclamó el señor Crawford, tras unos minutos de reflexión—. Siempre recordaré nuestra incursión en el teatro con sumo placer. ¡Qué interés poníamos, cómo nos animábamos, qué espíritu de comunión! Todos estábamos inmersos en él. Todos estábamos activos. A todas horas había trabajo, esperanzas, preocupaciones, ajetreo. Siempre surgía algún pequeño inconveniente, alguna duda, algún obstáculo que superar. Nunca me he sentido tan feliz.

Con muda indignación, Fanny se repitió como para sí misma: "¡Nunca ha sido tan feliz! ¡Tan feliz como cundo hacía lo que sabe que no tiene justificación! ¡Tan feliz como cuando se comportaba de una manera indigna e insensible! ¡Ah, qué espíritu más corrompido!".

—Tuvimos mala suerte, señorita Price —continuó en tono más bajo, para evitar que lo oyera Edmund, y totalmente ignorante de los sentimientos de ella—; tuvimos verdadera mala suerte. Una semana más, sólo una semana más nos habría bastado. Creo que si hubiésemos podido disponer de los acontecimientos, si Parque Mansfield hubiese podido gobernar los vientos del equinoccio sólo por una semana o dos, habría sido diferente. No quiero decir que habríamos hecho peligrar su seguridad con un temporal… pero habríamos mandado un viento constante en contra, o una calma. Creo, señorita Price, que nos habríamos concedido una semana de calma en el Atlántico, es esa época del año.

Al parecer, él esperaba recibir contestación; y Fanny, sin mirarlo de frente, dijo en un tono de mayor firmeza que el habitual:

—Si de mí dependiera, señor, no habría atrasado su regreso un solo día. Mi tío lo desaprobó todo de manera tan rotunda a su llegada que, en mi opinión, aquello había llegado demasiado lejos.

Jamás le había dicho tantas palabras seguidas, y jamás había hablado a nadie con tanta irritación. Al terminar estaba temblando, y ruborizada ante su propio atrevimiento. El señor Crawford se quedó sorprendido; pero tras unos momentos de silencio por parte de ella, contestó en un tono más calmado, más grave, y como si fuese sincero resultado de una seria reflexión.

—Creo que tiene razón, fue más divertido que discreto. Armábamos demasiado alboroto.

Inmediatamente, como para cambiar la conversación, quiso abordar otro tema; pero las respuestas de Fanny fueron tan tímidas y renuentes que no pudo progresar en nada.

La señoria Crawford, que había estado siguiendo con la mirada al doctor Grant y a Edmund, comentó ahora.

—Estos caballeros deben estar hablando de algo muy interesante.

—Lo más interesante del mundo —replicó su hermano—: Cómo hacer dinero, cómo incrementar una buena renta. El doctor Grant está dando consejos a Bertram sobre el beneficio eclesiástico de que entrará en posesión en breve. Me he enterado de que se va a ordenar dentro de unas semanas. Hablaban de eso en el comedor. Me alegra saber que Bertram será un hombre acomodado. Tendrá una bonita renta para vivir como quiera, y sin demasiado trabajo. Por lo visto no ganará menos de setecientas al año, y eso es una estupenda cantidad para un segundón; y como naturalmente continuará viviendo en casa, esa cantidad será toda para sus *plaisirs menus*. Y supongo que todo su sacrificio consistirá en pronunciar algún sermón en Navidad, y otro en Pascua.

Su hermana intentó restar importancia a sus palabras diciendo:

—Lo que más me divierte es la facilidad con que todo el mundo atribuye abundancia a los que tienen bastante menos que ellos. Si tuvieras que ajustar tus *plaisirs menus* a setecientas libras al año, Henry, te ibas a quedar sin habla.

—Puede ser, pero, como sabes, todo eso es relativo. Ése es un asunto que debe regular el patrimonio y el hábito. Bertram tiene una buena posición incluso como hijo menor de un barón. Cuando cumpla los veinticuatro o los veinticinco tendrá setecientas al año, y nada que hacer por ellas.

La señorita Crawford podría haber dicho que sí había algo que hacer y era molestarse para merecerlas, y que no creía que fuese tarea fácil; pero se abstuvo, y lo dejó pasar, tratando de adoptar un aire tranquilo y despreocupado cuando, poco después, se les unieron los dos caballeros.

—Bertram —dijo Henry Crawford—, prometo venir a Mansfield a oír su primer sermón. Vendré para animar a un joven principiante. ¿Cuándo será?, señorita Price. ¿Verdad que usted me ayudaría a dar ánimo a su primo? ¿Verdad que promete asistir con los ojos fijos en él todo el tiempo, igual que yo, para no perderse una sola palabra, o bajarlos solamente para tomar nota de alguna frase especialmente hermosa? Iremos provistos de lápiz y cuaderno. ¿Cuándo será? Tiene que pronunciar su sermón en Mansfield, a fin de que puedan oírle sir Thomas y lady Bertram.

—Se lo diré tan pronto como pueda, Crawford —dijo Edmund—; aunque es probable que así me confunda, y sufra más que nadie en el mundo, viéndolo tan pendiente.

“Es que no tiene sensibilidad —pensó Fanny—. No, no tiene sensibilidad para nada”.

Ahora se había juntado todo el grupo; y dado que los que hacían más uso de la palabra se atraían mutuamente, Fanny se tranquilizó; y cuando se formó una mesa de whist, después del té —en realidad para dar gusto al doctor Grant, a indicación de su atenta esposa, aunque ésta hizo como que no—, y la señorita Crawford tomó el arpa, no tuvo que hacer otra cosa sino escuchar, y su sosiego no se vio turbado durante el resto de la velada, salvo cuando el señor Crawford le dirigía alguna pregunta o le hacía algún comentario, que ella no tenía más remedio que responder. La señorita Crawford estaba demasiado molesta por lo que había oído para estar de humor para nada que no fuera música. Se calmó con ella, y entretuvo a su amiga.

La certeza de que Edmund se iba a ordenar tan pronto le cayó como un golpe que había estado en suspenso, y que incluso había sido dudoso y distante, produciéndole rencor y mortificación. Estaba furiosa con él. Había creído tener más influencia sobre él… había empezado a pensar en él —se daba cuenta— con gran estima, casi con intenciones decididas; pero a partir de ahora lo vería con la misma frialdad de sentimientos. Estaba claro que no tenía propósitos serios, ni verdadero afecto, cuando elegía una posición a la que seguramente sabía que ella jamás se rebajaría. Aprendería a corresponderle con la misma indiferencia. En adelante aceptaría sus atenciones sin otra idea que la inmediata diversión. Si él podía dominar de ese modo sus sentimientos, ella no debía permitir que los suyos fuesen dolorosos.

24

A la mañana siguiente, Henry Crawford había decidido pasar otro par de semanas en Mansfield, y después de mandar por sus caballos de caza y escribir unas líneas de explicación al almirante, se volvió hacia su hermana al tiempo que sellaba la carta y la apartaba a un lado, y dijo con una sonrisa, viendo que el campo estaba despejado:

—¿A que no sabes cómo pienso divertirme, Mary, los días que no salga de caza? Tengo demasiados años para salir más de tres días a la semana; pero se me ha ocurrido un plan para los días intermedios, ¿a que no sabes cuál?

—Pasear y montar a caballo conmigo, seguro.

—No exactamente, aunque me alegrará saber las dos cosas. Pero eso será sólo un ejercicio para el cuerpo, y yo quiero ejercitar también el alma. Además, eso sería todo esparcimiento y satisfacción, sin el saludable componente del esfuerzo; a mí no me gusta alimentarme de ociosidad. No, el plan que tengo es hacer que Fanny se enamore de mí.

—¿Fanny Price? ¡Qué estupidez! No. Deberías darte por satisfecho con las dos primas.

—No puedo darme por satisfecho sin Fanny Price; sin dar un mordisquito en el corazón de Fanny Price. Parece que no te das cuenta de su derecho a ser tenida en cuenta. Cuando anoche hablamos con ella, parece que ninguna de ustedes se dio cuenta de lo guapa que se ha puesto en las últimas seis semanas. Ustedes la ven a diario y por eso no lo notan; pero te aseguro que es completamente diferente de la Fanny del otoño pasado. Entonces no era más que una muchacha callada y vergonzosa, aunque no carente de atractivo. Ahora es absolutamente bonita. Al principio me pareció que tenía un cutis y un semblante apagados; pero en esa tez tan suave y tan frecuentemente encendida de rubor que vi ayer hay decidida belleza, y por lo que he observado en sus ojos y su boca, estoy convencido de que serán bastante expresivos cuando tengan algo que expresar. Luego, su aire, su ademán, su *tout ensemble*, ha mejorado de manera indescriptible. Lo menos ha crecido dos pulgadas desde octubre.

—¡Oh, que va! Eso es porque no había mujeres altas con las que se le pudiera comparar, y porque llevaba un vestido nuevo, y nunca la habías visto bien vestida. Está igual que en octubre, créeme. La verdad es que era la única joven en la que podías fijarte, y tú tienes la necesidad de fijarte siempre en alguna. A mí siempre me ha parecido bonita, pero no atractiva, sólo "lo suficiente" como se dice; se trata de una especie de belleza que llega a gustar. Sus ojos deberían ser más oscuros; aunque su sonrisa es encantadora. En cuanto a su maravillosa transformación, estoy segura de que todo se reduce a un vestido con más estilo, y al hecho de que no tuvieras otra delante; así que si te pones a flirtear con ella, nunca me convencerás de que es como un homenaje a su belleza, ni que se debe a otra cosa que a tu extravagancia y ociosidad.

Ante tal acusación, su hermano se limitó a esbozar una sonrisa, y finalmente dijo:

—Yo no acabo de comprender a la señorita Fanny. Ayer no conseguí saber a dónde iba a ir a parar. ¿Qué carácter tiene? ¿Es estirada? ¿Es rara? ¿Es mojigata? ¿Por qué estuvo tan retraída y seria conmigo? Apenas conseguí hacerle decir una palabra. ¡En mi vida he estado tanto tiempo con una joven esforzándome por entenderla, con tan escaso resultado! ¡En mi vida he conocido a una joven que me haya tratado con tanta seriedad! Tengo que vencer esa actitud. Sus miradas me dicen: "No te quiero, he decidido no quererte"; y yo digo que sí me querrá.

—¡Qué tonto eres! ¡Así que ése es todo su atractivo! Es solamente porque no te hace caso… eso es lo que hace que "tenga una tez tan suave", "que sea tan alta"; ¡ése es el origen de todos sus encantos y sus gracias! Pues yo te pido que no la hagas sufrir; un poco de amor quizá la anime y le venga bien; pero no dejaré que la hundas demasiado, porque es un ser bondadoso, con muchísima sensibilidad.

—No voy a estar aquí más de dos semanas —dijo Henry—; si dos semanas pueden matarla, es que es tan débil que nada la puede salvar. ¡No, no haré ningún daño a la pobre criatura! Sólo pretendo que me quiera un poco, que me dé sus sonrisas y sus rubores, que me guarde un asiento a su lado, estemos donde estemos, y que sea toda animación cuando yo me siente y le hable; que piense como pienso yo, que se interese por todo cuanto poseo y me gusta, que trate de retenerme más tiempo en Mansfield, y que sienta, cuando yo me vaya, que nunca volverá a ser feliz. No quiero nada más.

—¡La modestia misma! —dijo Mary—. Bien, entonces no pongo ningún reparo. Tendrás ocasiones de sobra para hacer méritos, porque estaremos mucho tiempo juntas.

Y sin intentar más amonestaciones, abandonó a Fanny a su destino… destino que, si no hubiese estado guardado su corazón de una forma que la señorita Crawford ni siquiera sospechaba, podía haber sido un poco más amargo de lo que se merecía; porque aunque es evidente que existen muchachas de dieciocho años que son inexpugnables —o no se escribiría sobre ellas—, que no se dejan arrastrar al amor contra su criterio por mucho talento, maña, atenciones y halagos que se pongan, no creo que Fanny fuera una de ellas, ni pienso que teniendo una naturaleza tan tierna, y estando dotada de tanto gusto, hubiera podido escapar indemne al asedio —aunque sólo fuera un asedio de dos semanas— de un hombre como Crawford, pese a tener que vencer una mala opinión de él, si no hubiese estado ya su afecto prendido en otra parte. Pese a toda la seguridad que el amor a otro y la poca simpatía a él podían dar a la paz del espíritu que Crawford atacaba, sus continuas atenciones —continuas, pero no importunas, y cada vez más adaptadas a la dulzura y delicadeza del carácter de ella— no tardaron en hacer que le tuviera menos aversión. Fanny no había olvidado en absoluto el pasado, y seguía teniendo tan mala opinión de él como antes; pero no es menos cierto que también acusaba su influjo; Crawford se mostraba alegre, y sus modales habían mejorado tanto, y eran tan corteses, tan seria e irreprochablemente corteses que era imposible no ser amable con él a cambio.

Unos días bastaron para este cambio; y al finalizar esos días, surgieron circunstancias que tendieron a favorecer su propósito de agradarla, tanto más cuanto que proporcionaron a Fanny una felicidad que la predispuso a sentirse contenta con todo el mundo. William, su hermano, su queridísimo hermano tanto tiempo ausente, estaba otra vez en Inglaterra. Recibió carta de él: unas líneas apresuradas, escritas cuando el barco llegaba al Canal, y enviadas a Porthsmouth con el primer bote que echaron al agua del *Antwerp*, fondeado en Spithead. Cuando Crawford llegó con el periódico en la mano, esperando ser portador de la primera noticia, la encontró temblando de gozo con su carta y escuchando con expresión radiante y agradecida la amable invitación que su tío dictaba sosegadamente en respuesta.

Fue sólo el día antes cuando Crawford se había puesto al corriente del asunto, o más bien se había enterado de que Fanny tenía un hermano que iba en tal barco; pero a continuación se le despertó comprensivamente un vivo interés, por lo que había decidido, cuando volviera a la capital, informarse del probable regreso del *Antwerp* del Mediterráneo, etcétera; y la suerte que acompañó a su temprana lectura de la noticia del barco, a la mañana siguiente, le pareció una recompensa a su ingenio en descubrir este modo de agradarla, así como a su deferente atención al almirante, por el que desde hacía años estaba suscrito al periódico que se consideraba la primera fuente de información naval. Sin embargo, resultó ser demasiado tarde. Todos esos primeros sentimientos agradables que esperaba despertar se habían producido ya. Pero su intención, la amabilidad de su intención, fue acogida con agradecimiento… con agradecimiento y calor; porque Fanny se elevó por encima de su habitual timidez de carácter, impulsada por el torrente de su amor por William.

Pronto estaría su querido William entre ellos. Nadie dudaba que le darían permiso muy pronto, porque aún era guardia marino solamente; y como sus padres vivían allí mismo, y ya le habrían visto, y quizá lo veían a diario, podría, en justicia, utilizar el permiso para ver a su hermana, que había sido su mejor corresponsal durante siete años, y al tío que había hecho tanto en su favor y su progreso; y Fanny recibió con la mayor celeridad su respuesta, anunciando su llegada en una fecha muy cercana. Y apenas habían transcurrido diez días desde que había asistido agitada a su primera visita-cena, cuando se encontró dominada por una agitación mayor: en el salón, en la entrada, en la escalera, estaba alerta al primer ruido del carruaje que debía traerle a su hermano.

Llegó felizmente mientras ella esperaba, y sin que mediase ceremonia ni pudor que demorase el encuentro, se reunió con él en cuanto entró a la casa, y los primeros minutos emocionados no tuvieron interrupción ni testigos, a menos que se tenga por tales a los criados, especialmente atentos a abrir las puertas. Eso fue exactamente lo que sir Thomas y Edmund habían tramado por separado, como cada uno probó al otro por la amable celeridad con que ambos aconsejaron a la señora Norris que se quedase donde estaba y no interrumpiese en el salón al oír el ruido de la llegada.

Poco después hicieron su aparición William y Fanny; y sir Thomas tuvo el placer de recibir en su protegido a una persona muy distinta de la que había previsto hacía siete años, a un joven de semblante franco, agradable y natural, pero de sentimientos y modales respetuosos, que lo confirmaban como una persona amigable.

Tuvo que pasar mucho rato antes de que Fanny se recobrase de la agitada felicidad de esa hora formada por los últimos treinta minutos de expectación y los primeros treinta de gozo; mucho rato antes de que pudiera decirse que su felicidad la hacía feliz, de que se le hubiera disipado el desencanto que siempre nos produce el cambio de una persona, y pudiera ver en él al William de antes, y hablarle como había anhelado hacer su corazón, por muchos años que hubieran transcurrido desde que se separaron. Ese momento, sin embargo, llegó gradualmente, auspiciado por el afecto de él tanto como por el de ella, y mucho menos distorsionado por la etiqueta o la timidez de lo que cabría esperarse. Fanny era la persona a la que más quería; pero su temple más fuerte, y su genio más vigoroso, hacían natural que expresase su amor tal como lo sentía. Por la mañana pasearon juntos con verdadero deleite, y en las mañanas sucesivas renovaron su paseo a solas, cosa que sir Thomas no pudo menos que observar de grata manera, aun antes de que Edmund se lo señalase.

Salvo los momentos de gozo que le había proporcionado alguna atención excepcional o inesperada de Edmund en los últimos meses, Fanny jamás había conocido tanta dicha como en esta intimidad sin trabas, sin temores, de igual a igual, con el hermano y amigo que le abría el corazón, contándole sus esperanzas y sus temores, sus planes y sus preocupaciones sobre el deseado, claramente ganado y justamente estimado ascenso, que la daba información directa y detallada de sus padres y sus hermanos, de los que recibía muy pocas noticias, que se interesaba por su bienestar y por sus pequeños problemas en Mansfield... que estaba dispuesto a pensar de cada uno de los miembros de esta casa como ella se lo pedía, discrepando sólo en su opinión menos escrupulosa de la tía Norris y una crítica más atrevida del comportamiento de ésta... y con el que —lo que era quizá la satisfacción más grande de todas— podía rememorar, con el más entrañable recuerdo, todas las venturas y desventuras de sus primeros años, y revivir cada una de las penas y alegrías pasadas juntos... Ventaja y reconstituyente del amor en el que incluso el lazo conyugal está por debajo del fraterno. Los hijos de la misma familia, de la misma sangre, con idénticos recuerdos y hábitos primeros, tienen en su poder medios de gozo que ninguna relación posterior les puede dar; y si alguna vez quedan definitivamente atrás esos preciosos restos de los primeros afectos, será por un extrañamiento prolongado y antinatural, por un divorcio que ninguna unión posterior es capaz de justificar. Con demasiada frecuencia es así, por desgracia. El amor fraterno, unas veces es casi todo, y otras peor que nada. Pero en William y Fanny Price, era aún un sentimiento en plena frescura y originalidad; no lo había dañado ningún enfrentamiento de intereses, no lo habían enfriado afectos diferentes, y el tiempo y la separación no hacían sino aumentarlo.

Un afecto tan grande contribuía a que ambos ganasen en la opinión de cuantos tenían corazón para valorar lo bueno de una persona.

Henry Crawford estaba tan impresionado como el que más. Rendía homenaje al afecto cálido, al cariño rudo del joven marino que le hacía decir, con la mano extendida hacia la cabeza de Fanny: "Vaya, empieza a gustarme esta moda rara; aunque cuando me enteré de que se llevaban estas cosas en Inglaterra no me lo podía creer, y cuando la señora Brown y las otras dos damas del Comisionado de Gibraltar aparecieron con el mismo tocado, pensé que estaban locas; pero Fanny es capaz de reconciliarme con cualquier cosa..." Y observaba con viva admiración el rubor de las mejillas de Fanny, el brillo de sus ojos, su profundo interés, su atención concentrada, mientras su hermano describía algún peligro corrido o alguna situación terrible acaecida en la mar durante sus últimos viajes.

Era un cuadro que Henry Crawford, con suficiente gusto moral, sabía apreciar. Los atractivos de Fanny aumentaron, se duplicaron para él; porque la sensibilidad que embellecía su cutis e iluminaba su semblante era un atractivo en sí mismo. Ya no dudó de la capacidad de su corazón. Tenía sensibilidad, verdadera sensibilidad. ¡Sería sensacional ser amado por una joven así, despertar los primeros ardores de su espíritu joven y sencillo! Le interesaba más de lo que había calculado. Dos semanas no fueron suficientes. Su estancia se volvió indefinida.

William era invitado muchas veces por su tío a que tomara la palabra. Sir Thomas encontraba entretenidos sus relatos, aunque su principal interés era comprender al narrador, conocer al joven a través de lo que contaba. Y escuchaba los claros, sencillos y esforzados detalles con total satisfacción, viendo en ellos una prueba de buenos principios, conocimientos profesionales, energía, valor, alegría... todo cuanto era prometedor o digno de reconocimiento. Aunque joven, William había visto muchas cosas ya. Había estado en el mediterráneo, en las Indias Occidentales y otra vez en el Mediterráneo; había bajado a tierra a menudo por el favor del capitán, y en el transcurso de siete años había conocido todos los peligros que la mar y la guerra juntas pueden ofrecer. Con tales recursos a su disposición, tenía derecho a ser escuchado, y aunque la señora Norris se ponía a deambular nerviosa por la habitación, y a distraer a todo el mundo en medio del relato de un naufragio o de una batalla, con el pretexto de buscar un carrete de hilo o un botón, ello no hacía que se perdiera atención en lo que William relataba. Ni siquiera lady Bertram podía escuchar tales horrores sin conmoverse, o sin alzar los ojos de su labor para exclamar: "¡Dios mío! ¡Qué desagradable! No comprendo como un joven quiera hacerse marino".

A Henry Crawford estos relatos le despertaban sentimientos bien distintos. Le habría gustado ser marino, y ver y hacer y sufrir todo lo que escuchaba en labios de William. El corazón se le encendía, la imaginación se le inflamaba, y sentía el más alto respeto por el muchacho que, sin haber cumplido los veinte años, había pasado tales muestras de nervio. La gloria del heroísmo, del valor, del esfuerzo, de la resistencia, hacía que sus propios hábitos de satisfacción egoísta resaltasen en vergonzoso contraste, y deseó haber sido un William Price, distinguiéndose y abriéndose camino hacia la fortuna y la fama con amor propio y feliz entusiasmo, en vez de lo que era.

El deseo fue más vehemente que duradero. Una pregunta de Edmund sobre sus planes de salir a cazar al día siguiente lo sacó de su ensimismamiento marcado por la rememoración de su propia vida y del pesar que ello le producía, y halló que también estaba bien ser hombre de fortuna, poseer caballos y tener mozos de cuadra a su disposición. En cierto sentido era incluso mejor, ya que le proporcionaba el medio de otorgar una gracia donde él quería complacer. Dotado de energía, intrepidez y curiosidad para todo, William manifestó interés por la caza; y Crawford pudo proveerle sin la menor molestia por su parte, y con sólo algún reparo de sir Thomas que superar —dado que conocía mejor que su sobrino el valor de aquel préstamo— y alguna alarma de Fanny que disipar. Ella tenía miedo por William; nada de cuanto éste le contó sobre su manejo del caballo en diversos países, sobre las partidas de descubierta en las que había participado, los broncos caballos y mulas que había montado, o sobre cómo había escapado milagrosamente de caídas terribles, de manera que estaba milagrosamente capacitado para llevar un vigoroso caballo de caza en una cacería de zorro, pudo convencerla; ni pudo ella dejar de pensar en el peligro hasta que su hermano regresó sano y salvo, sin percance ni desdoro; ni mostrar al señor Crawford, por el préstamo del caballo, el agradecimiento que él estaba convencido de haber ganado. Una vez que se vio que William no había sufrido daño alguno, Fanny fue capaz de permitirse una amabilidad, incluso de dedicar una sonrisa al propietario, cuando, primero, le fue devuelto el animal, y a continuación, con la mayor cordialidad y de una manera a la que no cabía negarse, éste se lo cedió para que lo utilizase a su antojo durante el tiempo que estuviese en Northamptonshire.

25

La relación de las dos familias en esta época casi se acercaba a lo que había sido en el otoño, más de lo que ningún miembro del antiguo grupo había creído posible. El regreso de Henry Crawford y la llegada de William Price tuvieron mucho que ver en esto, pero también se debía a la más que tolerancia de sir Thomas, para con los esfuerzos de buena vecindad de la casa parroquial. Su espíritu, ahora libre de los cuidados que lo agobiaron al principio, gozaba del suficiente sosiego para juzgar que valía la pena visitar a los Grant y a sus jóvenes huéspedes; y aunque infinitamente lejos de pensar o planear el compromiso matrimonial más ventajoso entre las posibilidades de alguien muy querido para él, y rechazando incluso como una mezquindad el mostrarse perspicaz en esto, no podía menos que observar, de manera altiva e indiferente, que el señor Crawford en cierto modo distinguía a su sobrina... ni contenerse —aunque inconscientemente— de dar por tal motivo un gustoso consentimiento a las invitaciones.

Su presteza, sin embargo, en acepar ir a cenar a la casa parroquial cuando finalmente decidieron invitarlos a todos, tras muchas deliberaciones y dudas sobre si valía la pena, "porque sir Thomas parecía tan poco inclinado y lady Bertram era tan indolente", se debió sólo a la buena educación y voluntad, y no tuvo nada que ver con el señor Crawford, salvo el hecho de ser uno más del agradable grupo; porque fue en el transcurso de esa misma visita cuando empezó a pensar que cualquiera habituado a ese tipo de observaciones ociosas *habría creído* que el señor Crawford era admirador de Fanny Price.

A todo el mundo le pareció una reunión agradable, proporcionalmente formada por un grupo que hablaba y otro que escuchaba; y la cena misma fue elegante y opípara, conforme el usual estilo de los

Grant, y demasiado acorde con los hábitos de todos para suscitar ninguna emoción especial, salvo en la señora Norris, que no podía ver con paciencia la amplia mesa ni el número de platos que había encima, y que siempre se las arreglaba para notar algún defecto cuando un criado pasaba por detrás de su silla, y encontrar alguna nueva prueba de que era imposible, entre tantos platos, que no se sirviera alguno frío.

En la velada, según habían previsto la señora Grant y su hermana, se encontraron con que después de formarse la mesa de *whist* quedaban suficientes para otra mesa, y todo el mundo sin excepción estuvo dispuesto a jugar, como siempre ocurre en tales ocasiones. Así que, casi a la vez que al whist, se decidió jugar a la "especulación"; y lady Bertram se encontró ante el dilema de escoger entre uno y otro juego, y de decidir si tomar cartas para el whist o no. No sabía qué hacer. Afortunadamente, estaba a mano sir Thomas.

—¿Qué hago, sir Thomas? ¿Escojo el whist o la especulación? ¿Cuál me divertirá más?

Tras meditar un momento, sir Thomas le recomendó la especulación. Él era un jugador de whist, y quizá pensó que no le iba a resultar divertido tenerla de compañera.

—Muy bien, —contestó ella, conforme—; entonces escojo la especulación, señora Grant. No sé nada de ese juego, pero Fanny me enseñará.

Aquí terció Fanny, con atropelladas protestas de que ella también ignoraba el juego, y no lo había visto jugar en su vida; lady Bertram volvió a sentir un momento de indecisión… Pero como todo el mundo le aseguró que no podía ser más sencillo, que era el juego de cartas más fácil de todos, y Henry Crawford se acercó con el ruego más formal de que se le permitiese sentarse entre su señoría y la señorita Price, para de esa manera asesorar a las dos, todo quedó arreglado. Una vez sentados sir Thomas, la señora Norris, el doctor y la señora Grant ante la mesa de principal jerarquía intelectual, se acomodaron los otros seis alrededor de la otra bajo la dirección de la señorita Crawford. Fue un arreglo de lo más conveniente para Henry Crawford, que así estuvo junto a Fanny, y con las manos totalmente ocupadas, puesto que tenía que atender a las cartas de otras dos personas, además de las suyas... Porque, aunque era imposible que Fanny no dominara las reglas de dicho juego a los tres minutos, aún tenía que animarla él, estimularle la avaricia y endurecerle el corazón, lo cual, sobre todo en un enfrentamiento con William, era tarea bastante difícil; y tocante a lady Bertram, tuvo que seguir encargándose de su fama y fortuna durante toda la velada; y aunque estaba lo bastante alerta como para impedir que mirase sus cartas al principio del juego, al terminar tenía que señalarle lo que debía haber hecho con ellas.

Henry Crawford estaba eufórico, haciéndolo todo con alegre desenvoltura y mostrándose brillante en todas las estratagemas ingeniosas, rápidos recursos y descaro humorístico que podían dar lustre al juego, y la animación de la mesa redonda contrastaba llamativamente con la imperturbable seriedad y ordenado silencio de la otra.

Dos veces había intentado saber sir Thomas si su esposa disfrutaba del juego o tenía algún éxito, aunque en vano; ninguna pausa era lo bastante larga para el tiempo que su talante reposado requería; y pudo averiguar muy poco sobre su estado, hasta que, al final de la primera mano, la señora Grant se acercó a ella para dirigirle un cumplido.

—Espero que su señoría esté disfrutando con el juego.

—¡Oh, sí! Es muy entretenido, desde luego. Es un juego muy raro. Aún no sé de qué se trata: no puedo ver mis cartas, y el señor Crawford se encarga de hacerlo todo.

—Bertram —dijo poco después, aprovechando que el juego había decaído un poco—; aún no le he contado lo que me ocurrió ayer cuando venía a caballo. —Habían estado cazando juntos y en mitad de una buena batida, a cierta distancia de Mansfield, se dio cuenta de que su caballo había perdido una herradura, y tuvo que abandonar la cacería y emprender el regreso—. Ya le he contado que me extravié después de pasar esa vieja casa de campo de los tejos, porque no soporto preguntar. Pero no le he contado que, con mi habitual buena suerte, porque nunca me equivoco sin conseguir algo con ello, me encontré, al cabo de un rato, en el mismísimo lugar que tenía curiosidad por visitar. De repente, al torcer la esquina de un prado, vi que estaba un pueblecito aislado entre suaves colinas; ante mí tenía un riachuelo que debía vadear, con una iglesia que se alzaba sobre una especie de loma, a mi derecha. La iglesia era sorprendentemente grande y bonita para el lugar, cuando no se veían casas nobles, salvo una (probablemente la casa parroquial), a un tiro de piedra de la dicha loma e iglesia. En resumen, me encontraba en Thornton Lacey.

—Eso parece —dijo Edmund—; pero, ¿qué dirección tomó después de pasar la granja de Sewell?

—No contestaré a tan insidiosa y poco pertinente pregunta; aunque le contestase a todas las preguntas que pudiera hacerme en una hora, jamás podría demostrarme que no era Thornton Lacey… porque lo era con toda seguridad.

—Entonces, ¿preguntó?

—No, yo jamás pregunto. Pero le dije a un hombre que estaba arreglando una cerca que era Thornton Lacey, y él me lo confirmó.

—Tiene usted buena memoria. Yo ya no me acordaba de que le había hablado de ese lugar.

Thornton Lacey era la parroquia de la que Edmund tomaría posesión muy pronto, como bien sabía la señorita Crawford; y el interés de ella por negociar una carta de William Price aumentó.

—Bueno —prosiguió Edmund—, ¿y le gusta lo que ha visto?

—Mucho, desde luego. Es usted un hombre con suerte. Habrá mucho trabajo durante cinco veranos lo menos, antes de que el lugar sea habitable.

—¡Oh no!, no está tan mal. Habrá que cambiar de sitio el corral, eso lo admito; pero no sé que haya que hacer nada más. La casa no está en mal estado ni mucho menos; y cuando quitemos el corral, tendrá un entorno bastante pasable.

—El corral habrá que eliminarlo por completo, y poner árboles para ocultar la herrería. Habrá que hacer que la casa dé al este en vez de al norte… Pienso que la entrada y las habitaciones principales deben dar a ese lado, donde la vista es realmente preciosa; estoy seguro de que puede hacerse. Y ahí es donde debe tener el camino de acceso… a través de lo que es ahora el jardín. Hay que hacer un jardín nuevo en lo que es ahora la parte de atrás de la casa; lo que dará la mejor orientación del mundo: en pendiente hacia el sudeste. El terreno parece hecho a propósito para eso. Me adentré unos cincuenta metros sendero arriba, entre la iglesia y la casa; lo que le dará la mejor orientación del mundo: en pendiente hacia el sudoeste. El terreno parece hecho a propósito para eso. Me adentré unos cincuenta metros sendero arriba, entre la iglesia y la casa, para echar una ojeada alrededor, y vi cómo podía ser. Nada habría más fácil. Los prados están más allá de lo que será el jardín, y de lo que es ahora, y que se extienden del camino donde yo estaba hacia el nordeste, es decir, hasta el camino principal que cruza el pueblo; naturalmente deberán unirse, son unos prados preciosos, deliciosamente salpicados de árboles. Supongo que pertenecen a la parroquia. Si no, deberá comprarlos. Luego está el río; hay que hacer algo con él, aunque no lo he decidido del todo. Tengo dos o tres ideas.

—Yo también tengo dos o tres ideas —dijo Edmund—, y una de ellas es que muy poca parte de sus planes sobre Thornton Lacey se llevarán a la práctica. Me voy a contentar con menos adornos y bellezas. Creo que pueden acondicionarse a la casa y a las dependencias, y darle el aire de residencia de un caballero sin necesidad de meterse en gastos excesivos. Eso será suficiente para mí; y espero que también para los que sienten algo por mí.

La señora Crawford, algo recelosa y ofendida por el tono de voz y la mirada de soslayo que acompañaron a la última manifestación de la esperanza de Edmund, se apresuró a cerrar sus negociaciones con William Price; y quedándose con la carta que necesitaba a un precio exorbitante, exclamó:

—¡Ahora apostaré todo lo que me queda!, como una mujer decidida. A mí no me gusta tanta prudencia. No he nacido para estarme sentada sin hacer nada. Si pierdo, no será por no haber luchado.

La mano fue suya, sólo que no recuerdo lo que había pagado para asegurársela. Siguió otro reparto de cartas, y Crawford empezó otra vez con Thornton Lacey.

—Puede que mi plan no sea el mejor de los posibles; no tuve demasiados minutos para meditarlo, pero hay muchas cosas que hacer. El lugar lo merece, y no se sentirá satisfecho haciendo menos de lo que es capaz (perdone, su señoría, pero no debe mirar las cartas; debe dejarlas a un lado). El lugar lo merece, Bertram. Usted habla de darle un aire de residencia de caballero; eso lo conseguirá eliminado el corral; porque independientemente de ese tremendo estorbo, jamás he visto una casa de ese tipo que tuviera tanto aire de residencia de caballero, un aspecto tan por encima de lo que es una casa parroquial con un presupuesto de unos centenares al año. No es un montón de habitaciones bajas y aisladas, con tantos tejados como ventanas; no tiene el vulgar apelotonamiento de una casa de labranza; es un edificio sólido, espacioso, de aspecto señorial, como el que cabe suponer que habría habitado una respetable familia de campo generación tras generación, durante dos siglos por lo menos, y que ahora tendría un presupuesto de dos a tres mil al año. —La señorita Crawford escuchaba, y Edmund estuvo de acuerdo—. Así que, a poco que haga, no podrá por menos de darle el aire de una residencia de caballero. Pero es susceptible de mucho más. (Veamos, Mary: lady Bertram te ofrece doce por esa reina. No, no; doce es más de lo que vale. Lady Bertram no te ofrece doce: No tiene nada que decir a eso. Adelante, adelante.) Con algunas mejoras como las que le sugiero (no lo estoy coaccionando para que actúe de acuerdo con mi plan; aunque, todo sea dicho, dudo que nadie le proponga algo manifiestamente mejor), puede conferirle otro carácter. Puede elevarla a la categoría de *sitio señorial*. De ser sólo la residencia de un caballero, con una reforma juiciosa se convierte en la morada de un hombre de cultura, de gusto, de hábitos modernos y buenas relaciones. Todo eso puede reflejarse en ella; con lo que la casa adquiere un aire que revela al viajero que pasa que su propietario es el gran terrateniente de la circunscripción parroquial; sobre todo, teniendo en cuenta que no hay ninguna casa verdaderamente señorial que le dispute ese puesto; detalle, entre nosotros, que realza el valor de tal situación, en punto a privilegio e independencia, más de lo que pueda calcularse. Espero que piense como yo. —Volviéndose con voz suavizada hacia Fanny—: ¿Ha visitado alguna vez el lugar?

Fanny lo negó con énfasis y trató de ocultar su interés en el tema atendiendo ansiosa a su hermano, que le estaba pidiendo mucho por una carta y se aprovechaba de ella lo que podía; pero Crawford prosiguió:

—No, no debe desprenderse de la reina; la ha comprado demasiado cara, y su hermano no le ofrece ni la mitad. No, no señor; déjela ahí… déjela. Su hermana no se desprende de la reina. Decididamente. El juego será suyo —volviéndose hacia ella otra vez—; será suyo, se lo aseguro.

—A Fanny le encantaría que ganase William —dijo Edmund, sonriéndole a ella—. ¡Pobre Fanny! ¡No ha podido dejarse estafar como quería!

—Señor Bertram —dijo la señorita Crawford unos minutos después—, le hago saber que Henry es un paisajista excelente, y que no tiene usted posibilidad de hacer nada de cierto nivel en Thornton Lacey a menos que acepte su ayuda. ¡Piense en lo útil que fue en Sotherton! Piense en las cosas grandes que surgieron allí a partir de nuestra visita, un día caluroso de agosto, mientras recorríamos el parque y veíamos inflamarse su genio. Fuimos y volvimos; ¡y la de cosas que hicimos allí!

Los ojos de Fanny se volvieron hacia Crawford un momento con una expresión más que grave de reproche; pero al captar los de él, los bajó. Él negó con la cabeza mirando a su hermana, algo turbado, y contestó riendo:

—Bueno, no puedo decir que se hiciera mucho en Sotherton; pero sí que fue un día de calor, y anduvimos buscándonos los unos a los otros, y desorientados. —Tan pronto como el murmullo general le brindó protección, añadió en voz baja, dirigiéndose únicamente a Fanny—: Sentiría que se juzgase mal mi capacidad para esta clase de proyecto a partir de aquel día en Sotherton. Ahora veo las cosas muy diferentes. Creo que no soy como debí de parecer entonces.

La señora Norris captó la palabra Sotherton, y dado que en ese momento se hallaba en la pausa feliz que siguió a la consecución del primer lote de cartas, por el excelente juego de sir Thomas y ella, frente a las manos espléndidas del doctor y la señora Grant, dijo en voz alta de muy buen humor:

—¡Sotherton! Sí, una buena mansión; ¡qué día más maravilloso pasamos allí! William, no has tenido suerte; pero la próxima vez que vengas, espero que nuestros queridos señor y señora Rushworth estén en casa, porque te garantizo que los dos te acogerán con inmenso cariño. Tus primos no son de los que olvidan a los parientes, y el señor Rushworth es una persona de lo más amable. Ahora están en Brighton, en una de las mejores casas de allí, como les da derecho a ocupar la magnífica fortuna del señor Rushworth. No sé exactamente a qué distancia está, pero cuando vuelvas a Portsmouth, si no está muy lejos, deberías ir a presentarles tus respetos; y yo podría aprovechar para darte un pequeño paquetito que quiero hacerles llegar.

—Me encantaría, tía; pero Brighton está casi en Beachy Head; de todos modos, si fuera, no creo que una mansión tan elegante abriera sus puertas a un tosco guardia marina como yo.

La señora Norris había empezado a asegurarle que podía confiar en que lo acogerían con cariño, cuando la interrumpió sir Thomas diciendo con autoridad:

—No te aconsejo que vayas a Brighton, William; porque tengo la certeza de que pronto habrá mejores ocasiones para visitarlos, aunque mis hijas se alegran de ver a sus primos en todas las circunstancias, y encontrarás al señor Rushworth muy sinceramente dispuesto a considerar a todos los miembros de nuestra familia como los suyos propios.

—Preferiría conocerlo como secretario personal del primer lord que otra cosa —fue la única respuesta de William, en voz baja para que no llegara lejos, y dejaron el tema.

Hasta ahora, sir Thomas no había visto nada digno de notar en la conducta del señor Crawford; pero cuando se disolvió la mesa de whist, al final de la segunda partida, dejó que el doctor Grant y la señora Norris discutieran sobre la última mano, y se convirtió en espectador de la otra, observando que su sobrina era objeto de atenciones, o más bien de manifestaciones bastante significativas.

Henry Crawford se había empezado a entusiasmar con otro plan sobre Thornton Lacey, y dado que no había conseguido captar el interés de Edmund, se lo estaba detallando a su hermosa vecina con lujo de detalles y expresión seria. Su plan era alquilar él la casa el invierno siguiente, a fin de tener residencia propia en la vecindad, no para utilizarla sólo durante la temporada de caza —como le estaba diciendo ella—; aunque no carecía ese aspecto de cierto peso, puesto que se había dado cuenta de que, pese a la inmensa hospitalidad del doctor Grant, le era imposible instalarse con sus caballos donde ahora estaban sin ocasionar alguna molestia material. Pero su apego a esta vecindad no obedecía a la diversión, ni a la época del año; estaba decidido a tener aquí un sitio al que poder llegar en cualquier momento, una casa para poder pasar sus vacaciones, y desde la que poder continuar, mejorar y perfeccionar esta amistad e intimidad con la familia de Parque Mansfield, cuyo valor aumentaba día con día para él. Sir Thomas lo oyó sin ofenderse. No había falta de respeto en las palabras del joven; y Fanny las acogía con expresión tan apropiada y modesta, con tanto sosiego y pasividad, que no veía nada que le pareciese censurable. Fanny hablaba poco, se limitaba a asentir de vez en cuando sin manifestar inclinación en uno u otro sentido, y sin atribuirse a sí misma parte alguna del cumplido ni alentar expectativas a favor de Northamptonshire. Al descubrir Henry Crawford que lo estaba observando sir Thomas, le dirigió estas mismas palabras en un tono más rutinario, aunque con sentimiento.

—Quiero ser su vecino, sir Thomas, como quizá me ha oído decir a la señorita Price. ¿Puedo esperar su aquiescencia, y que no predispondrá a su hijo en contra de este inquilino?

Sir Thomas inclinó cortésmente la cabeza y replicó:

—Ésa es la única forma, señor, en que *no* desearía que se estableciera como vecino permanente; pero espero, y confío en que sea

Edmund quien ocupe esa casa de Thornton Lacey. Edmund, ¿estoy diciendo demasiado?

Ante esa llamada, Edmund quiso saber primero de qué hablaban; y al oír la pregunta contestó sin vacilar:

—Desde luego, señor, mi idea no es otra que ocuparla. Pero aunque no se la alquile, Crawford podrá venir como amigo, y considerarla suya todos los inviernos. Ampliaremos las cuadras según su propio plan de mejora, junto con todas las transformaciones que se le ocurran esta primavera.

—Nosotros saldremos perdiendo —prosiguió sir Thomas—. Su marcha, aunque sea a quince kilómetros, será una penosa reducción de nuestro círculo familiar, pero me dolería profundamente si cualquiera de mis hijos se conformara con menos. Es perfectamente comprensible que no haya pensado usted mucho en el asunto, señor Crawford. Pero una parroquia tiene carencias y exigencias que sólo llega a conocer el sacerdote que reside en ella de manera ininterrumpida, y a las que ningún poder es capaz de dar respuesta del mismo modo. Edmund podría cumplir con sus obligaciones en Thornton, esto es, leer las oraciones y predicar, sin tener que marcharse de Parque Mansfield; podría acudir los domingos a una casa teóricamente habitada, y celebrar el servicio religioso; podría ser el pastor de Thornton Lacey un día a la semana, durante tres o cuatro horas, si se conformase con eso. Peo no será así; él sabe que la naturaleza humana necesita más lecciones de las que puede transmitir un sermón semanal, que si no vive entre sus feligreses y demuestra con una constante atención que es su aliado y amigo, hará muy poco por el bien de todos ellos, y por el suyo propio.

El señor Crawford asintió con respeto.

—Y repito —añadió sir Thomas—: Thornton Lacey es el único lugar de la vecindad en donde *no* me gustaría acoger al señor Crawford como inquilino.

El señor Crawford le dio las gracias con una inclinación de cabeza.

—Sir Thomas —dijo Edmund— evidentemente ha comprendido las obligaciones de un párroco. Esperemos que su hijo demuestre conocerlas también.

Fuera cual fuese el efecto de la pequeña arenga de sir Thomas en el señor Crawford, produjo cierto embarazo en otras dos personas: la señorita Crawford y Fanny; una de ellas, ignorante hasta ese momento de que Thornton iba a convertirse por completo en el hogar de Edmund, meditó ahora con los ojos bajos cómo sería la vida sin verlo a diario; la otra, arrancada de repente de las deleitosas fantasías en que la habían sumido las descripciones de su hermano, incapaz ya de eliminar la iglesia y borrar al sacerdote del cuadro que se había estado forjando de Thornton, o de ver sólo la residencia respetable, elegante, modernizada y ocasional de un hombre de fortuna independiente, miraba a sir Thomas con decidida malevolencia, como el destructor de todo esto, y le producía tanto más dolor cuanto que esa contención involuntaria de sí misma que su carácter y su educación le imponían hacía que no se atreviese a desahogarse siquiera con un intento de ridiculizar la causa de él.

Se le había acabado todo el placer de su especulación durante esa hora. Era momento de terminar con las cartas, si iban a pasar a los sermones, y se alegró de decidir terminar, y refrescar el ánimo con un cambio de lugar y de vecino.

La mayoría de los reunidos estaban sentados ahora de manera irregular alrededor de la chimenea, y esperaban la decisión de despedirse. William y Fanny se habían quedado apartados. Estaban junto a la mesa de juego que habían dejado los otros, hablando plácidamente y sin pensar en el resto, hasta que uno de los demás pensó en ellos. La primera silla en desplazarse hasta donde estaban Fanny y William fue la de Henry Crawford, que estuvo observándolos unos minutos en silencio. A su vez, era observado por sir Thomas, que se hallaba de pie, charlando con el doctor Grant.

—Ésta es la noche del gran baile —dijo William—. Si estuviera en Portsmouth, quizá tendría que asistir.

—Pero tú no quieres estar en Portsmouth, ¿verdad William?.

—No, Fanny, claro que no. Ya tendré Portsmouth de sobra, y bailes también, cuando no pueda estar contigo. Y no sé de qué me serviría asistir a la fiesta, si no tengo pareja. Las chicas de Portsmouth le hacen gesto a cualquiera que no es oficial. Ser guardia marina para ellas es nada; y efectivamente, uno es nada. ¿Recuerdas a las Gregory? Se han vuelto unas muchachas muy guapas; pero a mí casi no me hablan porque Lucy tiene un novio teniente.

—¡Qué vergüenza! Pero trata de que no te importe, William. —Las mejillas de Fanny se habían encendido de indignación mientras hablaba—. No vale la molestarse con eso. No es por ti. Seguramente eso mismo han sufrido los grandes almirantes en sus tiempos. Eso es lo que tienes que pensar; debes procurar sobrellevarlo como una de las pruebas que tiene que pasar todo marino… como el mal tiempo y otras penalidades; pero con la ventaja de que se acabará, de que llegará el momento en que no tendrás que soportar nada de eso. ¡Cuando seas teniente! Piensa, cuando seas teniente poco te importarán esas bobadas.

—Empiezo a creer que nunca llegaré a teniente, Fanny. Todo el mundo lo consigue, menos yo.

—¡Ay, William, cariño, no hables así, no seas pesimista! Mi tío no dice nada; pero estoy segura de que hará lo que esté en su mano para que lo consigas. Él sabe tanto como tú lo importante que es eso.

Al ver a su tío más cerca de lo que había imaginado, se calló, y uno y otro decidieron cambiar de conversación.

—¿Te gusta bailar, Fanny?

—Sí, mucho… aunque me canso en seguida.

—Me gustaría ir a un baile contigo y verte bailar. ¿Tienen muchos bailes en Northampton? Me encantaría ver cómo bailas, y bailar contigo, si me dejaras, porque aquí nadie sabría quién soy y me encantaría ser tu pareja una vez más… Bailábamos mucho cuando éramos niños, ¿te acuerdas?; cuando pasaba un organillo por la calle. Soy bastante buen bailarín, a mi manera; aunque seguramente tú serás mejor. —Y volviéndose hacia su tío, que ahora estaba junto a ellos—: ¿Baila bien Fanny, señor?

Fanny, asustada ante tan inopinada pregunta, no supo hacia dónde mirar, ni cómo prepararse para la respuesta, que muy bien podía ser una fría censura, lo que afligiría a su hermano y la hundiría a ella. Pero sir Thomas le limitó a decir:

—Siento no poder contestar a tu pregunta; nunca he visto a Fanny bailar desde que era niña; pero espero que coincidamos los dos y que se manejará como una verdadera dama cuando la veamos, cosa que quizá ocurra antes de que pase mucho tiempo.

—Yo he tenido el placer de ver bailar a su hermana, señor Price —dijo Henry Crawford, inclinándose hacia adelante—; y me comprometo a responder, a su entera satisfacción, a cuantas preguntas desee hacerme al respecto. Pero creo —al observar el apuro de Fanny— que será mejor en otra ocasión. Hay presente una persona a la que no le gusta que se hable de la señorita Price.

Era verdad que había visto bailar una vez a Fanny; y era igualmente cierto que estaba dispuesto a jurar ahora que tenía una elegancia silenciosa y sosegada y un ritmo admirable al deslizarse; pero en realidad no lograba recordar cuál había sido el baile, por mucho que se esforzaba; y dio por sentado que ella había estado siempre presente, aunque no la recordaba en absoluto.

Pasó, sin embargo, por un admirador de su manera de bailar, y sir Thomas, lejos de mostrar desagrado, prolongó la conversación sobre el baile en general, y se extendió tan bien describiendo los que se daban en La Antigua, y escuchando lo que su sobrino contaba sobre los diferentes modos de bailar que había tenido ocasión de presenciar, que no se enteró del anuncio de que había llegado su coche, y lo primero que le hizo darse cuenta fue la agitación de la señora Norris.

—Vamos, Fanny; ¿qué haces? Nos vamos ya. ¿No ves a tu tía que se marcha? Anda, date prisa. No soporto tener esperando al viejo Wilcox. Deberías tener siempre en cuenta al cochero y los caballos. Mi querido sir Thomas, hemos dispuesto que el coche vuelva a recogerlos a usted, a Edmund y a William.

Sir Thomas no podía disentir, ya que había sido decisión suya, comunicada de antemano a su esposa y a su cuñada; aunque al parecer la señora Norris lo había olvidado, e imaginaba que lo había dispuesto ella.

La última impresión que Fanny se llevó de esta visita fue de decepción; porque el chal que Edmund tomaba tranquilamente de manos del criado para ponérselo a ella alrededor de los hombros, se lo arrebató el señor Crawford con mano más viva, y Fanny tuvo que darle a él las gracias por su más diligente atención.

26

El deseo de William de ver bailar a Fanny dejó en su tío una huella más que momentánea. La esperanza que entonces había expresado sir Thomas de que tuviera una oportunidad no quedó en mera intención. Con gran firmeza siguió en la disposición de complacer tan amable sentimiento, con lo que se daría gusto a los jóvenes en particular, y en especial se permitiría que todo mundo viese bailar a Fanny. Meditó el asunto y llegó él solo a una decisión, que anunció a la mañana siguiente, cuando, después de recordar y aprobar durante el desayuno lo que su sobrino había dicho, añadió:

—No quiero que te marches de Northamptonshire, William, sin darte esa satisfacción. Será para mí un placer verlos bailar a los dos. Has hablado de los bailes en Northampton. Tus primas solían asistir a ellos de vez en cuando; para nosotros, ahora, sería excesivo. Sería demasiado cansado para tu tía. Creo que no debemos pensar en un baile de Northampton; sería más deseable uno en casa; y si…

—¡Ah, mi querido sir Thomas! —lo interrumpió la señora Norris—. Ya lo sabía yo. Ya sabía yo lo que iba a decir. Si estuviese la querida Julia en casa, o nuestra amada señora Rushworth en Sotherton, para dar motivo y ocasión para una cosa así, se sentiría usted tentado a brindar a los jóvenes un baile en Mansfield. Sé que lo haría. Si estuvieran *ellas* para dar distinción al baile, tendrías ese baile estas mismas Navidades. Así que da las gracias a tu tío, William.

—Mis hijas —replicó sir Thomas, interrumpiéndola bruscamente— tienen ocasión de disfrutar en Brighton, y espero que sean muy felices; pero el baile que pienso dar aquí en Mansfield será para sus primos. De haber podido estar todos juntos, nuestra satisfacción habría sido sin duda más completa; pero la ausencia de algunos de los miembros no debe privar de diversión a los demás.

La señora Norris no dijo una palabra más. Vio la decisión en su semblante y necesitó unos minutos de silencio para sosegar su sorpresa y su desagrado. ¡Un baile ahora! ¡Con sus hijas ausentes y sin consultarla a ella! Pero había algo que la iba a consolar muy pronto. Sería ella la que se encargaría de todo; naturalmente, ahorraría a lady Bertram toda preocupación y esfuerzo, y lo asumiría todo ella. Tendría que hacer los honores de la velada, y esta idea le devolvió rápidamente el buen humor, al extremo de permitirle compartirlo con los demás, antes de que ellos pudieran expresar su alegría y agradecimiento.

Edmund, William y Fanny, cada uno a su modo, exteriorizaron con el gesto y las palabras su agradecimiento y júbilo por el baile prometido, tal como sir Thomas había esperado. Edmund se sentía emocionado por los otros dos. Jamás había concedido su padre un favor ni había mostrado una atención más a su satisfacción.

Lady Bertram, totalmente contenta y tranquila, no puso ninguna objeción. Sir Thomas se comprometió a causarle muy pocas molestias, y ella aseguró "que no la asustaban en absoluto las molestias; en realidad, no imaginaba que hubiese ninguna".

La señora Norris estaba preparada para sugerir a sir Thomas las habitaciones que consideraba más convenientes para la ocasión, pero se encontró con que ya todo estaba pensado, y cuando quiso insinuar y proponer alguna fecha, se encontró con que estaba fijada también. Sir Thomas se había entretenido en elaborar el plan de manera muy completa; y en cuanto lo hubo oído en silencio, la señora Norris pudo leer la lista de las familias a las que se iba a invitar, con cuyos jóvenes calculaba sir Thomas que se podía formar —con la precisión que permitía el corto plazo de notificación— doce o catorce parejas; y detalló las consideraciones que le habían inclinado a elegir el día 22 como la fecha más idónea. William tenía que estar en Portsmouth el 24; por tanto, el 22 sería su último día de estancia. Y aunque sería muy al final de ella, no era discreto celebrarlo antes. La señora Norris tuvo que contentarse con pensar lo mismo, y con haber estado a punto de proponer también esa misma fecha como la más conveniente para dicha celebración.

El baile era ahora cosa decidida y, antes de acabar el día, anunciada a todos los interesados. Se enviaron las invitaciones con premura, y muchas jóvenes se fueron a dormir esa noche con la cabeza llena de felices cuidados, igual que Fanny. Para ella, esos cuidados iban a veces casi más allá de la felicidad; porque, joven e inexperta, con pocas posibilidades de elección y ninguna confianza en su propio gusto, el "cómo ir vestida" era un asunto de angustiosa preocupación; y el casi único adorno de su propiedad, un precioso crucifijo de ámbar que William le había traído de Sicilia, era su más grande motivo de angustia, porque no tenía sino un trocito de cinta con qué atárselo; y aunque ya lo había llevado así una vez, ¿estaría bien llevarlo así en esa ocasión, junto a los ricos adornos con que imaginaba que aparecerían las otras damas? Pero, ¿cómo no llevarlo? William hubiera querido comprarle una cadena de oro también, pero no se lo había podido permitir, así que no llevar el crucifijo podía deprimirla incuso con la perspectiva de que el baile se diera principalmente para su satisfacción.

Entretanto proseguían los preparativos, y lady Bertram continuaba sentada en el sofá sin que nada fuese molestia para ella. Tuvo alguna visita extra del ama de llaves, y a su doncella le tocó darse bastante prisa en coserle el nuevo vestido; sir Thomas daba órdenes y la señora Norris corría de aquí para allá. Pero nada la incomodaba, y, como había previsto, "no había prácticamente ninguna molestia en todo ello".

A la sazón, Edmund estaba abrumado de preocupaciones; en particular lo absorbían dos importantes acontecimientos que muy pronto debían decidir su destino en la vida: la ordenación y el matrimonio; acontecimientos lo bastante serios como para hacer que el baile —al que seguiría inmediatamente uno de aquellos eventos importantes— tuviese menos trascendencia a sus ojos que a los de cualquiera otra persona de la casa. El 23 iría a visitar a un amigo de Peterborough que se encontraba en la misma situación que él: ambos iban a recibir la ordenación en el transcurso de las Navidades. La mitad de su destino estaba, pues, determinada; pero la otra mitad no estaba ni siquiera encauzada. Sus deberes estaban bien establecidos, pero quizá la esposa que debía compartir, animar y recompensar esos deberes se hallaba aún fuera de su alcance. Conocía su propia decisión, pero no estaba seguro de conocer la de la señorita Crawford. Había cuestiones sobre las que no coincidían por entero; había momentos en los que ella no parecía favorable; y aunque confiaba plenamente en el afecto de ella al extremo de estar dispuesto —o casi dispuesto— a tomar una decisión a muy corto plazo, en cuanto quedasen resueltos los diversos asuntos que tenía por delante y supiera qué podía ofrecerle; le asaltaban muchos desasosiegos y tenía muchos momentos de duda en cuanto a las consecuencias. Su convencimiento de que ella lo quería era a veces muy firme; podía recordar un largo periodo alentador en el que ella había dado muestras de un afecto totalmente desinteresado; pero otras veces las dudas y el recelo se entremezclaban con sus esperanzas; y cuando pensaba en su confesada aversión al retiro y al aislamiento, en su decidida preferencia por la vida londinense, ¿qué podía esperar, sino un decidido rechazo? Eso si no se resolvía ella por una aceptación aún más lamentable, una aceptación que le exigiera a él sacrificios de posición y trabajo que su conciencia le debía prohibir.

Todo el asunto dependía de una pregunta: ¿lo amaba lo bastante como para renunciar a lo que habían sido cuestiones esenciales, lo amaba lo bastante como para que dejaran de ser esenciales? Y esa pregunta, que él se repetía continuamente, aunque la contestaba casi siempre con un "sí", a veces tenía que contestarla con un "no".

La señorita Crawford se iría pronto de Mansfield, y debido a esa circunstancia, el "no" y el "sí" últimamente se habían estado alternando. Edmund había visto cómo le brillaban los ojos al hablarle de la carta de una querida amiga que le pedía que fuera a Londres a pasar con ella una larga temporada, y de la amabilidad de Henry, que le había prometido no marcharse hasta enero para llevarla con él. Edmund la había oído hablar del placer de tal viaje con una animación que contenía el "no" en cada palabra. Pero eso fue el primer día en que lo había decidido, durante la primera hora de entusiasmo, cuando no tenía en la cabeza otra cosa que los amigos que iba a visitar.

Después la había oído expresarse de manera diferente, con otros sentimientos, con sentimientos más variados; la había oído decir a la señora Grant que sería una pena dejarla, que empezaba a creer que ni los amigos ni los placeres a los que iba valían los que dejaba atrás; y que, aunque pensaba que debía ir, y sabía que lo pasaría muy bien una vez que estuviera lejos, ya estaba deseando encontrarse de nuevo en Mansfield… ¿no había un "sí" en todo esto?

Con todas estas cuestiones que meditar, ordenar y reordenar, Edmund no podía pensar mucho en la velada que el resto de la familia esperaba más o menos con igual interés. Aparte del disfrute que iba a suponer para sus dos primos, la velada no tenía para él más valor que el que pudiera tener cualquier reunión de las dos familias. En cada reunión había una esperanza de recibir nueva confirmación del afecto de la señorita Crawford; pero quizá no era el torbellino de un baile el ambiente más favorable para suscitar o expresar sentimientos serios. Pedirle los dos primeros bailes fue la única estrategia en la que pudo pensar, y el único preparativo para el baile en el que fue capaz de intervenir, a pesar del ajetreo que había a su alrededor al respecto, desde la mañana a la noche.

El día del baile era jueves; y el miércoles por la mañana, Fanny, todavía dudosa sobre lo que debía llevar, decidió pedir consejo a personas más entendidas, acudiendo a la señora Grant y a su hermana, cuyo gusto juzgaba irreprochable; y como Edmund y William se habían ido a Northampton, y tenía motivos para creer que el señor Crawford estaba fuera también, bajó a la casa parroquial sin temor a importunar a las dos mujeres con una consulta en privado. El carácter privado de tal consulta era de lo más importante para Fanny, dado que se sentía más que medianamente avergonzada de su propia inseguridad.

Se encontró con la señorita Crawford a unos metros de la casa parroquial: acababa de salir para ir a verla, y como le pareció que su amiga, aunque obligada a insistir en volver, prefería no perderse el paseo, le explicó en seguida el motivo de su visita y le dijo que si tenía la amabilidad de darle su opinión, le daba igual que lo hiciese dentro o fuera de la casa. La señorita Crawford se sintió halagada de que acudiese a ella; y tras meditar un momento, insistió en que subieran a su habitación, donde podrían hablar a gusto sin molestar al doctor y a la señora Grant, que estaban en el salón. Era precisamente el plan que convenía a Fanny, y con mucha gratitud de su parte, por tan dispuesta y amable atención, fueron a la casa y no tardaron en entrar en tan interesante materia. La señorita Crawford, complacida de que recurriese a ella, le brindó sus mejores consejos y le señaló algunas normas de buen gusto, haciendo con sus sugerencias que todo fuera más fácil, y procurando con su aliento que todo fuera agradable. Una vez resuelto el vestido en sus principales aspectos, ella dijo:

—Pero, ¿qué collar llevará?... ¿No va a ponerse el crucifijo de su hermano?

Y mientras hablaba, se puso a deshacer un paquete que Fanny le había visto en las manos en el momento en que se encontraron. Fanny le confesó sus deseos y sus dudas al respecto: no sabía cómo llevar el crucifijo, o si renunciar a él. Recibió la respuesta en forma de un estuche que la señorita Crawford le puso delante, al tiempo que le pedía que escogiese entre los diversos collares y cadenas de oro. Tal había sido el objeto de ir a su habitación, y con la mayor amabilidad instó a Fanny a que escogiera una cadena para el crucifijo, y que se la quedase, diciendo todo lo que se le pudo ocurrir para disipar los escrúpulos que hicieron que Fanny retrocediese al principio con una expresión de horror ante semejante ofrecimiento.

—Ya ve la cantidad que tengo —dijo—; más de la mitad de los que puedo llevar en la vida, o pensar llevarlos. No se los ofrezco como nuevos. Todos son collares usados. Perdone mi libertad y deme ese gusto.

Fanny aún se resistía; aquel era un regalo demasiado valioso. Pero la señorita Crawford insistió, y expuso con tan afectuosa seriedad todas las razones: William, el crucifijo, el baile, y ella misma… finalmente consiguió su propósito. Fanny se vio obligada a ceder, para que no se la acusase de orgullo, indiferencia o de alguna mezquinad. Y una vez dado su consentimiento con modesta renuencia, procedió a escoger. Miró y miró, deseando saber cuál de aquellas cadenas era la menos valiosa; finalmente se decidió por una que le pareció la más común, aunque era de oro y el trabajo era muy fino; y aunque Fanny la hubiese preferido más larga y un poco más sencilla, al decidirse por esta esperó haber elegido la que menos deseaba conservar la señorita Crawford, quien al ver la elección sonrió con total aprobación, y se apresuró a completar el regalo poniéndoselo al cuello e instándola en que comprobara lo bien que le iba.

Fanny no tuvo una palabra que decir en contra; y, salvo cierto reparo que aún tenía, se sintió en extremo contenta y satisfecha con tan oportuno regalo. Quizá hubiera preferido recibirlo de otra persona. Pero éste era un sentimiento indigno. La señorita Crawford se había anticipado a su necesidad con un tacto que demostraba que era una verdadera amiga.

—Cuando lleve este collar, pensaré siempre en usted —dijo—, y recordaré lo amable que es.

—Debe pensar en otra persona también cuando lleve ese collar —replicó la señorita Crawford—. Debe pensar en Henry. Porque fue él quien lo eligió en primer lugar. Él me lo regaló. Y con el collar le traspaso también el deber de recordar a su donante original. Se constituirá en un recordatorio familiar. No debe tener presente a la hermana sin recordar al hermano también.

Presa de gran asombro, Fanny casi pensó en regresar el regalo de inmediato. Aceptar lo que había sido regalo de otra persona, de un hermano además… ¡Imposible! ¡No podía ser! Y con un impulso y un embarazo divertidos para su compañera, volvió a dejar la cadena en el algodón, dispuesta a escoger otro, o ninguno. La señorita Crawford pensó que jamás había presenciado un sentimiento de conciencia más bonito.

—Querida criatura —dijo riendo—, ¿de qué tiene miedo? ¿Cree que Henry va a proclamar que el collar es mío y suponer que se ha apoderado de él de manera ilegal? ¿O imagina que se sentirá demasiado halagado al ver en su cuello precioso un adorno que su dinero compró hace tres años, antes de saber que existía tal cuello en el mundo? ¿O tal vez —mirando con picardía— sospecha alguna complicidad entre él y yo, y que lo que yo estoy haciendo ahora es con su conocimiento y deseo?

Fanny rechazó tal idea con las mejillas completamente encendidas.

—Pues entonces —replicó la señorita Crawford más seria—, para convencerme de que no recela ninguna estratagema, y de que es persona confiada, como yo siempre la he considerado, acepte el collar y no hablemos más. El hecho de que sea un regalo de mi hermano no tiene absolutamente nada que ver con que lo acepte, y le aseguro que no afecta para nada mi deseo de desprenderme de él. Él siempre me está regalando cosas. Tengo tal cantidad de regalos suyos que ni yo podría valorar, ni recordar, siquiera la mitad. Y en cuanto a este collar en especial, creo que no me lo he puesto ni media docena de veces. Es muy bonito… pero jamás pienso en él. Y aunque le ofrezco gustosamente cualquiera del joyero, ha ido a escoger precisamente el que yo hubiera preferido para regalarle, y la habría visto llevarlo con más agrado. Y no ponga más objeciones, por favor. Una pequeñez como ésta no merece ni la mitad de palabras.

Fanny no se atrevió a seguir oponiéndose, y aceptó de nuevo el collar, aunque ahora con menos entusiasmo, porque en los ojos de la señorita Crawford había una expresión que no la convencía del todo.

Le era imposible ser insensible al cambio de actitud del señor Crawford. Hacía tiempo que se venía dando cuenta; era evidente que él trataba de agradarla: era galante, era atento, y se comportaba más o menos como lo había hecho con sus primas; supuso que él se proponía quitarle su tranquilidad, como lo había hecho con ellas; ¿y este collar no tendría algo que ver con eso? No podía dejar de pensar que era posible que así fuera, porque la señorita Crawford, hermana complaciente, en realidad era despreocupada como mujer y como amiga.

Reflexionando y dudando, y con la conciencia de que la posesión de lo que tanto había deseado no le producía mucha alegría, regresó a casa ahora… no con menos preocupaciones, sino con otras distintas de las que traía en el camino de ida.

27

Al llegar a casa, subió inmediatamente a guardar su inesperada adquisición —este dudoso bien del collar—, en cierta caja favorita de la habitación del este, donde guardaba sus pequeños tesoros, pero al abrir la puerta, ¡cuál no sería su asombro al encontrar a su primo Edmund ante la mesa, escribiendo! Como era la primera vez que sucedía esto, fue casi tan maravilloso como agradable.

—Fanny —dijo inmediatamente, al verla entrar, dejando la silla al mismo tiempo que la pluma, y yendo a su encuentro con algo en la mano—, perdona que esté aquí. He venido a buscarte; después de estar un rato esperando, he echado mano de tus cosas de escribir para explicarte mi visita. Aquí te dejo el principio de mi nota; pero ahora puedo decírtelo de palabra; era para pedirte que aceptes esta pequeñez: una cadena para el crucifijo de William. Hace una semana que te la debía haber dado; pero ha habido un retraso porque mi hermano tardó en llegar a la capital unos días más de lo que yo pensaba. Acabo de recibirla de Northampton. Espero que te guste. He procurado tener en cuenta tu gusto sencillo; en todo caso, se que comprenderás mi intención; considéralo, como es en realidad, una prueba de cariño de uno de tus más viejos amigos.

Y dicho esto se marchó a toda prisa, antes de que Fanny, dominada por sentimientos contradictorios de dolor y de felicidad, pudiese decir algo; pero acuciada por un inmenso deseo, exclamó:

—¡Primo, espera un momento, por favor!

Edmund regresó.

—No es para darte las gracias —prosiguió ella en un tono de gran nerviosismo—. Por supuesto que te lo agradezco, y mucho más de lo que soy capaz de expresar; tu bondad al pensar en mí va más allá…

—Si eso es todo lo que tienes que decir, Fanny —dijo él, sonriendo y dando media vuelta otra vez.

—No, no es todo. Quiero consultarte una cosa.

Casi sin darse cuenta, había desenvuelto ahora el paquete que él acababa de ponerle en las manos; y al ver ante sí, en medio de la delicada envoltura del joyero, una cadena de oro sencilla y sin adornos, no pudo evitar exclamar otra vez:

—¡Ah, es preciosa de verdad! ¡Exactamente lo que yo quería! Es el único adorno que siempre he deseado tener. Y llega también en el momento más oportuno. ¡Ay, primo, no sabes qué oportuno es!

—Mi querida Fanny; das excesiva importancia a estas cosas. Me alegro muchísimo de que te guste, y de que haya llegado a tiempo para mañana. Pero tu agradecimiento sobrepasa con mucho el motivo. Créeme, para mí no hay mayor placer en ese mundo que contribuir al tuyo. Sí, puedo decir con toda seguridad que para mí ninguno es más completo. Más sin defecto.

Ante esta expresión de cariño, Fanny podía haber estado una hora sin decir una palabra; pero Edmund, tras esperar un momento, la obligó a bajar su vuelo celestial, diciendo:

—Bueno, ¿qué querías consultarme?

Era sobre el collar que ahora estaba vivamente deseosa de devolver; decisión que esperaba que él aprobara. Le contó el episodio de su reciente visita; y aquí terminó su arrobamiento, porque Edmund estaba tan sorprendido por el detalle, tan complacido con lo que la señorita Crawford había hecho, tan satisfecho de haber coincidido con ella en este gesto, que Fanny no pudo menos que reconocer en él un placer más fuerte que su razón, aunque quizá contenía algún defecto. Tardó unos momentos en hacer que se enterara de su propósito, y de recibir la respuesta a su solicitud de consejo: Edmund, transportado en cálidos ensueños, se limitaba a murmurar de vez en cuando alguna frase de elogio. Pero cuando volvió en sí, y comprendió, se opuso terminantemente a lo que Fanny pensaba hacer.

—¿Devolver el collar? No, mi querida Fanny, de ninguna manera. Eso sería humillante para ella. No hay nada tan desagradable como el que nos devuelvan una cosa que hemos regalado con la razonable esperanza de contribuir al bienestar de un amigo. ¿Por qué privarla de un placer del que se ha mostrado merecedora?

—Si el regalo me hubiese llegado a mí de primera mano —dijo Fanny—, no se me ocurriría devolverlo. Pero dado que es algo que le ha regalado su hermano, ¿no es acertado suponer que preferiría no quedarse sin él?, sobre todo ahora, que ya no lo necesito.

—No debe suponer que no lo necesitas, que no se lo aceptas al menos. Y como no significa nada el que originalmente haya sido un regalo de su hermano, puesto que a ella eso no le ha impedido ofrecértelo, ni a ti aceptarlo, no tiene que ser obstáculo para que te lo quedes. Evidentemente, es más bonito que el mío, y más apropiado para un baile.

—¡No, no es más bonito!; no es más bonito como collar. Y para lo que yo lo quiero, ni la mitad de apropiado. La cadena va con el crucifijo de William infinitamente mejor que el collar.

—Por una noche, Fanny; sólo por una noche; aunque sea un sacrificio... Estoy seguro de que, cuando lo hayas meditado, harás ese sacrificio, antes que causarle una decepción a la persona que ha estado tan pendiente de darte gusto. Las atenciones que la señorita Crawford ha tenido contigo (ni más ni menos que las que justamente mereces, yo sería la última persona el pensar lo contrario) han sido constantes; y devolvérselas con lo que podría tener cierto aire de ingratitud, aunque sé que no tiene en absoluto ese significado, no es propio de ti, por supuesto. Ponte el collar mañana por la noche, como es tu obligación, y deja la cadena, que no tiene nada que ver con el baile, para ocasiones más corrientes. Ése es el consejo que te doy. No quiero que haya la menor sombra de frialdad entre dos personas cuya creciente amistad he venido observando con la mayor alegría, y en cuyos modos de ser hay tanta coincidencia en cuanto a sincera generosidad y delicadeza natural, que las pequeñas diferencias, derivadas sobre todo de la situación de una y otra, no son siquiera mediano impedimento para una perfecta amistad. No quisiera que surgiese la menor sombra de frialdad —repitió, apagándosele un poco la voz— entre las dos personas que más quiero en este mundo.

Se marchó en cuanto hubo terminado de hablar, y Fanny se quedó para tratar de serenarse. Era una de las dos personas que más quería… Eso debía sostenerla. Pero, ¿y la otra? ¿Y la primera? Nunca lo había oído hablar tan claramente; y aunque no había dicho sino lo que ella misma había notado hacía tiempo, fue una puñalada, porque revelaba cuáles eran sus convicciones y sus propósitos; al parecer estaba decidido a casarse con la señorita Crawford. Era una puñalada, a pesar de que era lo que esperaba desde hacía tiempo; y tuvo que repetirse una y otra vez que de cualquier manera ella era una de las dos personas a quien él más quería, antes de que las palabras le produjeran alguna sensación. Si pudiera convencerse de que la señorita Crawford lo merecía, sería… ¡Ah, qué diferente sería!... ¡Cuánto más soportable! Pero Edmund estaba engañado con ella; le atribuía méritos que no tenía; y tenía los defectos de siempre, aunque él ya no los veía. Hasta que no hubo derramado abundantes lágrimas por este engaño, no fue capaz Fanny de reprimir su agitación; y sólo logró disipar el desaliento que siguió con fervientes plegarias de que fuera feliz.

Era su intención —y creía que era su deber— intentar vencer todo lo que era excesivo, todo lo que rayaba en el egoísmo, en su afecto por Edmund. Llamarlo o considerarlo una pérdida, un desengaño, habría sido una presunción para la que no tenía palabras lo bastante fuertes que apaciguasen su propia humildad. Pensar en él del mismo modo que la señorita Crawford tenía derecho a pensar, sería una locura. Para ella Edmund no podía ser nada en absoluto…, nada, sino un amigo. ¿Por qué se le ocurriría entonces la idea de que tenía que reprobar y prohibir? No debía haberle tocado los confines de la imaginación. Se esforzaría en ser razonable, y merecer el derecho a juzgar el carácter de la señorita Crawford y el privilegio de la verdadera solicitud por él mediante un entendimiento sano y un corazón honesto.

Fanny tenía todo el heroísmo de los principios, y estaba decidida a cumplir su deber; pero como tenía también muchos sentimientos juveniles y naturales, no es de extrañar que, tras haber tomado todas estas buenas resoluciones en cuanto a dominarse a sí misma, tomara el trozo de papel en el que Edmund había empezado a escribirle la nota, como un tesoro sin esperanzas, y después de leerlo con tierna emoción: "Queridísima Fanny, quiero que me hagas el favor de aceptar...", lo guardaría bajo llave, junto con la cadena, como la parte más apreciada del regalo. Aquello era lo más parecido a una carta que había recibido de él. Jamás le había escrito, y era imposible que recibiera otra más absolutamente gratificante en cuanto a ocasión y estilo. Jamás salieron dos líneas más apreciadas de la pluma del más distinguido escritor... ni fueron más completamente bendecidas las investigaciones del más cariñoso biógrafo. El entusiasmo del amor femenino va mucho más allá incluso que el del biógrafo. Para ella, la escritura misma, independientemente de lo que se pueda comunicar, es en sí una bendición. ¡Jamás hubieron caracteres trazados por un ser humano, como los de la más rutinaria escritura de Edmund! Estas palabras, escritas a toda prisa como estaban, eran impecables. Había una felicidad en la fluidez de las tres primeras palabras, en la disposición de "Mi queridísima Fanny", que habría podido seguir contemplándolas eternamente.

Después de moderar sus pensamientos y sosegar sus sentimientos con esta mezcla feliz de entendimiento y debilidad, pudo bajar al cabo de un rato, reanudar sus quehaceres junto a su tía Bertram, y tributarle el habitual acatamiento sin aparente falta de ánimo.

Llegó el jueves destinado al gozo y a la esperanza, y empezó para Fanny con mejores auspicios de los que a menudo ofrecían esos días obstinados e inmanejables; porque poco después del desayuno llegó una nota amabilísima del señor Crawford para William, informándole de que, como a la mañana siguiente tenía que ir a Londres por unos días, no podía por menos de intentar procurarse un compañero; así que esperaba, si William se decidía a marcharse de Mansfield medio día antes de lo que había pensado, que aceptase una plaza en su coche. El señor Crawford tenía la intención de estar en la ciudad a la hora habitual en que cenaba su tío, por lo que invitaba a William a cenar con él en casa del almirante. El ofrecimiento agradó a William, le encantó la idea de ir en coche de cuatro caballos y en compañía de un amigo tan jovial y simpático; y el parecido a viajar en coche expreso sugería en su imaginación que iba a ser un viaje alegre y digno. Y Fanny, por diferente motivo, se sintió sumamente complacida, porque el plan original era que William se fuera en el correo de Northampton a la noche siguiente, lo que no le habría permitido una hora de descanso antes de tomar la diligencia de Porthsmouth; y aunque este ofrecimiento del señor Crawford le robaría muchas horas de estar con su hermano, se sentía demasiado contenta de que se ahorrase a William el cansancio de ese viaje para pensar en otra cosa. Sir Thomas lo aprobó por otra razón. La presentación de su sobrino al almirante Crawford podía ser de utilidad. Creía que el almirante tenía influencia. En general, fue una nota portadora de alegría. Animó a Fanny durante media mañana, además de traerle la satisfacción adicional de que su autor iba a marcharse.

En cuanto al baile inminente, Fanny tenía demasiadas tribulaciones y temores para disfrutar de antemano la mitad siquiera de lo que debía, o de lo que suponían muchas jóvenes que esperaban el mismo acontecimiento en posición más cómoda, aunque con menos expectación, con menos gratificación especial de la que atribuían a ella. La señorita Price, a la que conocían por su nombre sólo la mitad de los invitados, iba a hacer ahora su primera aparición, y debía ser considerada la reina de la velada. ¿Quién podía ser más feliz que la señorita Price? Pero la señorita Price no había sido educada para este asunto de *debutar*, y si hubiese sabido qué importancia se le daba a ella respecto de este baile, habría menguado mucho su tranquilidad al aumentarle el temor que ya tenía de equivocarse y de ser el blanco de todas las miradas. Bailar sin que se fijasen en ella y sin cansarse demasiado, tener fuerzas y pareja durante la mitad de la velada, bailar un poco con Edmund y no mucho con Crawford, ver disfrutar a William y poder estar lejos de su tía Norris, era lo que más ambicionaba, y lo que parecía comprender su mayor máxima. Dado que éstas eran sus mayores esperanzas, no todas podrían cumplirse; y a lo largo de esa larga mañana, pasada principalmente con sus dos tías, estuvo a menudo bajo el influjo de visiones mucho menos halagüeñas. William, decidido a hacer de su último día un día de completo disfrute, salió a cazar; Edmund —tenía motivos de sobra para suponerlo— estaba en la casa parroquial; y Fanny, sola frente a las impertinencias de la señora Norris, que estaba enojada porque el ama de llaves pretendía imponer su criterio sobre la cena, y a la que ella no podía evitar, aunque el ama de llaves sí, empezó a pensar finalmente que todo iba mal por culpa del baile; y cuando, con una última zozobra, la enviaron a vestirse, se fue con paso lánguido a su habitación, incapaz de sentir alegría, como si no le permitieran ser dueña de sí misma.

Mientras subía despacio, iba pensando en el día anterior: era la misma hora más o menos en que había regresado de la casa parroquial, y había encontrado a Edmund en la habitación del este. ¡Ojalá lo encontrara hoy otra vez!, se dijo, permitiéndose un pensamiento de afecto.

—Fanny —dijo una voz en ese momento cerca de ella. Se sobresaltó, y al alzar los ojos vio, en el otro extremo del pasillo, al que acababa de llegar por la otra escalera, al propio Edmund. Venía hacia ella—. Pareces cansada, Fanny. Has andado demasiado.

—No, ni siquiera he salido.

—Entonces te has cansado dentro de la casa, lo que es peor. Debías haber salido.

Fanny, que no era proclive a quejarse, encontró más fácil no contestar, y aunque él la miraba con su habitual amabilidad, se dio cuenta de que había dejado de fijarse en su cara en seguida. No lo notaba muy animado; sin duda le pasaba algo, pero no tenía que ver con ella. Siguieron subiendo juntos, dado que sus habitaciones estaban en el mismo piso.

—Vengo de casa del doctor Grant —dijo Edmund un momento después—. Puedes adivinar a qué he ido. —Parecía tan absorto que a Fanny sólo se le ocurrió un único recado; y le produjo tal malestar que fue incapaz de hablar—. Quería pedirle a la señorita Crawford los dos primeros bailes —explicó a continuación; con lo que devolvió a Fanny a la vida, permitiéndole expresar algo así como una pregunta acerca del resultado—. Sí —contestó él—, me los ha reservado; pero

—con una sonrisa que no le sentaba bien— dice que es la última vez que bailará conmigo. No hablaba en serio, creo, espero… Seguro que no hablaba en serio. Pero preferiría no habérselo oído. Dice que nunca ha bailado con un sacerdote, y que nunca lo hará. Por mi parte, hubiera querido que no se celebrase ningún baile precisamente en… en esta semana; quiero decir, en este día… ¡Me marcho mañana!

Fanny hizo un esfuerzo para hablar, y dijo:

—Siento mucho que haya ocurrido algo que te disgusta. Hoy debería se un día de alegría. Era lo que pretendía mi tío.

—¡Ah, sí, sí! Y será un día de alegría. Acabará bien. Mi mal humor es sólo momentáneo. En realidad, no es que considere inoportuno el baile, ¿qué más da eso? Pero, Fanny… —la detuvo tomándola de la mano y hablándole con voz baja y seria—, tú sabes lo que significa todo esto. Tú sabes lo que pasa; y quizá puedas decirme, mejor de lo que podría decírtelo yo a ti, cómo y por qué me he puesto de mal humor. Deja que te hable un poco. Eres una amable, una amabilísima oyente. Me ha sentado muy mal su actitud esta mañana, y no consigo levantar el ánimo. Sé que su carácter es dulce e irreprochable como el tuyo; pero la influencia de sus antiguas compañías da a veces a su conversación, a las opiniones que expresa en público, un sesgo equivocado. No piensa equivocadamente, pero sí habla así en broma; y aunque sé que es broma, me duele profundamente.

—Es efecto de la educación —dijo Fanny suavemente.

Edmund no pudo por menos de estar de acuerdo.

—¡Sí, sus tíos! ¡Ellos han estropeado el espíritu más exquisito! Porque te confieso, Fanny, que a veces parece que es algo más que la educación; parece que tuviera corrompido el espíritu.

Fanny pensó que le pedía su opinión; así que, tras meditar un momento, dijo:

—Si sólo quieres que escuche, primo, seré lo más útil del mundo. Pero no estoy capacitada para aconsejar, no me pidas consejo. No soy competente en eso.

—Haces bien en negarte a ejercer esa función; pero no tienes por qué temer. Es un asunto sobre el que nunca pediría consejo. Es la clase de asunto sobre el que es mejor no consultar; e imagino que pocos lo consultan, salvo los que quieren que se les incline contra su conciencia. Yo sólo quiero hablar contigo.

—Una cosa más: perdona la franqueza, pero ten cuidado de lo que me vas a contar. No vayas a decir ahora nada de lo que puedas arrepentirte después. Puede que llegue el momento…

—¡Mi queridísima Fanny! —exclamó Edmund tomándole la mano y besándosela casi con el mismo ardor que si fuera la de la señorita Crawford—. ¡Eres toda discreción! Pero aquí no hace falta. No llegará ese momento. Jamás llegará el momento al que te refieres. Empiezo a creer que es muy poco probable; las posibilidades van siendo cada vez menores. Y aunque así fuera, no habrá nada que tú o yo tengamos miedo de recordar, porque jamás me avergonzaré de mis escrúpulos; y si los pierdo, se deberá sólo a los cambios que engrandezcan su carácter más que al recuerdo de los defectos que tenía antes. Tú eres la única persona del mundo a la que le diría lo que he dicho; pero siempre has sabido la opinión que tengo de ella; tú eres testigo, Fanny, de que nunca he andado a ciegas. ¡Cuántas veces hemos hablado de sus pequeños errores! No tienes por qué temerme. Casi he renunciado a todo serio pensamiento con relación a ella; pero seré un tonto si, me ocurra lo que me ocurra, alguna vez recuerdo tu amabilidad y comprensión sin la más sincera gratitud.

Edmund había dicho lo suficiente para hacer estremecer la experiencia de dieciocho años. Había dicho lo suficiente para transmitir a Fanny sentimientos mucho más dichosos que los que ella había abrigado últimamente; y ahora ya más animada, contestó:

—Sí primo, estoy convencida de que tú eres incapaz de otra cosa, aunque quizá hay otros que no lo son. No me da miedo escuchar lo que quieras decirme. No te dé apuro. Cuéntame lo que quieras.

Estaban en el segundo piso, y la aparición de una criada les impidió seguir hablando. Para satisfacción de Fanny, se interrumpió quizá en el momento más feliz; de haber seguido hablando Edmund cinco minutos más, no sabemos si no se habría puesto a disertar sobre los defectos de la señorita Crawford y de su propio desaliento. En cambio así se separaron con una mirada de agradecido afecto en él, y un sentimiento sumamente precioso en ella. Hacía horas que Fanny no sentía nada parecido. Desde que se le desvaneció la primera alegría que había traído la nota del señor Crawford a William, había permanecido hundida en el estado contrario, sin hallar sosiego dentro de ella, ni a su alrededor. Ahora todo volvía a sonreírle. Otra vez le vino al pensamiento la suerte de William, y le pareció de más valor que al principio. También el baile: ¡que acontecimiento placentero tenía ante sí! ¡Ahora era animado de verdad! Y empezó a vestirse para él con la feliz emoción que corresponde a un baile. Todo estaba bien: no le desagradó su aspecto. Y cuando llegó otra vez a los collares, su suerte fue completa; porque si bien lo intentó, no hubo forma de que el de la señorita Crawford pasara por el crucifijo. Había decidido ponérselo para complacer a Edmund; pero era demasiado grueso. De modo que tendría que llevar la cadena. Y tras combinar con ilusionada ansiedad la cadena y el crucifijo, recordatorios de los dos seres más cercanos a su corazón, que parecían dos prendas hechas la una para la otra tanto en lo real como en lo imaginario; pero al colgarse ambos objetos alrededor del cuello, y ver y sentir cuán impregnados estaban de William y de Edmund, fue capaz de decidir sin el menor esfuerzo que bien podría llevar también el collar de la señorita Crawford, y reconoció que eso estaba bien, que la señorita Crawford tenía su derecho; y dado que ya no iba a usurpar, a interferir con más fuertes pretensiones la más sincera amabilidad, pudo hacerle justicia e incluso complacerse en ello. En realidad le sentaba muy bien; y Fanny abandonó finalmente la habitación, satisfecha de sí misma y de cuanto la rodeaba.

A todo esto, su tía Bertram se despertó en un inusitado estado de lucidez. El hecho era que se le había ocurrido, sin que nadie le dijese nada, que quizá le viniera bien a Fanny, que se estaba preparando para el baile, contar con una ayuda mejor que la de la criada de arriba; así que una vez vestida ella, mandó a su doncella para que le echase una mano. Naturalmente, fue demasiado tarde. La señora Chapman llegó al ático justamente cuando la señorita Price salía de la habitación completamente vestida, y sólo fueron necesarias las palabras de cortesía... Pero Fanny apreció la atención de su tía y de la señora Chapman.

28

Su tío y sus dos tías estaban en el salón cuando Fanny llegó abajo. El primero se volvió interesado hacia Fanny, y observó complacido la elegancia de su aspecto y su notable belleza; pero todo lo que se permitió alabar en su presencia fue la pulcritud y corrección del vestido; pero cuando, poco después, volvió a ausentarse de la habitación, comentó su belleza con decidida admiración.

—Sí —dijo lady Bertram—; está muy guapa. Le he mandado a la señora Chapman.

—Ya lo creo que lo está —exclamó la señora Norris—; no faltaría más, con tantas cosas favorables a su disposición: educada en esta familia como lo ha sido, y con la ventaja de tener delante los modales de sus primas. Piense, mi querido sir Thomas, en las enormes facilidades que usted y yo le hemos proporcionado. Hasta el vestido que lleva se lo regaló usted generosamente para la boda de nuestra querida señora Rushworth. ¿Cómo habría sido si no la llegamos a tomar nosotros en nuestras manos?

Sir Thomas no dijo nada más; pero cuando se sentaron a la mesa, las miradas de los dos jóvenes le confirmaron que podía abordar de nuevo el tema con más éxito cuando se retirasen las damas. Fanny notó su aprobación; y el saber que su aspecto agradaba la hizo sentirse aún mejor. Por diversos motivos era feliz, y pronto la hicieron aún más, porque cuando sus tías abandonaron la habitación, Edmund, que sostenía abierta la puerta, le dijo al salir ella también:

—Tienes que bailar conmigo, Fanny; tienes que reservarme dos bailes; los dos que quieras, salvo los primeros.

Fanny no deseaba otra cosa. Nunca se había encontrado en un estado tan cercano a la felicidad. Ya no le sorprendía la antigua alegría de sus primas, el día de baile; se daba cuenta de que era efectivamente delicioso; y se puso a practicar sus pasos en el salón, ahora que no se fijaba en ella su tía Norris, dedicada de momento a reordenar el espléndido fuego que había preparado el mayordomo.

Siguió media hora que en cualquiera otra circunstancia habría transcurrido lánguidamente; pero en Fanny aún predominaba la dicha. No tenía más que pensar en su conversación con Edmund, y, ¿qué más daba la impaciencia de la señora Norris? ¿Qué importaban los bostezos de lady Bertram?

Se les unieron los caballeros; y poco después empezó la dulce espera de los coches, cuando pareció difundirse un clima general de bienestar y alegría, y todo el mundo estaba de pie, y charlaba y reía, y cada momento traía su gozo y su esperanza. Fanny se daba cuenta de que Edmund se esforzaba en estar contento, pero la aliviaba ver que hacía ese esfuerzo con éxito.

Cuando se oyeron de verdad los carruajes, cuando empezaron a llegar de verdad los invitados, decayó sensiblemente la euforia de su corazón: el ver tantos desconocidos la hizo replegarse hacia adentro de sí misma; además de la gravedad y el formalismo del primer gran círculo, que ni los modales de sir Thomas ni los de lady Bertram lograba disipar, se encontraba con que de vez en cuando la llamaban a soportar algo peor. Su tío la presentaba aquí y allá, y se veía obligada a escuchar, hacer la reverencia y responder. Era una ardua tarea, y nunca acudía a cumplirla sin mirar a William, que andaba a sus anchas por el fondo de la escena, deseando estar con él.

La entrada de los Grant y los Crawford supuso una transmisión favorable. En seguida desapareció el envaramiento de la reunión entre sus modales corrientes y su familiaridad general: se formaron grupitos y todo el mundo comenzó a sentirse a gusto. Fanny notó la ventaja; y una vez abandonado el penoso deber de la cortesía, habría vuelto a sentirse dichosa si hubiera podido evitar que sus ojos vagaran entre Edmund y Mary Crawford, quien aparecía bellísima. ¿Qué no podía ocurrir? Su meditación concluyó al descubrir ante sí al señor Crawford, y sus pensamientos tomaron otro derrotero al pedirle éste, casi inmediatamente, los dos primeros bailes. Ahora su felicidad tuvo un sabor agridulce. Tener asegurada la pareja al principio era esencial, porque se estaba acercando gravemente el momento de empezar, y comprendía lo bastante poco sus derechos como para pensar que si el señor Crawford no se lo hubiera pedido, habría sido la última en ser solicitada, y habría conseguido pareja sólo mediante una serie de averiguaciones, tanteos e intromisiones que habrían sido terribles; pero al mismo tiempo había una intencionalidad en su manera de solicitarla que no le gustaba, y vio que su mirada se detenía un instante en el collar, con una sonrisa —o lo que a Fanny le pareció una sonrisa— que la hizo ruborizarse y sentirse muy mal. Y aunque no hubo una segunda mirada que la turbara, y aunque el propósito de él parecía ser meramente el de agradar, no logró sobreponerse a su confusión, acentuada como estaba por la conciencia de que él se daba cuenta, y no se serenó hasta que él la dejó para saludar a alguien. Entonces pudo alcanzar poco a poco la satisfacción sincera de tener una pareja, una pareja voluntaria, antes de que empezara el baile.

Cuando los invitados se dirigían al salón donde iba a tener lugar el baile, Fanny se encontró por primera vez junto a la señorita Crawford, cuyos ojos y sonrisa fueron más inequívocamente directos que los de su hermano. Y empezó a hablar del particular, cuando Fanny, deseosa de poner fin a la historia, se apresuró a explicarle el porqué del segundo collar: la verdadera cadena. La señorita Crawford la escuchó, y se olvidó de todos los cumplidos e insinuaciones que pretendía hacerle; no se daba cuenta más que de una cosa; y al tiempo que sus ojos, que ya tenía brillantes, se encendían aún más, exclamó con vivo placer:

—¿De verdad? ¿Ha hecho eso Edmund? Muy propio de él. Ningún hombre había hecho algo así; no tengo palabras para expresar mi admiración.

Y miró a su alrededor como deseosa de decírselo. No estaba cerca; se hallaba con un grupo de damas fuera del salón; y la señora Grant se acercó a las dos jóvenes, tomó a una y otra del brazo y siguieron a los demás.

A Fanny se le encogió el corazón, pero no había tiempo para pensar demasiado en los sentimientos de la señorita Crawford. Estaban en el salón de baile, sonaban los violines, y su espíritu experimentaba una agitación que le impedía fijarse en nada serio. Debía observar la disposición general y ver cómo se hacía todo.

Unos minutos después se le acercó sir Thomas y le preguntó si tenía comprometido el primer baile; y el "Sí, señor; con el señor Crawford" fue exactamente lo que él había esperado oír. El señor Crawford no estaba lejos; sir Thomas lo condujo junto a ella, diciendo algo que reveló a Fanny que iba a ser ella la que iría a la cabeza y abriría el baile, idea que ni se le había ocurrido hasta ahora. Cada vez que había pensado en los detalles de la velada, había considerado como cosa natural que fuera Edmund quien empezara, con la señorita Crawford, y la impresión fue tan fuerte que, aunque su tío dijo lo contrario, no pudo reprimir una exclamación de sorpresa, unas palabras sobre su incapacidad, una súplica, incluso, de que se la excusara. Sostener su opinión frente a la de sir Thomas era la prueba de lo extremo del caso, pero sintió tal horror ante la noticia que incluso fue capaz de mirarlo a la cara y decir que esperaba que pudiera disponerlo de otro modo; pero fue inútil: sir Thomas sonrió, intentó darle ánimos, y a continuación se puso demasiado serio y dijo con gran determinación. "Tiene que ser así, querida"; con lo que Fanny no se atrevió a decir una palabra más; y un momento después se encontró con que el señor Crawford la conducía a la cabecera del salón, deteniéndose allí para que se les unieran las demás parejas, una tras otra, a medida que se iban formando.

No acababa de creérselo. ¡Ponerla por encima de tantas jóvenes elegantes! Era demasiada distinción. ¡Era tratada como sus primas! Y entonces sus pensamientos volaron hacia esas primas ausentes con el más sincero y tierno pesar porque no estuvieran en casa para ocupar el sitio que les correspondía, y participar de un placer sin duda muy delicioso para ellas. ¡La de veces que las había oído desear que se celebrase un baile en casa como la mayor de las felicidades! Y ahora tenerlas lejos cuando se celebraba… y ser *ella* la que abría el baile… ¡Y con el señor Crawford, además! Esperaba que no le envidiaran esta distinción ahora; pero al recordar cómo estaban las cosas en el otoño, cómo se habían portado los unos con los otros, cuando bailaron una vez en esta casa, casi no podía entender la actual decisión.

Comenzó el baile. Fanny se sintió más honrada que dichosa, al menos en la primera danza; su pareja estaba de excelente humor e intentaba hacerla partícipe, pero ella estaba demasiado asustada para encontrar algún placer, por lo menos hasta que creyó que ya no se fijaban demasiado en ella. Joven, dulce y bonita, no cometía una torpeza que no fuera interpretada como una gracia, y pocas eran las personas presentes que no estuvieran dispuestas a alabarla. Era atractiva, era modesta, era la sobrina de sir Thomas, y no tardó en comentarse que era admirada por el señor Crawford. No hacía falta más para ganarse el favor general. El propio sir Thomas observaba con gran complacencia sus evoluciones en el baile; estaba orgulloso de su sobrina, y sin atribuir toda su belleza personal, como lo hacía la señora Norris, a su trasplante a Mansfield, estaba contento consigo mismo por haber aportado lo demás: la educación y los modales se los debía a él.

La señorita Crawford adivinó muchos de los pensamientos de sir Thomas, allí, de pie, y movida por el deseo de congraciarse con él, pese a todas sus injusticias con ella, aprovechó una ocasión para acercarse a decirle algo agradable de Fanny. Fue un cumplido cálido, y él lo recibió como la señorita Crawford lo había deseado, confirmándolo en la medida en que la discreción, la mesura y la lentitud en el habla lo permitían; y, desde luego, con mucho más conocimiento de la materia que su esposa, cuando, poco después, Mary, al verla en un sofá cercano, se volvió hacia ella antes de empezar a bailar, para felicitarla por la belleza de la señorita Price.

—Sí, está muy guapa —respondió plácidamente lady Bertram —la ha ayudado a vestirse la señora Chapman. Se la he mandado yo.

Era el caso que ella estaba tan sorprendida de su propia amabilidad al mandarle a Chapman, que no se le iba de la cabeza.

La señorita Crawford conocía demasiado bien a la señora Norris como para pensar en congraciarse con ella halagando a Fanny; a ella, cuando se le presentó la ocasión, le dijo:

—¡Ah, señora, cuánto echamos de menos esta noche a Julia y a la señora Rushworth!

La señora Norris la recompensó con todas las sonrisas y palabras corteses que le dio tiempo, en medio de las muchas ocupaciones que asumía, organizando mesas de juego, brindando sugerencias a sir Thomas y tratando de llevarse a todas las señoras de compañía a una parte mejor de la habitación.

En su afán de agradar, la señorita Crawford erró estrepitosamente con la propia Fanny. Quería comunicar a su corazón un temblor de felicidad, e infundirle una deliciosa sensación de importancia; e interpretando equivocadamente su rubor, pensó que debía hacerlo así, cuando fue a ella después de los dos primeros bailes, y dijo con una mirada significativa:

—Tal vez pueda decirme usted a qué va mañana mi hermano a la ciudad. Dice que tiene que ocuparse de un asunto, pero no me ha dicho cuál. ¡Es la primera vez que me niega su confianza! Aunque eso es algo que nos llega a todos. Tarde o temprano, a todos nos sustituyen. Ahora, para informarme, debo acudir a usted. Dígame, por favor, ¿a qué va Henry?

Fanny proclamó su ignorancia con toda la firmeza que le permitía su confusión.

—Está bien —contestó la señorita Crawford riendo—; tendré que suponer que es meramente por el gusto de llevar a su hermano, y hablar de usted por el camino.

Fanny se quedó confusa; pero era una confusión de desagrado, en tanto la señorita Crawford se extrañaba de que no sonriera, y la creyó demasiado nerviosa, o la creyó rara, o la creyó cualquier cosa, menos que fuera insensible a las atenciones de Henry. Fanny había disfrutado mucho en el transcurso de la velada; pero las atenciones de Henry habían tenido muy poco que ver. Hubiera preferido que él no le hubiese pedido tan pronto bailar otra vez, y deseó no haber sospechado que sus preguntas a la señora Norris, antes, sobre la hora de la cena, eran para darle a entender que estaría en esa parte de la velada. Y no podía evitarlo, el señor Crawford hacía que se sintiera blanco de todas las miradas; aunque no podía decir que fuera desagradable, que su comportamiento fuera poco delicado u ostentoso; y a veces, cuando hablaba de William, mostraba una sincera simpatía, y le manifestaba incluso un corazón entusiasta que lo honraba. Sin embargo, sus atenciones no contribuían a la alegría de Fanny. Era feliz cuando miraba hacia William y se daba cuenta de lo mucho que disfrutaba, durante los cinco minutos que de vez en cuando pasaba con él y lo oía contar cómo le había ido con sus parejas; era feliz cuando se sabía admirada, y era feliz pensando que aún le quedaban los dos bailes con Edmund durante la parte más importante de la velada, siendo su mano tan ansiosamente solicitada, que constantemente posponía su compromiso con él. Y fue feliz cuando tuvieron lugar los dos bailes; aunque no por alguna efusión emocional por parte de él, o alguna frase de tierna galantería como las que la habían iluminado la mañana. Edmund tenía la mente cansada, y la felicidad de ella provenía de ser la amiga en la que podía encontrar descanso.

—Estoy cansado de cortesía —dijo—. Llevo toda la noche hablando sin parar y sin tener nada que decir. En cambio contigo, Fanny, puedo descansar en paz. Tú no necesitas que te hablen. Permítasenos el lujo del silencio.

Fanny murmuró a duras penas unas palabras de coincidencia. Debía respetar de manera especial este cansancio, que sin duda le venía en gran medida de los sentimientos que le había confesado por la mañana; y bailaron sus dos bailes con tan grave tranquilidad que cualquier observador podía llegar a la convicción de que sir Thomas había educado a una esposa para su hijo más joven.

La velada proporcionó poca alegría a Edmund. La señorita Crawford había estado alegre cuando bailaron juntos la primera vez, pero no era su alegría lo que podía ayudarle a él; más que animarlo, lo deprimió; y después —porque se había sentido impulsado a buscarla otra vez—, le había dolido su manera de hablar del ministerio al que ahora estaba a punto de pertenecer. Habían hablado y habían guardado silencio; él había razonado, ella se había burlado, y finalmente se habían separado molestos el uno con el otro. Fanny, incapaz de abstenerse totalmente de observarlos, había visto lo bastante para sentirse relativamente satisfecha. Era cruel alegrarse cuando Edmund estaba sufriendo; sin embargo, alguna satisfacción debía venirle, y le venía precisamente de la convicción de que sufría.

Al terminar sus dos bailes con él, a Fanny se le habían acabado las ganas y las fuerzas para más; y sir Thomas, que la había visto más deambular que bailar entre el grupo cada vez más reducido, con la respiración agitada y una mano en el costado, le ordenó que permaneciese sentada. Desde ese momento, el señor Crawford permaneció sentado también.

—¡Pobre Fanny! —exclamó William, acercándose un momento a visitarla y manejando el abanico de su pareja como si fuera una cuestión de vida o muerte—; ¡que pronto ha caído! Y eso que la diversión no ha hecho más que empezar. Espero que nosotros podamos continuar las dos próximas horas. ¿Cómo es que te has cansado tan pronto?

—¿Tan pronto? Mi querido amigo —dijo sir Thomas, sacándose el reloj con la debida precaución—, son las tres, y tu hermana no está acostumbrada a estar activa a estas horas.

—Bueno, Fanny, mañana no te levantes cuando yo me vaya. Duerme todo lo que puedas, eso no me importará.

—¡Ah, William!

—¿Cómo? ¿Pensaba estar levantada antes de que te fueras?

—¡Sí señor! —exclamó Fanny, abandonando ansiosamente su silla para acercarse a su tío—. Tengo que levantarme a desayunar con él. Será la última vez, la última mañana.

—Será mejor que no lo hagas. A las nueve y media él tiene que estar desayunado y estar preparado. Señor Crawford, ¿le parece pasar por él a las nueve y media?

Pero Fanny insistió demasiado, y tenía demasiadas lágrimas en los ojos para negárselo; y el asunto acabó en un benévolo “Está bien, está bien”, que significó la concesión del permiso.

—Sí, a las nueve y media —dijo Crawford a William cuando éste se alejaba—; seré puntual, porque no habrá ninguna hermana cariñosa que se levante por mí. —Y en tono más bajo dijo a Fanny—: Sólo habrá una casa desolada de la que huir. Mañana, su hermano encontrará muy diferentes su noción del tiempo y la mía.

Tras meditar un momento, sir Thomas pidió a Crawford que se reuniese a desayunar con ellos, por la mañana temprano, en vez de hacerlo él solo; él estaría también; y la presteza con la que fue aceptada la invitación le confirmó lo bien fundada que era la sospecha que —debía confesarse a sí mismo— este baile había generado en gran medida. El señor Crawford estaba enamorado de Fanny. Tuvo una grata visión de lo que eso podía representar. Su sobrina, entretanto, no le agradeció lo que acababa de hacer. Había esperado tener a William para ella sola la última mañana. Habría sido una dicha inefable. Pero aunque se habían desbaratado sus deseos, carecía de espíritu para murmurar. Al contrario, estaba tan poco acostumbrada a que la consultasen, o a que se hiciera algo para complacerla, que estuvo más dispuesta a sorprenderse y alegrarse de haber logrado lo que había logrado que a quejarse de la contrariedad que siguió a continuación.

Poco después, sir Thomas volvía a estropear un poco su esperanza, al aconsejarle que se fuera inmediatamente a la cama. "Consejo" fue el término que empleó, pero fue un consejo absolutamente coercitivo, y ella no tuvo más remedio que levantarse, y con una muy cordial despedida por parte del señor Crawford, se fue en silencio, deteniéndose en la puerta "un momento nada más", como la señora de Banxholm Hall,• para contemplar la feliz escena, y echar una última mirada a las cinco o seis parejas que aún seguían bailando, incansables. Luego subió lentamente la escalera principal, perseguida por la incesante contradanza, febril de esperanzas y temores, de sopa y vino caliente con especias, cansada, con los pies doloridos, agitada y nerviosa…, y pensando, pese a todo, que el baile era delicioso.

• Referencia al personaje de un poema de Walter Scott: *The Lay of the Last Minstrel.*

Quizá sir Thomas no pensaba solamente en su salud para enviarla a la cama. Quizá se le ocurrió que el señor Crawford había estado con ella suficiente tiempo, o quizá pretendía recomendarla como esposa, mostrando lo manejable que era.

29

Había terminado el baile… y el desayuno terminó pronto también; se dieron un último beso, y William se marchó. El señor Crawford, tal como había anunciado, fue puntualísimo, y la comida fue breve y agradable.

Después de estar con William hasta el último momento, Fanny regresó al comedor del desayuno con el corazón abrumado, dispuesta a hundirse en su melancolía; y su tío, amablemente, la dejó a solas, para que llorase en paz, concibiendo quizá que las sillas vacías de los dos jóvenes podían ayudara a ejercitar su tierno entusiasmo, y que los restos fríos del cerdo con mostaza que quedaban en el plato de William podían compartir sus sentimientos con las cáscaras de huevo del plato del señor Crawford. Fanny, sentada, lloró *con amore*, como su tía suponía; pero fue *con amore* fraterno y no con el otro. William se había ido, y ella tenía ahora la sensación de haber perdido la mitad de su estancia en cuidados inútiles y solicitudes egoístas sin ninguna relación con él.

La naturaleza de Fanny era tal que ni siquiera podía pensar en su tía Norris y en la escasez y falta de alegría de su casita sin reprocharse a sí misma alguna pequeña falta de atención con ella la última vez que estuvieron juntas; mucho menos podía su conciencia absolverla de no haber hecho y dicho y pensado por William todo cuanto le correspondía durante las dos semanas.

Fue un día pesado y melancólico. Poco después del segundo desayuno, Edmund se despidió para una semana, salió a caballo con rumbo a Peterborough, y con ello se fueron todos. De la noche anterior no quedaban más que recuerdos, y Fanny no tenía con quién compartirlos. Habló con su tía Bertram —con alguien tenía que hablar del baile—; pero su tía había visto tan poco, y tenía tan poca curiosidad, que resultó una ardua tarea. Lady Bertram no estaba segura del vestido de nadie, ni del sitio de nadie en la cena, salvo del suyo. "No recordaba qué era lo que había oído sobre una de las señoritas Maddox, ni qué era lo que había notado lady Prescott en Fanny; no estaba segura de si el coronel Harrison hablaba del señor Crawford o de William cuando dijo que era el joven más apuesto del salón; alguien le había susurrado algo, pero había olvidado preguntar a sir Thomas de qué se trataba". Y esos fueron sus discursos más largos y sus explicaciones más claras; el resto fue sólo un lánguido "Sí… sí… muy bien… ¿de veras? No me di cuenta de eso; yo no sabría distinguir al uno del otro". Una verdadera pena. Aunque era preferible esto a las secas respuestas que le había dado la señora Norris; pero una vez que se fue ésta a su casa con toda la gelatina sobrante para cuidar a una criada enferma, reinó la paz y el buen humor en la reducida reunión, aunque no podía presumir de mucho más.

La noche fue pesada como el día:

—¡No comprendo qué me pasa! —dijo lady Bertram cuando retiraron el servicio del té—. Me siento atontada. Seguramente ha sido el estar levantada hasta tan tarde anoche, Fanny, tienes que hacer algo para mantenerme despierta. No puedo trabajar. Trae las cartas… ¡Me siento completamente atontada!

Trajeron las cartas, y Fanny jugo al "cribbage" con su tía hasta la hora de acostarse; y como sir Thomas estaba leyendo para sí, no se oyó ruido alguno en la habitación durante las dos horas siguientes, aparte de las cuentas del juego.

—Y esto hace treinta y una. Cuatro en mano y ocho en el "crib". Le toca dar a usted: ¿doy yo?

Fanny pensó otra vez en el cambio que en veinticuatro horas se había operado en el salón, y en toda esa parte de la casa. La noche anterior había habido esperanzas y sonrisas, bullicio y movimiento, música y esplendor en el salón, fuera del salón, y en todas partes. Ahora había languidez, casi soledad.

Una buena noche de descanso le mejoró el ánimo. Al día siguiente pudo pensar en William con más alegría; y como por la mañana tuvo ocasión de hablar de la noche del jueves con la señora Grant y la señorita Crawford, de una forma generosa y con todos los realces de la imaginación y todas las alegrías del buen humor, tan esenciales para restaurar la sombra de un baile fenecido, pudo volver después sin mucho esfuerzo a su estado de ánimo diario, y adaptarse a la tranquilidad de la semana presente.

Eran, verdaderamente, mucho menos de los que había visto juntarse allí nunca durante un día entero, y no estaba aquel de quien dependía el solaz y la alegría de toda la reunión familiar y de toda la comida. Pero debía aprender a soportar esto. No tardaría en irse definitivamente; y Fanny dio gracias a que ahora podía permanecer sentada en la misma habitación con su tío, oír su voz, escuchar sus preguntas, e incluso contestarlas, sin sentirse mal, como ocurría antes.

—Echamos de menos a los dos muchachos —fue el comentario de sir Thomas los dos primeros días, al reunirse el reducidísimo círculo después de la cena; y por consideración a los ojos arrasados de Fanny no se hizo el primer día otra alusión a los ausentes que un brindis a su salud. Pero al segundo día se extendió algo más. Elogió cálidamente a William y manifestó sus esperanzas de que le llegara el ascenso.

—Y no hay razón para suponer —añadió sir Thomas— sino que sus visitas se vuelvan ahora razonablemente frecuentes. En cuanto a Edmund, deberemos aprender a estar sin él. Éste será el último invierno en que él pertenezca a esta casa, como ha sido hasta ahora.

—Sí —dijo lady Bertram—; pero quisiera que no se fuese. Pienso que se están yendo todos. Ojalá se quedaran en casa.

Este deseo apuntaba sobre todo a Julia, que acababa de solicitar permiso para irse a la capital con María; y como sir Thomas pensaba que era mejor dar permiso tanto a una hija como a la otra, lady Bertram, aunque no se había opuesto, dada su bondad natural, lamentaba el cambio de perspectiva en cuanto al regreso de Julia, que de otro modo habría tenido lugar por estas fechas. A lo cual sir Thomas le hizo abundantes razonamientos, tendientes a reconciliar a su esposa con esta medida: le expuso todo lo que un padre considerado *debía* comprender, y le atribuyó a ella todo lo que *debía* sentir una madre afectuosa al fomentar el solaz de sus hijos. Lady Bertram asintió a todo esto con un plácido "sí", y al cabo de un cuarto de hora de muda reflexión, comentó espontáneamente:

—Sir Thomas, he estado pensando… Y me alegro mucho de que acogiéramos a Fanny como lo hicimos; porque ahora que no están las otras, vemos claramente el beneficio de la acción.

Sir Thomas inmediatamente abundó en esa idea, añadiendo:

—Muy cierto. Mostramos a Fanny el buen concepto que tenemos de ella al elogiarla en su presencia; ahora se ha convertido en una apreciada compañera. Si nos hemos portado bien con ella, ahora es ella la que nos necesita, exactamente en la misma medida.

—Sí —dijo lady Bertram un momento después—; y es un alivio pensar que la tendremos siempre.

Sir Thomas guardó silencio, medio sonrió, miró a su sobrina, y luego contestó gravemente:

—No nos dejará, espero, hasta que sea invitada a otro hogar que le prometa razonablemente mayor felicidad de la que conoce aquí.

—No es probable que ocurra eso, sir Thomas. ¿quién la invitaría? María se alegraría mucho de tenerla en Sotherton de vez en cuando; pero no se le ocurriría pedirle que se fuera a vivir allí…Y, desde luego, está mejor aquí… Y además, yo no puedo arreglármelas sin ella.

La semana que tan serena y plácidamente transcurrió en la casa grande de Mansfield tuvo un carácter muy distinto en la casa parroquial. Al menos trajo sentimientos muy diferentes a las jóvenes damas de una y otra familia. Lo que era tranquilidad y bienestar para Fanny, era aburrimiento y fastidio para Mary. Algo de esto se debía a la diferencia de carácter y de hábitos: la una era tan fácil de contentar, la otra tan poco acostumbrada a soportar nada; pero en mayor medida podría atribuirse a diferente situación. En algunas situaciones de interés eran totalmente opuestas. Para Fanny la ausencia de Edmund era verdaderamente causa de alivio. Para Mary era dolorosa en todo sentido. Cada día, casi cada hora, sentía la falta de su compañía; y era demasiado grande esta falta para extraer otra cosa que irritación cuando pensaba cuál era el motivo por el que se había ido. No habría podido idear Edmund nada que hiciera aumentar más su importancia que esta semana de ausencia, justamente cuando se había marchado su hermano, y se había ido William Price también, completándose así la dispersión general de un grupo que había sido tan animado. Lo sentía vivamente. Ahora formaban un trío melancólico, confinado en casa por la lluvia seguida de la nieve sin interrupción, sin nada que hacer, ni esperanza de variedad. Enfadada como estaba con Edmund por mantener sus convicciones y obrar conforme a ellas sin tenerla en cuenta —tan enfadada que al separarse en el baile casi no lo habían hecho como amigos—, no podía dejar de pensar en él cuando estaba ausente, demorándose en sus méritos y su afecto, y añorando otra vez los encuentros casi diarios que habían tenido últimamente. Su ausencia era innecesariamente larga. No debía haber proyectado estar fuera tanto tiempo: no debía haberse marchado por una semana, cuando estaba tan cerca de la fecha en que ella iba a irse de Mansfield. Luego empezó a culparse a sí misma. Deseó no haber puesto tanta vehemencia en su última conversación. Temía haber empleado alguna expresión demasiado fuerte, alguna palabra despreciativa, al hablar del clero, cosa que no debía haber hecho. Era de mala educación... y era injusto. Deseó de todo corazón no haberlo hecho.

Su malhumor no acabó esa semana. Era una pena todo esto; pero aún lo aumentó más cuando llegó el sábado, pero él no... y cuando, en una breve conversación que tuvo con la otra familia, el domingo, se enteró de que había escrito a su casa anunciando que aplazaba el regreso, y que había prometido a su amigo permanecer con él unos días más.

Si antes había sentido impaciencia y pesar, si había lamentado lo que había dicho, y temía haber causado un efecto demasiado fuerte en él, ahora lo sintió y lo temió decuplicado. Además, tenía que luchar con una emoción desagradable enteramente nueva para ella: los celos. El amigo de Edmund, el señor Owen, tenía hermanas. Tal vez las había encontrado atractivas. Pero en todo caso, su ausencia en unos momentos en los que según todos los planes anteriores ella debía marcharse a Londres significaba algo que no podía soportar. De haber regresado Henry a los tres o cuatro días, como había dicho que haría, estaría ella preparándose para marcharse de Mansfield. Consideró absolutamente necesario ir a ver a Fanny y tratar de averiguar algo más. No podía vivir ya en tan solitario abatimiento; y se encaminó al parque, arrostrando la dificultad —que una semana antes había juzgado invencible— de ir a pie, ante la posibilidad de saber algo más; de oír el nombre de él al menos.

La primera media hora fue tiempo perdido, porque Fanny estaba con lady Bertram hasta que ésta abandonó la habitación; y entonces, casi inmediatamente, la señorita Crawford empezó, con el tono de voz más mesurado que pudo:

—¿Y qué piensa de la larga ausencia de su primo? Dado que es usted la única persona joven en la casa, supongo que es la que más lo notará. Debe de echarlo de menos. ¿Le ha sorprendido que la haya prolongado?

—No sé —dijo Fanny dubitativa—. Sí, no lo esperaba especialmente.

—Quizá se demora siempre más tiempo del que dice. Es lo que suelen hacer los jóvenes.

—Pues no lo hizo la única vez que visitó al señor Owen anteriormente.

—Habrá encontrado ahora la casa más agradable. Él es muy simpático, y no puedo por menos de sentir no verlo otra vez, antes de marcharme a Londres, como sin duda va a ocurrir. Espero a Henry de un día para otro; y en cuanto venga no habrá nada que me retenga en Mansfield. Me hubiera gustado verlo una vez más, lo confieso. Pero tendrá que darle recuerdos de mi parte. Sí… recuerdos; creo que es eso. ¿No le parece, señorita Price, que en nuestra lengua hace falta algo, algo que distinga entre los recuerdos… y el amor? ¿No se ajusta eso más al tipo de amistad que hemos tenido? ¡Tantos meses de amistad! Pero tal vez son suficientes los recuerdos en este caso. ¿Es larga la carta que han recibido? ¿Les cuenta lo que hace? ¿Es por las fiestas navideñas por lo que se retrasa?

—Yo sólo he leído una parte de la carta; iba dirigida a mi tío; pero creo que en realidad es muy corta, no más que unas líneas. Todo lo que sé es que su amigo le ha insistido en que se quede más tiempo, y que él ha accedido. No recuerdo si dice "pocos", o "algunos" días más.

—¡Ah, ha escrito a su padre!... Yo creía que le había escrito a lady Bertram, o a usted. Pero si ha escrito a su padre, no me extraña que haya sido breve. ¿Quién se explayaría escribiendo a sir Thomas? Si le hubiera escrito a usted, habría dado más detalles. Tal vez le habría hablado de los bailes y las fiestas. Le haría hecho una descripción de todo y de todos. ¿Cuántas señoritas Owen hay?

—Tres mayores.

—¿Son aficionadas a la música?

—No lo sé, no me ha contado nada de eso.

—Es la primera pregunta que toda mujer que toca algún instrumento hace acerca de otra —dijo la señorita Crawford, tratando de parecer alegre y despreocupada—. Pero es una estupidez hacer preguntas sobre cualquiera otra joven… sobre cualquiera de las tres hermanas recién llegadas a la mayoría; porque una sabe exactamente cómo son sin que se lo digan: muy educadas y agradables; y una de ellas, muy guapa. En toda familia hay una guapa. Es lo normal. Dos tocan el piano, y una el arpa; y las tres cantan, o cantarían si se las enseñase… o todas entonan bastante bien, para no haber recibido lecciones… o algo parecido.

—No sé nada de las señoritas Owen —dijo Fanny con toda tranquilidad.

—Ni lo sabe ni le importa, como suele decirse. No se puede expresar con más claridad la indiferencia. Claro, ¿cómo pueden importarnos personas a las que jamás hemos visto? Bueno, cuando vuelva su primo, encontrará Mansfield muy tranquilo; ya nos habremos ido todos los bulliciosos: su hermano, el mío… y yo. No me gusta la idea de dejar a la señora Grant, ahora que se acerca el momento de irme. Ella no quiere que me vaya.

Fanny se sintió obligada a hablar.

—No le quepa duda de que serán muchos los que noten su ausencia —dijo—. La echaremos mucho de menos.

La señorita Crawford volvió los ojos hacia ella como deseando oír o ver más; y a continuación dijo riendo:

—¡Ah, sí! Se notará como se nota todo ruido desagradable cuando lo eliminan; o sea, se notará una gran diferencia. Pero no estoy tratando de que se me halague. Si me echa de menos, se verá. Todo mundo que quiera verme me puede encontrar. No me voy a ninguna región imprecisa, lejana o inaccesible.

Ahora Fanny no se animó a hablar; y la señorita Crawford se sintió defraudada; porque había esperado oír alguna grata confirmación de su poder por parte de alguien que pensaba que lo conocía; lo cual le ensombreció el ánimo otra vez.

—Las señoritas Owen —dijo poco después—. Imagine que viera a una de ellas instalada en Thornton Lacey, ¿qué le parecería? Cosas más extrañas han ocurrido. Tal vez lo estén intentando; y hacen bien, porque sería una posición bastante buena para ellas. A mí no me extraña en absoluto, ni las culparía. Todo el mundo tiene la obligación de procurarse lo mejor para sí. El hijo de sir Thomas es una persona importante; y ahora es de la profesión. El padre de ellas es sacerdote y el hermano también; se mueven en el mismo mundo. De manera que es de su legítima propiedad, les parece. Usted no dice nada, Fanny... señorita Price... No dice nada. Pero, sinceramente, ¿no espera eso, más que otra cosa?

—No —dijo Fanny rotundamente—; no lo espero en absoluto.

—¿En absoluto? —exclamó la señorita Crawford—; me deja sorprendida. Pero quizá conoce la situación con exactitud (siempre he pensado que la conoce); quizá no cree probable que se case... al menos de momento.

—No, no lo creo —dijo Fanny con suavidad, esperando no equivocarse en su convicción, y en manifestarla.

Su compañera la miró con gran atención, y animándose al observar el inmediato rubor que producía esa mirada, se limitó a decir;

—Está mejor como está —y cambió de conversación.

30

Tras esta conversación, la señorita Crawford sintió muy aliviada su inquietud, y regresó a casa con el humor suficientemente alto para resistir, de haberlo puesto a prueba, casi otra semana de la misma exigua compañía con el mismo mal tiempo; pero dado que esa misma tarde trajo a su hermano de Londres, otra vez con bastante, o más que bastante de su habitual alegría, no tuvo que forzar la suya propia. El que su hermano siguiera negándose a contarle a qué había ido a Londres no hizo sino aumentar su buen humor; un día antes podría haberla irritado, pero ahora lo tomó como una gracia: sólo sospechó que ocultaba algún plan para darle una sorpresa agradable. Y en efecto, el día siguiente le trajo una sorpresa: Henry le dijo que se iba a acercar a saludar a los Bertram y que estaría de vuelta en diez minutos; pero se ausentó más de una hora. Y cuando su hermana, que lo había estado esperando para dar un paseo por el jardín, lo recibió impaciente delante de la casa, y al verlo llegar exclamó:

—¡Mi querido Henry! ¿Se puede saber dónde has estado todo este tiempo?

Él se limitó a decir que había estado con lady Bertram y Fanny.

—¿Con ellas hora y media? —exclamó Mary.

Pero esto sólo fue el principio de la sorpresa.

—Sí, Mary —dijo, tomándole el brazo, pasándoselo por debajo del suyo, y echando a andar por la avenida como si no supiese dónde estaba—. No he podido marcharme antes… ¡Qué preciosa estaba Fanny! Estoy decidido, Mary. He tomado la determinación. ¿Te sorprenderá? No, seguramente te has dado cuenta de que estoy decidido a casarme con Fanny Price.

La sorpresa ahora fue total; porque a pesar de lo que su actitud podía sugerir, jamás le había pasado por la imaginación a su hermana semejante posibilidad; y fue tan sincero el asombro que mostró, que Henry se vio precisado a repetir lo que había dicho de la manera más clara y solemne. Una vez aceptada la convicción de decisión, ella no lo tomó mal, incluso la sorpresa tenía algo agradable. Mary se hallaba en una disposición de ánimo tal que se alegraba de emparentar con la familia Bertram, y no le disgustaba que su hermano se casara con alguien un poco por debajo de su nivel.

—Sí, Mary —concluyó Henry con determinación—. He sido atrapado. Tú bien sabes con qué frívolas intenciones comencé este juego… pero ahora es totalmente diferente. He hecho (y me congratulo de ello) un avance sensible en su afecto; en cuanto al mío, está totalmente confirmado.

—¡Afortunada, afortunada muchacha! —exclamó Mary en cuanto pudo hablar— ¡Que unión para ella! Mi queridísimo Henry, ése es mi primer sentimiento; pero el segundo, que debo expresarte con igual sinceridad, es que apruebo tu elección con toda el alma, y vaticino tu felicidad con el mismo calor que quiero y deseo que se cumpla. Vas a tener una esposa dulce, toda gratitud y devoción. Exactamente lo que te mereces. ¡Qué unión más asombrosa para ella! La señora Norris habla a menudo de la suerte que tiene; ¿qué dirá ahora? ¡Será una alegría para la familia ¡Y en ella tiene amigos fieles! ¡Cómo se van a alegrar! Pero, cuéntamelo todo. Cuéntamelo de una vez. ¿Cuándo comenzaste a pensar en ella en serio?

Nada había más imposible que contestar a tal pregunta, aunque nada podía ser más grato que el que se la hicieran. No sabía decir "cómo se había apoderado de él la deliciosa infección"; y antes de que hubiera expresado por tercera vez este mismo sentimiento con escasa variación de palabras, su hermana lo interrumpió ansiosa con:

—¡Ah, mi querido Henry, entonces eso es lo que te ha llevado a Londres. ¡Ése era el asunto! Decidiste ir a pedir consejo al almirante, antes de dar el paso.

Él negó esto enfáticamente. Conocía demasiado bien a su tío para consultarle ningún proyecto matrimonial. El almirante detestaba el matrimonio y lo consideraba imperdonable en un joven de fortuna independiente.

—Cuando conozca a Fanny —prosiguió Henry— seguramente la adorará; ella es el tipo de mujer que disipa cualquier prejuicio de un hombre como el almirante, porque es exactamente el tipo de mujer que él cree que no existe en el mundo. Es la misma imposibilidad de mujer que él describiría, si es que tiene ahora la suficiente delicadeza de lenguaje para expresar sus propias ideas. Pero hasta que esté absolutamente arreglado, arreglado sin posibilidad de impedimento, él no sabrá nada del asunto. No, Mary; estás completamente equivocada. ¡Aún no has descubierto cuál es el asunto!

—Bien, bien; me conformo. Ahora que sé con quién tiene que ver no tengo ninguna prisa en lo demás. Fanny Price. Maravilloso... ¡Realmente maravilloso! ¡Qué Mansfield haya hecho tanto... que hayas encontrado tu destino en Mansfield! Pero tienes mucha razón; no podrías haber elegido mejor; no hay mejor muchacha en el mundo, y tú no tienes necesidad de fortuna; y en cuanto a sus parientes, son sobradamente buenos; los Bertram son sin duda una de las primeras familias de esta comarca. Es la sobrina de sir Thomas Bertram; eso será suficiente ante el mundo. Pero, sigue, sigue; cuéntame más. ¿Cuáles son tus planes? ¿Está enterada ella de su propia felicidad?

—No.

—¿Y qué esperas?

—Espero a tener poco más que una oportunidad. Mary, ella no es como sus primas; pero creo que no la pediré en vano.

—¡Ah, no, claro que no! Aunque fueras menos agradable... Aún suponiendo que no estuviera ya enamorada (cosa de la que tengo poca duda), no habrá peligro. La dulzura y gratitud de su naturaleza la harían tuya inmediatamente. Estoy segura de que sin amor no se casaría contigo; o sea, si existe una muchacha en este mundo capaz de no dejarse influir por la ambición, creo que es ella. Pero pídele que te ame, y no tendrá valor para negarse.

Tan pronto como Mary pudo acallar su impaciencia, Henry fue tan feliz contando como ella escuchando, y siguió una conversación casi tan interesante para ella como para él; aunque en realidad no tenía otra cosa que contar que sus propios sentimientos, ni nada en qué demorarse sino en los encantos de Fanny: la belleza del rostro y figura de Fanny, la gracia de modales y bondad de corazón de Fanny, eran su tema inagotable. Se extendió fervientemente en la mansedumbre, modestia y dulzura de su carácter, en esa dulzura que es parte tan esencial del toda mujer a juicio del hombre, que, aunque a veces ama donde no está, nunca llega a creerla ausente. Tenía buenas razones para confiar en su carácter, y alabarlo. Había visto muchas veces cómo lo ponían a prueba. ¿Había alguien en la familia, exceptuando a Edmund, que de una u otra manera no la hiciera ejercitar a diario su paciencia y circunspección? Sin duda ella era una mujer de fuertes afectos. ¡Había que verla con su hermano! ¿Qué otra cosa podía probar más deliciosamente que la calidez de su corazón era tan grande como su dulzura? ¿Qué más estimulante para el hombre que aspiraba a su amor? Luego, su agudeza era rápida y clara sin la menor duda; y sus modales eran espejo de su espíritu modesto y elegante. Pero eso no era todo. Henry Crawford tenía demasiado sentido común para no comprender el valor de los buenos principios en una esposa, aunque estaba demasiado poco acostumbrado a reflexionar seriamente para conocerlos por su nombre. Pero cuando decía de ella que tenía una conducta tan firme y ordenada, un concepto tan alto de la honra y una observancia del decoro que garantizaban a cualquier hombre la más absoluta confianza en su fe e integridad, expresaba lo que le inspiraba el saberla religiosa y dotada de principios.

—Confiaría total y absolutamente en ella —dijo—; y eso es lo que quiero.

Bien podía su hermana alegrarse de las perspectivas de Fanny Price, creyendo, como creía, que la opinión de su hermano apenas superaba a sus méritos.

—Cuanto más lo pienso —exclamó—, más convencida estoy de que haces bien; y aunque jamás habría pensado que fuera Fanny Price la que probablemente te iba a conquistar, ahora estoy segura de que es exactamente la que te puede hacer feliz. Tu malvado plan para arrebatarle la paz se revela como una idea verdaderamente sutil. Los dos saldrán beneficiados de él.

—¡Estuvo mal, muy mal por mi parte, tramar nada contra un ser como ella! Pero entonces no la conocía, y si acaso ella lo supiera no tendría motivo alguno para lamentar la hora en que se me ocurrió tal idea. La haré muy feliz, Mary, más feliz de lo que ha sido nunca, o de lo que haya visto serlo a nadie. No me la llevaré de Northamptonshire. Dejaré Everingham y alquilaré una casa cerca de aquí, quizá Stanwix Lodge. Arrendaré Everingham por siete años. En cuanto quiera tengo un excelente arrendatario. Ahora mismo podría nombrar tres personas que aceptarían encantadas mis condiciones.

—¡Ah! —exclamó Mary—; ¡establecerte en Northamptonshire! ¡Sería maravilloso! Estaríamos todos juntos.

Nada más decirlo, se calló, recapacitó, y deseó no haberlo dicho; pero no había nada que temer: su hermano la veía sólo como presunta habitante de la casa parroquial de Mansfield, y se limitó a invitarla cariñosamente a vivir en su casa, y a proclamar que tenía todo el derecho.

—Tendrás que concedernos más de la mitad de tu tiempo —le dijo—; no puedo admitir que la señora Grant tenga el mismo derecho que Fanny y yo, porque tendremos derecho a tenerte. ¡Fanny será una verdadera hermana para ti!

Mary se limitó a darle las gracias y a hacer una vaga promesa; pero ahora estaba totalmente decidida a no ser la invitada de su hermana ni de su hermano muchos meses más.

—¿Repartirás el año entre Londres y Northamptonshire?

—Sí.

—Así me gusta; y en Londres, naturalmente, tendrás casa propia; ya no con el almirante. Mi queridísimo Henry, ¡cuánto ganas al alejarte del almirante antes de que tus modales se contagien de los suyos, antes de que contraigas ninguna de sus opiniones insensatas, o de que aprendas a considerar la cena como la mayor bendición de tu vida!

Tú no te das cuenta porque el cariño que le tienes te lo impide; pero pienso que el casarte pronto puede ser tu salvación. Me habría partido el corazón ver que te ibas pareciendo cada vez más al almirante de palabra u obra, de mirada o de gesto.

—Bueno, bueno; en esto no opinamos igual. El almirante tiene sus defectos, pero es muy buena persona y ha sido más que un padre para mí. Pocos padres me habrían dejado a mi capricho como lo ha hecho él. No predispongas a Fanny contra él. Tengo que conseguir que se quieran.

Mary se abstuvo de decir lo que pensaba: que no había dos personas en el mundo cuyos caracteres y costumbres fueran más dispares; el tiempo se encargaría de descubrírselo. Pero no pudo por menos de hacer este comentario a propósito del almirante:

—Henry, yo tengo en tan gran aprecio a Fanny Price que si pensase que la próxima señora Crawford iba a tener la mitad de los motivos que tuvo mi pobre y maltratada tía para odiar el apellido mismo, impediría el matrimonio si pudiese. Pero te conozco, y sé que la esposa a la que ames será la más feliz de las mujeres y que, aun cuando dejases de amarla, encontraría en ti la libertad y la buena crianza de un caballero.

Naturalmente, el eje de su elocuente respuesta fue la imposibilidad de no hacer todo en el mundo para que Fanny fuese feliz, y de dejar de amar a Fanny Price.

—Si la hubieses visto esta mañana, Mary —prosiguió—, atendiendo con indecible dulzura y paciencia a todas las exigencias estúpidas de su tía, trabajando con ella, y para ella, con los colores hermosamente encendidos al inclinarse sobre la labor, y luego volver a su silla a terminar de redactar la nota que estaba redactando por encargo de esa estúpida, y todo con la mayor sencillez, como si fuese lo más natural no disponer de un instante siquiera para sí misma, con el cabello cuidadosamente ordenado, como siempre, y un ricito colgándole delante mientras escribía, que de cuando en cuando se echaba para atrás; y a todo esto, hablando conmigo de cuando en cuando, o escuchando como encantada lo que yo decía. Si la hubieses visto así, Mary, no se te ocurriría insinuar que pueda cesar alguna vez su dominio sobre mi corazón.

—Mi queridísimo Henry —exclamó Mary, deteniéndose de repente y sonriéndole en la cara—, ¡cuánto me alegra saberte enamorado! Para mí es una delicia. Peo, ¿qué dirán la señora Rushworth y Julia?

—Me da igual lo que digan o lo que piensen. Ahora se darán cuenta de la clase de mujer que puede ganar mi afecto, que puede ganar a un hombre con sensibilidad. Ojalá el descubrimiento les sirva de algo. Ahora verán a su prima tratada como debe ser; y ojalá se sientan verdaderamente avergonzadas de su detestable desatención y falta de amabilidad. Se enfadarán —añadió tras un momento de silencio, y en tono más frío—: La señora Rushworth se pondrá furiosa. Será una píldora amarga para ella; pero como todas las píldoras amargas, tendrá dos momentos; al principio le sabrá amarga, luego se la tragará y se olvidará de ella; porque no soy tan fatuo como para suponer sus sentimientos más duraderos que los de otras mujeres, aunque fuera yo su destinatario. Sí, Mary, mi Fanny notará una diferencia, una diferencia día tras día, hora tras hora, en la actitud de todos respecto de ella, y la culminación de mi felicidad será saber que soy el autor de ese cambio, que soy la persona que la ha puesto en el lugar que en justicia se merece. Ahora carece de independencia, de amparo, de amigos, y está desatendida y olvidada.

—No, Henry; no todos la tienen así; no todos la tienen olvidada; no está sola y desatendida. Su primo Edmund no la olvida nunca.

—Edmund, es cierto. Creo que, en términos generales, es amable con ella; y lo mismo sir Thomas, a su manera; aunque es la manera de un tío rico, superior, prepotente y arbitrario. ¿Qué pueden Edmund y sir Thomas juntos, qué hacen por su felicidad, su bienestar, su honra y su dignidad en el mundo, comparado con lo que haré yo?

31

Henry Crawford estaba otra vez en Parque Mansfield a la mañana siguiente, a hora más temprana de la acostumbrada en una visita normal. Las dos damas se hallaban en el comedor de desayuno, y afortunadamente para él, lady Bertram salía en el momento en que entró. Se hallaba casi en la puerta; y como no deseaba haber hecho el esfuerzo en vano, siguió su camino tras un saludo cortés de bienvenida, una breve explicación sobre que la esperaban, y un: "Avisa a sir Thomas" al criado.

Henry, contentísimo de que se marchara, la saludó con una inclinación de cabeza y la observó alejarse; y sin perder un minuto más, se volvió instantáneamente hacia Fanny. Y, sacando unas cartas, dijo con una expresión sumamente animada:

—Me declaro infinitamente agradecido a cualquiera que me brinda la ocasión de verla a solas; lo deseaba como no se puede imaginar. Conociendo como conozco sus sentimientos de hermana, se me habría hecho difícilmente soportable que nadie de la casa compartiera con usted la noticia que le traigo. Lo ha conseguido. Su hermano es teniente. Tengo la infinita satisfacción de felicitarla por el ascenso de su hermano. Aquí están las cartas que lo anuncian; y que acaban de llegar. Sin duda le gustará verlas.

Fanny no pudo articular palabra; pero él no necesitó que hablase. Le bastó ver la expresión de sus ojos, su cambio de color, la sucesión de sus sentimientos, su duda, su confusión, su felicidad. Fanny tomó las cartas que le tendía. La primera era del almirante para informar a su sobrino, en pocas palabras, de que había tenido éxito en la gestión que había emprendido, que era precisamente el ascenso del joven Price, e incluía dos más, una del secretario del Primer Lord a un amigo al que el almirante había pedido que se interesase por el asunto, y otra de ese amigo a él, por la que parecía que su señoría tenía muchísimo gusto en atender la recomendación de sir Charles; que éste estaba encantado en tener la ocasión de probar su estima al almirante Crawford, y que al conocerse el nombramiento del señor William Price como teniente de la corbeta *Thrush*, se había extendido un sentimiento de satisfacción general en un amplio círculo de personas importantes.

Mientras sus manos temblaban bajo estas cartas, iban sus ojos de la una a la otra y el corazón se le henchía de emoción, Crawford siguió explicando, con no fingida ansiedad, su interés en el acontecimiento.

—No quiero hablar de mi felicidad —dijo—, aunque es grande, porque pienso sólo en la suya. En comparación con usted, ¿quién tiene derecho de ser feliz? Casi me ha sabido mal enterarme yo primero de lo que debía haberle llegado a usted antes que a nadie. Sin embargo, no he perdido un solo instante. El correo ha venido con retraso esta mañana, pero desde ese momento no me he entretenido ni un segundo. ¡No voy a describirle lo impaciente, lo preocupado, lo desesperado que me tenía este asunto; lo terriblemente mortificado, lo cruelmente decepcionado que me sentía por no haberlo dejado concluido durante mi estancia en Londres! Estuve allí, día tras día, con la esperanza de conseguirlo, porque nada sino un objetivo tan querido me habría retenido la mitad del tiempo lejos de Mansfield. Pero aunque mi tío compartía mi interés con todo el calor que yo podía desear, y en seguida se puso en movimiento, hubo dificultades debidas a la ausencia de un amigo, y a los compromisos de otro, de manera que no pude soportar quedarme hasta el final; y como sabía que la causa estaba en buenas manos, me vine el lunes, confiando en que no pasarían muchos correos antes de que me llegasen estas mismas cartas. Mi tío, que es el hombre más bueno del mundo, puso todo su interés, como yo sabía que lo haría, en cuanto conoció a su hermano. Le encantó. Ayer no quise decirle cuánto, ni repetirle la mitad de lo que dijo el almirante en su alabanza. Lo aplacé todo hasta que su opinión quedara confirmada como alabanza de amigo, tal como ha ocurrido hoy. Ahora declaro que no podía yo haber hecho nada para lograr que William Price despertara más interés, ni fuera acompañado de más cálidos deseos y más altas recomendaciones, que los que mi tío otorgó espontáneamente tras la velada que pasaron juntos.

—Entonces, ¿todo esto es obra suya? —exclamó Fanny—. ¡Dios mío! ¡Qué amable! ¿De verdad ha… ha sido por interés suyo…? Le ruego que me perdone, pero estoy desconcertada. ¿Ha intercedido el almirante Crawford? ¿Cómo ha sido? No salgo de mi asombro.

Henry estaba muy contento de hacérselo más inteligible, empezando desde antes, y explicándole con todo detalle lo que había hecho. Su último viaje a Londres no lo había hecho con otra intención que la de presentar a su hermano en Hillstreet, y convencer al almirante para que ejerciera la influencia que pudiese tener para conseguir el ascenso. Ésta había sido la gestión. No había informado a nadie; no le había dicho una palabra ni siquiera a Mary; no había soportado hacer a nadie partícipe de sus sentimientos hasta no saber el resultado; pero ésa había sido su gestión. Y hablaba con tanto calor de cuál había sido su solicitud, y utilizaba expresiones ten vehementes, abundando tanto en *el más profundo interés, los dobles motivos y las "más" perspectivas y deseos de los que podría enumerar*, que Fanny, de haber estado en condiciones de escuchar, no habría sido capaz de permanecer insensible a tal torrente; pero tenía el corazón tan lleno y los sentidos tan embotados, que sólo le llegaba a medias lo que le contaban de William; así que se limitó a decir, cuando él calló: "¡Qué amable! ¡Qué amabilidad!... ¡Oh, señor Crawford, le estoy infinitamente agradecida! ¡Ay, querido, queridísimo William!". Se levantó y echó a correr hacia la puerta, exclamando: "Voy a ver a mi tío. Tiene que saberlo lo antes posible". Pero él no la dejó, la ocasión era demasiado buena, y los sentimientos de Henry Crawford demasiado impetuosos. Corrió tras ella en seguida…

—¡No debe escapárseme, tiene que concederme cinco minutos más! —y la tomó de la mano, la devolvió a la silla, y antes de que ella sospechase por qué la retenía, ya estaba él enfrascado en nuevas explicaciones. Cuando lo comprendió, sin embargo, y vio que se le pedía que creyese que había despertado sentimientos en el señor Crawford que su corazón no había conocido antes, y que todo lo que había hecho por William debía atribuirlo al excesivo y sin igual afecto por ella, se sintió extremadamente angustiada, y durante unos momentos fue incapaz de hablar. Pensó que sólo era una insensatez, un mero galanteo y frivolidad para matar el tiempo; no pudo por menos de pensar que esto era tratarla de manera incorrecta e indigna, y que no se merecía semejante trato; pero era muy propio de él, y una muestra cabal de lo que había visto antes; así que no se permitió manifestar ni la mitad del desagrado que sentía; porque le había hecho un favor que ninguna falta de delicadeza convertiría en una pequeñez. No podía mostrarse excesivamente enojada por algo que la ofendía sólo a ella, cuando su corazón aún palpitaba de gozo y gratitud por William. Y tras retirar dos veces la mano, e intentar dos veces apartarse de él en vano, se levantó y dijo, con gran agitación:

—Por favor, señor Crawford; le ruego que no siga. Me es muy desagradable esta clase de conversación. Debo irme. No puedo soportarla.

Pero él continuó hablando, siguió describiendo sus sentimientos, solicitando ser correspondido y, finalmente, con palabras tan claras que no podían tener un solo significado incluso para ella, le ofreció su mano, su persona, su fortuna, cuanto poseía. Ya estaba… lo había dicho. El asombro y la confusión de Fanny eran enormes; y aunque aún no acababa de creer que hablaba en serio, apenas podía tenerse de pie. Él insistió en que le diera una respuesta.

—No, no, no —exclamó ella, ocultándose el rostro—. Todo esto es absurdo. No me haga sufrir, no puedo seguir escuchando. Su amabilidad con William hace que me sienta más agradecida de lo que pueden expresar las palabras; pero no quiero, no puedo soportar, no debo escuchar semejante… No, no piense en mí. Pero no está pensando en mí. Sé que todo esto no significa nada.

Se había apartado instintivamente de él, y en ese momento se oyó a sir Thomas que hablaba a un criado camino de la habitación donde estaban. No había tiempo para más declaraciones ni súplicas, aunque era una cruel necesidad tener que separarse en un momento en que a su espíritu optimista y seguro de sí le parecía que el único obstáculo para la felicidad a la que aspiraba era la molestia de ella. Fanny se apresuró a salir por la puerta opuesta a la que se acercaba su tío; y antes de que sir Thomas terminara de pronunciar sus palabras de cortesía y de disculpa, o que empezase a oír la feliz noticia que su visitante venía a comunicar, estaba ella en la habitación del este, paseando de arriba abajo y sumida en la mayor confusión de sentimientos contradictorios.

Fanny sentía, pensaba, tenía miedo de todo: estaba nerviosa, feliz, desdichada, infinitamente agradecida, absolutamente enojada. ¡Todo resultaba increíble! ¡El señor Crawford era imperdonable, incomprensible! Sus hábitos eran tales que no se podía hacer nada sin una mezcla de maldad. Primero la había hecho la más feliz de las criaturas humanas, y a continuación la había ofendido... No sabía decir, cómo calificarlo, cómo considerarlo. No quería tomarlo en serio; sin embargo, ¿cómo disculpar el empleo de tales palabras y proposiciones, si sólo eran para juzgar sus sentimientos?

Pero William era teniente; ése era un hecho indudable, y sin sombra alguna. Tendría eso siempre presente y olvidaría lo demás. Desde luego, el señor Crawford no se dirigiría a ella nunca más en esos términos: debió de ver lo mal que le había sentado; y entonces, ¡con cuánto agradecimiento lo estimaría por su amistad con William!

Sólo salió de la habitación del este para acercarse al remate de la escalinata, y únicamente para comprobar si el señor Crawford había abandonado la casa, pero cuando estuvo segura de que se había ido, bajó ansiosa para ver a su tío y tener la dicha de percibir en él una alegría parecida a la suya, y disfrutar de sus conjeturas sobre cuál sería ahora el destino de William. Sir Thomas se mostró todo lo contento que ella podía desear, y muy amable y comunicativo; y tuvo con él una conversación tan grata sobre William que la hizo sentirse como si nada ofensivo hubiese ocurrido; hasta que, al final, supo que el señor Crawford había prometido volver ese mismo día para cenar con ellos. La noticia fue de lo más desagradable; porque él podía pensar que no había ocurrido nada, para ella iba a ser muy violento volverlo a ver tan pronto.

Trató de sobreponerse, trató con todas sus fuerzas, a medida que se acercaba la hora de la cena, de mostrarse y parecer normal; pero le fue imposible ocultar su timidez y desasosiego cuando el invitado entró en el salón. No había imaginado que ninguna circunstancia llegara a producirle tantos sentimientos dolorosos el primer día de conocer el ascenso de William.

No sólo estaba el señor Crawford en la habitación; un momento después se hallaba junto a ella. Le traía una nota de su hermana. Fanny no fue capaz de mirarlo, pero no notó en el tono de su voz huella alguna de su anterior desatino. Fanny abrió la nota inmediatamente, contenta de tener algo que hacer, y feliz de observar, mientras leía, que los movimientos impacientes de su tía Norris, que también cenaba allí, la ocultaban un poco de la vista:

Mi querida Fanny (ahora siempre podré llamarla así, para infinito alivio de mi lengua, que lleva atascándose con el señorita Price durante las últimas seis semanas). No puedo dejar que mi hermano se vaya sin mandarle por él unas líneas de felicitación, y dar mi más jubiloso consentimiento y aprobación. Adelante, mi querida Fanny, y sin miedo; no puede haber dificultades dignas de mención. Quiero suponer que la seguridad de mi consentimiento tendrá su peso; así que puede dedicarle la más dulce de sus sonrisas esta tarde, y devolvérmelo incluso más feliz de lo que ahora va.

Con todo cariño
M.C.

No eran éstas las palabras que pudieran tranquilizar a Fanny, porque aunque las leyó con demasiada prisa y confusión para hacerse más clara la idea de lo que debía decir la señorita Crawford, era evidente que pretendía felicitarla por el afecto de su hermano, e incluso *parecer* creer que iba en serio. No sabía qué hacer ni qué pensar. La idea de que fuese en serio la angustiaba; todo se le volvía perplejidad y nerviosismo. Cada vez que el señor Crawford le dirigía la palabra, y lo hacía demasiado a menudo, se llenaba de inquietud, y le asustaba notarle en la voz y en la actitud cuando se dirigía a ella un algo muy diferente de lo que había al hablar con los demás. Ese día se le estropeó la cena por completo; apenas comió nada; y cuando sir Thomas comentó de buen humor que la alegría le había quitado el apetito, estuvo a punto de desmayarse de vergüenza, por miedo a cómo lo interpretase el señor Crawford, porque, aunque nada la habría tentado a volver los ojos hacia la derecha, donde estaba él sentado, notaba los suyos directamente dirigidos hacia ella.

Estuvo más callada que nunca. Apenas habló cuando salió a relucir el tema de William, ya que su ascenso le venía de la derecha también, y tenía una connotación dolorosa.

Le parecía que lady Bertram seguía sentada más tiempo de lo que solía, y empezó a pensar con desesperación en escaparse; pero finalmente se trasladaron al salón, y pudo pensar a gusto mientras terminaban a su modo con el tema del nombramiento de William.

La señora Norris parecía tan contenta por el ahorro que iba a suponer a sir Thomas, como por todo lo demás. Ahora William podía mantenerse a sí mismo, lo que sería muy distinto para su tío; porque no se sabía lo que le había costado; y desde luego habría alguna diferencia en los regalos de ella también. Estaba muy contenta de haberle dado a William lo que le dio al marcharse; muy contenta de haber podido hacerlo sin demasiada dificultad en aquel momento; de darle algo de cierta importancia, por lo menos para ella, cuyos medios eran tan limitados, porque ahora podría contribuir más a equipar su camarote. Sabía que debía hacer algún gasto, que tendría que comprar muchas cosas; aunque, desde luego, sus padres procurarían que todo fuese barato. Pero se alegraba mucho de contribuir a ello con su óbolo.

—Me alegro de que le dieras una cantidad algo importante —dijo lady Bertram con la más ingenua tranquilidad—; porque yo sólo le di diez libras.

—¿De verdad? —exclamó la señora Norris, ruborizándose—. ¡Válgame Dios! Debió marcharse con los bolsillos llenos. ¡Y encima le salió gratis el viaje a Londres!

—Sir Thomas me dijo que diez libras era suficiente.

La señora Norris no tenía ganas de discutir la idea de la suficiencia del dinero, por lo que abordó la cuestión desde otro ángulo:

—¡Es asombroso! —dijo—, lo que cuestan los jóvenes a sus amigos, tanto para educarlos como para lanzarlos al mundo. Ellos no se imaginan cuánto; y lo que les tienen que pagar sus padres, o sus tíos y tías, a lo largo de un año. Ahí están los hijos de mi hermana Price; sumados en total, seguro que nadie le creería la cantidad que le cuestan al año a sir Thomas, y no hablo de lo que yo hago por ellos.

—Tienes mucha razón en lo que dices, hermana. Pero ¡pobres chicos! Ellos no tienen la culpa; y tú sabes que a sir Thomas no le supone mucho. Fanny quisiera que William no se olvidara de traerme un chal, si visita las Indias Orientales; y yo le daría una comisión por cada cosa que valga la pena. Ojalá vaya a las Indias Orientales y me traiga mi chal. Creo que voy a querer dos, Fanny.

Entretanto, Fanny, que hablaba sólo cuando no tenía más remedio, se esforzaba en entender qué se proponían el señor y la señorita Crawford. Todo parecía estar en contra de que fueran en serio, salvo las palabras y la actitud de él. Todo lo natural, lo probable y lo razonable estaba en contra: sus respectivos hábitos, sus maneras de pensar y todo lo que ellos consideraban meritorio o despreciable. ¿Cómo podría ella haber despertado un afecto serio en un hombre que había conocido a tantas mujeres, que era admirado por tantas, que había flirteado con tantas que eran infinitamente superiores a ella, y que parecía tan poco inclinado a sentimientos estables, aún cuando se hubieran hecho tantos esfuerzos por agradarle; que opinaba de manera tan despectiva, tan despreocupada, tan insensible, sobre cuestiones que tanto representaban para todo el mundo y parecía no encontrar nada esencial para él? Y más aún, ¿cómo imaginar que su hermana, con todas sus ideas elevadas y mundanas del matrimonio, alentara algo formal en esa dirección? Nada podía haber menos natural en uno y otro. Fanny se avergonzaba de sus propias dudas. Cualquier cosa era posible, antes que un afecto serio o una seria aprobación de tal afecto hacia ella. Había llegado a este convencimiento cuando se les unieron sir Thomas y el señor Crawford. Lo difícil fue mantener tal convicción cuando el señor Crawford estuvo en la habitación; porque le dirigió una o dos veces una mirada que ella no supo qué significado corriente atribuirle; en cualquier otro hombre, al menos, habría dicho que significaba algo muy explícito y formal. Sin embargo, trató de creer que no expresaba sino lo que podía haber dirigido a sus primas o a cincuenta mujeres más. Fanny creía que él quería hablar con ella sin que los demás los oyesen. Le parecía que lo había estado intentando toda la noche, a intervalos, cada vez que sir Thomas se ausentaba de la habitación, o hablaba con la señora Norris; pero ella le rehuía cuidadosamente en cada ocasión.

—Por fin —un "por fin" para el nerviosismo de Fanny, aunque no demasiado tardío; él comenzó a hablar de irse. Pero el alivio de tal anuncio se disipó al volverse hacia ella a continuación y decir:

—¿No tiene nada que mandarle a Mary? ¿Alguna respuesta a su carta? Se sentirá decepcionada si no recibe nada de usted. Por favor, escríbale algo; aunque sea una línea.

—¡Ah, sí, claro! —exclamó Fanny, levantándose apresuradamente, aunque en plena confusión y con muchas ganas de escabullirse—. Ahora mismo le escribo.

Así que fue a la mesa donde tenía costumbre de escribir para su tía, y preparó las cosas sin saber en absoluto qué iba a poner. Sólo había leído una vez la nota de la señorita Crawford, y le resultaba angustioso contestar a algo que había entendido sólo a medias. Totalmente inexperta en esta clase de notas, de haber habido tiempo para aprensiones y temores en cuanto al estilo los habría sentido en abundancia; pero debía escribir algo al instante; y con el único sentimiento claro, el de que no quería dar a entender que ella no pensaba en nada formal, escribió así, con gran temblor de espíritu y de mano:

Mi querida señorita Crawford. Muchas gracias por su amable felicitación respecto a William. El resto de su nota sé que carece de importancia, aunque estoy tan por debajo de nada de esta naturaleza que espero que me perdone si le ruego que haga caso omiso. He visto demasiado al señor Crawford para no conocer sus costumbres; si él me ha comprendido bien, tal vez se comporte de manera diferente. No sé qué estoy proponiendo, pero me hará un gran favor si no vuelve a mencionar el asunto.

Agradeciéndole la atención de su nota, la saluda atentamente... etcétera.

Apenas se entendía el final debido a su miedo cada vez mayor, porque se dio cuenta de que el señor Crawford, con el pretexto de recoger la nota, se estaba acercando.

—No vengo a darle ninguna prisa —dijo en voz baja al notar la asombrosa agitación con que redactaba la nota—. Nada más lejos de mi intención. No se dé prisa, se lo ruego.

—¡Gracias, ya está, ya he terminado!... En seguida estará preparada. Le estaré muy agradecida si tiene la bondad de entregar esto a la señorita Crawford.

Le tendió la nota, y él tuvo que tomarla; y como ella, evitando mirarlo, se dirigió inmediatamente a la chimenea, donde estaban sentados los demás, el señor Crawford no tuvo otra cosa que hacer que marcharse.

Fanny pensó que jamás había tenido un día más agitado, de más dolor y placer; pero por fortuna, el placer no era de los que desaparecen con el día; porque cada día le devolvería el conocimiento del ascenso de William; mientras que esperaba que el dolor no volvería más. No dudaba de que la nota parecería muy mal escrita, que su redacción avergonzaría a un niño, porque la angustia no le había permitido ningún orden; pero al menos les haría ver que ni la engañaban ni la halagaban las atenciones del señor Crawford.

32

No se había olvidado Fanny del señor Crawford ni mucho menos, al despertar por la mañana; pero recordó el contenido de su nota, y no se sintió menos confiada en cuanto a su efecto la noche anterior. ¡Ojalá se fuera el señor Crawford! Ése era su deseo más vehemente: que se fuera y se llevara a su hermana con él, como debía hacer, y como había sido su intención al volver a Mansfield. Y no se le ocurría por qué no lo había hecho ya; porque desde luego la señorita Crawford no quería aplazar su marcha. Fanny había esperado que anunciara la fecha durante la visita de la víspera; pero el señor Crawford sólo dijo que no tardarían mucho en hacer este viaje.

Estaba tan satisfecha en cuanto a la convicción que su nota transmitiría, que no pudo por menos de asombrarse al ver al señor Crawford, como se le vio por casualidad, subiendo hacia la casa otra vez, y a la misma hora temprana que el día anterior. Quizá su llegada no tenía nada que ver con ella, pero debía evitarlo en lo posible, y como en ese momento Fanny subía a su habitación, decidió quedarse allí durante toda su visita, a menos que la mandasen llamar. Puesto que como la señora Norris estaba todavía en casa, parecía que había poco peligro de que la necesitaran.

Estuvo un rato nerviosísima, escuchando, temblando y temiendo que la llamasen en cualquier momento; pero ningún ruido de pasos se acercaba a la habitación del este, así que se fue serenando poco a poco, se sentó, y fue capaz de ponerse a hacer algo, y de esperar que el señor Crawford hubiera venido y se fuera sin tener ella nada que ver en el asunto.

Había transcurrido casi media hora, y estaba ya bastante tranquila, cuando oyó de repente unos pasos regulares; unos pasos pesados, inusitados en esa parte de la casa: eran los de su tío. Los reconocía igual que la voz; había temblado igual de veces al oírlos, y empezó a temblar ante la idea de que subiera a hablar con ella, fuera cual fuese el motivo. Efectivamente, fue sir Thomas quien abrió la puerta, y preguntó si estaba ella allí y si podía entrar. A Fanny se le renovó el terror de sus antiguas visitas ocasionales a esa habitación, y se sintió como si fuera a interrogarla nuevamente en francés e inglés.

Fanny se mostró muy atenta, no obstante, despejando una silla para él y tratando de aparentar que se sentía honrada. Y dominada por la agitación, se le olvidaron por completo las carencias del aposento, hasta que él, deteniéndosele de repente, dijo con gran sorpresa:

—¿Por qué no tienes hoy encendida la chimenea?

Había nieve afuera, y Fanny estaba con un chal. Vaciló.

—No tengo frío, señor. No suelo estar aquí mucho tiempo, en esta época del año.

—Pero, ¿la tienes encendida normalmente?

—No, señor.

—¿Cómo es eso? Aquí debe haber un error. Tenía entendido que utilizabas esta habitación para estar cómoda. Sé que no tienes chimenea en tu dormitorio. Aquí hay un malentendido que hay que corregir. No te conviene nada estar aquí, aunque sólo sea media hora al día, sin tener la chimenea encendida. No eres fuerte y sé que eres muy sensible al frío. Seguro que tu tía no sabe nada de esto.

Fanny hubiera preferido guardar silencio, pero dado que estaba obligada a hablar, no pudo abstenerse de decir, en justicia de la tía que más amaba, algo en lo que destacaron las palabras "mi tía Norris".

—Entiendo —exclamó su tío recapacitando, y no deseando oír más—, entiendo. Tu tía Norris ha sido siempre partidaria, muy atinadamente, de educar a los jóvenes sin complacencias innecesarias; aunque todo tiene su justo medio. Ella es una mujer muy fuerte, lo cual influye naturalmente en su opinión sobre las necesidades de los demás. Y por otro motivo también, puedo comprenderlo perfectamente. Sé cuáles han sido siempre sus sentimientos. El principio es bueno en sí mismo; pero quizá en tu caso se ha llevado, creo, demasiado lejos.

Sé que a veces, en determinadas cosas, se han hecho distinciones indebidas; pero yo tengo un gran concepto de ti, Fanny, para pensar que puedas guardar resentimiento alguno por este motivo. Tú tienes una comprensión que te impedirá ver sólo un lado de las cosas, y juzgar el caso con parcialidad. Mirarás el pasado en su conjunto, considerarás los momentos, las personas y las probabilidades, y comprenderás que no eran sino amigos los que te educaron y prepararon para esta condición mediocre que *parecía* ser tu destino. Aunque puede que al final su cautela se revele innecesaria, su intención era amable; y de una cosa puedes estar segura: que toda ventaja de la abundancia se doblará en virtud de las pequeñas privaciones y restricciones que se te hayan podido imponer. Estoy seguro de que no defraudarás la opinión que tengo de ti, dejando de tratar en todo momento a tu tía Norris con el respeto y la atención que se merece; pero ya está bien. Siéntate, querida; debo hablar contigo unos minutos; no te entretendré demasiado.

Fanny obedeció con los ojos bajos y el color subido. Tras un momento de silencio, sir Thomas, tratando de reprimir una sonrisa, prosiguió:

—Quizá no sepas que he tenido una visita esta mañana. Esta mañana, a poco de haberme encerrado en mi despacho después de desayunar, me han pasado al señor Crawford. Probablemente adivinas cuál era el asunto que traía.

Fanny estaba cada vez más ruborizada; y su tío, al verla turbada a tal punto que le era completamente imposible hablar o siquiera levantar los ojos, desvió la mirada, y sin más pausa prosiguió su relación de la visita del señor Crawford.

El asunto que había traído al señor Crawford era declararse enamorado de Fanny, hacer decididas proposiciones matrimoniales y solicitar la sanción de su tío, que parecía ocupar el lugar de los padres; y lo había hecho todo tan bien, con tanta franqueza, tanta liberalidad y tanta corrección, que sir Thomas, pereciéndole además que sus propias respuestas y observaciones habían sido oportunísimas, se sentía muy feliz de darle los detalles de la conversación… Ignorante de lo que pasaba por la cabeza de su sobrina, imaginó que con dichos detalles le daba sin duda una alegría mucho mayor que la que él mismo sentía. Así habló durante varios minutos sin que Fanny se atreviera a interrumpirlo; casi no sentía deseos de hacerlo. Tanía el cerebro demasiado confuso. Había cambiado de postura, y con los ojos clavados en una de las ventanas, escuchaba a su tío con enorme turbación, y casi con terror. Calló sir Thomas un momento, aunque ella apenas se dio cuenta, y dijo a continuación, levantándose de la silla:

—Y ahora, Fanny, una vez que he cumplido parte de mi misión, y te lo he expuesto todo sobre una base firme y satisfactoria, puedo cumplir la restante, y requerirte para que me acompañes abajo, en donde, aunque confío no haber sido un compañero inaceptable, debo reconocer que encontrarás a alguien más merecedor de que lo escuches. El señor Crawford, como sin duda habrás adivinado, todavía está en casa. Se encuentra en mi despacho, esperando verte.

Hubo una mirada, un sobresalto, una exclamación, al oír esto último, que dejó asombrado a sir Thomas; pero cómo aumentó su asombro al oírla exclamar:

—¡Ah, no, señor! No puedo, no puedo bajar a verlo. El señor Crawford debería saberlo… debería saber que… Ayer le dije lo suficiente para convencerlo; ayer me habló de esto, y le dije sin rodeos que no estaba en mi poder responder a su buena opinión.

—No entiendo qué quieres decir —dijo sir Thomas, sentándose otra vez—. ¿No está en tu poder corresponder a su buena opinión? ¿Eso qué significa? Sé que ayer habló contigo, y (a lo que yo entiendo) recibió todas las esperanzas que una joven juiciosa se permitiría conceder. Me sentí muy complacido con lo que deduje que tu actitud en ese momento indicaba una discreción altamente encomiable. Pero ahora, cuando él ha hecho de manera tan correcta y honrosa sus proposiciones… ¿cuáles son tus escrúpulos ahora?

—Se equivoca, señor —exclamó Fanny; empujada por la ansiedad del momento, llegando incluso a decirle a su tío que se equivocaba—. Se equivoca por completo. ¿Cómo puede decir el señor Crawford una cosa así? Yo no le di ninguna esperanza ayer. Al contrario, le dije… No recuerdo las palabras exactas, pero estoy segura de que le dije que no quería escucharlo, que me era muy desagradable en todos los sentidos y que le rogaba que no me volviera a hablar de ese modo nunca más. Estoy segura de que le dije todo eso y más; y que le habría dicho más aún si hubiera sabido que sus intenciones eran formales; pero no quería, no podía consentir que se imputase a mis palabras más de lo que querían decir. Pensé que lo daría todo por olvidado.

No pudo decir más; casi se había quedado sin aliento.

—¿Debo entender —dijo sir Thomas tras unos momentos de silencio— que piensas *rechazar* al señor Crawford.

—Sí, señor.

—¿Lo rechazas?

—Sí, señor.

—¿Que rechazas al señor Crawford? ¿Con qué pretexto? ¿Por qué motivo?

—Yo… yo, señor, no lo quiero lo bastante como para casarme con él.

—¡Qué cosa más extraña! —dijo sir Thomas en un tono de sereno disgusto—. Esto es algo que no alcanzo a comprender. Aquí hay un joven que desea solicitarte, a quien todo lo hace recomendable, no sólo por su posición social, su fortuna y su carácter, sino por una afabilidad poco común, y un trato y modales encantadores con todo el mundo. Y no es una amistad de ahora; tú lo conoces desde hace tiempo. Su hermana, además, es íntima amiga tuya. Aparte de lo que ha hecho por tu hermano, que yo habría supuesto que casi era suficiente recomendación para ti, de no haber existido ninguna otra. Dudo mucho que mis gestiones hubieran podido ayudar a William a progresar. Él, en cambio, lo ha hecho.

—Sí —dijo Fanny con voz apagada y mirando al suelo, ruborizada otra vez, y casi sintió vergüenza de sí misma por no amar al señor Crawford, después del retrato que su tío había hecho.

—Has debido darte cuenta —prosiguió sir Thomas poco después—, has debido darte cuenta de la especial actitud del señor Crawford hacia ti desde hace algún tiempo. No puede haberte pasado inadvertida. Tienes que haber notado sus atenciones; y aunque siempre las has recibido con gran discreción (no tengo ninguna censura que hacer a ese respecto), nunca he notado que te resultaran desagradables. Casi me inclino a creer, Fanny, que no conoces bastante tus propios sentimientos.

—¡Ah, sí, señor! Claro que sí. Sus atenciones han sido siempre… lo que no me ha gustado.

Sir Thomas la miró con más grave sorpresa.

—Eso se me escapa —dijo—. Necesita una explicación. Dado que eres joven, y has tenido poco trato, es casi imposible que tus afectos…

Calló y se quedó mirándola fijamente. Vio que sus labios dibujaban un "no", aunque no articuló sonido alguno. Pero su cara estaba roja. Esto, sin embargo, en una muchacha tan tímida, podía ser perfectamente compatible con la inocencia; y decidiendo aparentar al menos que se daba por satisfecho, añadió rápidamente:

—No, no. Sé que eso es imposible, totalmente imposible. Bueno, no hay nada más que hablar.

Y durante unos minutos no dijo nada. Se quedó meditabundo; y su sobrina también meditaba en silencio, tratando de cobrar fuerzas y prepararse para afrontar nuevas preguntas. Prefería morir antes que confesar la verdad, y esperaba, reflexionando un poco, fortalecerse lo bastante para no delatarse.

—Aparte del interés que parecía presentar la elección del señor Crawford —dijo sir Thomas, empezando a hablar otra vez, con gran serenidad—, su deseo de casarse tan pronto es algo que, para mí, habla en su favor. Soy partidario de los matrimonios jóvenes cuando hay medios adecuados, y quisiera que todos los jóvenes con fortuna suficiente, una vez cumplidos los veinticuatro años, se casaran cuanto antes. Es tan firme mi opinión en eso, que lamento pensar cuán poco probable es que mi hijo mayor, tu primo, se case pronto; de momento, a lo que puedo ver, el matrimonio no forma parte de sus planes o de sus pensamientos. Ojalá fuera más inclinado a establecerse. —Aquí lanzó una mirada a Fanny—. A Edmund lo considero mucho más inclinado a casarse pronto que a su hermano. A decir verdad, me parece que últimamente ha conocido a la mujer que podría amar, cosa que no le ha ocurrido a su hermano mayor, estoy convencido. ¿No tengo razón? ¿No estás de acuerdo conmigo, querida?

—Sí, señor.

Lo dijo suave, pero serenamente; y sir Thomas se sintió aliviado por lo que tocaba a los primos. Pero no valió a su sobrina que depusiera su alarma, y al ver que seguía en su decisión de no explicarse, su disgusto aumentó. Se levantó y se puso a dar vueltas por la habitación, con un ceño que Fanny podía imaginar, aunque no se atrevía a levantar los ojos; y poco después, con voz autoritaria, dijo:

—¿Tienes algún motivo, criatura, para pensar mal del carácter del señor Crawford?

—No, señor.

Hubiera deseado añadir con vehemencia: "Pero sí de sus principios", pero flaqueó ante la horrible perspectiva de discutir, explicar y probablemente no convencer. La mala opinión que tenía de él se fundaba sobre todo en observaciones que, por sus primas, no se atrevía a mencionar a su tío. María y Julia —especialmente María— estaban tan estrechamente implicadas en la conducta censurable del señor Crawford que no podía condenar su carácter, según ella creía, sin delatarlas. Había esperado que el simple hecho de reconocer ella que le producía aversión hubiera sido suficiente para un hombre como su tío, tan perspicaz, tan honorable, tan bueno. Para su infinito pesar, había descubierto que no era así.

Sir Thomas se acercó a la mesa donde ella estaba sentada, temblando de angustia, y dijo con fría severidad:

—Veo que es inútil hablar contigo. Será mejor que demos por terminada esta penosa conferencia. No debemos tener esperando al señor Crawford. Añadiré solamente, porque creo que es mi deber decir mi opinión sobre tu actitud, que has defraudado todas las esperanzas que yo había concebido, y has revelado un modo de ser muy diferente del que yo te suponía. Porque me había formado, Fanny, como creo que debe haberte demostrado mi conducta, una opinión de ti muy favorable desde mi regreso a Inglaterra. Te creía especialmente exenta de terquedad, de engreimiento y de toda propensión a esa independencia de espíritu que impera en estos tiempos modernos incluso entre las jóvenes, y que es en ellas más escandalosa y desagradable que ninguno de los defectos comunes. Pero ahora me has demostrado que puedes ser terca y perversa, que puedes y quieres decidir por ti misma, sin ninguna consideración ni deferencia a quienes sin duda tienen cierto derecho a guiarte, y sin pedirles siquiera consejo. Te has mostrado muy, muy diferente de cuanto yo había imaginado. En esta ocasión no parece que haya pasado para nada en tus pensamientos la ventaja y desventaja de tu familia, de tus padres, de tus hermanos. Para ti no significa nada que ellos hubieran podido beneficiarse de tu unión y lo que se hubieran alegrado por ella. Tú sólo piensas en ti misma, y porque no sientes por el señor Crawford exactamente lo que una imaginación joven y ardiente imagina que es necesario para la felicidad, decides rechazarlo sin más, sin querer pensarlo un momento siquiera, sin tomarte un poco más de tiempo para meditarlo con tranquilidad, y para analizar de verdad tus propias inclinaciones; y en un arrebato de desatino arrojas por la borda una oportunidad de situarte en la vida de una manera deseable, honorable, noble, como probablemente no se te volverá a presentar. Aquí hay un joven con juicio, carácter, temperamento, modales y fortuna sumamente prendado de ti, y que aspira a tu mano de la manera más correcta y desinteresada, Pues deja que te diga, Fanny, que puede que vivas dieciocho años más en el mundo sin ser solicitada por un hombre con la mitad de fortuna que Crawford, o la décima parte de sus méritos. Con gusto le hubiera otorgado yo a cualquiera de mis hijas. María está notablemente casada; pero de haber solicitado el señor Crawford la mano de Julia, se la habría dado con la más sincera satisfacción que concedí la de María al señor Rushworth. —Tras guardar silencio un momento—: Y me habría sorprendido muchísimo si cualquiera de ellas, al recibir una proposición de matrimonio sólo la mitad de deseable que ésta, hubiera respondido inmediata y perentoriamente, y sin hacer caso de mi opinión ni tener la atención de consultarme, con tan clara negativa. Mucho me habría sorprendido, y dolido, ese proceder. Lo habría considerado una grosera violación del deber y el respeto. Tú no tienes por qué ser juzgada con la misma regla. No tienes conmigo las obligaciones de una hija. Pero, Fanny, si tu conciencia puede absolverte de ingratitud…

Calló. Fanny lloraba tan amargamente que, pese a lo irritado que estaba, no quiso seguir por ese camino. Casi le había destrozado el corazón con el retrato que había hecho de ella, con sus acusaciones tan fuertes, tan variadas, tan crecientes en espantosa gradación… "¡terca, obstinada, egoísta, desagradecida". Todo esto pensaba de ella. Había defraudado sus esperanzas, había echado a perder su buena opinión. ¿Qué iba a ser de ella?

—Lo siento muchísimo —dijo con voz temblorosa, entre sollozos—. Lo siento muchísimo, muchísimo.

—¿Lo sientes? Sí, espero que lo sientas; y probablemente tendrás motivos para sentir durante mucho tiempo las transacciones de ese día.

—Si me fuera posible hacer otra cosa —dijo, con otro gran esfuerzo—; pero estoy totalmente convencida de que jamás podré hacerlo feliz, y que yo sería desdichada.

Volvió a prorrumpir en lágrimas; pero a pesar de las lágrimas, y a pesar de la tremenda y oscura palabra *desdicha* que sirvió para iniciarlas, sir Thomas empezó a pensar que quizá tenían que ver con algún ablandamiento, algún cambio de inclinación, y un buen augurio para las solicitudes del propio joven. Sabía que era muy tímida y extremadamente nerviosa, y pensó que no era improbable que se hallara en un estado de ánimo tal que un poco de tiempo, un poco de presión, un poco de paciencia y un poco de impaciencia, una mezcla discreta de todo eso por parte del enamorado, pudieran producir el efecto acostumbrado. Si el caballero persevera, si está lo bastante enamorado como para perseverar… Sir Thomas empezó a abrigar esperanzas; y una vez que le pasaron estas reflexiones por la cabeza, se animó.

—Está bien —dijo en un tono de correcta gravedad, aunque menos irritado—; está bien, criatura. Seca tus lágrimas. Llorar no sirve de nada; no te puede sentar bien. Ahora debes bajar conmigo. El señor Crawford lleva ya demasiado rato esperando. Debes darle tu propia respuesta; no podemos esperar que se contente con menos; y sólo tú puedes explicarle la razón de esos sentimientos equivocados que, desgraciadamente para él, ha despertado en ti. Yo no soy capaz.

Pero Fanny mostró tal aversión, tal angustia ante la idea de bajar a verlo, que sir Thomas, tras meditar un momento, pensó que era mejor dejarla, con lo cual se hundieron un poco sus esperanzas respecto al caballero y la dama; pero cuando miró a su sobrina, y vio el estado en que el llanto le había dejado la cara y la tez, pensó que quizá una entrevista inmediata haría que se perdiera lo ganado. Así que, tras unas palabras sin significado especial, se marchó solo, dejando a su pobre sobrina llorando lo sucedido y sintiéndose muy desdichada.

Tenía el espíritu completamente alterado. El pasado, el presente, el futuro, todo era terrible. Pero lo que más le dolía era el enojo de su tío. ¡Egoísta y desagradecida! ¡Haberle parecido eso a él! Sería eternamente desventurada. No tenía a nadie que la defendiera, la aconsejara o hablara en su favor. Su único amigo estaba ausente. Él podía haber aplacado a su padre; pero todos, todos quizá, la juzgarían egoísta y desagradecida. Quizá tendría que soportar el reproche una y otra vez; podría oírlo, o verlo, o saber que estaba ahí, de alguna manera presente entre los que la rodeaban. No pudo menos que sentir cierto rencor hacia el señor Crawford. Pero ¿y si la amaba verdaderamente, y era desgraciado él también? Todo sería una desdicha.

Un cuarto de hora después regresó su tío. Casi estuvo a punto de desmayarse al verlo. Pero se dirigió a ella en un tono sereno, sin severidad, sin reproche; y eso la animó un poco. En sus actitudes y sus palabras había un dejo de consuelo, cuando dijo:

—El señor Crawford se ha ido, acaba de despedirse. No necesito repetir lo que ha pasado. No quiero añadir más dolor al que debes estar experimentando, contándote lo que ha sentido él. Bata que sepas que se ha portado de la manera más noble y generosa; me ha confirmado la opinión sumamente favorable acerca de su juicio, su corazón y su carácter. Al explicarle tus motivos, inmediatamente, y con la mayor delicadeza, ha dejado de insistir en verte de momento.

Fanny había alzado los ojos ante su tío, pero al oír esto volvió a bajarlos.

—Naturalmente —prosiguió su tío—, no cabe suponer sino que pedirá hablar contigo a solas, aunque sólo sea unos minutos; petición muy natural, y derecho demasiado justo para negárselo. Pero no ha fijado tiempo alguno; puede ser mañana, o cuando tu ánimo se haya serenado lo suficiente. De momento, lo único que tienes que hacer es tranquilizarte. Reprime esas lágrimas; no harán sino agotarte. Si, como quiero suponer, deseas mostrarme algún respeto y acatamiento, no te abandonarás a esas lágrimas, sino que te esforzarás en alcanzar una mayor presencia de ánimo. Te aconsejo que salgas; el aire te sentará bien; sal a pasear una hora por el camino de grava, tendrás los arbustos para ti sola, y el aire y el ejercicio harán que te sientas mejor. Y, Fanny —volviéndose otra vez un instante—, no mencionaré abajo lo ocurrido; no se lo diré ni siquiera a tu tía Bertram. No es el momento de propagar una decepción; no digas nada tú tampoco.

Ésa era una orden que iba a obedecer encantada; era un gesto de amabilidad que a Fanny le llegó al corazón; sobre todo porque le ahorraba los interminables y agrios reproches de la tía Norris. Sir Thomas la dejó con cierto rubor de gratitud. Cualquier cosa sería más soportable que esos reproches. Incluso ver al señor Crawford sería menos abrumador.

Salió inmediatamente, como le había recomendado su tío, y siguió su consejo en todo lo que pudo; reprimió las lágrimas y trató sinceramente de serenar su ánimo y fortalecer su espíritu. Quería demostrarle que deseaba complacerlo, e intentó ganarse su favor; y al mandarle que evitara que sus tías se enterasen de asunto le había dado otro poderoso motivo de esfuerzo. No despertar sospechas con su expresión o su actitud era el objetivo que debía conseguir; y se sentía con fuerzas para casi todo lo que pudiera salvarla de su tía Norris.

Cuando regresó a su habitación del este, se quedó estupefacta al ver que en la chimenea brillaba un estupendo fuego... ¡Un fuego! Le pareció demasiado; ¡tener con ella semejante consideración precisamente en un momento como éste le despertó un sentimiento de gratitud que le resultaba casi doloroso. La sorprendió que sir Thomas pudiera tener humor para pensar en tal insignificancia otra vez; pero no tardó en averiguar, por información espontánea de la criada que entró a atender el fuego, que así iba a ser todos los días. Sir Thomas había dado órdenes en ese sentido.

—¡Tendría que ser una estúpida si en verdad fuera desagradecida! —dijo hablando consigo misma—. ¡Dios me libre de ser desagradecida!

No volvió a ver a su tío, ni a su tía Norris hasta la hora de cenar. La actitud de su tío entonces fue muy parecida a la que había tenido anteriormente; estaba segura de que pretendía que no hubiera ningún cambio, y que sólo serían figuraciones suyas si creía percibir alguno. Pero no tardó su tía en meterse con ella, y cuando vio cómo se extendía regañándola por el simple hecho de haber salido a pasear sin el consentimiento de su tía, comprendió cuánta razón había tenido en bendecir la amabilidad que la había salvado de que ejerciera esa misma animadversión sobre un tema de mayor trascendencia.

—De haber sabido que ibas a salir, te habría mandado que fueras a mi casa a llevar un recado al ama —dijo—; y por no encontrarte he tenido que ir yo misma, con el poco tiempo que tenía; bien podrías haberme ahorrado la molestia simplemente dignándote informarnos de que ibas a salir. Supongo que lo mismo te daba pasear por los arbustos que ir a mi casa.

—Fui yo quien le recomendó pasear por los arbustos, porque es un lugar más seco —dijo sir Thomas.

—¡Ah! —dijo la señora Norris, conteniéndose de momento—; ha sido usted muy amable, sir Thomas; pero no sabe lo seco que es el camino de mi casa. Fanny habría podido darse un paseo igual de bueno hasta allí, se lo aseguro, con la ventaja de haber hecho algo útil y complacer a su tía; pero la culpa es suya. Tendría que habernos dicho que iba a salir... pero a Fanny le pasa algo; ya se lo he notado otras veces; le gusta hacer las cosas a su manera; no le gusta que la manden; sale a pasear sola siempre que puede; desde luego, anda algo reservada, independiente y atontada, y le aconsejo que procure superar ese estado.

Sir Thomas pensó que no podía ser más injusta esta crítica a Fanny, aunque hacía poco había estado él mismo manifestándole estas mismas impresiones, y trató de desviar la conversación. Lo intentó varias veces, antes de conseguirlo, porque la señora Norris no tenía bastante discernimiento para darse cuenta, ni en ese momento ni en ningún otro, de hasta qué punto tenía sir Thomas buen concepto de su sobrina, ni de lo lejos que estaba de querer resaltar los méritos de sus hijos despreciando los de ella. La señora Norris siguió afeando la imagen de Fanny, y acusándola durante casi toda la cena de haber salido a pasear sola.

Finalmente terminó la cena y la velada se convirtió en algo más sosegado para Fanny e incluso con más animación de la que hubiera esperado después de una mañana borrascosa; pero confiaba, en primer lugar, de haber hecho bien, y en que su juicio no la hubiera inducido al error, porque creía poder responder de la pureza de sus intenciones, y, en segundo lugar, esperaba fervientemente que fuera disminuyendo el disgusto de su tío, y aún más cuando meditase el asunto con más imparcialidad y comprendiese, como debe comprender todo hombre bueno, qué desdichado, qué imperdonable, qué desesperado y qué terrible es casarse sin amor.

Al día siguiente, una vez celebrada la entrevista con que había sido amenazada, no pudo menos de esperar que el asunto se terminaría de manera definitiva, y que, en cuanto el señor Crawford se marchara de Mansfield, todo volvería a ser como si nada de aquello hubiese ocurrido. No quería, no podía creer que el afecto que el señor Crawford sentía por ella lo hiciera infeliz durante mucho tiempo; él no era de ese tipo de hombres. Una vez en Londres, pronto aprendería a asombrarse de su encaprichamiento, y a agradecer el que ella hubiera sido razonable, con lo que lo habría salvado de unas consecuencias no deseadas.

Estaba absorta Fanny en esta suerte de esperanzas, después del té, cuando su tío fue llamado fuera de la habitación; era algo demasiado corriente para que le extrañara, así que no pensó en ello hasta que reapareció el mayordomo, diez minutos después, y se acercó a ella decididamente, diciendo:

—Sir Thomas desea hablar con usted en su despacho, señora.

Entonces cayó en cuenta de lo que pasaba; la asaltó una sospecha que hizo que sus mejillas perdiesen el color. Pero se levantó inmediatamente, dispuesta a obedecer, cuando la señora Norris le dijo en voz alta:

—¡Espera, espera, Fanny! ¿Qué haces? ¿A dónde vas? No tengas tanta prisa. Seguro que no te reclama a ti, seguro que es a mí —mirando al mayordomo—; estás demasiado ansiosa de hacerte notar. ¿Para qué te iba a necesitar sir Thomas? Es a mí a quien requiere..., Baddely; voy ahora mismo. Seguro que es a mí, Baddely; a mí a quien necesita sir Thomas; no a Fanny.

Pero Baddely fue firme:

—No, señora, es a la señorita Price. Estoy seguro de que es a la señorita Price. —Y con esas palabras esbozó media sonrisa, como diciendo: "no creo que usted sirva para algo en esta ocasión".

La señora Norris, muy disgustada, se vio obligada a serenarse para volver a su labor; y Fanny, que salió presa de gran nerviosismo, se encontró un minuto después, tal como suponía, a solas con el señor Crawford.

33

La entrevista no fue ni tan breve ni tan concluyente como la dama había previsto. El caballero no se dejaba convencer fácilmente. Estaba dispuesto a perseverar, como deseaba sir Thomas. Era vanidoso, lo cual, en primer lugar, lo inclinaba poderosamente a pensar que ella lo amaba; aunque quizá sin saberlo; y en segundo lugar, cuando finalmente se vio obligado a admitir que la joven ignoraba de momento sus propios sentimientos, prefirió convencerse de que con el tiempo podría hacer de esos sentimientos lo que quisiera.

Estaba enamorado, muy enamorado; y era un amor que, al actuar sobre un espíritu activo y optimista, más ardiente que delicado, hacía que le pareciera más importante su afecto al verlo rechazado; y decidió tener la gloria, y la felicidad, de obligarla a amarlo.

No despertaría, no desistiría. Tenía muy fundadas razones para que su afecto fuera firme; sabía que Fanny tenía méritos que podían justificar las más cálidas esperanzas de una felicidad duradera con ella. Ahora mismo, su comportamiento, revelador del desinterés y la delicadeza de su carácter (cualidades que él juzgaba verdaderamente raras), era tal que hacía que aumentasen sus deseos y se confirmasen sus resoluciones. Ignoraba que pretendía asaltar un corazón ya tomado. No tenía la menor sospecha de eso. Antes bien, la consideraba una mujer que jamás había pensado lo bastante en el amor como para correr ningún peligro; que había sido guardada por la juventud, una juventud tan hermosa de espíritu como de persona; una mujer cuya modestia le había impedido comprender sus atenciones, y que aún estaba abrumada por lo repentino de tan inesperada solicitud y la novedad de una situación que su imaginación jamás había tenido en cuenta.

¿No debía seguirse de esto, naturalmente, que lograría su propósito en cuanto ella lo comprendiese? Estaba convencido. Un amor como el suyo, en un hombre como él, no tenía más remedio que conseguir su recompensa a base de perseverancia, y a no mucho tardar; y le deleitaba tanto la idea de obligarla a amarlo en breve lapso que apenas lamentaba que no lo amase ahora. Para Henry Crawford no era ningún mal tener que vencer una pequeña dificultad. Más bien le daba aliento. Había conquistado corazones con demasiada facilidad. La situación era nueva y excitante.

Para Fanny, sin embargo, que había topado con demasiada oposición en su vida para encontrar en ello ningún encanto, todo esto era incomprensible. Se dio cuenta de que se proponía perseverar; pero no entendía cómo podía hacer una cosa así, después del lenguaje que se había visto obligada a utilizar. Le había dicho que no lo amaba, que no podía amarlo, que estaba segura de que jamás lo amaría; que era totalmente imposible que cambiara de parecer, que el asunto le era muy doloroso, que debía suplicarle que no lo volviera a mencionar, que le permitiera retirarse inmediatamente, y que lo dieran todo por concluido para siempre. Y al insistir él una vez más, había añadido que en su opinión tenían un carácter tan radicalmente distinto que hacía incompatible un afecto mutuo; y que la naturaleza, la educación y la manera de ser los incapacitaban para congeniar. Todo esto se lo había dicho con la vehemencia de la sinceridad. Sin embargo, no fue suficiente, porque él negó al punto que hubiese nada incompatible en sus caracteres, ni nada contrapuesto en sus situaciones; y declaró rotundamente que seguiría amándola, ¡y que seguiría teniendo esperanzas!

Fanny sabía lo que quería decir, pero no era juez de su forma de decirlo: su manera de hacerlo era irremediablemente amable, y no se daba cuenta de lo mucho que ésta ocultaba la firmeza de su propósito. Su timidez, su gratitud, su dulzura, hacían que cada expresión de indiferencia pareciese casi un esfuerzo de abnegación; parecía, en definitiva, infligirse casi tanto dolor a sí misma como a él. El señor Crawford no era ya el señor Crawford al que, como admirador clandestino, insidioso y traicionero de María Bertram, había aborrecido, había odiado ver o tratar, en el que había creído que no existía ninguna buena cualidad, y al que no había reconocido nada más que el don de hacerse agradable. Ahora era el señor Crawford que le declaraba un amor ardiente y desinteresado, cuyos sentimientos, al parecer, se habían vuelto dignos y enaltecedores, cuya noción de la felicidad se cifraba en un matrimonio por amor; que se extendía en los méritos de ella, y en descubrir y describir su afecto, probando —hasta donde podían probar las palabras— con el lenguaje, tono y espíritu de un hombre de talento, que la pretendía por su dulzura y su bondad. Y, para colmo de completar, ¡ahora era el señor Crawford que había procurado el ascenso de William!

¡He ahí un cambio! He ahí unos méritos que no podían dejar de influir. En el parque de Sotherton o en el teatro de Parque Mansfield había podido desdeñarlo con toda la dignidad de su virtud enojada; pero ahora se acercaba a ella con derechos que exigían un trato diferente. Ahora debía ser cortés, y ser compasiva. Debía sentirse honrada; y tanto si pensaba en sí misma como en su hermano, debía mostrarse agradecida. El resultado era una actitud tan agitada y digna de compasión, y en sus palabras había tal mezcla de negativa y expresiones de gratitud e interés, que un temperamento vanidoso y confiado como el del señor Crawford podía dudar de la verdad, o al menos de la solidez, de la indiferencia de Fanny; y no le pareció a ésta, como había creído, tan disparatado en las protestas de perseverante, asiduo e inquebrantable amor con que remató la entrevista.

Crawford permitió de mala gana que se fuera, pero no dio muestra alguna de desesperación, al despedirse, que desmintiera sus palabras, ni le dio esperanzas de portarse menos porfiado de lo que se proclamaba.

Ahora Fanny estaba enojada. Se había despertado cierto rencor ante la insistencia tan egoísta y tan poco generosa. Otra vez revelaba la falta de delicadeza y de consideración con los demás que al principio tanto le había sorprendido e indignado. Otra vez asomaba algo del señor Crawford de lo que tanto había reprobado antes. Qué evidente se hacía la grosera falta de sentimientos y de humanidad donde se interponía su propio placer… y. ¡ay!, cuán sabido es desde siempre que ningún principio señala como deber lo que el corazón no contiene. De haber tenido ella libre sus propios afectos, como quizá debía haber sido el caso, jamás los habría ganado él.

Así pensaba Fanny con franca serenidad y serena tristeza, meditando ante el gran regalo y lujo de un fuego encendido arriba, perpleja ante el pasado y el presente, perpleja ante lo por venir, y presa de un nerviosismo que le impedía ver nada claro, salvo el convencimiento de que jamás podría amar al señor Crawford y la felicidad que era tener una chimenea encendida junto a la que sentarse a meditar.

Sir Thomas se vio obligado —o se obligó a sí mismo— a esperar hasta la mañana siguiente para saber qué había pasado entre los jóvenes. Entonces vio al señor Crawford y escuchó su versión; lo primero que sintió fue desencanto; había esperado mejores resultados; pensaba que una hora de súplicas por parte de un joven como Crawford no debía haber producido tan poco cambio en una joven de carácter apacible como Fanny; pero en seguida lo consolaron los propósitos y la optimista perseverancia del enamorado; y viendo tanta confianza de éxito en el interesado, sir Thomas no tardó en confiar en ello también. Nada omitió por su parte en cuanto a la cortesía, atención o amabilidad que pudiera contribuir al plan. Rindió homenaje a la constancia del señor Crawford, alabó a Fanny, y dicha unión se convirtió en la cosa más deseable del mundo. El señor Crawford sería siempre bienvenido a Parque Mansfield; en cuanto a la frecuencia de sus visitas presentes o futuras, no tenía más que consultar consigo mismo y con sus propios sentimientos. En toda la familia y amigos de su sobrina no había sino una sola opinión y un deseo al respecto: la influencia de todos los que la amaban debía inclinarse en un solo sentido.

Se dijo todo cuanto podía servir de aliento, se recibió todo aliento con agradecida alegría, y los caballeros se separaron como los mejores amigos.

Contento de que la causa tuviera ahora una base más adecuada y esperanzadora, sir Thomas decidió no importunar más a su sobrina, ni entrometerse abiertamente. Creía que el mejor modo de influir en su carácter era con amabilidad. Las súplicas debían proceder de una parte solamente. La paciencia de su familia en un asunto respecto al cual sabía ella muy bien cual era su deseo podía ser el mejor medio de alentarlo. Así que, con este principio, aprovechó sir Thomas la primera ocasión para decirle con una gravedad serena que pretendía ser dominadora:

—Bien, Fanny, he vuelto a ver al señor Crawford y he sabido por él cómo están exactamente las cosas entre ustedes. Es un joven de lo más extraordinario, y ocurra lo que ocurra, debes comprender que has despertado un afecto nada común; aunque, como eres joven y desconoces la naturaleza pasajera, variable e insegura del amor en general, no te das cuenta de lo prodigiosa que es una perseverancia de este tipo, inaccesible al desaliento. En él, es enteramente un asunto del corazón, no pretende que haya en ello ningún mérito; quizá no tiene derecho a ninguno. Sin embargo, habiendo escogido tan bien, su constancia tiene el cuño de la respetabilidad. De haber sido de elección menos reprochable, habría condenado yo su perseverancia.

—Verdaderamente, señor —dijo Fanny—, siento muchísimo que el señor Crawford continúe… sé que me hace un gran cumplido, y me siento inmerecidamente honrada; pero estoy totalmente convencida, y se lo he dicho así, de que nunca podré…

—Querida mía —interrumpió sir Thomas—, no hablemos más de esto. Conozco tan bien tus sentimientos como debes conocer tú mis deseos y mi pesar. No hay nada más que decir ni hacer. Desde este momento, no volverá a salir a relucir este asunto entre nosotros. No tienes nada que temer, ni de qué ponerte nerviosa. No puedes imaginarme capaz de intentar persuadirte de que te cases en contra de tu inclinación. Lo único que tengo presente es tu felicidad y tu interés, y como tal vez no sean ambas cosas incompatibles con las de él, lo único que se te pide es que tengas paciencia con los esfuerzos del señor Crawford por convencerte. Él es quien corre su propio riesgo. Tú pisas un terreno firme. Le he prometido que le verás siempre que venga de visita, tal como harías si no hubiera ocurrido nada de esto. Lo verás como al resto de nosotros, de la misma manera, y desechando en la medida que puedas el recuerdo de todo detalle desagradable. Se va a marchar tan pronto de Northamptonshire que no te pedirá muchas veces este pequeño sacrificio. Ya se verá qué trae el futuro. Y ahora, mi querida Fanny, demos por terminado este asunto entre nosotros.

En lo único que pensó Fanny con satisfacción fue en la seguridad de esa marcha. No obstante, la conmovieron las palabras amables y la actitud indulgente de su tío; y al considerar lo mucho que éste ignoraba, pensó que no tenía derecho a extrañarse de la línea de conducta que mantenía. Había casado una hija con el señor Rushworth. Desde luego, no debía esperar de él delicadeza romántica. Así que haría lo que debía hacer, y confiaría en que el tiempo hiciese más fácil de lo que era ahora ese deber.

Aunque tenía sólo dieciocho años, imaginaba que al señor Crawford no le duraría toda su vida el enamoramiento; no podía por menos de suponer que su firme y constante actitud disuasoria acabaría poniéndole término. Otro problema era cuánto tiempo le haría falta, a su juicio, para ello. Pero no está bien indagar la estimación exacta que una joven dama tiene de sus propias virtudes.

A pesar de su propósito de guardar silencio, sir Thomas se vio obligado a mencionar una vez más el tema a su sobrina, a fin de prepararla brevemente para participarlo a sus tías; medida que de haber sido posible hubiera querido evitar, pero que se hacía necesaria dado el sentir del señor Crawford, totalmente opuesto a mantener las cosas en secreto. No tenía intenciones de ocultar nada. Se sabía todo en la casa parroquial, donde a él le encantaba hablar del futuro con sus dos hermanas, y habría sido bastante gratificante para él mostrar testimonios ilustrativos de sus progresos. Cuando sir Thomas supo esto, juzgó necesario poner al corriente sin demora a su propia esposa y a su cuñada; aunque Fanny, casi temía tanto como ella el efecto que dicha confidencia podía tener en la señora Norris. Desaprobaba el equivocado, aunque bien intencionado celo de su cuñada. Por este tiempo, a decir verdad, sir Thomas no estaba lejos de clasificar a la señora Norris como una de esas personas bienintencionadas que siempre están cometiendo equivocaciones y torpezas desagradables.

La señora Norris, sin embargo, le quitó la preocupación. Él insistió en que se observase la más estricta indulgencia y discreción con su sobrina; y la señora Norris no sólo lo prometió, sino que mantuvo su promesa. Se limitó a mirarla con redoblado rencor. Estaba furiosa, muy furiosa; pero estaba más irritada con Fanny por haber recibido tal proposición que por haberla rechazado. Era una ofensa y una afrenta a Julia, que era la que debía haber escogido el señor Crawford; y aparte de eso, no quería a Fanny porque la tenía en menos, y habría visto con malos ojos semejante encumbramiento en alguien a quien ella siempre intentaba rebajar.

Sir Thomas atribuyó aquí más mérito a su discreción del que merecía; y Fanny agradeció a su tía que le hiciera ver su desagrado, y no se lo hiciera oír.

Lady Bertram lo tomó de manera diferente. Había sido una belleza, una belleza opulenta toda su vida; y la belleza y la riqueza era lo que despertaba su respeto. Así que el saber que Fanny era solicitada en matrimonio por un hombre de fortuna la elevó enormemente en su opinión. Convencida ahora de que Fanny era muy bonita, cosa de la que antes no estaba segura, y que haría una boda ventajosa, hizo que ahora sintiera orgullo al llamarla sobrina.

—Bueno, Fanny —dijo en cuanto estuvieron las dos solas después (se había sentido algo así como impaciente por estar a solas con ella), y al hablar su semblante mostraba una extraordinaria animación—. Bueno, Fanny, esta mañana me han dado una sorpresa muy agradable. Tengo que hablar de eso por lo menos una vez; le he dicho a sir Thomas que me permitiría hablar aunque fuera una vez; nada más. Te doy mis más sinceras felicitaciones, mi querida sobrina. —Y mirándola con complacencia, añadió—: ¡Desde luego que somos una familia distinguida!

Fanny se ruborizó y al principio no supo qué decir; pero un momento después, creyendo atacarla en su flanco vulnerable, contestó:

—Mi querida tía, usted no puede desear que obre de manera diferente de cómo he obrado, estoy segura. Usted no puede querer que me case, porque extrañaría mi presencia, ¿verdad?... estoy segura de que me echaría de menos.

—No, querida, no creo que te eche de menos, cuando se te presenta una proposición así. Yo podría valerme muy bien sin ti, si te casas con un hombre de tan buena posición como el joven Crawford. Y debes saber, Fanny, que es un deber de toda joven el aceptar una propuesta tan irreprochable como ésta.

Aquélla fue la única norma de conducta, el único consejo que Fanny recibió de su tía en el transcurso de ocho años y medio. La acalló. Comprendió lo inútil que sería una discusión: Si los sentimientos de su tía estaban en contra, no sacaría nada atacando su razón. Lady Bertram era bastante habladora.

—Escucha una cosa, Fanny —dijo—: estoy segura de que se enamoró de ti en el baile; estoy segura de que todo ocurrió esa noche. Tú estabas realmente preciosa. Todo el mundo lo decía. Sir Thomas lo comentó también. Y recordarás que contaste con la ayuda de la señora Chapman para vestirte. Me alegra habértela enviado. Le tengo que decir a sir Thomas que estoy segura de que se enamoró esa noche. —Y siguiendo estos mismos pensamientos prometedores, añadió poco después—: Y voy a hacer una cosa, Fanny, que es más de lo que he hecho por María: la próxima vez que mi perrita tenga cachorritos, te regalaré uno.

34

A su regreso, Edmund se enteró de grandes novedades. Muchas sorpresas lo esperaban. La primera, y no la menos interesante, fue encontrarse con Henry Crawford y su hermana andando por el pueblo cuando él pasaba a caballo. Él había supuesto… había querido que estuvieran muy lejos. Había prolongado a propósito su ausencia mucho más de quince días para evitar a la señorita Crawford. Y regresaba a Mansfield dispuesto a vivir de recuerdos melancólicos y tiernas evocaciones, cuando la vio en persona delante de él, tomada del brazo de su hermano, y se descubrió a sí mismo recibiendo una bienvenida inequívocamente cordial de la mujer a la que unos momentos antes había imaginado a cien kilómetros de distancia física, y mucho, muchísimo más lejos sentimentalmente de lo que cualquier distancia podía expresar.

Aunque hubiese esperado verla, no habría imaginado la acogida que le dispensó. Viniendo de cumplir un propósito como el que le había llevado a ausentarse, lo habría esperado todo menos una expresión de alegría y unas palabras de grato y sencillo significado. Fue suficiente para encenderle el corazón, y llevarlo a casa en el estado más apropiado para comprender el pleno valor de otras sorpresas gozosas que estaba a punto de recibir.

Poco después tuvo conocimiento del ascenso de William, con todos los pormenores, y con esta secreta provisión de satisfacciones que favorecían la dicha, encontró en su pecho una fuente del más gratificante sentimiento e intensa alegría que experimentó durante toda la cena.

Después de cenar, cuando se quedó a solas con su padre, escuchó la historia de Fanny; y entonces estuvo al corriente de todos los acontecimientos importantes de los últimos quince días, y el estado en que se encontraban las cosas en Mansfield.

Fanny sospechó lo que ocurría. Permanecieron reunidos mucho más tiempo del habitual en el comedor, de manera que estuvo segura de que hablaban de ella; y cuando finalmente los hizo salir el anuncio del té y entendió que vería a Edmund de nuevo, se sintió horriblemente culpable. Edmund se le acercó, se sentó a su lado, le tomó la mano y se la apretó amablemente. Y en ese momento Fanny pensó que, si no hubiera sido por la ocupación y la escena que el servicio del té proporcionaba, habría delatado su emoción con algún exceso imperdonable.

Con este gesto, sin embargo, Edmund no pretendía transmitirle la aprobación incondicional y el aliento que Fanny creyó recibir. Sólo intentaba expresarle su participación en todo cuanto le atañía, y decirle que acababa de escuchar algo que avivaba todo su afecto. En realidad, estaba enteramente de parte de su padre en esto. No se sorprendió tanto como su padre en que ella hubiera rechazado a Crawford; porque, lejos de suponer que lo miraba con algo así como simpatía, siempre había creído lo contrario, e imaginaba que para ella había sido una gran sorpresa; sin embargo consideraba la unión tan deseable como sir Thomas. Para él tenía todas las recomendaciones; y a la vez que alababa lo que había hecho movida por su actual indiferencia, alabándola en términos mucho más vigorosos que los que sir Thomas habría sido capaz de repetir, tenía la más sincera esperanza, y confianza, y absoluto convencimiento, de que al final formarían pareja, y que unidos por el mutuo afecto, sus caracteres se revelarían tan aptos para hacerse felices el uno al otro como él empezaba ahora a considerarlos seriamente. Crawford había sido demasiado precipitado. No había dado tiempo a Fanny para que le cobrara afecto. Había empezado por el final. Sin embargo, con una personalidad como la de él, y una predisposición como la de ella, Edmund confiaba en que todo conducía a un final feliz. Entretanto, notaba la confusión de Fanny lo bastante como para guardarse escrupulosamente de provocársela por segunda vez con ninguna palabra, mirada o gesto.

Crawford fue al día siguiente, y con motivo del regreso de Edmund, a sir Thomas le pareció de lo más justificado pedirle que se quedara a cenar; en realidad era un detalle obligado. Naturalmente se quedó, y Edmund tuvo entonces amplia ocasión de observar cómo le iba a Fanny, y qué grado de inmediato aliento podía producir de la actitud de ella; y fue tan poco, tan poquísimo (toda oportunidad, toda posibilidad descansaba sólo en su turbación, no la había en nada más), que casi le asombraba la perseverancia de su amigo. Fanny se lo merecía todo; la consideraba digna de toda la paciencia, de todos los esfuerzos; pero pensó que él no habría seguido con ninguna mujer del mundo que no hubiera ofrecido algo más a su ánimo que lo que sus ojos leían en ella. Deseó fervientemente que Crawford viese más claro; y ésta fue la conclusión más consoladora para su amigo que pudo sacar de lo que vio que ocurría antes, durante y después de la cena.

En la velada tuvieron lugar ciertos detalles que le parecieron más prometedores. Al entrar Crawford y él en el salón, su madre y Fanny estaban tan calladas y absortas en la labor que parecía que nada más les importaba. Edmund no pudo por menos de notar su aparente concentración.

—No llevamos calladas todo el tiempo —replicó su madre—, Fanny me ha estado leyendo, y ha dejado el libro al oírlos llegar.

Efectivamente, sobre la mesa había un libro con todo el aspecto de que lo acababan de cerrar; era un volumen de Shakespeare—. Ella me lee a menudo de esos libros; y estaba en mitad de un pasaje precioso de ese hombre… ¿cómo se llama, Fanny?

Crawford tomó el libro.

—Permítame el placer de terminar ese parlamento para su señoría —dijo—; lo encontraré en seguida. —Y siguiendo cuidadosamente la inclinación de las hojas, llegó a él, o a una página o dos de él, lo bastante cerca para satisfacer a lady Bertram, que confirmó, en cuanto Crawford mencionó el nombre del cardenal Wolsey•, que era quien lo

---

• El cardenal Wolsey, y otros personajes que se citan aquí, pertenecen a la obra *Enrique VIII*, de Shakespeare.

decía. Fanny no le dirigió una sola mirada, ni se ofreció a ayudarlo, ni dijo tampoco palabra alguna a favor o en contra; toda su atención estaba puesta en la labor. Parecía decidida a no mostrar interés en nada más. Pero tenía el gusto muy cultivado; no fue capaz de mantenerse cinco minutos abstraída; no pudo por menos de prestar atención; la lectura del señor Crawford era excelente, y Fanny disfrutaba muchísimo escuchando una buena lectura; aunque estaba acostumbrada a las buenas lecturas; su tío leía bien, y lo mismo sus primos; sobre todo Edmund; pero la lectura del señor Crawford tenía una calidad que superaba todo lo que ella había oído. El rey, la reina, Buckingham, Wolsey, Cromwell, todos intervinieron unos tras otros, porque con la más admirable facilidad, con el acierto más asombroso para saltar y adivinar pasajes, era capaz de brindarles a voluntad la mejor escena o los mejores discursos de cada uno; y ya fuera dignidad u orgullo, ternura, remordimiento y lo que tuviera que expresar, lo hacía con inigualable belleza; aquello fue auténticamente dramático. Su actuación reveló a Fanny por primera vez qué placer podía proporcionar una obra teatral, y su lectura le trajo a la memoria todos los anteriores ensayos quizá con más pacer aún, por el hecho de traérselos de manera inesperada, y sin la desventaja que había estado acostumbrada a soportar, viéndolo en el escenario con la señorita Bertram.

Edmund observó la creciente atención de Fanny, y le divirtió y agradó ver cómo iba dejando poco a poco la labor que, al principio, parecía absorberla por entero; cómo se le caía de las manos y se quedaba inmóvil sobre ella… y finalmente, cómo los ojos que lo habían evitado con tanto cuidado se volvieron hacia Crawford, se quedaron fijos unos minutos en él, y se desmoronaron hasta que la atracción hizo que los de Crawford se volvieran hacia ella, cerró el libro, y se rompió el encanto. Entonces Fanny se replegó otra vez hacia dentro de sí misma, se ruborizó y se puso a trabajar más afanosamente que nunca. Pero había sido suficiente para que Edmund se sintiese animado respecto de su amigo; y al darle cordialmente las gracias, esperó expresar también con ello los sentimientos de Fanny.

—Ésa debe ser una de sus obras predilectas —dijo—; la lee como si la conociera bien.

—Creo que lo será a partir de ahora —replicó Crawford—; pero la verdad es que no he puesto las manos en un libro de Shakespeare desde que tenía quince años. Una vez vi representar *Enrique VIII*… o he sabido de alguien que lo vio, no estoy seguro. Uno se familiariza con Shakespeare sin saber cómo. Forma parte de la constitución inglesa. Sus bellezas y sus pensamientos están tan difundidos que los encontramos en todas partes; intimamos con él por instinto. Nadie con algo de inteligencia puede abrir una obra suya por un pasaje afortunado sin dejarse arrastrar al punto por el torrente de su discurso.

—Es verdad que, en cierto modo —dijo Edmund—, estamos familiarizados con Shakespeare desde nuestra más tierna infancia. Todo el mundo es capaz de recitar pasajes célebres; vienen en la mitad de los libros que abrimos, y todos hablamos de Shakespeare, utilizamos sus frases y sus descripciones; pero eso es totalmente distinto de darle sentido, como lo ha hecho usted. Conocerle a trozos sueltos es bastante corriente; conocerlo algo a fondo puede no ser excepcional; pero leerlo bien en voz alta revela un talento nada común.

—Sus palabras me honran, señor —fue la respuesta de Crawford, acompañada con una inclinación de cabeza y una gravedad un tanto burlona.

Ambos caballeros dirigieron una mirada a Fanny para ver si le sacaban una palabra de elogio, aunque conscientes los dos de que no iba a ser así. Su elogio había consistido en prestar atención; debían conformarse con eso.

Lady Bertram expresó su admiración con mucha vehemencia:

—Ha sido realmente como estar en un teatro —dijo—. Me hubiera gustado que sir Thomas hubiese estado aquí.

Crawford no cabía en sí de satisfacción. Si lady Bertram, con toda su ineptitud y languidez era capaz de tal apreciación, la conclusión de lo que había experimentado su sobrina, sensible y culta, era alentadora.

—En verdad, tiene usted un gran talento para el teatro —dijo su señoría un poco después—; y le voy a decir una cosa: creo que debe montar algún teatro en su casa de Norfolk. Es decir, cuando se establezca allí, por supuesto. Estoy segura de que montará un teatro en su casa de Norfolk.

—¿Usted cree, señora? —exclamó él con viveza—. No, no; no puede ser. Su Señoría se equivoca. ¡En Everingham no habrá nunca un teatro! ¡De ningún modo! —y miró a Fanny con una sonrisa expresiva que evidentemente quería decir: "Esta dama no consentiría jamás que hubiera un teatro en Everingham".

Edmund lo comprendió bien y vio a Fanny tan determinada a no comprenderlo como para dejar claro que la voz fue suficiente para transmitir el pleno significado del mensaje; y tal rapidez en captar el cumplido, tal viveza en comprender la alusión, pensó, era un síntoma más bien favorable.

Siguieron hablando de la lectura en voz alta. Los únicos que intervenían en la conversación eran los dos jóvenes; de pie, junto a la chimenea, comentaban la frecuencia con la que se hacía caso omiso de las aptitudes, la total falta de atención a esta actividad en el normal sistema educativo de los chicos, su consecuencia natural en forma de ignorancia y tosquedad en los hombres —en algunos casos en grado casi exagerado—, cuando se veían inopinadamente en la necesidad de leer en voz alta, como habían presenciado más de una vez... poniendo ejemplos de meteduras de pata de lo más obvias, así como sus secuelas: falta de educación en la voz, de adecuada modulación y énfasis, de perspicacia y de apreciación, todo derivado de la primera causa: la ausencia de una temprana atención y hábito. De nuevo escuchaba a Fanny con gran interés.

—Incluso en mi profesión —dijo Edmund con una gran sonrisa—, ¡qué poco se ha estudiado acerca del arte de la lectura! ¡Qué poca atención se ha prestado al estilo claro y a la buena dicción! Pero habló más del pasado que del presente. Hoy existe un espíritu general de perfeccionamiento; pero entre los que se ordenaron hace veinte, treinta o cuarenta años, la mayoría debería creer, a juzgar por sus actuaciones, que una cosa era leer, y otra predicar. Hoy eso ha cambiado. La cuestión se valora con más exactitud. Se ha comprendido que la claridad y la energía pueden tener su peso a la hora de recomendar las verdades más firmes; y además, hay más observación general, más gusto, un conocimiento crítico más extendido, que antes; en cada parroquia hay mayor proporción de feligreses que conocen un poco más de la materia, y que son capaces de juzgar y de criticar.

Edmund había celebrado ya el servicio religioso desde su ordenación; al enterarse Crawford, le preguntó sobre sus sentimientos y su éxito; y como hizo estas preguntas —aunque con la viveza del interés de un amigo y del gusto del acusado— sin sombra alguna de ironía o tono superficial que Edmund sabía que ofendía enormemente a Fanny, las satisfizo encantado; y cuando Crawford pasó a preguntarle su opinión y a exponer la suya sobre la forma más apropiada en que debían leerse determinados pasajes del servicio, demostrando que era un tema sobre el que había reflexionado ya, y que pensaba con juicio, Edmund se sintió cada vez más complacido. Ésta era la manera de llegarle a Fanny al corazón. No la iban a ganar —o no tan pronto al menos— todas las galanterías, ingeniosidades y amabilidades juntas, sin la ayuda del sentimiento, la sensibilidad y la seriedad al abordar cuestiones serias.

—Nuestra liturgia —comentó Crawford— tiene bellezas que ni siquiera una lectura descuidada y chapucera puede destruir; pero tiene también redundancias y repeticiones que requieren una buena lectura para que no se noten. Yo al menos tengo que confesar que no siempre presto toda la atención que debiera —aquí una mirada a Fanny—; diecinueve veces de cada veinte estoy pensando cómo debería leer el predicador, y deseando leerlo yo. ¿Decía algo? —acercándose ansiosamente a Fanny, y dirigiéndose a ella con voz suavizada, y al contestar ella “no”, añadió—: ¿Está segura de no haber dicho nada? He notado que movía los labios y me pareció que iba a decirme que debería estar más atento y no dejar que me volasen los pensamientos. ¿No iba a decirme eso?

—Desde luego que no; usted sabe demasiado bien cuál es su obligación para que yo… aún suponiendo…

Se detuvo, se dio cuenta de que se estaba armando un gran lío, y no consiguió hacerla decir una palabra más, ni aún después de varios minutos de suplicar y esperar. A continuación volvió a su sitio y prosiguió como si no hubiera tenido lugar tan tierna interrupción.

—El sermón bien pronunciado es más raro aún que las oraciones bien leídas. No es raro que un sermón sea bueno en sí mismo. Es más difícil hablar bien que componer bien; o sea, las normas y recursos de la composición se estudian más a menudo. Un sermón bueno, bien pronunciado, es un placer excepcional. Yo no puedo oírlo sin la menor admiración y respeto, y caso con ganas de ordenarme y predicar yo también. Hay algo en la elocuencia del público, cuando es elocuencia de verdad, que es digna de la mayor alabanza y honor. El predicador que sabe conmover y llegar a una masa heterogénea de oyentes hablando de temas limitados y gastados de tanto repetirse en manos vulgares, que es capaz de decir algo nuevo o sorprendente, algo que llama la atención sin ofender el gusto o agotar los sentimientos de sus oyentes, es un hombre al que no se honrará lo suficiente, en lo que toca a su calidad pública. A mí me encantaría ser un hombre así.

Edmund se echó a reír.

—Lo digo en serio. Jamás he escuchado a un buen predicador sin una especie de envidia. Pero debería tener un auditorio londinense. No sería capaz de predicar más que a personas cultas; a los que fueran capaces de valorar mi composición; y no sé si me gustaría predicar a menudo; de vez en cuando, quizá una o dos veces en primavera, después de hacerme esperar ansiosamente media docena de domingos seguidos; pero no de forma continuada; conmigo no va la constancia.

Aquí Fanny, que no podía por menos de escuchar, meneó la cabeza sin querer; y Crawford se acercó a ella otra vez y le pidió que expresara lo que quería decir, y como Edmund se diera cuenta, al ver que se acercaba a su silla y se sentaba junto a ella, de que iba a ser un ataque en toda la regla, donde haría uso de miradas y palabras en voz baja, se retiró lo más calladamente que pudo a un rincón, se volvió de espaldas y tomó un periódico, deseando muy sinceramente que la querida y pequeña Fanny accediese a explicar ese movimiento negativo de cabeza a satisfacción de su ardiente enamorado, y procurando tapar su cuchicheo con comentarios sobre los diversos anuncios: *Interesante propiedad en el sur de Gales, A padres y tutores y Adiestrando caballo de caza.*

Fanny, entretanto, molesta consigo misma por no haber sabido estar inmóvil igual que había estado callada, y nerviosa al ver la maniobra de Edmund, trató de rechazar al señor Crawford con todos los medios de que disponía su naturaleza amable y modesta, y evitar sus miradas y preguntas mientras él, incansable, insistía en ambas cosas.

—¿Qué ha querido decir con ese movimiento de cabeza? —dijo— ¿Qué ha querido expresar?... Desaprobación, me temo. Pero, ¿por qué? ¿Qué he hecho que le ha desagradado? ¿Piensa que he hablado con incorrección? ¿Con ligereza e irreverencia hacia la materia? Le ruego que me lo diga, si es así. Dígame si estoy equivocado, quiero enmendarme. No, no, por favor. Olvide la labor un momento: ¿qué ha querido decir?

En vano repitió ella dos o tres veces: "Por favor, señor, no insista; por favor, señor Crawford"... y en vano intentó apartarse; él siguió en la misma voz baja y ansiosa, guardando la misma proximidad, insistiendo con las mismas preguntas. Fanny estaba cada vez más molesta y nerviosa.

—¿Por qué insiste, señor? Me sorprende usted... no, no comprendo cómo puede...

—¿Que la sorprendo? —dijo—. ¿Que la asombro? ¿Hay algo en mi ruego que no comprende? Ahora mismo voy a explicarle lo que me mueve a hablarle de esta manera, lo que hace que sienta interés por todo lo que usted mira y hace, y despierta ahora mi curiosidad. No dejaré que siga asombrada mucho tiempo.

A pesar de sí misma, no pudo evitar una leve sonrisa; pero no dijo nada.

—Ha meneado la cabeza al oírme reconocer que no me gustaría comprometerme a cumplir las obligaciones de un sacerdote con constancia. Si, ésa ha sido la palabra: ¡constancia! No me da miedo ese término, lo deletreo, lo leo y lo escribo como cualquiera. No veo en él nada alarmante. ¿Cree usted que debería?

—Tal vez, señor —dijo Fanny, decidiendo hablar al fin, por cansancio—, tal vez he pensado que es una pena que no se conozca usted siempre tan bien como parecía conocerse hace un momento.

Crawford, satisfecho de haber conseguido que hablara, estaba decidido a hacer que siguiera, y la pobre Fanny, que había esperado callarlo con tan extremada reprobación, descubrió cuánto se había equivocado, y que sólo se producía el cambio de un motivo de curiosidad, y de tipo de palabras, a otro. Siempre tenía algo que rogarle que explicase. La ocasión era demasiado buena. No había tenido ninguna desde su entrevista en el despacho de su tío, ni quizá volvería a tener ninguna antes de irse a Mansfield. Que estuviera lady Bertram al otro lado de la mesa no tenía la menor importancia, porque siempre estaba medio dormida, y los anuncios de Edmund seguían siendo de la mayor utilidad.

—Bien —dijo Crawford tras una serie de rápidas preguntas y desganadas respuestas—, ahora me siento más feliz, porque comprendo más claramente la opinión que tiene de mí. Piensa que soy voluble, que me dejo llevar por el capricho del momento, que soy fácil de tentar, y abandono fácilmente. Con semejante opinión no me extraña que… Pero ya veremos. No es con declaraciones como debo intentar convencerla de que me juzga mal, no es diciéndole que mis afectos son firmes. Mi conducta hablará por mí; la ausencia, la distancia, el tiempo, hablarán por mí. *Demostrarán* que, si ha de ser usted merecida por alguien, lo será por mí; usted me supera infinitamente en méritos; eso lo sé. Posee cualidades que nunca habría imaginado que existieran en tal grado en un ser humano. Usted tiene rasgos de ángel, más allá de lo que… no sólo más allá de lo que vemos, porque jamás vemos nada parecido, sino más allá de lo que uno imagina que puede existir. De todos modos, no me asusta. No es igualándola en méritos como se la puede ganar. Eso es imposible. Sólo el que vea sus méritos y los adore con más devoción, el que ame más acendradamente, tendrá el derecho de esa recompensa. Ahí baso mi confianza. Por ese derecho la merezco y quiero merecerla, y una vez que se haya convencido de que mi afecto es tal como lo declaro, la conozco demasiado bien como para no abrigar las más cálidas esperanzas. Sí, mi querida y dulce Fanny. No —al verla hacerse hacia atrás, molesta—, perdóneme. Tal vez no tengo derecho aún… Pero ¿con qué otro nombre la puedo llamar? ¿Acaso cree que está perpetuamente presente en mi imaginación con algún otro? No, es en "Fanny" en quien pienso durante el día y con quien sueño durante la noche. Usted ha dado al nombre tan dulce realidad que ningún otro podría describirla a usted ahora.

Fanny no habría podido permanecer más tiempo en su silla, o al menos no habría podido contenerse de intentar marcharse, pese a la demasiada oposición pública que preveía, de no haber sido por el ruido anunciador de que se acercaba inminente alivio, ruido que hacía rato esperaba, pensando que se retrasaba extrañamente.

Apareció la solemne procesión, encabezada por Baddely, de los portadores de las bandejas del té, de la tetera y de los biscochos, y la libraron de un cerco opresivo del cuerpo y del espíritu. El señor Crawford se vio obligado a cambiar de sitio. Fanny estaba en libertad, estaba ocupada, estaba protegida.

Edmund no lamentó volver a encontrarse entre los que hablaban y escuchaban. Pero aunque la conferencia le había parecido muy larga, y aunque al mirar a Fanny vio más bien el rubor del enfado, se inclinó a esperar que no se hubiese dicho y escuchado tanto sin algún provecho para el hablante.

35

Edmund había pensado que correspondía enteramente a Fanny decidir si debía mencionarse entre ellos su situación respecto a Crawford o no, y que si ella no iniciaba el tema, él no lo tocaría; pero al cabo de un día o dos de mutua reserva, su padre lo indujo a cambiar de idea y ver cómo podía influir a favor de su amigo.

Crawford había fijado para su marcha una fecha muy temprana, y sir Thomas pensó que no estaría de más hacer un nuevo esfuerzo a favor del joven antes de que abandonase Mansfield, a fin de que sus declaraciones y promesas de inquebrantable afecto tuviesen toda la esperanza posible de mantenerse.

Sir Thomas estaba muy cordialmente ansioso de que el carácter del señor Crawford fuese perfecto en ese extremo. Deseaba que fuera un modelo de constancia, e imaginó que el mejor medio para ello era no tenerlo a prueba demasiado tiempo.

Edmund no fue reacio a dejarse convencer para ocuparse del asunto; quería saber cuáles eran los sentimientos de Fanny. Estaba acostumbrado a que acudiera a él en todas sus dificultades, y la quería demasiado para que le negara su confianza ahora; esperaba serle de ayuda, pensaba que debía ayudarla. ¿A quién otro podría abrirle su corazón? Y si no necesitaba consejo, sin duda necesitaría el consuelo de hablar. Que Fanny se mantuviera alejada de él, callada y reservada, era una situación anormal; algo que podía y debía romper, y que no tuvo dificultad en pensar que ella deseaba que rompiese.

—Hablaré con ella, señor; aprovecharé la primera ocasión en que estemos solos para hacerlo —dijo como conclusión de tales reflexiones; y al informarle sir Thomas de que en este mismo momento paseaba sola por los arbustos, al punto salió a su encuentro.

—Vengo a pasear contigo, Fanny —dijo—. ¿Puedo? —tomándola del brazo—. Hace mucho que no damos un agradable paseo juntos.

Fanny asintió más con la mirada que con la voz. Estaba deprimida.

—Pero Fanny —añadió un momento después—, para que el paseo sea agradable hace falta algo más que caminar el uno junto al otro por la grava. Debes hablar conmigo. Sé que tienes algo en la cabeza. Sé en qué estás pensando. No creas que ignoro lo que pasa. ¿Tengo que enterarme por todos menos por la propia Fanny?

Fanny, nerviosa y abatida a la vez, replicó:

—Sí ya se lo has oído a todos, primo, no me queda más que contar.

—Los hechos en sí quizá no; pero sí tus sentimientos, Fanny. Nadie puede hablarme de ellos más que tú. Pero no quiero coaccionarte. Si quieres me callo. Aunque pienso que pudiera ser un alivio para ti hablar.

—Me temo que pensamos de manera demasiado diferente para que encuentre alivio hablando contigo acerca de lo que siento.

—¿Crees que pensamos de manera diferente? Yo no estoy tan seguro. Tal vez si comparamos nuestras opiniones resulten ser tan parecidas como solían. Pero vamos al grano: a mí las proposiciones de Crawford me parecen de lo más ventajosas y deseables, si eres capaz de corresponder a su afecto. Me parece muy natural que toda tu familia desee que le correspondas; pero si no es así, has hecho exactamente lo que debías al rechazarlo. ¿Puede haber en eso un desacuerdo entre nosotros?

—¡Claro que no! Pero yo creía que me ibas a recriminar mi actitud; lo que me dices es un consuelo.

—Un consuelo con el que podrías haber contado antes, Fanny, de haberlo buscado. Pero, ¿cómo has podido imaginar que iba yo a defender un matrimonio sin amor? Ciertamente yo parezco despreocupado en esas cuestiones, en general; pero ¿cómo has podido imaginar que podía ser despreocupado tratándose de tu felicidad?

—Mi tío piensa que hago mal, y sé que ha hablado contigo.

—Hasta aquí, Fanny, pienso que has obrado perfectamente; puedo sentirlo, y puedo incluso estar sorprendido, aunque muy poco, porque no has tenido tiempo de cobrarle afecto; pero creo que, en principio, has hecho muy bien. ¿Admite alguna duda? Si la admite, sería deshonroso para nosotros. Si no lo quieres, nada puede justificar que lo aceptes.

Hacía días que Fanny no se sentía tan tranquila.

—Hasta ahora tu conducta ha sido intachable, y se equivocan los que quieren que obres de otro modo. Pero la cuestión no termina ahí. El afecto de Crawford no es nada corriente: persevera con la esperanza de despertar esa estima que aún no ha despertado. Eso, lo sabemos, es obra del tiempo. Pero —con una sonrisa afectuosa— deja que lo consiga al fin. Te has mostrado recta y desinteresada; muéstrate ahora agradecida y compasiva; y entonces serás la mujer perfecta que siempre has creído que estabas destinada a ser.

—¡Ah, nunca, nunca! Jamás lo conseguirá conmigo. —Y habló con una vehemencia que dejó asombrado a Edmund, y se ruborizó al serenarse, cuando vio la expresión de él y lo oyó replicar:

—"Nunca", Fanny, es algo muy tajante y radical. No es propio de ti el poner así las cosas, de tu naturaleza razonable.

—Quiero decir —exclamó afligida, corrigiéndose— que *pienso* que jamás lo conseguirá, en la medida en que se puede responder del futuro; pienso que nunca corresponderé a su afecto.

—Espero que las cosas mejoren. Me doy cuenta, incluso más que Crawford, de que el hombre que pretenda enamorarte, conociendo tú sus intenciones, tendrá ante sí una ardua tarea; porque encontrará en pie de guerra todos tus primeros afectos y hábitos, y antes de que llegue a ganar tu corazón para uso personal tiene que liberarlo de cuanto lo ata a personas y cosas, ataduras que tantos años de crecimiento han fortalecido, y que por el momento están considerablemente afirmadas por la idea misma de separación. Sé que el temor a verte obligada a abandonar Mansfield te va a predisponer durante un tiempo contra él. Ojalá no se hubiera sentido obligado a decirte qué era lo que pretendía. Ojalá te hubiera conocido como te conozco yo, Fanny. Entre los dos, creo que te hubiéramos ganado. No habrían fracasado mis conocimientos teóricos y su práctica. Habría procedido según mis planes. Sin embargo, espero que cuando el tiempo demuestre (como creo que finalmente demostrará) que te merece por su firme afecto, recibirá su recompensa. No puedo suponer que no tienes el deseo de amarlo, el deseo natural de gratitud. Sin duda debes lamentar tu propia indiferencia.

—Somos completamente distintos —dijo Fanny, evitando una respuesta directa—, tan diferentes en nuestras inclinaciones y en la manera de ser, que considero imposible que pudiéramos llegar a ser medianamente felices juntos, aun cuando pudiera llegar a quererlo. Jamás ha habido dos personas tan diferentes. No tenemos ni un solo gusto en común. Seríamos desgraciados.

—Te equivocas, Fanny. No es tan grande la diferencia. En realidad creo que se parecen bastante y sí tienen gustos comunes; gustos morales y literarios comunes. Los dos tienen sentimientos benévolos y un corazón afectuoso; y, Fanny, ¿quién que le hubiera oído la otra noche leer a Shakespeare, y te hubiera visto a ti escucharlo, habría pensado que se trata de personas incompatibles? Te olvidas de ti misma; existe una clara diferencia de carácter entre ustedes, lo reconozco. Él es alegre y tú eres seria; pero tanto mejor; su ánimo ayudará al tuyo. Tú tienes propensión al desaliento, y a imaginar las dificultades más grandes de lo que son. Su alegría contrarrestará eso. Él no ve dificultades en nada, y su simpatía y su alegría serán un apoyo constante para ti. Las diferencias entre ustedes, Fanny, no mermarían en absoluto la probabilidad de ser felices juntos; eso ni lo pienses. Estoy convencido de que es más bien una circunstancia a favor. Estoy totalmente seguro de que es mejor que los caracteres sean diferentes; diferentes, me refiero, en el caudal de ánimos, en el modo de ser, en la inclinación a la mucha o poca compañía, en la tendencia a hablar o a estar callados, a estar serios o alegres. Estoy convencido de que cierta oposición en esto favorece la felicidad conyugal. Excluyo las extremosidades, por supuesto, y pienso que una excesiva coincidencia en estas cuestiones sería el medio más probable de generar una extremosidad. Una oposición moderada y continua es la mejor salvaguarda de la conducta y del modo de ser.

Muy bien adivinaba Fanny por dónde iban los pensamientos de Edmund ahora. Volvía a estar bajo el influjo de la señorita Crawford. No había parado de hablar alegremente de ella desde que había regresado. Había dejado por completo de evitarla. El día anterior mismo había cenado en la casa parroquial.

Tras dejar que siguiera sus pensamientos felices unos minutos, Fanny, considerándolo un deber para consigo misma, se volvió hacia el señor Crawford y dijo:

—No es sólo su carácter lo que juzgo totalmente incompatible conmigo; aunque en ese aspecto creo que la diferencia entre los dos es muy grande, infinitamente grande; su humor me agobia a menudo... Pero hay algo en él que aún me molesta más. Debo decirte, primo, que no puedo aprobar su carácter. No lo tengo en buen concepto desde el episodio de la obra de teatro. Entonces lo vi comportarse, a mi juicio, de una manera insensible y muy poco correcta (ahora puedo hablar de eso porque es cosa pasada), muy poco correcta respecto al pobre señor Rushworth, sin importarle el ridículo o el daño al que pudiera exponerlo, y dedicándole atenciones a mi prima María que... En fin, en los días de la obra de teatro me produjo una impresión que no se me borrará.

—Mi querida Fanny —replicó Edmund, sin escucharla hasta el final—, no juzguemos a ninguno de nosotros por lo que nos pareció en esos días de insensatez general. Esa época de la obra de teatro es algo que yo prefiero no recordar. María se portó mal. Crawford se portó mal; todos nos portamos mal; pero el peor de todos fui yo. Comparados conmigo, los demás fueron intachables. Yo hice el idiota a sabiendas.

—Como espectadora —dijo Fanny—, quizá vi más que tú; y creo que el señor Rushworth estuvo a veces muy celoso.

—Es muy posible. No me extraña. Nada podía ser más indecoroso que esa historia. Me escandalizo cada vez que pienso que María habría sido capaz; pero si ella podía hacer su papel, no debemos sorprendernos de los demás.

—Mucho me equivoco, o Julia creía, antes de la obra, que las atenciones del señor Crawford iban dirigidas a ella.

—¿A Julia? Alguien me dijo que el señor Crawford andaba enamorado de Julia; pero yo no vi nada de eso, Fanny, y aunque confío en las buenas cualidades de mis hermanas, creo que es muy posible que ellas, una o las dos, estuviesen deseosas de ser admiradas por Crawford, y que dieran muestras de ese deseo más allá de lo conveniente. Recuerdo que les gustaba mucho su compañía; y con ese feliz incentivo, un hombre como Crawford, alegre y quizá algo irreflexivo, podía tender a… No tendría nada de sorprendente, porque está claro que carecía de pretensiones; su corazón te lo reservaba a ti. Y debo decir que el hecho de que te lo reserve a ti lo enaltece a mis ojos. Lo honra inmensamente, revela la justa estima en que tiene la bendición de la felicidad doméstica y el afecto puro. Revela que su tío no lo ha echado a perder. Revela, en suma, todo lo que yo deseaba creer de él, y temía que no tuviera.

—Estoy convencida de que en cuestiones serias no piensa como debiera.

—Di más bien que no ha pensado en cuestiones serias, lo cual creo que es cierto. ¿Cómo podía ser de otro modo con semejante educación y semejante consejero? En realidad, ¿no es sorprendente que sean los dos lo que son, con las desventajas de lo que han tenido? Crawford, estoy dispuesto a reconocer, se ha dejado llevar por sus sentimientos. Afortunadamente, esos sentimientos han sido buenos por lo general. Tú le proporcionarás el resto; y es un hombre de lo más afortunado al enamorarse de una criatura, de una mujer que, firme como una roca en sus principios, tiene una dulzura de carácter muy apropiada para recomendarlos. Ha escogido a su compañera, efectivamente, con un raro acierto. Te hará feliz, Fanny; sé que te hará feliz. Tú lo serás todo para él.

—Pues yo no quisiera comprometerme en semejante tarea —exclamó Fanny en un tono apagado—, en una empresa de tan alta responsabilidad.

—¡Como siempre, te crees incapaz de todo! ¡Imaginas que todo es demasiado para ti! Bueno, aunque no pueda hacer que adoptes otras ideas, confío en convencerte de ellas; confieso que tengo interés en que esto pueda ser. Tengo un gran interés por el bien de los Crawford. Después de tu felicidad, Fanny, la suya es la que sigue en prioridad para mí. Tú sabes que siento un interés excepcional por la señorita Crawford.

Fanny lo sabía demasiado bien como para decir algo, y siguieron andando unos cincuenta metros ensimismados, en silencio. Fue Edmund el que retomó las cosas:

—Me gustó mucho la manera en que habló ella ayer, me gustó mucho, porque yo no confiaba en que viera las cosas de manera acertada. Sabía que te aprecia mucho; sin embargo, temía que considerase que no fueras suficiente para su hermano, y que lamentara que no se hubiera fijado en una mujer distinguida y con fortuna. Temía el prejuicio de esas máximas mundanas que ha estado acostumbrada a escuchar. Pero ha sido muy diferente. Me ha hablado de ti, Fanny, exactamente como debía. Desea la unión de ustedes tan fervientemente como tu tío o como yo. Hemos tenido una larga conversación. Yo no habría mencionado el asunto, aunque estaba deseoso de saber lo que pensaba; pero aún no hacía cinco minutos que me encontraba en la habitación, cuando empezó ella, abordándolo con toda la franqueza del mundo, y ese dulce ademán tan suyo, ese espíritu y esa ingenuidad que son tan propios de ella. La señora Grant se rió de su rapidez en abordar el tema.

—¿Entonces estaba la señora Grant en la habitación?

—Sí, cuando llegué a la casa encontré a las dos hermanas solas; y una vez que empezamos a hablar de ti, Fanny, no dejamos de hacerlo hasta que llegaron Crawford y el doctor Grant.

—Hace más de una semana que no he visto a la señorita Crawford.

—Si, y ella lo siente mucho; aunque reconoce que quizá haya sido mejor. Pero la verás antes de que se marche. La verdad es que está enojada contigo, Fanny; así que debes estar prevenida. Dice que está muy enfadada, y bien puedes imaginar la clase de enfado. Es el pesar y la decepción de una hermana que piensa que su hermano tiene derecho a todo lo que desea desde el primer momento. Está dolida, como lo estarías tú por William; pero te quiere y te estima de todo corazón.

—Pues sí, ya me imaginaba que estaría enojada conmigo.

—Mi queridísima Fanny —exclamó Edmund, apretándole más el brazo contra sí—, no te aflija pensar que está enfadada; es más un enfado de palabra que de sentimiento. Su corazón está hecho para el amor y la bondad, no para el rencor. Me habría gustado que hubieses oído su tributo de elogios; me habría gustado que hubieses visto su expresión cuando dijo que deberías ser la esposa de Henry. Y observé que siempre te llamaba "Fanny", cosa que nunca había hecho, y sonaba más que fraternal.

—¿Y la señora Grant habló?..., ¿dijo algo?..., ¿estuvo ahí todo el tiempo?

—Sí, estuvo de acuerdo en todo con su hermana. Parece, Fanny, que la sorpresa de tu negativa ha sido inmensa. Por lo visto les parece inconcebible que hayas podido rechazar a un hombre como Henry Crawford. Yo te defendí todo lo que pude; pero, para ser sincero, según expusieron el caso, deberías demostrar lo antes posible que estás en tus cabales con una conducta diferente. Ninguna otra cosa las dejará satisfechas… Es una broma. Ya me callo. No te vayas.

—Yo habría pensado —dijo Fanny, tras una pausa de concentrado recogimiento— que toda mujer debía considerar al menos la posibilidad de que un hombre no pueda ser aprobado, no amado por alguien de nuestro sexo, por muy agradable que sea él. Aunque tuviera todas las perfecciones del mundo, creo que no debería darse por sentado que toda mujer haya de aceptar a un hombre por el hecho de que le resulta agradable. Pero aún suponiendo que así sea, concediendo que el señor Crawford tenga todos los derechos que sus hermanas creen que tiene, ¿cómo iba yo a estar preparada para unirme a él con un sentimiento que respondiese al suyo? Me ha tomado completamente de sorpresa. Yo no tenía la menor idea de que su actitud hacia mí tuviera intención alguna; y desde luego no iba a aprender a quererlo sólo por el hecho de que él se fijase, muy frívolamente al parecer, en mí. En mi situación, habría sido el colmo de la vanidad hacerme ilusiones respecto al señor Crawford. Estoy segura de que sus hermanas, valorándolo como lo valoran, pensaron lo mismo, y supusieron que no pretendía nada serio. Así que, ¿cómo iba a enamorarme de él en el momento en que me dijo que estaba enamorado de mí? ¿Cómo iba yo a tener un afecto a su disposición tan pronto como lo pidió? Sus hermanas deberían tenerme la misma consideración que a él. Cuanto más se merezca él, más incorrecto será por mi parte pensar en él. Y, y… ellas y yo pensamos de manera muy distinta sobre la naturaleza de las mujeres, si imaginan que una mujer es capaz de corresponder tan pronto a un afecto, como eso parece indicar.

—Mi queridísima Fanny, ahora conozco la verdad. Es ésa la verdad; y esos sentimientos son muy dignos de ti. Ya te los había atribuido antes. Pensé que podría comprenderte. Ahora me has dado exactamente la explicación que me atreví a dar de tu parte a tu amiga y a la señora Grant; y las dos se quedaron más satisfechas, aunque tu afectuosa amiga seguía embargada por el entusiasmo de su cariño a Henry. Les dije que eras la persona en la que más poder tenían los hábitos, y menos las novedades; y que la novedad misma de los requerimientos de Crawford obraba en contra suya; el hecho de ser tan nuevos y recientes los convertía en una desventaja, que no admitías nada a lo que no estuvieras acostumbrada, y muchas cosas más por el estilo, todo para darles una idea de tu carácter. La señorita Crawford nos hizo reír con sus planes para alentar a su hermano. Quería insistirle en que perseverase con la esperanza de ser amado, y ver muy favorablemente aceptados sus requerimientos al cabo de diez años de feliz matrimonio.

A Fanny le costó trabajo esbozar la sonrisa que se le pedía. Se le sublevaban los sentimientos. Temía haber hecho mal, haber dicho demasiado, haber exagerado la cautela que creyó necesaria y haberse guardado de un mal exponiéndose a otro. Y el que le repitiesen las muestras de ingenio de la señorita Crawford en semejante momento, y sobre semejante asunto, supuso un amargo agravamiento.

Edmund vio el cansancio y la zozobra en su rostro, y decidió dejar el punto de discutir; no volvió a mencionar siquiera el nombre de Crawford, salvo cuando podía relacionarlo con algo agradable para ella. De acuerdo con esta norma, comentó poco después:

—Se van el lunes. Así que seguro que verás a tu amiga mañana o el domingo. ¡Se van el lunes, pero de verdad! ¿Y pensar que estuvieron a punto de convencerme para que me quedara en Lessingby hasta ese mismo día! Habría lamentado toda mi vida esos cinco o seis días más en Lessingby.

—¿Estuviste cerca de quedarte allí?

Muy cerca. Me insistieron muy amablemente, y casi había accedido. De haber recibido carta de Mansfield diciéndome que todo estaba bien, creo que me habría quedado. Pero llevaba dos semanas sin tener noticias de aquí, y me pareció que ya era suficiente tiempo.

—¿Lo pasaste bien?

—Sí, es decir, fue culpa de mi cabeza, si no. Todos fueron muy agradables. Dudo que me encontraran igual. Fui con mi inquietud a cuestas, y no me he librado de ella hasta estar en Mansfield otra vez.

—¿Te parecieron simpáticas las señoritas Owen?

—Sí, mucho. Son agradables, alegres, naturales. Pero se me ha mimado demasiado, Fanny, para disfrutar con una compañía femenina común y corriente. Las jóvenes alegres y naturales no valen para un hombre acostumbrado a mujeres con sensibilidad. Son dos órdenes de seres diferentes. Tú y la señorita Crawford me han convertido en alguien bastante exigente.

Sin embargo, Fanny se sentía aún deprimida y cansada; él se lo notó en la expresión; no se le iba a quitar hablando, así que dejó de intentarlo y, con la amable autoridad de un guardián privilegiado, la llevó inmediatamente a casa.

36

Edmund se creyó ahora totalmente al corriente de cuanto Fanny podía decir, o dejar entrever, de sus sentimientos, y estaba satisfecho. Como había supuesto, fue un paso demasiado precipitado por parte de Crawford, y había que dar tiempo para que la idea se hiciese familiar, y luego agradable a Fanny. Debía acostumbrarse a verlo como enamorado de ella, quizá no tardaría en corresponder a ese afecto.

Comunicó esa opinión a su padre como resultado de la conversación, y recomendó que no se le dijera nada más ni se hiciese ningún otro intento de influirla o persuadirla, sin que se dejase todo a las solicitudes de Crawford y al trabajo natural de su propio cerebro.

Sir Thomas prometió que así se haría. Pensó que era justa la descripción que había hecho Edmud de la disposición de ánimo de Fanny; supuso que eran ésos sus sentimientos, aunque le parecía sumamente desafortunado que los tuviera. Porque, menos dispuesto que su hijo a confiar en el futuro, temía que si se le concedía a Fanny demasiado tiempo para que se acostumbrase, podía no decidirse a aceptar apropiadamente las solicitudes de joven antes de que éste perdiera su inclinación a dirigírselas. No había nada que hacer, sin embargo, sino conformarse en silencio, y esperar lo mejor.

La visita prometida de su "amiga", como Edmund llamaba a la señorita Crawford, era una amenaza tremenda para Fanny, que vivía en perpetuo terror por ese motivo. Como hermana, parcial y enojada, y poco cuidadosa de lo que decía; y desde otro ángulo, triunfal y segura, era en todos los sentidos motivo de angustiosa alarma para ella. Su disgusto, su perspicacia y su alegría eran temibles, y lo único que daba ánimos a Fanny a propósito de este encuentro era confiar en que hubiera otras personas presentes. Así que, a fin de evitar un ataque repentino se separaba lo menos posible de lady Bertram, procuraba no estar en la habitación del este y no paseaba sola por los arbustos.

Lo consiguió. Cuando la señorita Crawford se presentó, ella estaba a salvo con su tía en el salón desayunador; y superada la primera angustia, y viendo a la señorita Crawford mirar y hablar con expresión bastante menos que significativa de lo que había previsto, Fanny empezó a esperar que no tendría que soportar más allá de media hora de relativo nerviosismo. Pero era esperar demasiado. La señorita Crawford no era esclava de la ocasión. Estaba decidida a hablar a solas con Fanny; así que, al poco rato de llegar, dijo en voz baja: "Tengo que hablar con usted unos minutos". Palabras que Fanny sintió hasta el fondo de su ser, en todos sus pulsos, en todos sus nervios. Era imposible negarse. Al contrario, su costumbre de obedecer con diligencia la hizo levantarse casi instantáneamente y salir la primera de la habitación. Lo hizo sintiéndose desdichada; pero era inevitable.

No bien estuvieron en el recibidor, la señorita Crawford abandonó toda contención en el semblante. Meneó la cabeza hacia Fanny con travieso aunque afectuoso reproche, y, tomándole la mano, pareció casi no poder contenerse de empezar allí mismo. No dijo nada, salvo: "¡Niña, niña mala!... no sé cuándo terminaré de regañarla"; y tuvo la suficiente discreción para reservar lo demás hasta estar solas entre cuatro paredes. Fanny, naturalmente, subió la escalera y llevó a su invitada al aposento que ahora estaba siempre confortable; no obstante, abrió la puerta con el corazón encogido, y la sensación de que le esperaba la escena más penosa de cuantas se habían vivido en ese lugar. Pero la desdicha a punto de estallar en ella se demoró, al menos, tras un súbito cambio de idea de la señorita Crawford, debido a la fuerte impresión que le causó hallarse en la habitación del este otra vez.

—¡Ah! —exclamó, repentinamente animada—, ¡de nuevo estoy aquí! La habitación del este. ¿Sólo había estado una vez en esta habitación! —Y tras detenerse a mirar a su alrededor como para recordar todo lo que había ocurrido, añadió—: Sólo una vez, ¿se acuerda? Vine a ensayar. Su primo vino también, e hicimos un ensayo. Usted fue nuestro auditorio y nuestro apuntador. Aquel fue un ensayo delicioso. Nunca se me olvidará. Aquí estuvimos, justo en esta parte de la habitación; aquí estaba su primo, y aquí yo; aquí estaba las sillas… ¡Ah!, ¿por qué se me irán esas cosas?

Afortunadamente para su compañera, no necesitaba respuesta. Estaba totalmente ensimismada. Se hallaba inmersa en un mar de recuerdos deliciosos.

—¡La escena que ensayábamos era muy especial! El asunto era muy… muy… ¿cómo diría yo? Él debía describirme y recomendarme el matrimonio. Me parece verlo ahora tratando de estar sereno y circunspecto, como debe estar Anhalt, durante los dos largos parlamentos: "Cuando dos corazones afines se unen en matrimonio puede considerarse un estado feliz". Creo que no se me borrará nunca la imagen que tengo de su cara y de su voz cuando me dijo esas palabras. ¡Fue extraño, muy extraño que tuviéramos que representar esa escena! Si yo pudiera revivir una semana de mi vida sería ésa, esa semana de teatro. Diga usted lo que diga, Fanny, sería ésa; porque jamás he conocido una felicidad más intensa en ninguna otra. ¡Someterse como se sometió su espíritu firme! ¡Ah, fue indeciblemente maravilloso! Pero, ¡qué pena! Esa misma noche se fue todo a pique. Esa misma noche llegó intempestivamente su tío. Pobre sir Thomas; ¿quién se alegró de verlo? Sin embargo, Fanny, no vaya a creer que hablaría ahora de sir Thomas de forma irrespetuosa, aunque desde luego, lo odié durante muchas semanas. No, ahora le hago justicia. Es exactamente como debe ser el jefe de una familia como ésta. Más aún, en estricta verdad, los quiero a todos ustedes. —Y dicho esto, con un grado de ternura y sentimiento que Fanny jamás había visto en ella, y que ahora le pareció de lo más favorecedor, se dio la vuelta un momento para recobrarse—. Me he impresionado un poco al entrar en la habitación, como habrá notado —dijo a continuación con sonrisa burlona—; pero ya ha pasado. Así que sentémonos y pongámonos cómodas; porque no tengo valor para regañarla, Fanny, que era lo que venía dispuesta a hacer, ahora que ha llegado el momento. —Y abrazándola muy cariñosamente—: ¡Dulce y amabilísima Fanny! Cuando pienso que ésta es la última vez que la veo; porque no sé cuánto tiempo… Siento que me es completamente imposible hacer otra cosa que quererla.

Fanny estaba afectada. No había previsto nada de esto y sus sentimientos apenas pudieron resistir el melancólico influjo de la palabra "última". Lloró como si hubiese querido a la señorita Crawford más de lo que podía quererla; y la señorita Crawford, mucho más ablandada al ver la emoción, la rodeó con afecto y dijo:

—Siento dejarla. No veré a nadie la mitad de amable que usted, a donde voy. ¿Quién dice que no seremos hermanas? Sé que lo seremos. Siento que hemos nacido para emparentar; y esas lágrimas me confirman que siente lo mismo también, querida Fanny.

Fanny volvió en sí, y replicando sólo en parte, dijo:

—Pero usted ahora va de un grupo de amigos a otro. Va a visitar a una amiga muy especial.

—Sí, eso es verdad; la señora Fraser es íntima amiga mía desde hace años. Pero no me apetece lo más mínimo ir a verla. Sólo puedo pensar en los amigos que dejo: en mi inestimable hermana, en usted, en los Bertram en general. Todos ustedes tienen mucho más corazón que lo que se encuentra por ahí. Todos ustedes me inspiran un sentimiento de confianza y de intimidad, cosa que no ocurre en una relación normal. Quisiera no haber quedado en ir a visitar a la señora Fraser hasta después de Pascua, que es bastante mejor época para ir; pero ahora no puedo decepcionarla. Y después de cumplir con ella me toca ir a casa de su hermana, lady Stornway, porque era la más íntima de las dos; aunque no me he ocupado mucho de ella en estos tres años.

Tras estas palabras se quedaron las dos calladas varios minutos, cada una sumida en sus reflexiones: Fanny pensando en las diferentes clases de amistad que había en el mundo, Mary en algo de carácter menos filosófico. Fue la primera en volver a habar:

—¡Qué bien recuerdo cuando decidí subir a verla, y me puse a buscar el camino a la habitación del este sin saber por dónde era! Cómo recuerdo lo que pensaba mientras venía y me asomé y la vi sentada ante la mesa, trabajando; y luego, ¡el asombro de su primo al abrir la puerta y verme aquí!... ¡Y por supuesto el regreso de su tío esa misma noche! Jamás ha ocurrido nada igual.

Siguió otro breve espacio de abstracción... pero de pronto Mary pareció querer romper eso, cuando dijo:

—¡Vaya, Fanny, está usted completamente embelesada! Supongo que piensa en alguien que siempre está pensando en usted. ¡Ah, ojalá pudiera yo transportarla por breve tiempo a nuestro círculo de la capital para que viera qué se piensa allí de su poder sobre Henry! ¡La envidia, los celos de docenas y docenas! ¡El asombro, la incredulidad que sentirán al enterarse de lo que usted ha provocado! Porque, en cuanto a discreción, Henry es como el héroe de un antiguo romance que se enorgullece de sus cadenas. Debería venir a Londres, a comprobar cómo se valora su conquista. ¡Si viera cómo lo buscan y cómo me buscan a mí por él! Me doy cuenta de que ahora no voy a ser ni la mitad de bien recibida en casa de la señora Fraser, debido a la situación con usted. Cuando se entere ella, probablemente querrá mandarme de vuelta a Northamptonshire, porque hay una hija del señor Fraser con su primera mujer a la que está ansiosa por casar, y quisiera que la pidiese Henry. Lo ha estado trabajando, ¡y de qué manera! Usted, aquí, sentada, inocente y tranquila, no se hace a la idea de la sensación que causará, de la curiosidad que despertará..., ¡de todo lo que tendré que contestar! La pobre Margaret Fraser me asediará a preguntas sobre sus ojos y sus dientes, y cómo tiene el pelo, y quién le hace los zapatos. Quisiera que Margaret estuviese casada, por mi pobre amiga; porque veo que los Fraser son desgraciados como la mayoría de los matrimonios. Sin embargo era una unión de lo más deseable para Janet. Todos estábamos encantados. Janet no pudo hacer otra cosa que aceptarlo, porque era rico y ella no tenía nada. Pero él ha sacado a relucir un carácter hosco y *exigéant*; y quiere que una joven, que una joven hermosa de veinticinco años, sea igual de seria que él. Y mi amiga no lo sabe llevar; parece que no acaba de adaptarse. Hay un ambiente de irritación allí que, por no decir nada peor, indica muy mala educación. Cuando esté en su casa me acordaré con respeto del trato que observa el matrimonio de la casa parroquial de Mansfield.

El doctor Grant muestra una total confianza en mi hermana, y cierta consideración a sus opiniones, lo que indica que hay afecto; pero nada de eso veré en casa de los Fraser: estaré constantemente en Mansfield, Fanny. Mi propia hermana como esposa, y sir Thomas Bertram como marido, son mis modelos de perfección. La pobre Janet ha sido engañada de manera lastimosa; sin embargo, no ha hecho nada inadecuado, no se ha lanzado al matrimonio de manera atolondrada; no ha habido falta de previsión. Se tomó tres días para meditar las proposiciones de él; y durante esos tres días pidió consejo a todos los relacionados con ella cuya opinión valía la pena tener en cuenta. Y en especial acudió a mi querida tía, que en paz descanse, cuyo conocimiento del mundo hacía que su juicio fuese muy certero y merecidamente consultado por la gente joven de entre sus amistades; y se pronunció decididamente a favor del señor Fraser. ¡Es como si nada pudiera garantizar el bienestar matrimonial! En cuanto a mi amiga Flora, no tengo mucho que decir en su favor, ya que dejó plantado a un apuesto joven de la Guardia Real por ese horrible lord Stornway que tiene el mismo seso que el señor Rushworth, pero mucho peor pinta, además de la fama de sinvergüenza. En su momento yo tuve mis dudas de que hiciera bien, porque él ni siquiera tiene aspecto de caballero; pero ahora estoy completamente segura de que hizo mal. A propósito, el invierno que "debutó" Flora Ross, estaba que se moría por Henry. Pero si intentara hablarle de todas las mujeres que sé que han estado enamoradas de él, no acabaría. Sólo usted, insensible Fanny, es capaz de pensar en él con alguna indiferencia. Pero, ¿es tan insensible como pretende hacer ver? No, no; ya veo que no.

Efectivamente, había un intenso rubor en el rostro de Fanny en ese momento como para avalar la fuerte sospecha de que tenía un espíritu predispuesto.

—¡Excelente criatura! No quiero importunarla. Todo llegará a su tiempo. Pero, querida Fanny, reconozca que la petición no la tomó tan absolutamente desprevenida como asegura su primo. No es posible que no haya tenido ningún pensamiento al respecto, ninguna sospecha de lo que podía ocurrir. Ha debido ver que trataba de serle agradable con todas las atenciones de que era capaz. ¿No estuvo dedicado a usted en el baile? Y antes del baile, ¡con el collar! ¡Ah!, usted lo aceptó tal como él suponía. Usted fue todo lo consciente que podía desear el corazón. Lo recuerdo perfectamente.

—¿Quiere decir, entonces, que su hermano sabía de antemano lo del collar?... ¡Ah, señorita Crawford, eso no es leal!

—¿Que si lo sabía? ¡Fue enteramente obra suya! Me da vergüenza decirlo, pero a mí ni se me había pasado por la cabeza. Pero me encantó colaborar cuando me lo propuso, por ustedes dos.

—No digo —replicó Fanny— que no llegara a temerlo en determinado momento; porque vi algo en la expresión de usted que me asustó; pero no al principio… ¡al principio no recelé de nada! Nada en absoluto, de verdad… tan verdad como que estoy sentada aquí ahora; y de haber tenido la más ligera sospecha, no habría aceptado el collar. En cuanto al comportamiento de su hermano, desde luego me di cuenta de que era un poco especial, me pareció especial durante un tiempo, durante dos o tres semanas tal vez; pero luego pensé que no quería decir nada. Lo atribuí simplemente a su manera de ser; y estaba lejos de suponer como de desear que abrigase algún sentimiento serio con respecto a mí. No soy tan distraída, señorita Crawford, como para no observar lo que ocurrió entre él y cierta parte de esta familia durante el verano y el otoño. Estuve muda, pero no ciega. Y no pude por menos de ver que el señor Crawford se permitía galanterías que para mí no significaban nada.

—¡Ah! No puedo negar que de vez en cuando él ha mariposeado un poco, sin importarle mucho el estrago que podía hacer en el corazón de las jóvenes. Yo lo he regañado a menudo, así que es sólo culpa suya; y tengo que decir una cosa: que muy pocas jóvenes mostraron un afecto que mereciese ser tenido en cuenta. Y ahora, Fanny, ¡qué gloria el haber atrapado al que tantas han querido cazar antes, tenerlo en su poder para hacerlo pagar las deudas que tiene contraídas con nuestro sexo! ¡Ah, estoy segura de que no está en la naturaleza de la mujer el rehusar semejante triunfo!

Fanny negó con la cabeza.

—Yo no puedo tener buen concepto del hombre que juega con los sentimientos de una mujer, y que ha hecho sufrir a menudo, quizá bastante más de lo que un observador puede esperar.

—Yo no lo estoy defendiendo, se lo dejo enteramente a su merced; y una vez que la haya instalado en Everingham, no me importará que lo sermonee: pero quiero decirle una cosa: que su defecto, el gustarle coquetear un poco con las jóvenes, no es ni la mitad de peligroso para la felicidad de una esposa, que la propensión a enamorarse, cosa a la que nunca ha tenido afición. Y creo que ahora el está sinceramente enamorado de usted, enamorado como nunca lo ha estado de una mujer; creo que la ama de todo corazón y la amará todo lo eternamente posible. Si algún hombre ha amado eternamente a una mujer, creo que Henry la amará de ese modo a usted.

Fanny no pudo evitar una leve sonrisa, pero no dijo nada.

—No recuerdo que Henry haya sido más feliz —prosiguió Mary— que cuando consiguió el ascenso de su hermano.

Aquí tuvo la seguridad de haber tocado una fibra sensible de Fanny.

—¡Ah sí! ¡Fue muy amable de su parte!

—Sé que ha debido costarle mucho, me imagino los hilos que ha tenido que mover. El almirante odia las molestias y detesta pedir favores; y hay tantos jóvenes que solicitan que se les atienda del mismo modo, que elude fácilmente una amistad y una energía poco decididas. ¡Qué feliz debe sentirse William! Ojalá podamos verlo pronto.

El espíritu de la pobre Fanny se sumió en la mayor de las angustias. El recuerdo de lo que había hecho por William era siempre lo que más perturbaba sus decisiones contra el señor Crawford; y se quedó absorta pensando en ello hasta que Mary, que la había estado mirando al principio con complacencia y luego se había puesto a pensar en otra cosa, le llamó súbitamente la atención diciendo:

—Me gustaría estar aquí hablando con usted todo el día, pero no debemos olvidar a las señoras de abajo; así que adiós, mi querida y amable y extraordinaria Fanny; porque, aunque teóricamente nos separaremos, en el desayunador, tengo que dejarla aquí. Me despido con el deseo de que tengamos otra feliz reunión, y con la confianza de que, cuando nos volvamos a ver, sea en tales circunstancias que podamos abrirnos mutuamente el corazón sin rastro de sombra ni de reserva.

Un abrazo muy cariñoso, y cierta agitación en el ademán, acompañaron estas palabras.

—Dentro de poco veré a su primo en la capital; dice que irá relativamente pronto; y creo que sir Thomas también, durante la primavera; y seguramente veremos más de una vez a su primo mayor, y a los Rushworth, y a Julia; a todos menos a usted. Quiero pedirle dos favores, Fanny; uno es que me escriba. Tiene que escribirme. Y el otro es que visite a menudo a la señora Grant, para compensarla de mi ausencia.

Fanny habría preferido que no le hubiese pedido, al menos, lo primero; pero le fue imposible negarse a escribir; le fue imposible, incluso no asentir con más presteza de lo que su propio criterio autorizaba. No era capaz de resistirse a una muestra de afecto. Su naturaleza la predisponía a valorar el trato afectuoso, y dado que había recibido muy poco hasta aquí, el de la señorita Crawford la ganó con más facilidad. Además le estaba agradecida por haber hecho la entrevista mucho menos penosa de lo que sus temores habían augurado.

Había concluido, y había escapado sin reproches y sin ser descubierta. Aún era suyo solamente su secreto; y mientras fuera así, pensaba que podía resignarse a casi todo.

Por la noche hubo otra despedida. Llegó Henry Crawford y estuvo un rato sentado con ellas; y dado que Fanny no se encontraba muy fuerte de ánimo desde antes, durante un rato se mostró blanda con él. En verdad él parecía completamente distinto de cómo se comportaba por lo general: apenas hablaba. Evidentemente, estaba deprimido; y Fanny lo sintió por él; aunque esperaba no volverlo a ver hasta que estuviese casado con otra mujer.

Cuando llegó el momento de la despedida, al tomarle él la mano, no recibió una negativa; sin embargo, no dijo nada, o nada que ella oyera; y cuando abandonó la habitación, Fanny se sintió contenta de que hubiera pasado esa prueba de amistad.

A la mañana siguiente, los Crawford se habían ido.

37

Ausente el señor Crawford, el propósito de sir Thomas ahora era que se le echase de menos; y tenía muchas esperanzas de que su sobrina notase un vacío al perder las atenciones que en su momento había considerado o imaginado un mal. Había saboreado la importancia en su forma más halagadora, y esperaba que su pérdida, el hundirse nuevamente en la nada, despertase muy saludables arrepentimientos en su espíritu. Con esta idea la observaba, aunque no podía decir que viera ningún progreso. No sabía si había habido algún cambio en su ánimo o no. Era siempre tan amable y reservada que no alcanzaba a descubrir sus emociones. No la comprendía; se daba cuenta de que no podía; así que recurrió a Edmund para que le dijese cómo se sentía ella ahora, y si estaba más o menos contenta que antes.

Edmund no vía ningún síntoma de pesar, y pensaba que su padre era poco razonable al suponer que pudiera revelar ninguno en los tres o cuatro primeros días.

Lo que sorprendía sobre todo a Edmund era que no estuviese más visiblemente triste por la ausencia de la hermana, la amiga y compañera que tanto había significado para ella. Le extrañaba que Fanny hablara raramente de ella, y que tuviese espontáneamente tan poco que decir de su pesar por esta separación.

¡Ah! Era esta hermana, esta amiga y compañera la que principalmente le quitaba el sosiego ahora a Fanny: si hubiera podido creer que el futuro de Mary no iba a tener relación alguna con Mansfield, como estaba decidida a que no lo tuviese el del hermano; si hubiese podido esperar que su regreso fuera tan remoto como estaba inclinada a creer que sería el de él, se habría mostrado radiante de alegría; pero cuanto más recordaba y observaba, más hondamente se convencía de que ahora todo contribuía más que antes a que la señorita Crawford se casase con Edmund. La inclinación en él era más fuerte; y en ella, menos ambigua. Las objeciones de Edmund, los escrúpulos que asaltaban su integridad se habían disipado no se sabía cómo; en cuanto a ella, sus dudas y vacilaciones respecto de su ambición habían desaparecido asimismo… y asimismo sin motivo aparente. Esto sólo podía imputarse a un aumento del afecto. Los buenos sentimientos de él y los malos de ella habían cedido al amor, y ese amor debía unirlos. Él se iría a la capital en cuanto dejase arreglado cierto asunto relacionado con Thornton Lacey; quizá antes de un par de semanas. Hablaba de su marcha, le encantaba hablar de ese viaje. Y cuando estuviese con ella otra vez, Fanny no tenía ninguna duda en cuanto al resto. La aceptación de ella sería tan segura como la petición de él; y no obstante, aún abrigaba malos sentimientos que hacían esta perspectiva sumamente dolorosa para ella. Independientemente… creía que independientemente de sí misma.

En su última conversación, la señorita Crawford, pese a alguna muestra amistosa y a la mucha amabilidad desplegada, había seguido siendo la señorita Crawford. Había revelado un espíritu descarriado y aturdido sin tener la menor conciencia de ello; un espíritu ofuscado, aunque creyéndose la luz misma. Quizá amaba a Edmund, pero no se lo merecía con ningún otro sentimiento. Fanny pensaba que seguramente no compartían ningún otro sentimiento; y tal vez los sabios antiguos la perdonen por considerar casi imposible que la señorita Crawford mejorase en el futuro; por pensar que si, en ese estadio del amor, la influencia de Edmund había ayudado tan poco a esclarecerle el juicio y a ordenar sus ideas, acabaría malgastando en ella su valía durante los años del matrimonio.

La experiencia habría esperado más de unos jóvenes de su posición, y la imparcialidad no habría negado a la señorita Crawford esa parte de la naturaleza femenina capaz de inclinarla a adoptar las opiniones del hombre que amaba y respetaba como las suyas propias. Pero dado que eran éstas las convicciones de Fanny, sufría mucho, y no podía hablar de la señorita Crawford sin que le resultara doloroso.

Sir Thomas, entretanto, seguía con sus esperanzas y sus observaciones, considerándose aún —por su conocimiento de la naturaleza humana— con derecho a observar el efecto de la pérdida de poder e importancia en el ánimo de su sobrina, y a esperar que la ausencia de atenciones del enamorado la hiciera desear fervientemente volver a tenerlas; poco más tarde pudo explicarse el hecho de no descubrir todo esto de manera indudable y palpable por el anuncio de otra visita cuya proximidad atribuyó suficiente fuerza para sostener el ánimo que él vigilaba: William había obtenido diez días de permiso para ausentarse a Northamptonshire, y estaba a punto de llegar, convertido en el más feliz de los tenientes, dado su reciente nombramiento. Dispuesto a exhibir su felicidad y a describir su uniforme.

Llegó, y le habría encantado lucir su uniforme ahí también, si el cruel reglamento no hubiera prohibido llevarlo fuera del servicio. Así que tuvo que dejarlo en Portsmouth; y Edmund auguró que antes de que Fanny pudiera verlo se habría ajado toda su lozanía, y toda lozanía de sentimientos del que lo vestía. Se habría convertido en símbolo de vergüenza; porque, ¿qué puede haber más vergonzoso, o más indigno, que el uniforme de un teniente que lleva como tal uno o dos años, mientras ve a otros ascender a grados superiores? Así razonaba Edmund, hasta que su padre le confió un plan para proporcionar a Fanny la oportunidad de contemplar al teniente de la *Thrush* en todo su esplendor, bajo otra luz.

Dicho plan consistía en que Fanny acompañase a su hermano a Portsmouth y pasara una temporada con su propia familia. Aquello se le había ocurrido a sir Thomas en una de sus solemnes meditaciones, como una medida justa y deseable; pero antes de decidirse del todo, consultó con su hijo. Edmund estudió el asunto desde todos los ángulos, y concluyó que estaba bien. La idea era buena en sí misma, y no podía realizarse en momento más oportuno; no le cabía duda de que le gustaría muchísimo a Fanny. Esto bastó para que sir Thomas se decidiera; y un concluyente "así se hará entonces" cerró esta fase del plan: sir Thomas se retiró satisfecho, y con perspectivas de lograr un beneficio que estaba mucho más allá del que se había comunicado a su hijo;

porque su motivo principal para enviarla lejos tenía poco que ver con la conveniencia de que viera otra vez a sus padres, y nada en absoluto con cualquier intención de hacerla feliz. Era cierto que quería que fuese de buen grado; pero era igualmente cierto que quería que añorase la casa antes de que terminara su visita, y que una pequeña abstinencia de las elegancias y lujos de Parque Mansfield la hiciera reflexionar, y la inclinara a valorar más justamente el hogar de más permanencia e igual comodidad que le ofrecía el señor Crawford.

Era un proyecto destinado a curar el juicio de su sobrina, que sin duda consideraba enfermo en este momento. El haber residido ocho o nueve años en la morada de la riqueza y la opulencia había alterado un poco su capacidad de comparar y juzgar. La casa de su padre le enseñaría, con toda probabilidad, el valor de una buena renta, y confiaba en que fuera más feliz el resto de su vida con el experimento que había maquinado.

De haber sido Fanny propensa al ansia, habría sufrido una crisis al conocer el plan, al proponerle su tío que visitara a sus padres y hermanos, de los que llevaba separada casi la mitad de la vida, y volviera durante un par de meses a los lugares de su infancia, con William como protector y compañero de viaje, y con la certeza de continuar viéndolo hasta su última hora de permanencia en tierra. De haberse dejado llevar alguna vez por las efusiones de gozo habría sido entonces, porque no cabía en sí. Aunque su dicha era callada, profunda, de las que anegan el alma; y aunque de por sí no era muy locuaz, siempre tendía a permanecer callada cuando sentía con mayor intensidad. De momento sólo fue capaz de dar las gracias y aceptar. Después, una vez que se familiarizó con la gozosa perspectiva que tan súbitamente se abría ante ella, pudo hablar más ampliamente con William y Edmund de lo que sentía; pero aún no experimentaba emociones que pudiera revestir con palabras; le volvió con renovada fuerza el recuerdo de sus tempranas alegrías, y de lo que había sufrido al separarse de ellos; y le pareció que cuando estuviese en casa otra vez se le curaría todo el dolor que le había infligido la separación. ¡Estar en el centro de ese círculo, ser amada por todos ellos, e incluso más de lo que había sido amada antes, sentir el afecto sin miedos ni inhibiciones, sentirse igual a los que la rodeaban, verse libre de toda alusión a los Crawford, de toda mirada de reproche a causa de ellos! Ésta era una perspectiva que acariciaba con una ternura que sólo pudo confesar a medias.

Y respecto a Edmund también: estar lejos de él dos meses (tal vez le permitiesen que fueran tres) le sentaría bien. A una distancia insalvable para sus miradas o sus atenciones, y al abrigo de la perpetua irritación que le causaba escuchar sus efusiones y luchar por eludir sus confidencias, podría recobrar el sosiego razonándose a sí misma; sería capaz de pensar en él en Londres, arreglando las cosas, sin que eso la hiciera desdichada. Lo que había sido difícil de soportar en Mansfield iba a convertirse en un mal insignificante en Portsmouth.

La única duda era si la tía Bertram estaría a gusto sin ella. A nadie más le era útil; pero ahí se la podría echar de menos a unos extremos en los que no quería ni pensar; y para sir Thomas, ésa era, desde luego, la parte más difícil del plan, y que sólo él podía superar.

Pero era él el Señor, y autoridad absoluta de Parque Mansfield. Una vez que tomaba una decisión, siempre la llevaba a cabo; y ahora, a fuerza de hablar del asunto, explicando largo y tendido el deber de Fanny de visitar alguna vez a su familia, indujo a su esposa a dejarla ir; aunque lo consiguió más por sumisión que por convicción, porque lady Bertram estaba convencida de muy poco más, salvo de que sir Thomas pensaba que Fanny debía ir, y por tanto tenía que hacerlo. En la calma de su tocador, siguiendo el curso imparcial de sus meditaciones, lejos de las explicaciones ofuscadoras de su esposo, no conseguía ver ninguna necesidad de que Fanny fuera a visitar a unos padres que habían prescindido de ella durante tantos años, mientras que a ella le era muy útil. Y en cuanto a no echarla de menos, que fue lo que la señora Norris había intentado probar en la discusión, se negaba rotundamente a admitir tal cosa.

Sir Thomas había apelado a la razón, a su conciencia y a su dignidad. Lo calificó de "sacrificio", y lo exigió de su bondad y del dominio de sí misma. Pero la señora Norris quería convencerla de que podía perfectamente prescindir de Fanny —ella estaba dispuesta a dedicarle su tiempo cuando se lo pidiera—: y en resumidas cuentas, ni hacía falta ni se la extrañaría en la casa.

—Puede ser, hermana —fue la respuesta de lady Bertram—; quizá tengas toda la razón; pero estoy segura de que la voy a echar mucho de menos.

El siguiente paso fue ponerse en contacto con Portsmouth. Fanny escribió para proponerles ir; y la respuesta de su madre, aunque breve, fue muy cariñosa, unas pocas líneas que expresaban tan espontánea y maternal alegría ante la perspectiva de ver a su hija otra vez, que confirmó todas las esperanzas de felicidad de Fanny cuando estuviese con ella… y la convenció de que ahora encontraría una cálida y afectuosa amiga en la "mamá" que en otro tiempo no había mostrado especial cariño por ella; aunque de eso Fanny se culpaba a sí misma, o a su propia interpretación de las cosas. Probablemente se había enajenado su amor a causa de su naturaleza quejumbrosa, de su talante desvalido y de su actitud medrosa; o tal vez a que no había sido razonable al querer más parte que ninguno de cuantos lo merecían. Ahora que sabía ser útil y paciente, y que su madre ya no estaría ocupada en los incesantes menesteres de una casa poblada de niños pequeños, tendría tiempo y deseos de comodidad, y pronto serían lo que deben ser una madre y su hija.

William se sintió casi tan feliz con el plan como su hermana. Para él iba a ser la mayor alegría tenerla junto a él hasta el momento de embarcar; ¡y quizá la encontraría todavía allí cuando regresara de su primer crucero! Y, además, deseaba muchísimo que viera la *Thrush* antes de que zarpara; era en verdad la goleta más bonita de la armada; y se habían hecho varias mejoras en el arsenal que él tenía muchas ganas de enseñarle.

No dudó en añadir que su estancia en casa durante un tiempo sería muy beneficiosa para todos.

—No sé —dijo—, pero paree que en casa de nuestro padre necesitamos algo de tus modales y de tu sentido del orden. Allí reina siempre la confusión. Tú harás que las cosas marchen mejor, estoy seguro; dirás a nuestra madre lo que debe hacer, ayudarás a Susan, enseñarás a Btsey, y harás que los chicos te quieran y te hagan caso. ¡Qué bien y ordenadamente irá todo!

Cuando llegó la respuesta de la señora Price quedaban muy pocos días de estancia en Mansfield, y durante parte de esos días los jóvenes viajeros estuvieron con el alma en vilo a propósito de su viaje, porque cuando se abordó el modo de hacerlo, y la señora Norris vio que era inútil toda su preocupación por ahorrar dinero a su cuñado, y que a pesar de sus deseos y sugerencias de que viajasen en silla de posta, a fin de que el transporte de Fanny resultara más barato, sir Thomas daba a William billetes de banco para tal efecto, se le ocurrió que habría una plaza en el coche para una tercera persona, y le entraron súbitamente unas ganas enormes de ir con ellos y visitar a su pobre y querida hermana Price. Proclamó su pensamiento; manifestó que tenía muchas ganas de ir con los jóvenes; sería una gran satisfacción para ella. No había visto a su pobre y querida hermana Price desde hacía más de veinte años; y sería una ayuda para los sobrinos el llevar en su viaje a una persona de edad que se ocupase de todo por ellos; y no podía menos que pensar que su pobre y querida hermana Price consideraría muy poco amable de su parte que no fuera a verla en semejante ocasión.

William y Fanny se horrorizaron ante tal idea.

Todo lo placentero del viaje se estropearía. Se miraron el uno al otro con el rostro compungido. El suspenso duró una hora o dos. Ni el uno ni el otro abrieron la boca para animarla o disuadirla. Dejaron que la señora Norris decidiera por sí misma, y para infinita alegría de los sobrinos, concluyó recordando que en esos momentos no podía ausentarse de Parque Mansfield; que ahora iba a hacerles demasiada falta a sir Thomas y lady Bertram para permitirse dejarlos siquiera una semana, y por tanto debía sacrificar cualquier placer a serles de utilidad.

En realidad, lo que se le había ocurrido era que, aunque la llevaran gratis a Portsmounth, le iba a ser muy difícil evitar tenerse que pagar su propio regreso. Así que dejó que su pobre y querida hermana Price se llevara la gran decepción de ver que había desaprovechado semejante oportunidad; con lo que inició, quizá, otra ausencia de veinte años.

Los planes de Edmund se vieron afectados por este viaje a Portsmouth, por esta ausencia de Fanny. También él tuvo que hacer un sacrificio por Parque Mansfield, igual que su tía. Había pensado ir a Londres por esas fechas, pero no podía dejar a sus padres, cuando justamente se iba quien tanta importancia tenía para su comodidad; y con un esfuerzo que le costó mucho, pero del que no hizo alarde, aplazó una semana o dos un viaje que estaba deseando hacer, con la esperanza de decidir su felicidad para siempre.

Le habló de esto a Fanny. Sabía tantas cosas ya que debía saberlo todo. Esto constituyó la sustancia de otro discurso confidencial sobre la señorita Crawford; y Fanny se sintió más afectada al comprender que era la última vez que mencionarían entre ellos el nombre de la señorita Crawford con alguna libertad. Una sola vez la mencionó él después: durante la velada, lady Bertram había estado diciendo a su sobrina que le escribiera pronto y a menudo, que por su parte prometía ser buena corresponsal; y Edmund aprovechó el momento para añadir en voz baja:

—Yo te escribiré, Fanny, cuando tenga algo que merezca la pena contar, algo que decir, algo que crea que te gustará saber, y que no te llegaría de ninguna otra fuente.

Si no hubiera sabido a qué se refería, la luz de su cara, al mirarla, hubiera sido suficiente.

Debía procurar armarse frente a esa carta. ¡Que una carta de Edmund fuera motivo de terror! Empezaba a darse cuenta de que no había sufrido todos los cambios de opinión y de sentimientos que el curso del tiempo y la variación de las circunstancias ocasionaban en este mundo cambiante. Aún no había agotado ella las vicisitudes del espíritu humano.

¡Pobre Fanny! Aunque se iba deseosa y de buen grado, la última noche en Parque Mansfield iba a ser de desventura. En el momento de partir sintió el corazón completamente oprimido. Tuvo lágrimas para cada rincón de la casa y muchas más para cada uno de sus amados moradores. Abrazó con fuerza a su tía porque sabía que iba a echarla de menos; besó la mano de su tío con sollozos ahogados por haberle causado disgusto; en cuanto a Edmund, no fue capaz de hablarle, ni de mirarlo, ni de pensar en él, cuando llegó el último momento con él; y hasta que todo hubo terminado, no se dio cuenta de que se había despedido de ella como un hermano afectuoso.

Todo eso fue por la noche, porque el viaje lo emprendieron de madrugada, y cuando el pequeño grupo, los pocos que quedaban en la casa, se reunieron para desayunar, comentaron de William y de Fanny que ya habrían cubierto una etapa.

38

Una vez que Parque Mansfield quedó bastante atrás, la novedad de viajar y la dicha de estar con William no tardaron en producir su efecto natural en el ánimo de Fanny; y cuando concluyó la primera etapa y dejaron el carruaje de sir Thomas, pudo despedirse del viejo cochero y darle los mensajes oportunos con la cara alegre.

Era inacabable la grata conversación que sostenían el hermano y la hermana. Todo producía regocijo al espíritu jovial de William, que no paraba en hacer comentarios desenfadados y graciosos en los intervalos entre los temas de más contenido, todo lo cual terminaba, si es que no empezaba, con un elogio al *Thrush*, conjeturas sobre cuál sería su destino, estratagemas para un eventual enfrentamiento con una fuerza superior, lo que (en el supuesto que cayera el primer teniente; William no sentía mucho simpatía por el primer teniente) le haría acceder al siguiente escalón lo antes posible, o especulaciones sobre su parte en las presas, que distribuiría generosamente en la casa, reservándose sólo lo suficiente para una casita confortable en la que Fanny y él pasarían juntos los años de su vejez.

Las preocupaciones inmediatas de Fanny, las que tenían que ver con el señor Crawford, no formaron parte de su conversación. William sabía lo ocurrido y lamentaba profundamente que fueran tan fríos los sentimientos de su hermana respecto al hombre que debía anteponer a todos los seres humanos; pero estaba en una edad en la que el amor lo era todo; y por tanto era incapaz de censurar, y sabiendo cuál era el deseo de ella al respecto, no quería afligirla con la más ligera alusión.

Fanny tenía motivos para suponer que el señor Crawford no la había olvidado aún; repetidamente había recibido noticias de la hermana durante las tres semanas transcurridas desde que se fueron de Mansfield, y cada carta había traído unas líneas de él, cálidas y decididas, como sus discursos. Era una correspondencia que Fanny encontraba tan poco grata como había temido. El estilo de la señorita Crawford, vivo y afectuoso, era sólo una parte, pues también se veía obligada a leer, de la pluma del hermano, porque Edmund le pedía que le comentara ampliamente las cartas de ambos, y ella, en correspondencia, tenía que leer sus interminables alabanzas respeto del estilo de ella y del calor de sus afectos. A decir verdad, había tantos mensajes, tantas alusiones, tantos recuerdos y tanto Mansfield en cada carta, que Fanny no podía sino suponer que estaban escritas con intención de que llegaran a Edmund. Y era cruel y mortificante verse obligada a cumplir un propósito de este género, y empujada a mantener una correspondencia que le traía las solicitudes del hombre que no amaba y la obligaba a prestar ayuda a la pasión adversa del que sí amaba. En esto, también, su actual marcha prometía ser beneficiosa. No estando ya bajo el mismo techo que Edmund, confiaba en que la señorita Crawford no tendría motivos lo bastante fuertes para escribir como para superar la molestia; y en Portsmouth su correspondencia se iría extinguiendo.

Con estos y otros mil pensamientos más proseguía Fanny su viaje, contenta y segura, y con la celeridad que lógicamente cabía esperar en un lodoso mes de febrero. Entraron en Oxford, pero sólo pudieron echar una ojeada fugaz al colegio de Edmund, cuando pasaron por delante, y no se detuvieron en ningún sitio hasta que llegaron a Newbury, donde una comida reconfortante, que juntó el almuerzo con la cena, puso fin a los gozos y las fatigas de la jornada.

La mañana siguiente los vio ponerse en camino otra vez a hora temprana; y, sin percances ni demoras, hicieron el trayecto con regularidad y estuvieron en las afueras de Portsmouth cuando aún quedaba luz para que Fanny pudiese mirar en torno suyo, y admirarse de los nuevos edificios... Cruzaron el puente levadizo y entraron en la ciudad; empezaba la luz a declinar cuando, a una voz poderosa de William se metieron con estrépito por un callejón que salía de la calle mayor, y se detuvieron ante la puerta de una casa pequeña, donde ahora residía el señor Price.

Fanny era toda nervios y agitación, toda esperanza y temor. En cuanto se detuvieron se acercó una criada con pinta desastrada que al parecer los esperaba en la puerta; y más interesada en dar la noticia que en prestar ayuda, empezó inmediatamente: "La *Thrush* ha salido del puerto, señor; y uno de los oficiales ha estado aquí..." La interrumpió un chico alto y guapo de once años que, saliendo precipitadamente de la casa, apartó de un empujón a la criada y, al tiempo que William abría la portezuela, exclamó:

—Llegas a tiempo, hace media hora que te estamos esperando. La *Thrush* ha salido de puerto esta mañana. La he visto. Es una preciosidad. Creen que recibirá las órdenes dentro de un día o dos. El señor Campbell ha pasado por aquí a las cuatro a buscarte. Tiene uno de los botes de la *Thrush*, y volverá a bordo a las seis; esperaba que llegaras a tiempo para regresar con él.

Una mirada o dos a Fanny, mientras William la ayudaba a bajar del coche, fue toda la atención que este hermano le concedió voluntariamente; pero no se opuso a que le diese un beso, aunque seguía dando detalles de la salida de puerto de la *Thrush*, en la que tenía todo el derecho a interesarse, puesto que en ella iba a iniciar su profesión marinera, y precisamente en este viaje.

Un momento después estaba Fanny en la estrecha entrada de la casa, y en brazos de su madre, que la recibió allí con muestras de sincera ternura y con un semblante que a Fanny le pareció adorable; tanto más cuanto que le trajo el recuerdo del de lady Bertram. Estaban también sus dos hermanas, Susan, una preciosa jovencita ya de catorce años, y Betsey, la pequeña de la familia, de cinco: las dos contentas de verla, aunque sin gran corrección de modales en saludarla. Pero Fanny no necesitaba modales, con que la quisieran se daba por satisfecha.

A continuación la condujeron a un salón tan pequeño que al principio creyó que sólo se trataba de una pieza de paso o algo así, y se quedó un momento esperando a que la invitaran a seguir; pero cuando vio que no había otra puerta, y que había signos de que la ocupaban, recapacitó, se reprendió a sí misma y la asaltó el temor de que se hubieran dado cuenta. Su madre, sin embargo, no había estado el suficiente tiempo para sospechar nada. Había vuelto al portal para recibir a William.

—¡Ah, mi querido William, qué alegría verte! Pero, ¿te has enterado de lo de la *Thrush*? Ha salido ya de puerto, tres días antes de lo previsto; y yo no sé que hacer con las cosas de Sam, no las va a tener preparadas a tiempo, porque seguramente recibirá órdenes mañana. Me toma por completo desprevenida. Ahora debes ir a Spithead. Campbell ha estado aquí, bastante preocupado por ti; y ahora, ¿qué vamos a hacer? Yo pensaba que pasaríamos una agradable velada contigo, y de repente se me viene todo encima.

Su hijo le contestó alegremente, diciendo que todo salía siempre de la mejor manera, y restándole importancia a la contrariedad de tener que irse tan pronto.

—Por supuesto, hubiera preferido que siguiera en puerto para poder quedarme tranquilamente unas horas con ustedes; pero dado que hay un bote esperando en tierra, será mejor que me vaya en seguida. ¿En qué parte de Spithead está fondeada la *Thrush*? ¿Cerca de Canopus? Bueno, no importa. Fanny está en el salón. ¿Por qué estamos nosotros aquí, en el pasillo? Vamos, madre; casi no ha visto usted a su querida Fanny.

Entraron las dos; y tras besar otra vez cariñosamente a su hija y comentar lo crecida que estaba, la señora Price empezó, con muy natural solicitud, a preocuparse por las fatigas y necesidades de los viajeros.

—¡Pobrecitos! ¡Seguramente están muy cansados! ¿Qué van a tomar ahora? Empezaba a preocuparme, creía que no llegarían nunca. Betsey y yo llevábamos media hora esperando. ¿Desde cuándo no han comido? ¿Qué quieren tomar? Yo no sabía si querían comer o solamente tomar un tazón de té, después del viaje; si no, les habría preparado algo. Y ahora tengo miedo de que se presente Campbell antes de que me dé tiempo a prepararte un filete, aparte de que no hay ningún carnicero cerca. Es muy incómodo que no haya carniceros en esta calle. Vivíamos mejor en nuestra anterior casa. Tal vez quisieran tomar un té, en cuanto esté preparado.

Los dos declararon que preferían té a cualquiera otra cosa.

—Entonces, Betsey, cariño, corre a la cocina a ver si Rebeca ha puesto el agua a calentar; y dile que traiga el servicio del té cuando pueda. Me habría gustado tener arreglada la campanilla… pero Betsey es muy eficiente con los pequeños recados.

Betsey salió con toda diligencia, orgullosa de mostrar sus habilidades ante su nueva y refinada hermana.

—¡Válgame Dios! —prosiguió la madre atribulada—, qué fuego más mísero tenemos, y seguro que ustedes vienen muertos de frío. Acerca más tu silla, cariño; no sé qué hace Rebeca. Estoy segura de haberle dicho hace más de media hora que trajera carbón. Susan, deberías haberte ocupado tú del fuego.

—Estaba arriba cambiando mis cosas, mamá —dijo Susan, defendiéndose en un tono atrevido que sobresaltó a Fanny—; usted misma acababa de decir que Fanny y yo ocuparíamos la otra habitación, y no he podido conseguir que Rebeca me echara una mano.

Diversas interrupciones impidieron que siguiera la discusión; primero entro el cochero para que le pagasen; luego Sam y Rebeca tuvieron una pelea sobre la manera de subir el baúl de la hermana, cosa que él quería hacer solo; y por último entró el propio señor Price, precedido de una exclamación, algo así como un juramento, al tiempo que apartaba de una patada la maleta de su hijo y la sombrerera de su hija, en medio del pasillo, y pedía una vela. Pero no le llevaron la vela, y entró en la habitación.

Fanny, con sentimientos vacilantes, se había levantado para ir a su encuentro; pero se sentó otra vez al darse cuenta de que no la distinguía en la oscuridad, ni esperaba verla. Con un efusivo apretón de mano a su hijo, y una voz impaciente, empezó en seguida:

—Bienvenido a casa, muchacho. Me alegro de verte. ¿Te has enterado ya? La *Thrush* ha salido de puerto esta mañana. Tempranera ella. Y por Dios que llegas a tiempo. El doctor ha estado aquí preguntando por ti; tiene uno de los botes, y saldrá para Spithead a las seis, así que convendrá que te vayas con él. He ido a casa de Turner, por tu rancho; parece que está todo más o menos arreglado. No me extrañaría que recibieras las órdenes mañana; pero no podrán zarpar con este viento, sobre todo si tienen que navegar hacia el oeste; y el capitán Walsh cree que van a irse hacia el oeste, con el *Elephant*: Por Dios que me gustaría. Pero el viajo Scholey decía hace un momento que los van a enviar primero a Texel. Bien; sea lo que sea, estamos preparados. Pero por Dios que te has perdido un espléndido espectáculo por no estar aquí esta mañana, cuando la *Thrush* ha salido de puerto. No me lo habría perdido yo ni a cambio de mil libras. El viejo Scholey entró corriendo cuando estábamos desayunando, a decir que había soltado amarras y estaba saliendo. Me levanté de un salto y en dos zancadas me planté en el embarcadero. Si alguna vez se ha deslizado una belleza sobre el agua, ésa es ella; y ahí, en Spithead, está fondeada. Cualquier inglés podría tomarla por un buque de veintiocho. Dos horas me he estado esta tarde en el embarcadero, contemplándola. Está fondeada al lado del *Endymion*; entre él y el *Cleopatra*, al este de la máquina de arbolar.

—¡Ah! —exclamó William—, ahí es exactamente donde yo la habría puesto. Es el mejor fondeadero de Spithead. Pero aquí está mi hermana, Señor, aquí está Fanny —volviéndose y haciéndola avanzar—. Está tan oscuro que no se la ve.

Tras reconocer que se había olvidado completamente de ella, el señor Price saludó ahora a su hija; y después de darle un abrazo efusivo y comentar que se había hecho una mujer, y suponer que pronto iba a necesitar marido, pareció volverla a olvidar.

Fanny volvió a encogerse en su asiento, afligida por los comentarios y el olor a alcohol de su padre, que siguió hablando sólo a su hijo, y sólo de la *Thrush*; a pesar de que William, aunque sumamente interesado en ese tema, intentó más de una vez que su padre pensara en Fanny, en su larga ausencia y su largo viaje.

Al cabo de un rato más finalmente trajeron una vela; pero como no llegaba el té, ni, por la información que Betsey trajo de la cocina, había esperanza de que llegase en un tiempo razonable, William decidió ir a cambiarse de ropa, y hacer los preparativos necesarios para embarcar en seguida, a fin de poder tomar el té después con tranquilidad.

Cuando salía de la habitación entraron atropelladamente dos chicos de cara sonrosada, harapientos y sucios, como de ocho o nueve años, recién salidos de la escuela, deseosos de ver a su hermana; y contaron que la *Thrush* había salido de puerto. Eran Tom y Charles; Charles había nacido cuando ya Fanny se había marchado de casa; pero a Tom había ayudado a atenderlo siendo bebé, y ahora sentía una especial alegría de verlo otra vez. Se dieron un beso muy tiernamente; pero ella quiso retener a Tom a su lado e intentar reconocer sus facciones de bebé que tanto le habían gustado en otro tiempo, y hablarle de cómo ella había sido su preferida de pequeñito. A Tom, sin embargo, no le hacía ninguna gracia ese trato; volvía a casa no para estarse allí de pie, escuchando lo que le decían, sino para corretear y armar bullicio; y poco después los dos chicos dejaron precipitadamente a Fanny, y salieron corriendo con tal portazo que a ella le dolieron los tímpanos.

Ahora había visto a todos los que estaban en casa; sólo quedaban dos hermanos entre ella y Susan: uno era empleado de una oficina pública de Londres y el otro guardia de marina a bordo de un buque del servicio de las indias occidentales. Pero aunque había visto a todos los miembros de la familia, aún no había oído todo el alboroto que eran capaces de armar; un cuarto de hora después le llegó bastante más. William se puso a llamar a su madre y a Rebeca desde el rellano del segundo piso. Estaba apurado por algo que había dejado allí. Se había perdido una llave, acusaba a Betsey de haberle estropeado su sombrero nuevo, y gritó que se habían olvidado de hacerle un ligero, pero esencial retoque en el chaleco del uniforme, a pesar de habérselo prometido.

La señora Price, Rebeca y Betsey subieron a defenderse hablando las tres a la vez; aunque era Rebeca la que más gritaba, y tuvieron que hacer el trabajo a toda prisa, como mejor pudieron, mientras William intentaba en vano que Betsey bajara otra vez, o se apartara para no estorbar; voces que, como casi todas las puertas de la casa estaban abiertas, podían oírse claramente desde el salón, salvo cuando las ahogaba a intervalos el alboroto de Sam, Tom y Charles, persiguiéndose por la escalera, saltando y gritando.

Fanny estaba casi aturdida. La pequeñez de la casa y la delgadez de las paredes hacían que todo sonara cerca; lo cual, sumado al cansancio del viaje y a su reciente agitación, se le hacía difícilmente soportable. Dentro del salón todo estaba bastante tranquilo, porque al desaparecer Susan con los otros, sólo quedaron el padre y ella; sacando él un periódico que solía prestarle un vecino, se dedicó a estudiarlo sin muestra alguna de acordarse de su hija. La solitaria vela se alzaba entre él y el periódico, sin consideración a la posible comodidad de Fanny; pero ésta no tenía nada que hacer, y se alegró de que no le diera la luz, ya que le dolía la cabeza, allí, sumida en melancólica meditación.

Estaba en casa. Pero ¡ay!, no era el hogar, ni había tenido el recibimiento que… se contuvo; no era razonable. ¿Qué derecho tenía a ser importante para su familia?... ninguno, hacía demasiado tiempo que la habían perdido de vista. Los asuntos de William debían ser los más apreciados… siempre lo habían sido; y con todo derecho. Con todo, la apenaba que le hubieran contado o preguntado tan poco acerca de ella… ¡Ni siquiera le habían hecho una pregunta sobre Mansfield! Le dolía que se hubieran olvidado de Mansfield, de los amigos que tanto habían hecho… ¡los queridos, queridísimos amigos! Éste era un tema que anulaba a todos los demás. Quizá debía ser así. Ahora el interés preferente debía ser el destino de la *Thrush*. Dentro de un día o dos cambiaría la situación. La culpa era sólo de ella. Sin embargo, pensó que en Mansfield no habría ocurrido esto. No; en casa de su tío habría habido una consideración a la oportunidad y al momento, un orden de preferencia en los asuntos, una corrección, una muestra de interés por todos los que no estaban presentes.

La única interrupción que sufrieron estos pensamientos en casi media hora fue la súbita explosión de los de su padre, de algún modo apropiada para sosegarlos; ante una barahúnda de golpes y gritos por el pasillo más ruidosa de lo normal, exclamó:

—¡El diablo se lleve a esos pequeños condenados! ¡Qué escándalo ¡Y la voz que más se oye es la de Sam! Ese muchacho tiene madera de contramaestre. ¡Eh, Sam… deja de dar berridos o voy por ti!

Esta amenaza fue tan manifiestamente desoída que, si bien a los cinco minutos irrumpieron los tres chicos en la habitación y se sentaron, Fanny no lo consideró sino una prueba de que estaban completamente agotados, como demostraban sus caras encendidas y su respiración agitada; aunque seguía dándose patadas en las espinillas y profiriendo gritos repentinos para sobresaltarse ante los mismos ojos del padre.

La siguiente vez que se abrió la puerta fue para dejar paso a algo más grato: llegó el servicio del té, que Fanny casi había renunciado a ver esa noche. Susan y una sirvienta joven, cuyo aspecto subalterno informó a Fanny, para gran sorpresa suya, de que la que había visto antes era la superior, trajeron todo lo necesario para la colación; Susan miró a su hermana mientras ponía el hervidor al fuego, como dividida entre la alegría triunfal de demostrar que era útil y hacendosa, y el temor de pensar que se rebajaba con semejante menester. Había estado en la cocina, dijo, dando prisa a Sally y ayudándola a hacer tostadas y a ponerles mantequilla; si no, no sabría cuándo habrían tomado té, y estaba segura de que su hermana necesitaba tomar algo, después del viaje.

Fanny se lo agradeció mucho. Reconoció que se alegraba de tomar un poco de té y Susan se puso a hacerlo inmediatamente, contenta, al parecer, de encargarse ella sola, y con algo de ajetreo innecesario, y algún intento poco sensato de hacer que sus hermanos se portasen mejor, se desenvolvió muy bien. A Fanny se le entonó tanto el cuerpo como el espíritu: no tardó en sentir bien la cabeza y el corazón con tan oportunas atenciones. Susan tenía un semblante franco, sensible; era como William, y Fanny esperaba descubrir la misma buena disposición y voluntad hacia ella.

Este ambiente más sosegado reinaba cuando volvió William, seguido por su madre y Betsey. Con el uniforme de teniente parecía más alto, más tieso y más airoso; y con una sonrisa radiante en la cara, fue directamente a Fanny, que se levantó de su asiento, lo miró un momento con muda admiración, y luego le echó los brazos al cuello, exteriorizando con sollozos las diversas emociones de alegría y de pena que sentía.

Deseosa de no parecer triste, se recobró en seguida, y, enjugándose las lágrimas, fue capaz de observar y admirar todas las partes sorprendentes del uniforme y, reanimada, oírlo manifestar su esperanza de poder bajar a tierra todos los días antes de zarpar, e incluso de llevarlas a Spithead a ver la corbeta.

El siguiente barullo se produjo el entrar el señor Campbell, cirujano de la *Thrush*, joven muy correcto, que pasaba a recoger a su amigo; se le facilitó una silla con cierto ingenio, y una taza y un plato con cierta premura por parte de la joven encargada del té; y tras otro cuarto de hora de seria conversación entre los caballeros, creciente ruido y creciente barullo, se levantaron finalmente hombres y niños, y llegó el momento de marcharse. Todo estaba preparado. Se despidió William y salieron todos; porque los chicos, a pesar de los ruegos de su madre, decidieron ver salir de puerto a su hermano, y al señor Campbell. El señor Price salió también a devolverle el periódico al vecino.

Ahora podía esperarse algo de tranquilidad; en efecto, una vez que se logró convencer a Rebeca para que retirase la mesa, y la señora Price terminó de buscar por la habitación una manga de camisa —que Betsey descubrió finalmente en un cajón de la cocina—, el pequeño grupo de mujeres gozó de cierta paz; y después de lamentar otra vez la madre la imposibilidad de que Sam estuviese preparado a su hora, tuvo tiempo para pensar en su hija mayor y en los amigos de los que venía.

Empezó a hacerle algunas preguntas; pero a una de las primeras: "¿Qué tal le iba a su hermana Bertram con la servidumbre? Tenía dificultad, como ella, para encontrar criadas aceptables?", le alejó la atención de Northampshire y se la llevó a sus propias molestias domésticas; y el talante horroroso de las criadas de Portsmouth de las que creía que tenía las dos peores, acaparó por el momento su interés; olvidó a los Bertram y se puso a detallar los defectos de Rebeca, contra la que Susan tenía mucho que alegar, y la pequeña Betsey mucho más, y parecía tan falta de algo bueno que Fanny no pudo por menos de preguntar modestamente a su madre si pensaba prescindir de ella al cumplir un año de trabajo.

—¿El año? —exclamó la señora Price; espero liberarme de ella antes, desde luego, por que no cumple el año sino hasta noviembre. Las criadas han llegado a unos extremos en Portsmouth, querida, que sería un milagro si alguien las conserva más de medio año. No tengo esperanzas de que esto se arregle; y si me deshiciera de Rebeca, la que encuentre será peor. Sin embargo, no creo que sea yo un ama difícil de complacer… y desde luego, el puesto es bastante llevadero, porque siempre tiene una chica a sus órdenes, y la mayoría de las veces yo misma hago las cosas. Fanny no dijo nada, aunque no porque estuviera convencida de que no tenían remedio algunos de estos males. Mirando ahora a Betsey no pudo evitar acordarse de otra hermana, una niñita preciosa que había dejado no mucho más joven que ella y que había muerto unos años después. Había sido una niña de una dulzura especial. Fanny, en aquel tiempo, la había preferido a Susan; y cuando llegó a Mansfield la noticia de su muerte, durante un tiempo se sintió muy apenada. La visión de Betsey le trajo otra vez la imagen de la pequeña Mary; pero por nada del mundo habría afligido a su madre mencionándola a ella. Estaba absorta en estos pensamientos, cuando Betsey, a poca distancia, tendió la mano con algo para enseñárselo, al tiempo que intentaba ocultarlo a Susan.

—¿Qué tienes ahí, cariño? —dijo Fanny—; ven y enséñamelo. Era un cortaplumas de plata, Susan se levantó de un salto, gritando que era suyo y tratando de arrebatárselo; pero la niña corrió a protegerse en su madre, y Susan no pudo hacer otra cosa que acusarla, lo que hizo con gran calor, con la evidente esperanza de atraer a Fanny a su causa. Era una injusticia que no la dejasen tener su cortaplumas; era suyo; la hermanita Mary se lo había regalado a ella en su lecho de muerte, y hacía tiempo que debería tenerlo. Pero la mamá no se lo dejaba tener; en cambio consentía siempre que Betsey lo tuviera; y al final Betsey lo iba a estropear, y a quedárselo, aunque la mamá le había prometido que Betsey no lo tomaría.

Fanny se escandalizó. Las palabras de su hermana y la réplica de su madre hirieron todos sus sentimientos del deber, el honor y la sensibilidad.

—Vamos, Susan —exclamó la señora Price con voz quejumbrosa—, vamos, ¿cómo puedes tener ese carácter? Siempre estás peleando por ese cortaplumas. Quisiera que no te enojaras con tanta facilidad. ¡Pobre Betsey, cómo se enoja Susan contigo! Pero no deberías haber tomado el cortaplumas, cariño, cuando te he mandado que lo guardaras en el cajón. Sabes que te he dicho que no lo toques, porque Susan se enoja mucho. La próxima vez lo esconderé, Betsey. Poco imaginaba la pobre Mary que dejaba una manzana de la discordia cuando me lo dio para que lo guardara, apenas dos horas antes de morir. ¡Pobre criaturita! Apenas se le oía cuando hablaba; pero dijo muy bien: "Yo quiero que mi cortaplumas sea para Susan, mamá, cuando me haya muerto". ¡Pobrecita mía! Le gustaba tanto, Fanny, que quiso tenerlo a su lado, encima de la cama, mientras duró su enfermedad. Se lo había regalado su buena madrina, la vieja esposa del almirante Maxwell, seis semanas antes de que la muerte se la llevara. ¡Pobrecita mía! Bueno, ya no tendrá que sufrir. Betsey, mi vida —acariciándola—, tú no tienes la surte de tener una madrina así de buena. Tía Norris vive demasiado lejos como para pensar en niñas pequeñas como tú.

Efectivamente, Fanny no traía nada de parte de la tía Norris, salvo el recado de que dijera a su ahijada que fuera buena y se aprendiera su libro de oraciones. En determinado momento se había insinuado brevemente en el salón de Parque Mansfield la posibilidad de mandarle un libro de oraciones; pero no se volvió a mencionar una segunda vez. La señora Norris, sin embargo, había regresado a su casa y había tomado con tal idea dos libros de oraciones de su marido; pero, después de pensarlo, se le pasó el impulso de generosidad y decidió que uno de ellos tenía la letra demasiado pequeña para los ojos de una niña, y el otro era demasiado voluminoso para cargar con él.

Fanny, completamente agotada, aceptó agradecida la primera invitación de que se retirase a dormir; y antes de que Betsey terminara de llorar y de protestar pidiendo que la dejasen estar levantada una hora más en honor de su hermana, se había ido, dejando a todos abajo nuevamente en plena confusión y alboroto: los chicos pidiendo tostadas con queso, el padre reclamando a voces su ron con agua, y Rebeca en cualquier parte menos donde debía.

Nada había que la animara en el cuarto casi desnudo que debía compartir con Susan. Verdaderamente, la pequeñez de las habitaciones de arriba y de abajo, y la estrechez de los pasillos y de la escalera, la tenían indeciblemente asombrada. Pronto aprendió a pensar con respeto, en esta casa demasiado pequeña para que nadie estuviera cómodo, en el cuartito del ático que tenía en Parque Mansfield.

39

De haber conocido sir Thomas los sentimientos de su sobrina cuando escribió la primera carta a su tía no habría desesperado; porque aunque un buen descanso por la noche, una mañana agradable, la esperanza de ver pronto a William y la relativa tranquilidad de la casa —dado que Tom y Charles se habían ido a la escuela, Sam a algún asunto personal y el padre a sus vagabundeos habituales— le permitieron contarle con alegría cosas de la casa, había para su conciencia perfecta muchos defectos que callaba. De haber conocido la mitad siquiera de lo que sentía antes de acabar la semana, habría pensado que el señor Crawford la tenía asegurada, y se habría sentido satisfecho de su propia sagacidad.

Antes de concluir la semana, todo era desencanto. En primer lugar, William se había ido. La *Thrush* había recibido las órdenes, el viento había cambiado y William se había hecho a la mar a los cuatro días de llegar los dos a Portsmouth; y aún en esos días lo había visto sólo dos veces. Brevemente y con prisas, al bajar él a tierra con alguna misión. No habían podido conversar a gusto ni habían podido pasear por los muelles, ni había visitado el arsenal, ni había visto ella la *Thrush*; no habían hecho nada de cuanto habían planeado y confiaban hacer. En ese aspecto, le había fallado todo, salvo el afecto de William; su último pensamiento al marcharse de casa había sido para ella. Dio la vuelta cuando se iba y se acercó a la puerta para decir: "Cuide de Fanny, madre; es sensible y no está acostumbrada a las asperezas como el resto de nosotros. Le encarezco que cuide de Fanny".

William se había ido, y el hogar en el que la había dejado era —Fanny no podía ocultárselo a sí misma—, en casi todos los sentidos, lo contrario de lo que había deseado. Era la morada del ruido, el desorden, la falta de corrección. Nadie ocupaba el sitio que le correspondía y nada se hacía como es debido. No podía sentir respeto por sus padres, como había esperado. En cuanto a su padre, no se había hecho muchas ilusiones acerca de él, pero era más desatento con su familia, sus hábitos eran peores y sus modales más rudos de lo que había calculado. No carecía de inteligencia; pero no tenía curiosidad, ni otros conocimientos que los de su profesión; sólo leía el periódico y la lista de barcos; sólo hablaba del arsenal, del puerto, de Spithead y de la Motherbank: juraba y bebía, era sucio y grosero. Fanny no recordaba que hubiera tenido nunca un gesto que ser aproximara a la ternura con ella. Sólo conservaba una impresión general de rudeza y vulgaridad; y ahora casi ni se fijaba en ella, si no era para gastarle alguna broma de mal gusto.

Su decepción respecto a su madre fue aún mayor, pues había esperado mucho de ella, y no había encontrado casi nada. Toda idea halagüeña de ser importante para ella se le vino abajo muy pronto. La señora Price no era adusta, pero en vez de granjearse el afecto y la confianza de su hija, y hacerse querer cada vez más, ésta no tuvo de ella mayores muestras de amabilidad que las que recibió el día de su llegada. La señora Price satisfizo muy pronto su instinto natural, y su afecto no tenía otra fuente. El corazón y el tiempo los tenía ya completamente ocupados; no disponía de un momento ni de un afecto que poder dedicar a Fanny. Nunca habían representado mucho sus hijas para ella. Adoraba a los chicos, especialmente a William; aunque la hija por la que más debilidad había mostrado siempre era Betsey. Con ella su tolerancia rayaba en la insensatez. William era su orgullo; Betsey su debilidad, y John, Richard, Sam, Tom y Charles ocupaban el resto de su natural solicitud, y unas veces eran su preocupación y otras su consuelo. Ellos eran los que se repartían su corazón; en cuanto a su tiempo, lo dedicaba sobre todo a la casa y a las criadas. Se pasaba los días en una especie de lento ajetreo; siempre ocupada sin adelantar, siempre retrasada, y siempre quejándose de ese retraso sin cambiar de método; deseando economizar, pero sin orden ni regularidad; descontenta de las criadas, pero sin habilidad para hacer que mejorasen;

y tanto si las ayudaba como si las regañaba o era tolerante con ellas, jamás lograba ganarse su respeto.

De las dos hermanas, la señora Price se parecía mucho más a lady Bertram que la señora Norris. Ella era administradora por necesidad, sin la inclinación de la señora Norris a ello y sin su actividad. Tenía una naturaleza indolente y tranquila, como lady Bertram; y había ido mucho más con su carácter una posición holgada y ociosa como la de ella, que los esfuerzos y sacrificios a los que su imprudente matrimonio la había arrastrado. Podía haber hecho de mujer importante tan bien como lady Bertram; en cambio la señora Norris había sido una madre de nueve hijos, con una renta reducida, más respetable.

Fanny se daba cuenta de todo eso. Quizá no se atrevía a abrir la boca; pero tenía que ver, y veía, que su madre era parcial y arbitraria, holgazana y desaliñada, que ni enseñaba ni reprendía a sus hijos, y cuya casa era de principio a fin escenario de la desorganización y la incomodidad; que carecía de talento, de conversación y de afecto por ella, y que no tenía curiosidad por conocerla mejor, ni deseo de intimar, ni inclinación por su compañía que mitigasen dichas impresiones.

Fanny deseaba ser útil, y no dar la impresión de que estaba por encima de su casa, o poco dispuesta, por su educación ajena, a contribuir al bienestar general; así que se puso inmediatamente a trabajar para Sam, y trabajando de la mañana a la noche, con gran diligencia y aplicación, avanzó tanto que el chico embarcó finalmente con más de la mitad de su ropa blanca preparada. Fanny estaba muy contenta sintiéndose útil, pero no concebía cómo se las habrían arreglado sin ella.

Aunque Sam era altanero y vociferante, Fanny lo sintió bastante cuando se marchó, porque era avispado e inteligente, y hacía cualquier recado a la ciudad con gran contento; y a pesar de que desdeñaba las reconvenciones —muy razonables— que Susan le hacía con ardor inoportuno e impotente, empezaba a acusar la influencia de los oficios de Fanny y sus amables opiniones; ésta se dio cuenta de que con él se había ido el mejor de los tres más jóvenes; Tom y Charles distaban al menos tantos años de él como de esa edad de sentimiento y razón que inclina a hacer amigos y a esforzarse en ser menos desagradable.

No tardó la hermana en desesperar de producir la menor impresión en ellos; eran totalmente imposibles de domesticar por ningún procedimiento que tuviera ánimos o tiempo de acometer. Cada tarde traía el retorno a la casa de sus juegos alborotados; y muy pronto aprendió Fanny a suspirar cuando se avecinaba el medio día de asueto de los sábados.

Casi estaba dispuesta a desistir también de querer ayudar a Betsey, niña mimada, enseñada a ver el alfabeto como su mayor enemigo, a la que dejaban a merced de las criadas y luego alentaban para que informase de sus desaguisados. Y en cuanto al temperamento de Susan, tenía muchas dudas; las continuas diferencias con su madre, sus peleas furibundas con Tom y con Charles, su petulancia con Betsey, eran tan desagradables para Fanny que, aun reconociendo que no carecían de provocación, temían que el genio que las llevaba a tales extremos estuviera lejos de ser amable y de proporcionar tranquilidad.

Éste era el hogar que debía quitarle Mansfield de la cabeza y enseñarla a pensar en su primo Edmund con sentimientos moderados. Al contrario, no pensaba más que en Mansfield, en sus amados habitantes y sus modales felices. Donde estaba ahora todo contrastaba enormemente con aquella vida. La elegancia, la corrección, la regularidad, la armonía… y quizá, por encima de todo, la paz y la tranquilidad de Mansfield, le venían a la memoria a cada hora del día, evocadas por el predominio de todo lo que era contrario en esta casa.

Vivir en el ruido incesante era, para un cuerpo y un temperamento delicados y nerviosos como los de Fanny, un mal que ninguna elegancia o armonía sobreañadida habría podido compensar enteramente. Ése era su sentimiento más grande. En Mansfield no se oían disputas, ni voces, ni explosiones repentinas de mal humor, ni sonaban jamás pasos precipitados o violentos; todo ocurría con un orden alegre y regular; todo el mundo tenía su debida importancia; a todo el mundo se le consultaba su sentir. Si alguna vez se presumía que faltaba el afecto, el buen sentido y la buena crianza venían a suplirlo; y en cuanto a los pequeños enfados que a veces introducía tía Norris, eran breves, eran insignificantes, eran como una gota de agua en el océano, comparados con el tumulto incesante de su morada actual. Aquí, todo el mundo era ruidoso, todas las voces eran fuertes —salvo la de su madre, quizá, que tenía la suave monotonía de la de lady Bertram, aunque quejumbrosa—; cualquier cosa que se necesitara se pedía a gritos, y las criadas se excusaban a gritos desde la cocina. Las puertas daban continuos golpazos, la escalera no descansaba, nada se hacía sin estrépito, nadie se estaba quieto sentado, y nadie lograba que le escuchasen mientras hablaba.

Comparando las dos casas, según le parecían antes de finalizar la semana, Fanny se sintió tentada a aplicarles le célebre sentencia del doctor Johnson sobre el matrimonio y el celibato, y decir que aunque Parque Mansfield tenía algunas penas, Portsmouth no tenía ninguna alegría.

40

Fanny estuvo acertada al no esperar ahora recibir noticias de la señorita Crawford al ritmo rápido con que habían iniciado ambas su correspondencia; la siguiente carta de Mary le llegó tras un intervalo notablemente más largo que el anterior, pero no lo estuvo al suponer que ese intervalo sería un gran alivio para ella. ¡Aquí su manera de pensar sufrió una extraña revolución! Se alegró sinceramente de recibir la carta cuando llegó. En su actual exilio de la buena sociedad, y alejamiento de todo lo que era de interés para ella, una carta de alguien que pertenecía al grupo donde vivía su corazón, escrita con afecto, y con cierta elegancia, era perfectamente aceptable. Alegó la habitual excusa de compromisos cada vez más numerosos para no haberle escrito antes... *y ahora que empiezo ésta* —proseguía la carta—, *no creo que merezca la pena que la lea, porque no llevará al final una pequeña ofrenda de amor, ni tres o cuatro líneas passionées del H. C. más devoto del mundo, puesto que Henry está en Norfolk; ciertos asuntos lo reclamaron a Everingham hace diez días, o tal vez ha puesto el pretexto de que se le reclamaba para viajar al mismo tiempo que usted. El caso es que está allí, y a propósito, su ausencia puede explicar suficientemente la pereza de su hermana en escribir, dado que ya no hay ningún "bueno, Mary, ¿cuándo vas a escribir a Fanny?", o "¿no es hora de que escribas a Fanny?", con que espolearme. Por fin, después de varios intentos, eh visto a sus primas, a la querida Julia y a la queridísima señora Rushworth. Me encontraron en casa ayer, y nos alegramos de volvernos a ver. Parecíamos muy contentas de estar juntas otra vez, y creo sinceramente que lo estábamos un poco. Teníamos montones de cosas que contarnos. No quiera saber la cara que puso la señora Rushworth cuando salió a relucir el nombre de us-*

ted. Yo nunca he pensado que careciera de autodominio, pero ayer no tuvo todo el que se requería. En términos generales, fue Julia la que estuvo más serena de las dos, al menos después de que hablamos de usted. La señora Rushworth no recobró el color desde el momento en que me puse a hablar de "Fanny" como hablaría una hermana. Pero ya le llegará el día de poner buena cara a la señora Rushworth; tenemos invitaciones para su primera recepción, el día 28. Entonces será toda una belleza, porque abrirá una de las mejores casas de Wimpole Street. Yo estuve en ella hace dos años, cuando era de lady Lascelles, y la prefiero a casi todas las que conozco de Londres. Entonces se dará cuenta (para utilizar una frase vulgar) de que ha merecido el precio, desde luego. Henry no habría podido permitirse una casa así. Espero que lo tenga presente, y se sienta satisfecha, como bien puede sentirse, con ser la reina de un palacio, aunque quizá sea mejor que el rey permanezca en un segundo plano; y como no tengo ningún deseo de atormentarla, no volveré a citar el nombre de usted en su presencia. Ya se serenará poco a poco. A juzgar por lo que oigo y sospecho, el barón Wildenhaim continúa dedicando sus atenciones a Julia, aunque no sé si cuenta con algún incentivo serio. Julia debería escoger mejor. Un honorable pobre no es ningún partido, y no puedo suponer que sea cuestión de gusto en este caso, porque, aparte de palabrería; el pobre barón no tiene nada. ¡Qué pena que no posea unas rentas tan grandes como sus peroratas! Su primo Edmund se lo toma con calma; probablemente lo retienen las obligaciones de la parroquia. Tal vez tiene en Thornton Lacey alguna vieja que convertir. No quiero imaginarme abandonada por una joven. Adiós, mi querida y dulce Fanny, esta larga carta le llega de Londres; por favor contésteme con una carta preciosa que alegre los ojos de Henry, cuando regrese, y mándeme una relación de todos los capitanes apuestos y jóvenes que desdeña por él.

Había en esta carta mucha materia para la meditación poco grata; sin embargo, con toda la inquietud que le producía, la ponía en relación con los ausentes, le hablaba de personas y cosas sobre las que nunca había sentido tanta curiosidad como ahora, y le habría alegrado poder recibir una carta así todas las semanas. Lo único que podía interesarle más era la correspondencia con su tía Bertram.

En cuanto a amistades en Portsmouth que la compensasen de las carencias de hogar, no conocía en el círculo de sus padres a nadie que le proporcionase la más pequeña satisfacción; no veía a nadie por quien pudiera desear vencer su propia timidez y reserva. Los hombres le parecían todos rudos, las mujeres, todas impertinentes, y la gente en general, toda maleducada; y en su trato con viejas y nuevas amistades proporcionaba ella tan escaso contento como el que recibía. Las damas jóvenes, que al principio se acercaron a ella con cierto respeto en consideración a que venía de la familia de un barón, muy pronto se sintieron ofendidas por lo que llamaron "aires", pues dado que ni tocaba el piano ni vestía finas pellizas, tras observarla con más detenimiento, le negaron cualquier derecho a la superioridad.

El primer consuelo que Fanny recibió en medio de los males del hogar, el primero que su juicio aprobó enteramente, y que prometía ser duradero, lo encontró en el mejor conocimiento de Susan, y la esperanza de poderla ayudar. Susan siempre se había portado amablemente con ella, pero sus maneras decididas la habían asombrado y llenado de alarma, y transcurrieron lo menos dos semanas antes de que empezara a entrever un carácter totalmente distinto del suyo propio. Susan veía que había muchas cosas mal en casa, y pretendía enmendarlas. No tenía nada de extraño que una muchacha de catorce años, al actuar sin otra ayuda que la de su propio juicio, errase en el modo de corregir, y no tardó Fanny en mostrarse más dispuesta a admirar la luz natural de una razón que tan a temprana edad sabía distinguir rectamente, que a censurar con severidad los errores de conducta que esa luz acarreaba. Susan sólo obraba movida por las mismas verdades y seguía el mismo método que la propia Fanny reconocía, pero que su temperamento más dúctil y complaciente se había abstenido de imponer. Susan trataba de ser útil, donde ella sólo había sido capaz de aislarse y llorar. Y veía que Susan era útil; observaba que si bien las cosas estaban mal, habrían estado peor sin ella, y que tanto su madre como Betsey evitaban, por Susan, ciertos excesos de vulgaridad y tolerancia realmente escandalosos.

En todas las discusiones con su madre, Susan tenía la razón de su parte, y no había ternura maternal que la hiciera claudicar. Era ajena a ese cariño ciego que estaba continuamente produciendo daño a su alrededor. No guardaba ninguna gratitud por el afecto pasado o presente que la hiciese tener paciencia con los excesos de los demás.

Todo esto se fue haciendo poco a poco evidente, y poco a poco fue apareciendo Susan ante su hermana como un ser digno de respeto y de compasión. Fanny no podía dejar de ver, sin embargo, que su actitud era equivocada; a veces, muy equivocada; que sus medidas estaban mal escogidas y eran inoportunas, y que sus modos y sus palabras eran a menudo injustificables. Pero empezaba a tener esperanza de poder corregir todo eso. Se daba cuenta de que Susan la miraba deseosa de merecer buena opinión, y si bien para Fanny era nuevo eso de formar a alguien, resolvió hacer a Susan alguna sugerencia de vez en cuando, y esforzarse en practicar, para su beneficio, las nociones más justas para los demás, y más discretas para ella, que su educación más escogida le había inculcado.

Su influencia —o al menos la conciencia y el uso de ella— empezó con un gesto de amabilidad, por parte de Susan, que tras muchas vacilaciones se decidió finalmente a realizar. Se le había ocurrido muy pronto que una pequeña cantidad de dinero podía restablecer definitivamente la paz, quizá, en la penosa disputa del cortaplumas de plata, que ahora salía a relucir a cada momento, y que la riqueza de que era dueña —puesto que su tío le había dado diez libras al despedirse— le permitía ser todo lo generosa que quisiera. Pero estaba tan poco habituada a otorgar favores salvo a los muy pobres, tenía tan poca práctica en suprimir males y realizar bondades entre sus iguales, y tenía tanto temor a parecer que se las daba de gran señora en su casa, que tardó algún tiempo en concluir que no sería desacertado hacer tal regalo. Por fin lo hizo: compró un cortaplumas de plata para Betsey, y ella lo aceptó muy feliz, sobre todo por el hecho de ser nuevo, lo que le daba ventaja sobre el otro; de esa manera Susan tomó plena posesión del suyo y Betsey proclamó generosamente que ahora que tenía uno mucho más bonito, no querría ése nunca más… sin que eso mereciera ningún reproche por parte de la madre, satisfecha de aquello, cosa que a Fanny le pareció irremediable. La acción tuvo completo efecto: puso fin a cierto germen de disputas domésticas y fue el medio de que Susan le abriese el corazón y le brindara algo más que amar y por qué interesarse. Susan le demostró que tenía delicadeza, pues complacida como estaba de ser dueña de algo por lo que había estado luchando por lo menos durante dos años, sin embargo temía que su hermana la juzgara mal, y que pensara reprenderla por haber llevado su disputa al extremo de hacer necesaria la compra para tranquilidad de la casa.

Tenía un carácter franco. Confesó su temor, se culpó a sí misma de haberse peleado tan acaloradamente; y Fanny, al comprender desde esa hora el valor de su fondo, y ver lo dispuesta que estaba a ganarse su buena opinión y a consultarla en todo, empezó a sentir otra vez la bendición del afecto, y a abrigar la esperanza de ser útil a un espíritu tan necesitado de ayuda, y tan merecedor de ella. Le dio consejos; consejos demasiado acertados para que los rechazara un buen entendimiento; y se los daba muy suave y discretamente para no irritar su carácter imperfecto; y no pocas veces tuvo la dicha de observar sus buenos efectos; no esperaba más; ya que, aunque veía la obligación y la oportunidad de la sumisión y la paciencia, veía también con profunda comprensión que todo esto debía crispar perpetuamente a una adolescente como Susan. Su mayor sorpresa a este respecto fue, muy pronto, no que Susan se impacientara y se rebelara contra lo que sabía que estaba bien, sino que tuviera esa conciencia de lo que estaba bien, que tuviera esos principios, y que, habiéndose criado en medio del abandono y del error, hubiera adquirido opiniones tan justas de lo que debe ser… ella no tenía un primo que dirigiese sus pensamientos y le inspirase sus principios.

La intimidad así iniciada entre las dos supuso una ventaja material para ambas. Sentadas arriba, evitaban una gran parte del alboroto de la casa; Fanny tenía tranquilidad, y Susan aprendía a considerar una desgracia hacer alguna cosa con sosiego. No tenían fuego; pero ésa era una privación a la que Fanny estaba acostumbrada; y dado que le recordaba la habitación del este, se le hacía más soportable. Pero era el único punto de semejanza. En espacio, luz, mobiliario y vistas, los dos aposentos eran totalmente diferentes, y a menudo exhalaba un suspiro, cuando le venía el recuerdo de todos los libros, cajas y comodidades que allí tenía. Poco a poco, las dos hermanas se habituaron a pasar arriba la mayor parte de la mañana, al principio trabajando y hablando; pero al cabo de unos días, el recuerdo de los libros se le hizo a Fanny tan fuerte y acuciante que le fue imposible no intentar procurarse algunos. En casa de su padre no había libros; pero el dinero es lujoso y atrevido, y algo del suyo fue a parar a una biblioteca circulante. Se hizo suscriptora… asombrada de ser algo *por sí misma*, asombrada de todas sus actividades: ¡elegir libros y alquilarlos!; ¡conseguir el perfeccionamiento de alguien con esa elección! Pero así era. Susan no había leído nada, y Fanny anhelaba proporcionarle lo que habían sido sus primeros placeres, e inspirarle el gusto por las biografías y la poesía, que tanto la hacían disfrutar a ella.

Con esta ocupación esperaba, además, enterrar ciertos recuerdos de Mansfield demasiado propensos a absorberle el pensamiento cuando apenas había iniciado la actividad; y en esa época, sobre todo, esperaba que le ayudase a evitar que su pensamiento siguiese a Edmund a Londres, donde sabía que había ido por la autoridad de la última carta de su tía. No le cabía duda de cuál sería el resultado. Sobre su cabeza pendía la prometida notificación. La llamada del cartero en los portales vecinos empezaba a traerle diariamente terrores… y si la lectura podía desterrar tal idea aunque sólo fuera media hora, algo habría ganado.

41

Hacía una semana que se suponía que Edmund estaba en la capital, y Fanny no sabía nada de él. De su silencio podía sacar tres conclusiones diferentes, entre las que fluctuaba su ánimo, ya que unas veces le parecía más probable una, y otras, otra: o bien se había vuelto a retrasar su viaje, o bien no había tenido ocasión de ver a la señorita Crawford a solas… o era demasiado feliz para escribir.

Una mañana —hacía ya cuatro semanas que Fanny había abandonado Mansfield, hecho en el que nunca dejaba de pensar, y del que llevaba la cuenta día a día—, se disponían a subir ella y Susan como de costumbre a su habitación, cuando las detuvo la llamada de una visita, a la que comprendieron que no podían evitar, dada la presteza con la que Rebeca acudió a la puerta, deber que siempre cumplía con más interés que ningún otro.

Era una voz de caballero; una voz que hizo que Fanny se diera la vuelta, pálida, cuando el señor Crawford entró en la habitación.

Un sentido de la discreción como el suyo actúa siempre cuando se acude realmente a él; y descubrió que era capaz de presentarlo a su madre, y traer a la memoria su nombre como el de un "amigo de William", aunque jamás se hubiera sentido capaz de pronunciar una sílaba en un momento así. La conciencia de que allí se le conocería sólo como a un amigo de William supuso cierto alivio. Sin embargo, después de presentarlo, y sentados todos de nuevo, el terror que la asaltó sobre dónde podría conducir esta visita fue insoportable, y se imaginó a punto de desmayarse.

En tanto trataba de mantenerse consciente, su visitante, que al principio se había dirigido a ella con la viveza de siempre, mantenía la vista discretamente apartada, dándole tiempo para que se recobrara, mientras se dedicaba enteramente a su madre, a la que hablaba y escuchaba con la mayor cortesía y corrección, y con tanta cordialidad —o interés al menos— que hacía que su actitud fuera perfecta.

El comportamiento de la señora Price era inmejorable también. Animada por la presencia de este amigo de su hijo, y movida por el deseo de hacer un buen papel delante de él, rebosaba de gratitud, de una gratitud cándida y maternal que no podía dejar de ser agradable. El señor Price no estaba en casa, cosa que ella lamentaba mucho. Fanny se había recobrado lo bastante para darse cuenta de que ella en cambio no lo lamentaba, porque a sus muchos motivos de desasosiego se añadía el nada pequeño de la vergüenza de que la encontrara en semejante hogar. Podía censurarse a sí misma su debilidad, pero no por eso la superaría. Le daba vergüenza, pero de su padre le hubiera dado mucho más que de cualquier otra cosa.

Hablaron de William, tema del que la señora Price jamás se cansaba; y el señor Crawford se mostró en sus elogios todo lo encendido que su corazón de madre podía desear. Pensó que no había conocido a un hombre tan agradable en su vida, y se asombró al averiguar que, pese a lo importante y distinguido que era, no había ido a Portsmouth para ver al almirante de puerto, ni al comisario, ni tenía la intención de ir a la isla o visitar el arsenal. Nada de cuanto estaba acostumbrada a considerar una prueba de importancia o una ocupación de rico le había traído a Portsmouth. Había llegado la noche anterior, iba a estar un día o dos, se hospedaría en el Corona, desde su llegada había visto casualmente a un oficial o dos de la marina a los que conocía, pero no había venido nada más a eso.

Una vez que diera toda esa información, no era sorprendente que mirara a Fanny y le dirigiera la palabra; y ella fue relativamente capaz de sostener su mirada, y oírle contar que la noche antes de salir de Londres había estado media hora con su hermana; que le enviaba sus más cariñosos recuerdos, pero que no había tenido tiempo de escribir; que había tenido suerte de haberla visto siquiera media hora, dado que había estado veinticuatro horas escasas en Londres, al regreso de Norfolk, antes de ponerse en viaje otra vez; que su primo Edmund estaba en la capital, y llevaba allí, según había sabido, unos días; que no lo había visto personalmente, pero que estaba bien, había dejado bien a todos en Mansfield, y que el día anterior iba a cenar con los Fraser.

Fanny escuchó serenamente hasta el último detalle; más aún, pareció aliviar a su espíritu agotado el tener alguna certeza; y la reflexión, "entonces está todo arreglado", le cruzó por el pensamiento sin otra muestra de emoción que un ligero rubor.

Después de hablar un poco más de Mansfield, tema en el que ella evidenciaba más interés, Crawford sugirió la conveniencia de dar un paseo temprano: "la mañana era espléndida, y en esa época del año las mañanas soleadas se solían estropear tan a menudo que lo más acertado era no dejar el ejercicio para más tarde"; y dado que estas sugerencias no surtían efecto alguno, procedió a recomendar a la señorita Price y a sus hijas que salieran a dar un paseo sin pérdida de tiempo. Ahora se aclararon las cosas. Al parecer, la señora Price apenas salía de casa, salvo los domingos; confesó que, con una familia tan numerosa, apenas tenía tiempo para pasear. "¿Por qué no convencía a sus hijas, entonces, de que aprovechasen tan buen tiempo y le permitía a él el placer de acompañarlas?" La señora Price se mostró muy agradecida, y condescendiente. "Sus hijas vivían demasiado recluidas. Portsmouth era una ciudad mortecina… así que no era muy común que salieran, y sabía que tenían pendientes unos recados en la ciudad que les encantaría hacer". Y el resultado fue que, por extraño —extraño, embarazoso y violento— que pareciera, Fanny se encontró con que, diez minutos después, ella y Susan se dirigían hacia High Street con el señor Crawford.

No tardó Fanny en añadir sufrimiento al sufrimiento, y confusión a la confusión; porque apenas estuvieron en High Street toparon con su padre, cuya pinta, por ser sábado, no era precisamente muy buena. Se detuvo y, pese a su aspecto poco digno, Fanny se vio obligada a presentarlo al señor Crawford. No abrigó ninguna duda sobre qué clase de impresión tuvo que producir en el señor Crawford. Debió sentir vergüenza y repugnancia a la vez. Seguramente no tardaría en renunciar a sus pretensiones y en perder las ganas de casarse con ella;

sin embargo, aunque había deseado tanto que se curase de su afecto, esta clase de cura era casi tan dolorosa como el mal; y creo que no hay joven en el Reino Unido que prefiera soportar la desgracia de ser solicitada por un hombre inteligente y agradable, a ahuyentarlo con la vulgaridad del más allegado de los parientes.

Probablemente el señor Crawford no tomó a su futuro suegro como modelo en el vestir; pero —como Fanny notó inmediatamente para gran alivio suyo— delante de este respetabilísimo desconocido, su padre fue un hombre muy distinto, un señor Price de comportamiento totalmente diferente del que era en su propio hogar. Sus modales, ahora, aunque no refinados, eran más que aceptables, incluso agradables, animados, varoniles; sus manifestaciones eran las de un padre afectuoso y un hombre sensible; su voz fragorosa sonaba muy bien al aire libre, y no se le oyó decir una sola mala palabra. Tal vez fue una instintiva deferencia a los modales educados del señor Crawford; y fuera cual fuese la consecuencia, Fanny se sintió infinitamente aliviada.

El punto final al intercambio de cortesías entre los dos caballeros lo puso el ofrecimiento del señor Price de llevar al señor Crawford al arsenal cosa que él mostró un gran deseo de aceptar, como favor, tal como pretendía ser, aunque lo había visto ya infinidad de veces; y con la esperanza de estar más tiempo con Fanny, se mostró dispuesto a aprovechar la oportunidad, si las señoritas Price no tenían miedo de cansarse; y tras averiguar de uno u otro modo, o inferir, o suponer, que no lo tenían en absoluto, allá decidieron ir todos juntos; y si no hubiera sido por el señor Crawford, desde allí mismo habría ido el señor Price, sin la menor consideración a los pendientes que tenían sus hijas en High Street. No obstante, permitió que entraran estrictamente en las tiendas que tenían que visitar, lo cual no las entretuvo mucho, porque Fanny soportaba tan poco que se impacientasen por ella, o que la estuvieran esperando que antes de que los caballeros, en la puerta, empezaran a hablar del nuevo reglamento de marina o se pusieran de acuerdo sobre el número de navíos de tres andanas que ahora había en comisión, sus compañeras estuvieron listas para proseguir.

Ahora debían dirigirse inmediatamente al arsenal; y si hubiese permitido que el señor Price decidiera, habrían realizado el recorrido de manera regular —a juicio del señor Crawford—; porque, según veía, dejaba que las dos jóvenes los siguieran como podían, mientras ellos iban a paso ligero. El señor Crawford lograba introducir de vez en cuando algo de reposo, aunque de ninguna manera todo el que él hubiera deseado: se negaba absolutamente a ir separado de ellas, y cuando pasaban algún cruce o atravesaban algún grupo de gente, mientras el señor Price se limitaba a decir: "Vamos chicas, vamos Fan, vamos Sue; vayan con cuidado, miren bien", él les prestaba especial asistencia.

Una vez dentro del arsenal, empezó a abrigar esperanzas de tener algún feliz intercambio con Fanny, al unírseles muy pronto un camarada de holgazanería del señor Price que había acudido a ver, como todos los días, cómo marchaban los trabajos, y que sin duda era mucho más digno compañero de él; y al cabo de un rato, los dos suboficiales parecían muy contentos de pasear juntos y discutir cuestiones de común e inagotable interés, mientras los jóvenes se sentaban en unas vigas del astillero, o encontraban asiento a bordo de un navío de la grada que visitaban todos juntos. Fanny, en especial, necesitaba descansar. Crawford no podía haberla deseado más fatigada, o más dispuesta a sentarse; aunque sí habría querido que se fuera su hermana; una jovencita como Susan, de esa edad en la que se fijan en todo, era la peor acompañante del mundo, diametralmente opuesta a lady Bertram; ella era toda ojos y oídos; de manera que no había forma de abordar la cuestión principal delante de ella. Debía conformarse con mostrarse agradable y dejar que Susan participase del entretenimiento, dirigiendo de vez en cuando alguna mirada o alguna alusión a Fanny, más enterada y sabedora. El tema que más dio de sí fue Norfolk; acababa de estar allí un tiempo, y todo lo relacionado con Norfolk estaba adquiriendo importancia debido a sus planes actuales. Un hombre como él no podía llegar de un sitio o de una reunión sin sacar algo gracioso que contar; sus viajes y sus amistades le fueron de utilidad, y Susan se entretuvo de una forma enteramente nueva para ella; pero para Fanny sus palabras contenían algo más que la amenidad anecdótica de las fiestas en las que había estado. Expuso —para que ella juzgase— la razón concreta de su viaje a Norfolk en esa época inusual del año. Había ido por un asunto muy serio, relativo a la renovación de un arrendamiento en el que estaba en juego la situación de una familia numerosa y —creía él— trabajadora. Había sospechado que su administrador se traía algún manejo bajo la manga, que pretendía hacerle ver que no se merecía esa renovación; así que había decidido ir personalmente e indagar a fondo el caso. Había ido; había hecho incluso más bien del que había previsto; había sido más útil de lo que había calculado; y ahora podía congratularse de ello, y comprobar que cumpliendo su deber había ganado gratos recuerdos para su propio espíritu. Había visitado arrendatarios a los que no había visto antes; había empezado a conocer casas cuya existencia —aunque se encontraban en sus tierras— desconocía hasta este momento. Todo esto iba dirigido, y bien dirigido, a Fanny. Le agradaba oírlo hablar tan acertadamente; por lo menos en este caso había obrado como debía. ¡Ser amigo de los pobres y de los oprimidos! Nada podía ser más grato a Fanny; y estaba a punto de concederle una mirada de aprobación, cuando la asustó al añadir algo demasiado insinuante sobre su esperanza de tener pronto una ayuda, una amiga, una guía en todos los planes útiles y caritativos para Everingham; alguien que hiciese de Everingham y su contorno algo más humano de lo que había sido hasta ahora.

Fanny apartó la mirada, y deseó que no dijera tales cosas. Estaba dispuesta a reconocerle mejores cualidades de las que solía suponerle. Empezaba a vislumbrar la posibilidad de que al final se revelara buena persona; pero eran y seguirían siendo incompatibles, y no debía pensar en ella.

El señor Crawford se dio cuenta de que había hablado bastante de Everingham y que convenía cambiar de tema, así que empezó con Mansfield. No podía haber elegido nada mejor; fue un tema que atrajo casi instantáneamente la mirada y la atención de Fanny. Para ella era una auténtica satisfacción escuchar o comentar cosas de Mansfield. Llevaba tanto tiempo separada de cuantos conocían el lugar que le pareció la voz de un amigo cuando mencionó ese nombre, propiciando afectuosas exclamaciones de ella en alabanza de sus bellezas y comodidades; y al rendir él homenaje a sus habitantes, permitió que ella gratificara su propio corazón con el más encendido elogio, hablando de su tío como del ser más bueno e inteligente, y de su tía como el más dulce de los temperamentos.

También él le tenía mucho cariño a Mansfield; así lo dijo; y esperaba vivamente pasar mucho, muchísimo tiempo allí... Allí, o cerca. En particular, contaba con pasar este año un verano y un otoño muy felices en Mansfield; presentía que iban a serlo; confiaba en ello: serían un verano y un otoño infinitamente superiores a los del año anterior. Igual de animados, igual de variados y acompañados... pero en circunstancias indeciblemente superiores.

—Mansfield, Sotherton, Thornton Lacey —prosiguió—, ¡qué sociedad abarcarían esas casas! Y quizá pueda sumarse una cuarta el día de San Miguel, algún pequeño pabellón de caza en la vecindad de todos esos lugares entrañables; en cuanto a la incorporación de Thornton Lacey, como Edmund Bertram propuso jovialmente una vez, me parece vislumbrar dos objeciones; dos claras, excelentes e irresistibles objeciones a tal plan.

Aquí Fanny enmudeció doblemente, aunque pasado el momento lamentó no haber manifestado que había entendido la mitad de lo que había insinuado, y no haberlo animado a decir algo más de su hermana y Edmund. Era un tema sobre el que debía aprender a hablar, y la debilidad que la hacía rehuirlo no tardaría en ser totalmente imperdonable.

Tan pronto como el señor Price y su amigo vieron, o tuvieron tiempo de ver lo que querían, los otros estuvieron dispuestos a regresar; y durante el trayecto, el señor Crawford logró apartar un minuto a Fanny para decirle que el único interés que lo había traído a Portsmouth era verla, que había venido a estar un par de días por ella, y sólo por ella, porque no podía soportar más tiempo una total separación. Fanny lo sentía, lo sentía sinceramente; sin embargo, pese a ésta y otras dos o tres cosas más que hubiera preferido no oírle decir, notaba que en conjunto había mejorado desde la última vez que lo había tenido delante: era mucho más amable, atento y considerado con los sentimientos de los demás de lo que había sido en Mansfield; nunca lo había visto tan agradable… tan cerca de ser agradable; la actitud con su padre no era ofensiva, y había una especial afabilidad y corrección en la atención que le dedicaba a Susan. Decididamente, había mejorado. Deseó que hubiera pasado ya el día siguiente, deseó que hubiera venido sólo por un día… Pero no se sentía tan mal como había pensado: ¡la dicha de hablar de Mansfield había sido inmensa!

Antes de separarse, tuvo que agradecerle otra satisfacción nada pequeña. Su padre le pidió que les hiciera el honor de cenar cordero con ellos, y Fanny sólo tuvo tiempo de experimentar un estremecimiento de horror, antes de que él declarase que se lo impedía otro compromiso. Tenía comprometida la cena de ese día y del siguiente: se había encontrado con un conocido en el Corona al que no había podido negarse; sin embargo, tendría el honor de pasar a visitarlos otra vez por la mañana… y se despidieron. Fanny estaba muy feliz de haberse librado de tan horrible trance.

¡Habría sido espantoso haberlo tenido en la cena familiar, y que hubiera visto él todas sus deficiencias! Los guisos de Rebeca y su manera de atender la mesa, y Betsey comiendo sin moderación, tocándolo todo para escoger, era algo a lo que la propia Fanny no estaba lo bastante acostumbrada para que la comida se le hiciera muchas veces insoportable. Ella sólo tenía una delicadeza natural; pero él se había educado en la escuela del lujo y del epicureísmo.

42

Salían los Price al día siguiente hacia la iglesia, cuando apareció otra vez el señor Crawford. Llegó no para retenerlos, sino para unirse a ellos; le pidieron que los acompañara a la capilla de la guarnición, que era exactamente lo que pensaba hacer, y se dirigieron todos juntos hacia allá.

La familia tenía ahora otro aspecto. La naturaleza los había dotado de no poca belleza, y los domingos salían limpios y vistiendo sus mejores galas. El domingo siempre traía ese consuelo a Fanny, y esta vez lo agradeció más que nunca. Su pobre madre no parecía ahora indigna de ser hermana de lady Bertram, sino que merecía de sobra que la mirasen. A menudo la afligía el contraste entre las dos, pensar que donde la naturaleza había puesto tan poca diferencia las circunstancias hubieran puesto tanta, y que su madre, tan guapa como lady Bertram, y con algunos años menos tuviera un aspecto mucho más avejentado y marchito, tan abandonado, tan desaliñado y harapiento. Pero los domingos la transformaban en una muy digna y razonablemente alegre señora Price que salía con su preciosa prole, un poco liberada de los cuidados semanales, y que sólo se inquietaba si veía a los chicos en algún peligro, o si Rebeca pasaba junto a ellos con una flor en el sombrero.

En la capilla no tuvieron más remedio que separarse, pero el señor Crawford procuró no apartarse de la rama femenina; y después del servicio religioso siguió con ellas, y se unió a la excursión familiar a las murallas.

La señora Price iba a dar un paseo por las murallas cada domingo, si hacía buen tiempo; iba siempre después del servicio religioso, y estaba hasta la hora de comer. Era su punto de encuentro; allí se veía con amistades, se enteraba de las pequeñas noticias, comentaba lo mal que estaba el servicio doméstico en Portsmouth, y hacía acopio de ánimo para los seis días siguientes.

Allá se dirigieron ahora. El señor Crawford iba muy contento de pensar que tenía a las señoritas Price a su cargo particular; y antes de que llevaran allí mucho tiempo, de alguna manera, no se sabe cómo —Fanny no lo había podido creer—, se hallaba paseando entre las dos, cada una tomada del brazo, y sin saber ella cómo evitarlo o dejar de hacerlo. Esto hizo que se sintiera incómoda un rato; aunque de todos modos, encontraba placer en el día, y en la perspectiva que le ofrecía.

El día era particularmente espléndido. En realidad era marzo; pero el buen tiempo, el aire fresco y suave, y el sol radiante que a veces escondía alguna nube durante un minuto, eran de abril, y todo parecía muy hermoso bajo ese cielo: los efectos de las sombras persiguiéndose unas a otras sobre los barcos de Spidhead, y la isla; más allá, los tonos cambiantes del mar que ahora, en marea alta, danzaba jubiloso y se estrellaba contra las murallas con grato rumor producían tal combinación de encantos para Fanny que, poco a poco, casi se volvió indiferente a las circunstancias en que los sentía. Más aún, de no haber sido tomada del brazo, ella misma se hubiera tenido que prender de él, porque le faltaban fuerzas para un paseo de dos horas como éste, sobre todo después de una semana de inactividad. Fanny estaba empezando a notar los efectos de la privación de su ejercicio habitual; en lo que se refería a la salud, había retrocedido desde que estaba en Portsmouth, y si no llega a ser por el señor Crawford y lo espléndido del tiempo, no habría tardado en sentirse rendida.

El señor Crawford apreciaba como ella la belleza del día y del paisaje; a menudo se detenían con el mismo sentimiento y placer, y se apoyaban en el antepecho unos minutos a mirar y admirar; y considerando que no era Edmud, Fanny no podía por menos que reconocerle suficiente sensibilidad para los encantos de la naturaleza, y mucho talento para expresar su admiración. De vez en cuando, Fanny se quedaba embelesada, momento que él aprovechaba para observar su rostro sin que ella se percatase; y notó que, aunque más bonita que nunca, también se percibía menos saludable de lo que debería. Ella dijo que se sentía muy bien, y no le gustó que creyese lo contrario; pero tras pensarlo bien, el señor Crawford llegó al convencimiento de que su actual residencia no era cómoda, y por tanto no podía ser beneficiosa para ella, y le entró un inmenso anhelo de que estuviese en Mansfield otra vez, donde su felicidad, y la de él viéndola allí, serían mucho mayores.

—Lleva un mes aquí, creo; ¿verdad? —dijo.

—No, aún no hace un mes; mañana hará cuatro semanas solamente desde que dejé Mansfield.

—Es usted muy precisa calculando; yo a eso le llamo un mes.

—No llegué aquí hasta el martes, por la noche.

—Y su estancia va a ser de dos meses, ¿no es así?

—Sí, mi tío habló de dos meses. Supongo que no será menos.

—¿Y cómo va a regresar? ¿Quién vendrá por usted?

—No lo sé, mi tía no me ha dicho nada al respecto. Tal vez deba quedarme más tiempo. Tal vez no le venga bien venir a recogerme a los dos meses justos.

Tras meditar un momento, el señor Crawford replicó:

—Conozco Mansfield, conozco su forma de pensar, conozco sus faltas respecto a usted. Sé el peligro que corre de que la olviden, al extremo de supeditar su salud a la hipotética conveniencia de cualquiera de la familia. Sé que pueden dejarla aquí semana tras semana, si sir Thomas no puede venir personalmente, o mandar a la doncella de su tía, sin que implique la más ligera alteración del orden que haya dispuesto para el próximo trimestre. Y no es eso, dos meses es mucha concesión; creo que con seis semanas sería suficiente… Estoy hablando de la salud de su hermana —dijo, dirigiéndose a Susan—; y pienso en lo perjudicial que es para ella el confinamiento en Portsmouth. Necesita constantemente el aire libre y el ejercicio. Cuando la conozca tan bien como yo, estoy seguro de que coincidirá conmigo en que es así, y en que no debe estar nunca mucho tiempo alejada del aire libre, y la libertad del campo. Así que —volviéndose nuevamente a Fanny—, si nota que su salud desmejora, y surgen dificultades para que la devuelvan a Mansfield (sin esperar que se cumplan los dos meses, a eso no debe darle demasiada importancia), si se nota una pizca menos de fuerte o menos bien de lo normal, no tiene más que hacérselo saber a mi hermana, mándele dos líneas, y vendremos inmediatamente ella y yo y la devolveremos a Mansfield. Usted sabe con qué gusto y placer lo haríamos. Sabe cuáles serían nuestros sentimientos en tal caso.

Fanny le dio las gracias, pero se rió, como si entendiera que lo había dicho por decir.

—Lo digo en serio —comentó él—, como usted sabe muy bien. Y espero que no vaya a ocultarme cruelmente el preludio de alguna enfermedad. A decir verdad, no lo ocultará; no tendrá esa posibilidad, porque mientras diga claramente, en cada carta a Mary: "Estoy bien" (y sé que no es capaz de escribir nada que no sea cierto), consideraré yo también que lo está.

Fanny le dio las gracias otra vez, pero estaba turbada y violenta a tal extremo que se le hacía difícil hablar, o incluso saber con certeza qué debía decir. Esto fue hacia el final del paseo. Las acompañó hasta el final y las dejó en la puerta de la casa, cuando sabía que iban a comer, pretextando que lo esperaban en otra parte.

—Me gustaría que no se hubiera cansado tanto —dijo, reteniendo a Fanny cuando todos los demás habían entrado en la casa—. Me gustaría dejarla más fuerte de salud. ¿Hay algo que pueda hacer por usted en Londres? Tengo medio pensado ir a Norfolk pronto otra vez. No estoy contento con Madison. Estoy seguro de que tratará de engañarme, si puede, para cederle a un primo suyo cierto molino que pienso asignar a otro. Tengo que llegar a un acuerdo con él. Voy a hacerle saber que no me va a engañar en lo que respecta al sur de Everingham, ni en lo que respecta al norte, y que el dueño de esas tierras soy yo. No he sido lo bastante explícito antes. El daño que un hombre así hace a una propiedad, al prestigio de su empleador y al bienestar de los pobres, es inimaginable. Tengo intención de volver inmediatamente a Norfolk y arreglarlo todo de forma que nadie pueda hacer después lo que le convenga. Madison es un hombre inteligente; no quiero quitarle su puesto… con tal que no quiera él quitarme a mí del mío. Pero sería ingenuo que me engañara un hombre que carece de dotes para engañarme… y más que ingenuo que yo dejase que me impusiera un arrendatario insensible y tacaño, en vez de hombre honrado al que medio se lo he prometido ya. ¿No sería más que ingenuo? ¿Qué hago? ¿Me aconseja que se vaya?

—¿Aconsejarlo yo?... Usted sabe muy bien lo que es justo.

—Sí, cuando usted me da su opinión siempre sé qué es lo justo. Su criterio es mi medida de lo justo.

—¡Oh, no hable así! Todos tenemos una guía de la justicia en nuestro interior, si queremos escucharla, mejor que la que ninguna persona nos puede proporcionar. Adiós, le deseo un viaje agradable mañana.

—¿No hay nada que pueda hacer por usted en la capital?

—Nada, se lo agradezco mucho.

—¿No tiene ningún mensaje para nadie?

—De mis recuerdos a su hermana; y cuando vea a mi primo… a mi primo Edmund, dígale, por favor, que… espero tener pronto noticias de él.

—Desde luego; y si es perezoso o dejado, puede que le escriba yo para excusarlo.

No pudo decir más, porque Fanny no se dejó entretener más. El señor Crawford le estrechó la mano, la miró y se fue. Se fue a pasar las tres horas siguientes lo mejor que podía con su conocido, hasta que la cena que servían en cierta excelente posada estuviera a punto para disfrutar de ella.

Muy diferentes fueron sus respectivos manjares; y si él hubiera sospechado cuántas privaciones soportaba Fanny en casa de su padre, además de lo del ejercicio, sin duda se habría asombrado de que su aspecto no se hubiese resentido más; resistía tan poco los budines de Rebeca y los picadillos de Rebeca. Tal como llegaban a la mesa acompañados de platos medio limpios y cubiertos medio sucios, que frecuentemente se veía obligada a posponer su comida más sólida, hasta que podía mandar a sus hermanos, por la noche, a traerle galletas y panecillos. Después de haberse criado en Mansfield, era demasiado tarde para curtirse en Portsmouth; y aunque sir Thomas habría considerado a su sobrina en el camino más apto —el del hambre, tanto corporal como espiritual— para alcanzar una apreciación más justa de la buena compañía y la fortuna del señor Crawford, probablemente habría tenido miedo de prolongar el experimento, no fuera que la cura la matara.

Fanny pasó el resto del día deprimida. Estaba relativamente segura de no volver a ver al señor Crawford, pero no podía menos que sentirse abatida. Fue como despedirse de un amigo; y aunque en un sentido estaba contenta de que se marchara, era como si ahora la abandonaran todos, como una renovada separación de Mansfield; y no podía pensar que volvía a la capital y que estaría a menudo con Edmund y con Mary sin experimentar algo muy parecido a la envidia, lo que la hacía odiarse a sí misma.

No ayudaba a disipar su abatimiento lo que ocurría a su alrededor; un amigo o dos de su padre, como siempre que no estaba con él, pasaron la larga tarde allí; y desde las seis hasta las nueve y media, no pararon las voces y los brindis. Estaba muy deprimida. El cambio sorprendente que todavía imaginaba en el señor Crawford era lo que más se parecía a un consuelo en el curso de sus pensamientos. Prescindiendo de cuán diferente era el círculo en que había estado viéndolo, y cuánto podía deberse al contraste, estaba convencida de que era asombrosamente más amable, y respetuoso con los demás, que antes. Y si lo era en las cosas pequeñas, ¿no iba a serlo en las grandes? Tan preocupado por la salud y el bienestar de ella, tan compasivo como ahora se manifestaba, y parecía verdaderamente, ¿no era lícito suponer que no perseveraría mucho tiempo en un galanteo tan angustioso para ella?

43

Por la mañana, en casa del señor Price supusieron al señor Crawford de regreso a Londres, porque no lo volvieron a ver; y dos días más tarde fue una realidad que Fanny vio confirmada en la siguiente carta de la hermana que, por otro motivo, abrió y leyó con la más ansiosa curiosidad:

Mi queridísima Fanny: Tengo que informarle que Henry ha ido a Portsmouth a verla, que dio un paseo delicioso con usted hasta el arsenal el sábado pasado, y otro más al día siguiente, sobre el que se han extendido hablando, por las murallas, donde el aire embalsamado, el mar centelleante y la dulzura de su belleza y su conversación estaban en la más deliciosa armonía, y deparaban sensaciones capaces de suscitar el éxtasis incluso retrospectivamente. Ésta es, a lo que entiendo, la sustancia de la presente. Él me pide que le escriba, pero yo no sé que cosa ponerle, salvo la citada visita a Portsmouth y los dos citados paseos, y su presentación a la familia de usted, en especial a su amable hermana, una preciosa joven de quince años que estuvo con ustedes en las murallas, recibiendo su primera lección sobre el amor, supongo. No tengo tiempo para alargar la carta; aunque estaría fuera de lugar si lo hiciera, porque se trata de una mera carta rutinaria, escrita para transmitirle una información imprescindible, que no puede aplazarse sin riesgo de mal. ¡Mi queridísima Fanny, cómo charlaríamos ahora si la tuviera aquí! Me escucharía hasta hartarse, y me daría consejos hasta hartarse aún más; pero no es posible trasladar al papel siquiera una centésima parte de lo que me pasa en la cabeza, así que me abstengo por completo, y dejaré que adivine lo que quiera. No tengo ninguna noticia para usted. Naturalmente, está la vida social; pero sería imperdonable que la torturase con los nombres de las personas y las recepciones que acaparan mi tiempo. Pensé enviarle una crónica de la primera fiesta de su prima; pero me dio pereza, y ahora hace ya demasiado tiempo; baste decir que todo se desarrolló como es debido, en un estilo que cualquiera de sus parientes se habría sentido satisfecho de presenciar, y que su vestido y su manera de desenvolverse le dieron el más grande prestigio. A mi amiga, la señora Fraser, la vuelve loca una cosa así; a mí tampoco me disgustaría. Después de pascua iré a ver a lady Stornaway. Parece que se siente muy animada y muy feliz. Imagino que lord S. es muy alegre y jovial en el seno de su familia, y ya no lo veo tan feo como antes; al menos hay muchos que lo son mucho más. No es guapo al lado de su primo Edmund. Del citado héroe, ¿qué le puedo decir? Si evito su nombre enteramente le parecerá sospechoso, así que le diré que lo he visto dos o tres veces, y que a mis amigas de aquí las ha impresionado su aspecto gallardo. La señora Fraser (que no es mal juez) confiesa que sólo conoce tres hombres en la capital que tengan tan buena figura, talla y ademán; y debo confesar que, cuando cenó aquí el otro día, ninguno de los presentes podía compararse con él; y eso que había dieciséis. Afortunadamente, hoy día la ropa no es suficiente para armar chismes, pero... pero...

Saludos cariñosos de su amiga.

Casi se me olvida (por culpa de Edmund, que me absorbe el pensamiento más de lo que es saludable para mí) una cosa importantísima que tenía que decirle de parte de Henry y mía, y es sobre devolverla a Northamptonshire. Mi queridísima niña, no esté ahí, en Portsmouth, estropeando su preciosa cara. Esas horribles brisas marinas son la ruina de la belleza y la salud. A mi pobre tía le afectaban siempre que estaba a diez kilómetros del mar, cosa que naturalmente mi tío, el almirante, no se lo creía, aunque yo sé que era así. Tanto Henry como yo podemos estar a su disposición en una hora; me encantaría hacerlo, y daríamos un pequeño rodeo, para mostrarle Everingham de camino, y quizá no le importara pasar por Londres y ver el interior de St. Geor-

ge, en Hannover Square. Sólo le pido que aparte a su primo Edmund de mí en esos momentos, no quisiera tener la tentación. ¡Qué larga me ha salido la carta! Una palabra más: sé que Henry tiene idea de ir a Norfolk a resolver cierto asunto que usted aprueba, pero seguramente no podrá resolver hasta mediados de la semana que viene; o sea, no estará libre hasta después del 14, porque esa noche celebramos una fiesta. No se puede hacer idea del valor de un hombre como Henry en ocasiones así, pero créame que es inestimable. Verá a los Rushworth, lo que confieso que no siento, dado que tengo un poco de curiosidad, y me parece que él también, aunque no quiere reconocerlo.

Ésta fue una carta que Fanny leyó ansiosamente de un tirón, releyó detenidamente y le proporcionó mucha materia de meditación, pero lo dejó todo en mayor suspenso que nunca. Lo único cierto que pudo sacarse de ella era que nada definitivo había sucedido aún. Edmund todavía no había hablado… Qué pensaba la señorita Crawford en realidad; cuáles eran sus propósitos, o si reaccionaría con independencia o en contra de sus propósitos; si Edmund seguía teniendo para ella la misma importancia que antes de la última separación; si, en caso de haber perdido importancia, era probable que siguiera perdiendo aún más, o que la recuperara, fueron cuestiones de inacabables conjeturas y meditaciones durante ese día y mucho días sucesivos, sin que dieran lugar a ninguna conclusión. La idea que más frecuentemente le venía a la mente era que la señorita Crawford, después de revelar con su vuelta a las costumbres londinenses que sus sentimientos se habían enfriado y vuelto titubeantes, aún aparecía, al final, demasiado prendada como para renunciar a él. Intentaría ser más ambiciosa de lo que le permitía el corazón. Vacilaría, lo atormentaría, le pondría condiciones, le exigiría muchas cosas, pero al final lo aceptaría; eso era lo que Fanny podía prever. ¿Una casa en la capital?... eso, pensaba, sería imposible. Sin embargo, no se sabía lo que la señorita Crawford era capaz de pedir. Cada vez veía peor las perspectivas de su primo. ¡Una mujer que cuando hablaba de él lo hacía sólo de su físico! ¡Qué afecto más indigno! ¡Apoyarse en los elogios de la señora Fraser!

¡Ella la conocía personalmente desde hacía medio año! Fanny sentía vergüenza de ella. Los pasajes de la carta que se referían sólo al señor Crawford y a ella misma la afectaron poca cosa en comparación. Si el señor Crawford iba a Norfolk antes o después del 14, era algo que le daba igual; aunque, bien mirado, pensaba que iría sin demora. Que la señorita Crawford forzase un encuentro entre la señora Rushworth y su hermano era propio de su peor conducta, además de una imprudencia y una zafia crueldad; pero esperaba que él no obrase movido por tan degradante curiosidad. Él no reconocía semejante aliciente, y su hermana debía haberle supuesto mejores sentimientos que los suyos propios.

Después de esta carta, aún estaba más impaciente por recibir otra de la capital, y durante unos días anduvo tan desasosegada por todo, por lo que había ocurrido y lo que podía ocurrir, que casi suspendió sus habituales lecturas y conversaciones con Susan. No era capaz de atender como deseaba. Si el señor Crawford se había acordado de dar su mensaje a Edmund, pensaba que era probable, y *más que probable*, que éste le escribiera contándole todos los acontecimientos. Era lo más acorde con su usual amabilidad; y hasta que no se libró de esta idea, hasta que no se le fue yendo poco a poco, al no llegarle carta alguna en el transcurso de tres o cuatro días más, vivió en un estado de gran nerviosismo y ansia.

Finalmente, le sobrevino algo así como una serenidad. Debía aceptar la incertidumbre, sin permitir que la agotara y la anulara. El tiempo ayudó un poco, sus propios esfuerzos otro poco; reanudó sus atenciones a Susan, y nuevamente se despertó el interés entre ellas.

Susan la quería cada vez más; y aunque carecía de esa temprana afición a los libros que en Fanny había sido tan fuerte, y era bastante menos inclinada a ocupaciones sedentarias, o al saber por el saber; tenía un deseo tan grande de no parecer ignorante que, junto a su claro entendimiento, la hacía una alumna atenta, aprovechada y agradecida. Fanny era su oráculo. Las explicaciones y comentarios de Fanny eran el complemento más importante de cada ejercicio y cada lección de historia. Su cabeza retenía más de lo que Fanny le contaba de los tiempos antiguos que las páginas de Golshmith; y rendía a su hermana el honor de preferir su estilo al de cualquier autor publicado. Le faltaba el hábito temprano de la lectura.

No obstante, sus conversaciones no eran siempre sobre temas elevados como la historia o la moral; otros temas también tenían su momento, y de los menores ninguno volvía tanto, o se demoraba más en ellas, como el de Parque Mansfield; la descripción de sus moradores, de las costumbres, de las diversiones, de los modales de Parque Mansfield. Susan, que tenía un gusto innato por lo distinguido y bien amueblado, estaba deseosa de escuchar, y Fanny no hacer menos que extenderse en un tema tan querido. Esperaba no hacer mal; aunque al cabo de un tiempo, la gran admiración de Susan por todo lo que se decía o hacía en la casa de su tío, y el sincero deseo de visitar Northamptonshire, parecieron casi culparla de despertar anhelos que no podía satisfacer.

La pobre Susan estaba muy poco más adaptada al hogar que su hermana mayor, y cuando Fanny tuvo completa conciencia de ello, empezó a comprender que cuando llegase su propia liberación de Portsmouth, su felicidad tendría el enorme lastre de dejar a Susan atrás. Cada vez la angustiaba más tener que dejar a una muchacha tan susceptible de perfección en tales manos. ¡Qué maravilloso habría sido que hubiera tenido ella casa propia para poder invitarla! Y si le hubiese sido posible corresponder al afecto del señor Crawford, la probabilidad de que él no se opusiera en absoluto a tal medida habría sido el mayor de los consuelos. Porque pensaba que su fondo era bueno, y la imaginaba participando muy gustosamente en un plan de este género.

44

Habían transcurrido casi siete semanas de los dos meses, cuando pusieron en las manos de Fanny la carta, la carta largamente esperada de Edmund. Al abrirla y ver lo larga que era, se dispuso a leer una minuciosa descripción de su felicidad y un desbordamiento de amor y alabanzas a la afortunada criatura que ahora sería dueña de su destino. Su contenido era el siguiente:

Parque Mansfield

Mi querida Fanny

Perdona que no te haya escrito antes; Crawford me dijo que deseabas tener noticias mías; pero me ha sido imposible escribir desde Londres, en la convicción de que comprenderían mi silencio. De haberte podido enviar unas líneas felices, no te habrían faltado, pero era algo que no dependía de mí. He vuelto a Mansfield menos seguro de lo que estaba cuando me marché. Mis esperanzas han menguado mucho. Probablemente ya estarás enterada. Dado el cariño que te tiene la señorita Crawford, es muy natural que te cuente sus sentimientos, lo que probablemente te habrá dado alguna pista sobre los míos. Esto no es impedimento, de todos modos, para contártelos yo. No tienen por qué coincidir nuestras confidencias. No haré preguntas. Hay algo reconfortante en la idea de que tenemos la misma amiga, y de que sean cuales sean las desafortunadas diferencias de opinión que puede haber entre nosotros, estamos unidos en nuestro cariño a ti. Será un consuelo para mí el contarte cómo están las cosas, y cuáles son mis planes actuales, si es que son planes lo que tengo. Estoy aquí desde el sábado. He pasado tres semanas en Londres, y ahí la he visto a menudo. Los Fraser me han dispensado las atenciones que lógicamente cabría esperar. Quizá no he sido razonable al ir con la esperanza de continuar una relación como la de Mansfield. Sin embargo fue su actitud, más que la escasez de nuestros encuentros. Si se hubiese portado de otro modo cuando la vi, no tendría ninguna queja; pero desde el mismo principio la noté cambiada: el primer recibimiento que me hizo fue tan diferente del que esperaba, que estuve a punto de abandonar Londres inmediatamente. No hace falta que entre en detalles. Ya conoces el punto flaco de su carácter, así que bien te puedes imaginar qué sentimientos y expresiones me torturaban. Estaba muy alegre y rodeada de quienes prestan el apoyo de su propia insensatez a su espíritu demasiado animado. No me gusta la señora Fraser; es una mujer insensible y vanidosa que se ha casado enteramente por conveniencia, y aunque está claro que es desgraciada en su matrimonio, atribuye su decepción no a la falta de juicio o de carácter, o a la desproporción de la edad, sino a que en definitiva es menos rica que muchas de sus amistades, sobre todo que su hermana, lady Stornway; y es defensora decidida de todo lo ambicioso y mercenario, con tal de que sea bastante ambicioso y mercenario. Considero su intimidad con esas dos hermanas la mayor de las desgracias de su vida y de la mía; la han estado llevando por el mal camino durante años. ¡Ojalá se apartara de ellas! A veces no desespero de que ocurra, porque me parece que esa amistad se mantiene principalmente por ellas. Le tienen mucho cariño; pero estoy seguro de que ella no las quiere como te quiere a ti. Desde luego, cuando pienso en el gran afecto que te tiene, y en su manera honesta y juiciosa de portarse como una hermana, me parece una persona muy distinta, capaz de la mayor nobleza, y me reprocho el haber interpretado con demasiada severidad su temperamento jovial. No puedo renunciar a ella, Fanny. Es la única mujer del mundo con la que podría pensar en casarme. Si no creyera que siente algo por mí no diría esto, como es natural. Pero creo que es así. Estoy convencido de que me tiene una clara preferencia. No siento celos de nadie en concreto; es de la influencia del mundo elegante de la que estoy celoso. Es de los hábitos de la riqueza de lo que tengo miedo. Su modo de pensar no está por encima de lo que su propia fortuna per-

mite garantizar, pero sobrepasa lo que nuestros ingresos juntos podrían autorizar. Sin embargo, incluso aquí hay algo que me consuela. Soportaría mejor perderla por no ser suficientemente rico, que por mi profesión; porque sólo probaría que su afecto no es lo bastante fuerte para afrontar sacrificios que, en realidad, no tengo derecho a pedirle; y si me rechaza, creo que ése sería un justo motivo. Creo que sus prejuicios no son lo fuertes que eran. Te expongo mis pensamientos tal como me vienen, mi querida Fanny; quizá son, a veces, contradictorios, pero no dejan de se un fiel reflejo de mi espíritu. Una vez que he empezado, es un placer para mí contarte todo lo que siento. No puedo renunciar a ella. Unidos como ya estamos, y como espero que vamos a estar, renunciar a Mary Crawford sería renunciar a la sociedad de algunos de los seres más queridos para mí, sería desterrarme de las casas y de los amigos a los que, en cualquier otro infortunio, acudiría en busca de consuelo. Pienso que la pérdida de Mary supondría la pérdida de Crawford y de Fanny. Si fuera cosa decidida, un rechazo efectivo, espero que sabría soportarlo, y mitigar su ascendiente sobre mi corazón; y en el transcurso de unos años... Pero estoy diciendo tonterías: si me rechaza, tendré que sobrellevarlo; y hasta que lo haga, no dejaré de intentar conseguirla. Ésa es la verdad. La única cuestión es cómo. ¿Cuál es la forma más indicada? Unas veces pienso en volver a Londres después de Pascua, y otras decido no hacer nada hasta que ella vuelva a Mansfield. Incluso ahora habla con placer de estar en Mansfield en junio; pero junio está muy lejos, así que creo que le escribiré. Tengo casi decidido explicarme por carta; es sumamente importante para mí el saber a qué atenerme, y quiero saberlo cuanto antes. Mi estado actual es penosamente desasosegado. Bien mirado, creo que el mejor medio de explicarme es a través de una carta. Me permite abordar muchas cosas que no podría decir de palabra, y le dará tiempo de reflexionar, antes de decidir una respuesta; y en cuanto a mí, me da menos miedo la consecuencia de una reflexión que la de un impulso inmediato y apresurado. El mayor peligro estaría en que decidiera pedir consejo a la señora Fraser mientras yo estoy lejos y sin poder defender mi propia causa. Una carta está ex-

puesta a todos los males de la consulta, y si el espíritu anda falto de decisión, el que aconseja puede empujarlo, en un momento desafortunado, a hacer algo que después puede lamentar. Tengo que meditarlo un poco. Esta larga carta, exclusivamente dedicada a preocupaciones mías, es capaz de cansar incluso a una amiga como Fanny. La última vez que vi a Crawford fue en la fiesta de la señora Fraser. Cada vez me satisface más lo que veo y oigo de él. No hay la menor sombra de vacilación. Él sabe exactamente lo que quiere, y obra conforme a sus decisiones, lo que yo considero una cualidad inestimable. No pude ver en la misma estancia a él y a mi hermana María sin recordar lo que me dijiste una vez; y reconozco que no se saludaron como amigos. Había una marcada frialdad por parte de ella; la verdad es que apenas hablaron. Vi que él se retiraba sorprendido, y lamenté que la señora Rushworth estuviera resentida por algún supuesto desaire de la antigua señorita Bertram. Sin duda querrás saber mi opinión sobre cómo le va a María como esposa. No hay la menor sombra de infelicidad; espero que se lleven bien. Cené dos veces en Wimpole Street; podría haberlo hecho más a menudo; pero es penoso tener a Rushworth como hermano. Julia parece que disfruta lo indecible en Londres. Yo he disfrutado poco allí... pero aquí disfruto aún menos. No formamos un grupo animado. Se nota mucho tu ausencia. Yo te echo de menos más de lo que me es posible expresar. Mi madre te envía muchísimos recuerdos y espera recibir pronto noticias tuyas. No para de hablar de ti a todas horas, y siento ver la cantidad de semanas que le quedan aún de estar sin ti. Mi padre piensa en ir personalmente a recogerte; pero no será hasta después de Pascua, cuando tiene que ir a la capital a hacer unas gestiones. Supongo que eres feliz en Portsmouth, pero tu estancia no debe prolongarse un año. Te necesito en casa para que me des tu opinión sobre Thornton Lacey. No tengo valor para emprender reformas de consideración hasta saber si va a tener dueña. Creo que al final le escribiré. Los Grant se marchan a Bath; está decidido. Se van el lunes. Me alegro, no me siento con ánimos para ver a nadie. Tu tía, según parece, piensa que es una mala suerte que semejante noticia de Mansfield salga de mi pluma y no de la tuya.

Tuyo siempre, queridísima Fanny.

"Nunca..., nunca más volveré a desear recibir cartas —fue la secreta conclusión de Fanny al terminar de leer—. ¿Qué traen sino dolor y desengaño? ¡Hasta después de Pascua! ¿Cómo lo voy a resistir? ¡Y mi pobre tía hablando de mí a todas horas!".

Fanny reprimió lo mejor que pudo el curso de estos pensamientos, pero menos de medio minuto después se le ocurrió que sir Thomas era muy desconsiderado con su tía y con ella misma. En cuanto al objeto principal de la carta, nada encontraba en ella que aplacase su irritación. Su disgusto con Edmund casi rayaba en el enfado y la ofensa. "Es inútil esa demora —se dijo—. ¿Por qué no la soluciona de una vez? Está ciego, y nada le abrirá los ojos; nada, después de haber tenido tanto tiempo las verdades delante de los ojos. Se casará con ella, y será pobre y desgraciado. ¡Quiera Dios que su influencia no lo haga perder la dignidad! —Echó una nueva ojeada a la carta—. 'El cariño que me tiene', ¡que va!; esa sólo se quiere a sí misma y a su hermano. ¿Qué sus amigas la han llevado por mal camino durante años? Lo más probable es que haya sido al revés. O puede que se hayan estado corrompiendo las unas a las otras; pero si es verdad que la quieren más que ella a ellas, probablemente no le han hecho otro daño que el de adularla... 'La única mujer en el mundo con la que podría pensar en casarme'. Eso me lo creo a pie juntillas. Ese amor le durará toda la vida. Aceptado o rechazado, su corazón se ha unido a ella para siempre. 'Pienso que la pérdida de Mary supondrá la pérdida de Crawford y de Fanny'... Edmund, no me conoces. Jamás emparentarán las dos familias si no las emparentas tú. ¡Ah!..., escríbele, escríbele. Termina de una vez. Pon fin a este suspenso. Decídete; prométete; condénate..."

Tales pensamientos se parecían demasiado al rencor para que tiñesen por mucho tiempo los soliloquios de Fanny. No tardó mucho tiempo en sentirse apaciguada y deprimida. Su cálida consideración, sus términos amables, su trato confidencial, la conmovieron profundamente. Era demasiado bueno con todo el mundo. Era una carta, en suma, que ella no habría cambiado por nada del mundo, y que nunca valoraría lo suficiente. Ésa fue su conclusión.

Todos los aficionados a escribir cartas sin tener mucho que decir —lo que comprende buena parte del mundo femenino— pensarán con lady Bertram que no había tenido suerte al producirse una noticia tan importante en Mansfield, como la certeza de que los Grant se marchaban a Bath. En un momento en que ella no podía aprovecharla, y reconocerán que debió resultarle muy mortificante ver que le tocaba darla a su desgraciado hijo, y que lo hacía escuetamente al final de una larga carta, en vez de desarrollarla ella en una página de las suyas. Porque lady Bertram brillaba en el aspecto epistolar, y desde el principio de su matrimonio había adquirido la costumbre —a falta de otra ocupación, y por el hecho de tener que asistir sir Thomas al Parlamento— de hacer y mantener corresponsales, y se había creado un estilo encomiable, superficial y abultado, de manera que un pequeñísimo tema le bastaba, no podía hacer nada sin ninguno; necesitaba algo sobre lo que escribir, incluso cuando lo hacía a su sobrina, y dado que iba a perderse tan pronto toda posibilidad de contar los síntomas gotosos del doctor Grant, y las visitas matinales de la señora Grant, le era muy duro verse privada de hacer de ellos un último uso epistolar.

Sin embargo, se le avecinaba una rica compensación. Había llegado la hora de la suerte para lady Bertram. Pocos días después de recibir la carta de Edmund, Fanny tuvo otra de su tía que empezaba así:

Mi querida Fanny:

Cojo la pluma para comunicarte cierta información alarmante que sin duda te llenará de preocupación.

Esto era mucho mejor que coger la pluma para contarle todos los detalles del proyectado viaje de los Grant; porque la noticia de ahora era de tal naturaleza que prometía ocupación epistolar durante muchos días, ya que se trataba nada menos que de la peligrosa enfermedad de su hijo mayor, del que habían recibido noticias por correo urgente unas horas antes.

Tom se había ido de Londres a Newmarket con un grupo de jóvenes, donde una caída a la que no había hecho caso y un exceso de bebida le habían producido fiebre; y al disgregarse el grupo, como no podía viajar, lo dejaron en casa de uno de los jóvenes, con los consuelos de la fiebre y la soledad, y la sola asistencia de los criados. En vez de restablecerse pronto para seguir a sus amigos, como había esperado al principio, su estado se agravó sensiblemente, y poco tiempo después se sintió lo bastante enfermo como para pedir a su médico que despachase una carta a Mansfield.

Como puedes comprender —comentaba su señoría, después de contarle lo esencial— *nos ha llenado de angustia, y no podemos sino sentirnos muy alarmados, y preocupados por nuestro pobre enfermo, cuyo estado teme sir Thomas que pueda ser crítico. El bondadoso Edmund propone ir él inmediatamente a traer a su hermano; y me alegra añadir que sir Thomas no me dejará en estos momentos de zozobra, porque eso sería demasiado penoso para mí. Echaremos mucho de menos a Edmund en nuestro pequeño círculo, pero confío y espero que encuentre el estado del pobre enfermo menos alarmante de lo que se desprende de sus noticias, y que pueda traerlo en breve a Mansfield, cosa que sir Thomas propone que se haga, y juzga que es mejor en todos los sentidos; por mi parte, tengo la esperanza de que el pobre enfermo esté pronto en condiciones de soportar el traslado sin grave impedimento ni daño, como tengo poca duda, mi querida Fanny, de cuáles son tus sentimientos hacia nosotros en estas dolorosas circunstancias, te volveré a escribir muy pronto.*

Los sentimientos de Fanny fueron considerablemente más cálidos y sinceros que el estilo de su tía. Compadecía a todos: Tom peligrosamente enfermo, Edmund corriendo a estar con él, y el reducido grupo de la familia angustiado en Mansfield; sin duda eran inquietudes que no dejaban cabida a ninguna, o casi ninguna otra. Encontró egoísmo suficiente para preguntarse si Edmund habría escrito a la señorita Crawford antes de que llegara esa llamada; pero ningún sentimiento que no fuera el puramente afectuoso y desinteresadamente inquieto perduró mucho en ella. Su tía no la olvidaba; le escribía una y otra vez: estaban recibiendo frecuentes noticias de Edmund, noticias que lady Bertram transmitía a Fanny con idéntica regularidad, en el mismo estilo difuso y la misma mezcla de confianzas, esperanzas y temores, produciéndose una tras otra. Era como si jugara a estar asustada. Para lady Bertram, los sufrimientos que no se veían tenían poco poder sobre la imaginación, y escribía con toda tranquilidad sobre la angustia y las desventuras de los enfermos, hasta que Tom llegó efectivamente a Mansfield, y sus propios ojos vieron su aspecto demacrado. Entonces terminó la carta que había estado escribiendo a Fanny en un estilo muy diferente, con expresiones de verdadera preocupación y alarma; entonces escribió como podía haber hablado: *Acaba de llegar, mi querida Fanny, y lo han subido a su aposento; y me he sobresaltado tanto al verlo que no sé ni lo que hago. Estoy convencida de que ha estado muy enfermo. Pobre Tom, me siento muy angustiada por él, y muy asustada; y lo mismo le ocurre a sir Thomas. Cuánto me gustaría que estuvieras aquí para consolarme. Pero sir Thomas espera que se encuentre mejor mañana, y dice que debemos tener en cuenta el viaje que ha hecho.*

No iba a disiparse pronto la sincera ansiedad que ahora se había despertado en el pecho maternal. La extrema impaciencia de Tom por estar en Mansfield, y la experiencia de las comodidades del hogar y de la familia en la que había pensado muy poco mientras gozaba de buena salud, indujeron probablemente a trasladarlo demasiado prematuramente, con lo que le volvió la fiebre, y durante una semana se sumió en un estado más alarmante que nunca. Todos se asustaron muy seriamente. Lady Bertram le contaba sus terrores diarios a su sobrina que ahora vivía prendida de las cartas, y pasaba el tiempo padeciendo por la de hoy y esperando ansiosamente la de mañana. Pese a que no tenía especial afecto a su primo mayor, su ternura de corazón le hacía sentir que no podía prescindir de él, y su pureza de principios aumentaba su solicitud al pensar en lo poco útil, lo poco abnegada, que, aparentemente, había sido la vida de éste.

Susan era la única compañera y confidente en estas cosas, lo mismo que en otras más corrientes. Susan estaba siempre dispuesta a escuchar y compadecer. Nadie más se interesaba en un mal tan remoto como la enfermedad de un familiar que vivía a más de ciento sesenta kilómetros; ni siquiera la señora Price, que se limitaba a hacer una o dos breves preguntas, si veía a su hija con una carta en la mano, y, de vez en cuando, un tranquilo comentario, como: "Mi pobre hermana Bertram la debe estar pasando muy mal".

Tanto tiempo separadas, y en posición social tan distinta, los lazos de sangre eran poco más que nada. Su afecto, originalmente tan sosegado como sus respectivos temperamentos, se habían convertido ahora en una mera palabra. La señora Price hizo tanto por lady Bertram como lady Bertram había hecho por la señora Price. Si hubieran desaparecido tres o cuatro Price, cualesquiera de ellos, salvo Fanny y William, lady Bertram habría pensado muy poco en esa calamidad; o quizá habría tomado de labios de la señora Norris la hipocresía de que era una suerte y una gran bendición para su pobre y querida hermana Price el tenerlos tan bien provistos.

45

Más o menos a la semana de haber regresado a Mansfield, Tom había salido del peligro, por lo que se le declaró a salvo para tranquilizar a su madre, pues dado que ahora estaba habituada a verlo postrado y desvalido, y a oír sólo lo mejor y a no pensar más allá de lo que oía, y dado que carecía de predisposición a la alarma y de aptitud para la insinuación, lady Bertram era la persona más preparada del mundo para tragarse una pequeña mentira médica. La fiebre había remitido; lo que su hijo había tenido era fiebre, así que, naturalmente, pronto volvería a estar bien. Lady Bertram no podía pensar que fuera de otro modo, y Fanny compartía la seguridad de su tía; hasta que recibió unas líneas de Edmund, escritas con el exclusivo fin de darle una idea más clara del estado de su hermano, y hacerle saber el temor que el médico les había transmitido a su padre y a él respecto a ciertos síntomas que habían aparecido en el paciente al pasar la fiebre. Pensaban que era mejor no inquietar a lady Bertram con alarmas que, esperaban, se revelarían infundadas; pero no había razón para que Fanny no supiese la verdad: temían por sus pulmones.

Unas breves líneas de Edmund le describieron al paciente y su aposento con más exactitud y claridad que las páginas y páginas de lady Bertram; no había nadie en la casa que supiera describir mejor que ella la observaciones personales, ni nadie que fuera más útil, a veces, a su hijo. No era capaz de hacer nada, aparte de entrar sigilosa y observar al enfermo; pero cuando éste se sentía con ánimo para hablar o escuchar, o para que le leyesen, era la compañía de Edmund la que prefería. Su tía lo agobiaba con sus cuidados, y sir Thomas no sabía economizar palabras ni bajar la voz al nivel que le convenía a un estado débil e irritable. Edmund era indispensable. Fanny así lo creía, al menos, y la opinión que tenía de él fue más alta que nunca, viéndolo como cuidador, sostenedor y animador de un hermano enfermo. Y no sólo atendía la debilidad de su reciente dolencia; además, según se enteraba ahora ella, debía apaciguar sus nervios afectados y levantar sus ánimos deprimidos; y en su imaginación, Fanny añadía el guiar debidamente su espíritu.

No era una familia de tísicos, de modo que Fanny tenía más esperanza que temor respecto de su primo… salvo cuando pensaba en la señorita Crawford; le daba la impresión de que la señorita Crawford era hija de la suerte, y sería suerte para su egoísmo y su vanidad que Edmund se convirtiera en hijo único.

Ni siquiera en el cuarto del enfermo era olvidada la afortunada Mary. La carta de Edmund traía la siguiente posdata: *Había empezado una carta sobre lo que te decía en la anterior, pero tuve que ausentarme por la enfermedad de Tom; ahora he cambiado de opinión, y temo que se abandone a la influencia de las amigas. Cuando Tom esté mejor, iré.*

Así estaban las cosas en Mansfield, y así siguieron, sin cambio apenas, hasta Pascua. Alguna línea de Edmund añadida de vez en cuando a la carta de su madre bastaba para tener informada a Mary. La recuperación de Tom iba preocupantemente despacio.

Llegó Pascua… particularmente este año, como Fanny había calculado con gran pesadumbre, cuando supo que no tenía posibilidad de abandonar Portsmouth hasta después. Llegó, y aún no sabía nada de su regreso… Ni siquiera del viaje a Londres que debía preceder a su regreso. Su tía le decía a menudo que deseaba tenerla a su lado; pero no le daba ninguna noticia, ningún mensaje del tío del que dependía. Suponía que aún no podía dejar a su hijo; pero aquella era una demora cruel, terrible para ella. Finalizaba abril; pronto haría tres meses, en vez de dos, que se hallaba lejos de todos, y que sus días transcurrían en un estado de penitencia, cuya dimensión —tanto los quería— no esperaba que comprendieran del todo. ¿Y quién podía decir cuándo tendrían tiempo para pensar en ella y para recogerla?

Era tal su angustia, su impaciencia, su anhelo de estar con ellos, que a cada momento le venían al pensamiento uno o dos versos de *Tirocinium* de Cowper. Constantemente repetía: *Con qué intenso deseo quiere volver a casa*, como la más fiel descripción de un anhelo que ningún pecho de escolar, imaginaba, podía sentir más intensamente.

Durante su viaje a Portsmouth le había gustado decir que regresaba a casa; le había producido gran placer decir: "a casa"; esa palabra se le había convertido el algo muy preciado… y aún lo era, pero debía aplicarla a Mansfield; ésa era "su casa". Portsmouth era Portsmouth, su casa era Mansfield. Así lo había dispuesto en sus secretas meditaciones, y nada encontraba más consolador que comprobar que su tía utilizaba la misma expresión: "Siento mucho que no estés *en casa* en estos momentos, tan penosos para mi espíritu. Confío, espero y deseo sinceramente que nunca más te ausentes tanto tiempo de *tu casa*", eran expresiones deliciosas para ella. Sin embargo, eran un regalo íntimo. La delicadeza hacia sus padres la hacía tener cuidado de no revelar esa preferencia por la casa de su tío: siempre decía "cuando esté en Northamptonshire o cuando vuelva a Mansfield, hare esto o lo otro". Durante mucho tiempo se expresó así; pero al final la nostalgia se hizo demasiado fuerte, y antes de darse cuenta se descubrió a sí misma hablando de lo que debía hacer cuando volviera a casa. Se lo reprochó, ruborizada, y miró temerosa a sus padres. No había nada de qué inquietarse, pues no vio el menor signo de desagrado, o siquiera de que la hubiesen oído. Carecían por completo de celos de Mansfield. Les daba lo mismo que estuviera allá o aquí.

Para Fanny era una pena perderse todos los deleites de la primavera. Antes había ignorado qué placeres se perdía pasando marzo y abril en una ciudad. Antes había ignorado cuánto le gustaba el despertar y el crecimiento de la vegetación. Cómo se le reavivaba el cuerpo y la mente al observar el progreso de esa estación que, pese a sus caprichos, no puede dejar de ser espléndida, y descubrir sus bellezas renovadas, desde las flores tempranas en los rincones más cálidos del jardín de su tía hasta la eclosión de las hojas en las plantaciones de su tío y el esplendor de los bosques. No era una insignificancia perderse tales placeres; pero perdérselos por hallarse recluida en la estrechez y el ruido, por haber cambiado la libertad, la frescura, la fragancia y el verdor por un ambiente cerrado, malsano y cargado de malos olores, era infinitamente peor; pero incluso esos alicientes se tornaban débiles al lado de los que provenían de la convicción de que sus mejores amigos la echaban de menos, ¡y del anhelo de ser útil a los que la estaban necesitando!

De haber estado en casa, habría ayudado a todos. Sabía que habría sido útil a todos. A todos habría ahorrado algún trabajo o algún problema, aunque sólo fuera para sostener el ánimo de su tía Bertram, y librarla del mal de la soledad, o del mal aún peor de una compañera inquieta y oficiosa, demasiado inclinada a recalcar el peligro para subrayar su propia importancia, su presencia habría sido beneficiosa para todos. Le gustaba imaginar cómo habría leído para su tía, cómo habría hablado con ella, y habría tratado al mismo tiempo de hacerle comprender que no era nada, y prepararla para lo que pudiera venir. Y cuántas veces le habría ahorrado subir y bajar la escalera, y cuántos recados le habría hecho.

Le asombraba que las hermanas de Tom siguieran tan tranquilas en Londres, en unos momentos como estos, mientras él sufría una enfermedad que, en diferentes grados de peligro, le duraba ya varias semanas. Tenían posibilidad de volver a Mansfield cuando quisieran; viajar no representaba ningún problema para ellas; así que no comprendía cómo podían seguir ausentes las dos: y si bien cabría imaginar que, quizá, la señora Rushworth tenía alguna obligación que se lo impedía, Julia, en cambio, era libre de abandonar Londres cuando quisiera. Según una de las cartas de su tía, parecía que Julia se había ofrecido a regresar si la necesitaban; pero nada más. Era evidente que prefería seguir donde estaba.

Fanny se inclinaba a pensar que la influencia de Londres estaba en pugna con todos los afectos respetables, la parte más respetable de su carácter, y su amistad con ella misma había sido al menos irreprochable. ¿Dónde estaban ahora uno y otro sentimiento? Hacía tanto tiempo que Fanny no había recibido carta de ella, que tenía motivos para pensar que la amistad de la que tanto había hablado era superficial. Hacía semanas que no sabía nada de la señorita Crawford y otros conocidos de la capital más que a través de Mansfield; y empezaba a sospechar que no se enteraría de si el señor Crawford había ido otra vez a Norfolk o no hasta que se vieran, y que quizá no volvería a saber de su hermana esta primavera, cuando recibió la siguiente carta, que le resucitó viejos sentimientos y le despertó otros nuevos.

Perdóneme en cuanto le sea posible, mi querida Fanny, ese largo silencio, y haga como si me hubiese perdonado ya. Ése es mi humilde deseo y esperanza; porque es usted tan buena que confío en ser mejor tratada de lo que merezco. Le escribo ahora con el ruego de que me conteste a vuelta de correo. Quiero saber cómo van las cosas en Parque Mansfield y usted, sin duda, está perfectamente capacitada para informarme. Habría que tener la sensibilidad de un bruto para no compartir la angustia que están pasando. Por lo que me ha llegado, el pobre señor Bertram tiene pocas probabilidades de recuperarse al final. Al principio pensé que su enfermedad carecía de importancia. Me parecía de esas personas que, cuando tienen una pequeña dolencia, todo mundo se pone a exagerarla, él incluido; y me preocupaban principalmente los que lo cuidaban. Pero ahora se sabe de cierto que está cada vez peor, que los síntomas son alarmantes y que parte de la familia, al menos, se da cuenta. Si es así, estoy segura de que esa parte, esa parte perspicaz, la incluye a usted, y por eso le ruego que me diga en qué medida ha sido correctamente informada. No necesito decir cuánto me alegrará saber que todo ha sido un error, pero el rumor está tan extendido que confieso que no puedo dejar de temblar. Es de lo más desconsolador que la muerte se lleve a un joven en la flor de la vida. Para el pobre sir Thomas va a ser un golpe terrible. Estoy muy inquieta por todo esto. Fanny: la veo sonreír y poner ojillos picaruelos; pero le doy mi palabra de que nunca en la vida he sobornado a ningún médico. ¡Pobre joven! Si muere, habrá dos pobres menos en el mundo; y yo diré a todos, con la frente bien alta y la voz decidida, que no pueden recaer las riquezas y la importancia en manos más merecedoras de ellas. Las pasadas Navidades cometí una estúpida precipitación; pero se puede subsanar en parte el mal de unos días. El barniz y el dorado tapan muchas manchas. Sólo supondrá la pérdida del título que acompaña a su nombre. Con un afecto sincero como el mío, Fanny, podría prescindir de mucho más. Escríbame a vuelta de correo, piense en mi desazón y no me deje en ascuas. Cuénteme la verdad, tal como le llega de la fuente original; y que no le den vergüenza mis sentimientos y los suyos. Créame: no sólo son naturales, sino que son filantrópicos y virtuosos. Dejo que sea su conciencia la que juzgue si no llevaría mejor "sir Edmund" las posesiones Bertram que ningún otro "sir". De haber estado en casa de los Grant, no la molestaría; pero en este momento es usted la única persona a la que puedo dirigirme para saber la verdad, dado que no tengo a mi alcance a sus hermanas. La señora R. ha ido a Twickerham, a pasar la Pascua con los Aylmer (como seguramente sabrá), y aún no ha regresado; y Julia está con unos primos que viven cerca de Bedford Square. Pero se me ha olvidado su nombre y el de la calle. Pero aunque hubiera podido acudir ahora mismo a una de las dos, la habría preferido a usted; porque me da la impresión de que ellas son lo bastante reacias a permitir que les estropeen las diversiones como para cerrar los ojos a la realidad. Supongo que no durarán mucho más las vacaciones de Pascua de la señora R.; sin duda son muy completas para ella. Los Aylmer son personas muy simpáticas; y dado que tiene al marido lejos, sin duda debe estar pasándola bien. Le reconozco el mérito de haberlo convencido para que vaya a Bath a recoger a su madre. Pero, ¿cómo convivirán ella y la viuda en la misma casa? No está aquí Henry, así que no tengo nada que ponerle de su parte. ¿No cree que Edmund habría vuelto hace tiempo a la capital, si no fuera por esa enfermedad?

Cariñosamente, Mary.

Había empezado a doblar la carta cuando ha entrado Henry. Pero no trae ninguna noticia que me impida mandarla. La señora R. sabe ya lo del empeoramiento; la ha visto esta mañana. Regresa hoy a

Wimpole Street: la vieja dama está ya en casa. Pero no se desasosiegue haciendo suposiciones extrañas por el hecho de que Henry haya pasado unos días en Richmond. Lo hace todas las primaveras. Tenga la seguridad de que no ama a nadie más que a usted. En estos momentos está que se muere por verla, y no piensa más que en la forma de llevarlo todo a cabo, y de hacer que su placer conduzca al suyo. La prueba de ello es que repite con más insistencia lo que le dijo cuando estuvo en Portsmouth, acerca de llevarla nosotros de regreso, cosa en la que estoy totalmente de acuerdo con él. Querida Fanny, escríbame en seguida diciendo que vayamos. Nos vendrá bien a todos. Como sabe, él y yo podemos quedarnos en la casa parroquial sin causar la menor molestia a nuestros amigos de Parque Mansfield. Será una verdadera satisfacción ver a todos otra vez, y puede que a ellos les sea de infinita utilidad la presencia de alguna persona más. Y en cuanto a usted, sin duda sabe que se la necesita tanto allí que no puede, en conciencia (una persona escrupulosa como usted) permanecer lejos, cuando tiene el medio de regresar. No tengo tiempo ni paciencia para ponerle la mitad siquiera de los mensajes de Henry; baste decir que nuestro afecto sigue siendo inalterable.

La desazón que le produjo casi todo en esta carta, y su extrema aversión a contribuir a que se reunieran la aurora y su primo Edmund, la incapacitaron (se daba cuenta, para decidir con imparcialidad si aceptar o no el firme ofrecimiento). Para ella, personalmente, era de lo más tentador. Verse trasladada a Mansfield quizá en espacio de tres días era una imagen de indecible felicidad; pero habría sido un grave inconveniente deber tal felicidad a personas en cuyos sentimientos y conducta veía tantas cosas condenables, sobre todo en el momento actual: los sentimientos de la hermana, la conducta del hermano, la fría ambición de ella, la desconsiderada vanidad de él. ¡Que aún siguiera con su relación, su coqueteo tal vez, con la señora Rushworth!... se sentía herida. La había juzgado mejor. Afortunadamente, sin embargo, no le fue posible sopesar y decidir entre inclinaciones opuestas e ideas vacilantes de lo correcto; no tuvo opción a determinar si debía mantener separados a Edmund y a Mary o no. Tuvo que aplicar la regla que lo zanjaba todo. El temor a su tío, y el miedo a tomarse una libertad con él, le hicieron ver con claridad cuál era su obligación. Debía rechazar absolutamente el ofrecimiento. Si él quería que fuera, mandaría a buscarla; incluso ofrecerse a regresar pronto era una presunción que nada habría justificado. Dio las gracias a la señorita Crawford, pero rechazó rotundamente su sugerencia: "Su tío, tenía entendido, pensaba mandar a recogerla; y dado que su primo llevaba muchas semanas enfermo sin que se considerase en absoluto necesaria la presencia de ella, debía suponer que su regreso no era oportuno en estos momentos, y que podían juzgarla un estorbo".

Su descripción del estado de su primo estaba exactamente acorde con lo que ella creía; la cual suponía que transmitiría al espíritu optimista de su corresponsal la esperanza de que se cumpliría lo que ella deseaba. Por lo visto perdonaría a Edmund el ser sacerdote, a condición de que fuera rico. Y ésta era, sospechaba, toda la victoria sobre los prejuicios, de la que él estaba tan inclinado a congratularse. Ella sólo había aprendido a no considerar importante otra cosa que el dinero.

46

Como Fanny estaba convencida de que su respuesta iba a causar una sincera decepción, esperaba —porque conocía el carácter de la señorita Crawford— que volvería a insistir; y aunque no llegó una segunda carta en el espacio de una semana, aún seguía creyendo lo mismo cuando efectivamente llegó.

Nada más recibirla, adivinó que contenía una breve nota, y pensó que se trataba de una carta apresurada y de mera fórmula. No le cupo duda de su objeto, y le bastaron unos instantes para imaginar que sería meramente para anunciarle que estarían ese mismo día en Portsmouth, y hundirse en un mar de dudas sobre qué debía hacer en tal caso. Pero si dos instantes pueden cercarnos de dificultades, un tercero las puede dispersar; y antes de abrir siquiera la carta, la había tranquilizado la posibilidad de que la señorita Crawford y su hermano hubieran recurrido a su tío y obtenido su permiso. Ésta era la carta:

Acabo de enterarme de un rumor de lo más escandaloso y malévolo, y le escribo, querida Fanny, para pedirle que no le dé ningún crédito si llega hasta usted. Tenga la seguridad de que se trata de un error, y que se aclarará en espacio de un día o dos. En todo caso, de que Henry es inocente y que a pesar de un momento de étourderie, no piensa más que en usted. No diga una palabra, ni haga caso de nada, ni imagine nada, ni susurre nada, hasta que yo le vuelva a escribir. Estoy segura de que todo se acallará, y que no se probará otra cosa que la ridiculez del señor Rushworth. Si se han ido, apuesto mi vida a que se han ido a Parque Mansfield, y a que Julia va con ellos. Pero, ¿por qué no nos ha dejado usted pasar a recogerla? Sólo espero que no se arrepienta.

Afectuosamente...

Fanny quedó estupefacta, dado que no le había llegado ningún rumor escandaloso y malévolo, le era imposible comprender en gran medida esa extraña carta. Sólo entendía que tenía que ver con Wimpole Street y el señor Crawford, y suponía que acababa de ocurrir algo allí, algo muy imprudente y capaz de llamar la atención del mundo, y —según el temor de la señorita Crawford— despertar celos en ella, si se enteraba. Que no se inquietara por ella. Si lo sentía era por las personas implicadas y por Mansfield, si se propagaba el rumor; aunque no esperaba que fuera así. Si los Rushworth se habían ido a Mansfield, tal como se infería de lo que decía la señorita Crawford, no era probable que los hubiera precedido nada desagradable, y mucho menos que causara sensación.

En cuanto al señor Crawford, esperaba que eso le hiciera ver su propio modo de ser, que lo convenciera de que era incapaz de querer de forma duradera a ninguna mujer del mundo, y se avergonzara de persistir en solicitarla.

¡Era muy extraño! Había empezado a creer que la amaba verdaderamente, y a imaginar que su amor por ella era excepcional… y su hermana aún decía que no quería a nadie más. Sin embargo, había debido tener alguna atención señalada hacia su prima, había debido cometer alguna indiscreción grave, puesto que su corresponsal no era de las que se fijaban en cosas pequeñas.

Estaba muy inquieta, y seguiría estándolo, hasta que recibiera más noticias de la señorita Crawford. Le era imposible apartar la carta del pensamiento, y no podía desahogarse hablando de ella con ningún humano. No hacía falta que la señorita Crawford le pidiera discreción con tanto interés; podía confiar en su conciencia de lo que debía a su prima.

El día siguiente no trajo ninguna carta. Fanny se sintió defraudada. Apenas pudo pensar en otra cosa en toda la mañana; pero cuando su padre volvió por la tarde con el periódico, como de costumbre, Fanny estaba tan lejos de esperar alguna explicación por semejante medio que durante un momento el asunto se le fue a la cabeza.

Se hallaba ensimismada en otras meditaciones. Le había venido a la memoria el recuerdo de la primera tarde en esa habitación, de su padre con el periódico. Ahora no hacía falta ninguna vela. El sol aún estaba una hora y media por encima del horizonte. Se daba perfecta cuenta de los tres meses que llevaba allí; y los rayos del sol que entraban con fuerza en el salón, en vez de animarla, la hacían sentirse más melancólica; porque el sol en la ciudad parecía totalmente diferente del que lucía en el campo. Aquí su fuerza era sólo un fulgor, un fulgor sofocante, enfermizo, que sólo servía para delatar las manchas y la suciedad que de otro modo habrían seguido durmiendo. No había ni salud ni alegría en el sol de la ciudad. Y estaba sentada en un resplandor caliente y opresivo, en una nube moviente de polvo, y sus ojos no podían hacer otra cosa que vagar de las paredes señaladas por la cabeza del padre a la mesa rayada y horadada por sus hermanos, donde estaba la bandeja del té, nunca limpia del todo, las tazas y los platos con ribetes mal aclarados, la leche, un líquido azul desleído con motas flotantes, y el pan con mantequilla cada vez más grasiento de lo que lo acababan de dejar las manos de Rebeca. Su padre leía el periódico, y su madre se lamentaba como siempre de la alfombra raída, mientras preparaban el té, y expresaba su deseo de que Rebeca la remendase. Fanny volvió en sí cuando su padre, tras inclinarse a leer determinado párrafo, le preguntó en voz alta:

—¿Cómo se llaman tus primos de la capital, Fan?

Un momentáneo recogimiento le permitió decir:

—Rushworth, señor.

—¿Y viven en Wimpole Street?

—Sí, señor.

—Entonces me parece que tendrán problemas. Toma —le dijo, tendiéndole el periódico—; ya se ve el bien que te pueden hacer estos parientes refinados. No sé qué pensará sir Thomas de estas cosas; puede que sea un caballero demasiado fino y cortés para querer menos a su hija. Pero por Dios que si fuese mía, hubiera probado la fuerza de mi brazo; un buen zarandeo a tiempo, sea hombre o mujer, es la mejor manera de prevenir estas cosas.

Fanny leyó para sí que "con infinito pesar, el periódico tenía que hacer saber al público la pelea conyugal del señor Rushworth, de Wimpole Street: la bella señora Rushworth, cuyo nombre se había inscrito no hacía mucho en la lista de los himeneos, y que prometía convertirse en cabeza brillante de la sociedad selecta, había abandonado el techo del marido en compañía del conocido y cautivador señor Crawford, amigo y compañero del señor Rushworth, sin que nadie, ni siquiera la redacción del diario, supiera a dónde habían ido".

—Es un error, señor —dijo Fanny rápidamente—. Debe ser un error; no puede ser cierto… debe referirse a otras personas.

Habló impulsada por el deseo de demorar la vergüenza; habló con la energía que emanaba de la desesperación. Porque en realidad decía lo que no creía, lo que no podía creer. Al leer, había recibido el impacto de la convicción, la verdad la había anonadado. Más tarde, ella misma se asombraría de que le hubiera salido la voz, de que hubiera podido respirar siquiera.

Al señor Price le importaba demasiado poco la noticia para molestarse en pensar la respuesta.

—Puede que todo sea mentira —admitió—; pero hay tantas damas refinadas que se pierden de esta manera, que no se puede responder por ninguna.

—Espero de veras que no sea cierto —dijo la señora Price en un tono quejumbroso—. ¡Sería un escándalo! Si no le he dicho una docena de veces lo de esta alfombra, no se lo he dicho ninguna, ¿verdad Betsey? Total, es un trabajo en el que no tardaría ni diez minutos.

Imposible describir el horror de Fanny cuando llegó a la convicción de semejante culpa y empezó a hacerse a la idea de la desgracia que iba a acarrear. Al principio fue una especie de estupor, luego se fue acelerando por momentos su percepción de la terrible calamidad. No podía ponerla en duda; no se atrevía a abrigar la esperanza de que la reseña fuese falsa. La carta de la señorita Crawford —que tantas veces había leído para retener cada línea— era espantosamente acorde con ella. La ansiosa defensa que hacía de su hermano, su esperanza de que se *acallara* el asunto, su evidente nerviosismo, formaban parte de algo muy desagradable. ¡Y si existía una mujer de carácter, capaz de considerar insignificante un pecado de tamaña magnitud, y capaz de encubrirlo, y de desear que quedara impune, ésa era la señorita Crawford, estaba convencida! Ahora veía su propia equivocación sobre *quiénes* se habían ido… o *decía* que se habían ido. No eran el señor y la señora Rushworth y el señor Crawford.

Jamás se había sentido Fanny tan trastornada. No era capaz de serenarse. Pasó la tarde en constante zozobra, y la noche totalmente desvelada. Sus sensaciones iban de la náusea a los estremecimientos del horror, y de los accesos de fiebre a los de frío. El suceso era tan escandaloso que había momentos en que su corazón se negaba a admitirlo, en que pensaba que era imposible. Una mujer casada hacía solo seis meses; un hombre que se proclamaba enamorado de otra, incluso *prometido* a otra, siendo esa otra una pariente cercana, estando como estaba la familia entera, las dos familias, unidas con tantos lazos, todos amigos, todos íntimos. Era un embrollo de culpas demasiado horrible, una complicación de ofensas demasiado grosera, para que fuesen capaces de ella unos seres que no vivían en estado de total barbarie.

Sin embargo, su juicio le decía que era así. Los sentimientos veleidosos de él, que fluctuaban con su vanidad, el claro afecto de María y la falta de principios de ambos lo habían hecho posible; la carta de la señorita Crawford era la confirmación.

¿Qué consecuencias tendría? ¿Quién no saldría dañado? ¿A qué opiniones no afectaría? ¿La paz de quién no quedaría destruida para siempre? La propia señorita Crawford, Edmund… Pero quizá era peligroso pisar ese terreno. Se limitó, o trató de limitarse, a la simple e indudable desgracia familiar que alcanzaría a todos, si la culpa quedaba efectivamente certificada y expuesta públicamente. El dolor de la madre, del padre… se detuvo aquí. El de Julia, el de Tom, el de Edmund… Aquí hizo la pausa más larga. El golpe más terrible sería para ellos dos. La solicitud paternal de sir Thomas y su alto sentido del honor y del decoro, y los rectos principios, el carácter confiado y la sincera firmeza de sentimientos de Edmund, la inclinaban a pensar que iba a serles muy difícil soportar la vida y la razón con semejante ignominia; y le pareció que, por lo que se refería a este mundo meramente, la mayor bendición para los parientes de la señora Rushworth sería desaparecer.

Nada ocurrió al día siguiente, ni tampoco al otro, que mitigase sus terrores. Llegaron dos correos, pero no trajeron ningún desmentido público ni privado. No hubo una segunda carta de la señorita Crawford que aclarase la primera; no hubo noticias de Mansfield, aunque ahora habría sobrada ocasión para escribir a su tía. Era muy mal presagio. A decir verdad, no había ni un atisbo de esperanza que le aliviara el alma. Y se hallaba en un estado deprimido, abatido y tembloroso que ninguna madre que no fuera insensible —exceptuando la señora Price— habría dejado de notar, cuando al tercer día sonó la llamada lúgubre, y le pusieron nuevamente una carta en las manos. Traía matasellos de Londres, y era de Edmund.

Querida Fanny:

Ya sabes nuestra actual desgracia. Que Dios te dé apoyo para soportar la parte que te toca. Llevamos aquí dos días, pero nada se puede hacer. No se sabe a dónde han ido. Quizá no te has enterado del último golpe: la fuga de Julia. Se ha ido a Escocia con Yates. Abandonó Londres unas horas antes de que llegáramos nosotros. En cualquier otro momento nos habría parecido terrible. Ahora nos parece poca cosa, aunque representa un penoso agravamiento de la situación. Mi padre no está derrotado. Más no se puede desear. Aún es capaz de pensar y actuar; y te escribo por deseo suyo, para proponerte que vuelvas a casa. Está deseoso de tenerte allá por mi madre. Llegaré a Portsmouth a la mañana siguiente de que recibas ésta, y espero encontrarte preparada para salir hacia Mansfield. Mi padre desea que invites a Susan a ir contigo, para que pase allí unos meses; arréglalo como quieras; dime si te parece bien; espero sepas apreciar esta muestra de amabilidad suya, sobre todo en unos momentos como los presentes. Haz justicia a su intención; aunque tal vez yo la embarulle. Puedes hacerte idea de mi estado actual. No tiene fin la desgracia que se ha abatido sobre nosotros. Llegaré temprano, con el correo. Muchos cariños, etc.

Jamás había necesitado Fanny tanto una muestra de cordialidad, y jamás había recibido una como la que contenía esta carta. ¡Mañana! ¡Dejaría Portsmouth mañana! Estaba, se daba cuenta de que estaba, inmensamente feliz, mientras había tantos ahora que eran desdichados. ¡Cuánto bien le traía la desgracia! Sintió miedo de volverse insensible a ella. Marcharse tan pronto, venir tan amablemente a buscarla, buscarla como consuelo, y con permiso para llevarse a Susan, era una combinación tal de venturas que se le inflamó el corazón, y durante un rato pareció alejar todo dolor, e incapacitarla para compartir debidamente la angustia de aquellos cuya angustia consideraba ella más grande. La fuga de Julia le afectó relativamente poco. Estaba asombrada y escandalizada; pero no la absorbía, no la obsesionaba. Tenía que esforzarse en pensar en ella y reconocer que era terrible y dolorosa; si no, se le escapaba en medio de los agitados, apremiantes y gozosos cuidados que acompañaban a esta llamada.

No hay nada como la ocupación, la ocupación activa e indispensable, para aliviar la tristeza. La ocupación, aún siendo melancólica, disipa la melancolía, y la suya era esperanzadora. Tenía tano que hacer que ni siquiera la horrible historia de la señora Rushworth (ahora definitivamente confirmada) llegaba a afectarla como al principio. No tenía tiempo para sentirse desdichada. Esperaba irse en un término de veinticuatro horas; debía hablar con sus padres, hacer que Susan se preparase, disponerlo todo. Era una tarea detrás de otra; el día no tenía horas bastantes. La felicidad que transmitía, además —felicidad que contenía muy poca mezcla de negra comunicación que la había precedido brevemente—, la alegría de que sus padres consintieran que Susan la acompañara, la satisfacción general con que parecía contemplarse la marcha de las dos... y el éxtasis de la propia Susan, todo contribuía a sostenerle el ánimo.

En la familia apenas lamentaron la aflicción de los Bertram. La señora Price habló unos minutos de su pobre hermana, pero le preocupaba mucho más encontrar algo donde Susan pudiera llevar la ropa, porque Rebeca cogía todas las cajas y las estropeaba; y en cuanto a Susan, que ahora veía inesperadamente satisfecho el mayor deseo de su corazón, y que no conocía personalmente a los descarriados ni a los que sufrían, si se alegraba de principio a fin, no hacía sino lo que cabía esperar de la virtud humana a los catorce años.

Dado que no dejaron nada a la decisión de la señora Price ni a la buena disposición de Rebeca, todo quedó razonablemente y puntualmente terminado, y las jóvenes estuvieron listas para la mañana siguiente. Les fue imposible dormir mucho en prevención del viaje. El primo que venía a recogerlas no pudo por menos que visitar sus espíritus desasosegados, el uno todo felicidad, el otro todo variada e indescriptible inquietud.

A las ocho de la mañana, Edmund estaba en la casa. Las jóvenes lo escucharon llegar desde arriba, y Fanny bajó. La idea de verlo inmediatamente y de comprender lo que debía estar pasando, hizo que le volvieran sus primeros pensamientos. ¡Él tan cerca y hundido en el sufrimiento! Al entrar en el salón estuvo a punto de desmayarse. Se encontraba solo, y fue al encuentro de ella inmediatamente. Y Fanny se sintió estrechada contra su corazón, con sólo estas palabras apenas articuladas: "Fanny mía… mi única hermana… mi único consuelo ahora". Fanny no pudo decir nada; tampoco él pudo decir nada más durante unos minutos.

Edmund se dio la vuelta para recobrarse; y cuando volvió a hablar, aunque le flaqueó la voz; su ademán revelaba el deseo de dominarse y la resolución de evitar toda referencia. "¿Has desayunado? ¿Cuándo estarás preparada? ¿Viene Susan?", fueron las preguntas que se sucedieron con rapidez. Su principal interés estaba en salir cuanto antes. El tiempo era precioso cuando pensaba en Mansfield, y sólo encontraba alivio a su estado de ánimo moviéndose. Acordaron que él mandaría al coche que estuviera en la puerta dentro de media hora. Fanny le aseguró que en media hora habría desayunado y estaría preparada. Él ya había comido, y rehusó quedarse mientras lo hacían ellas. Daría una vuelta por las murallas y volvería a recogerlas con el coche. Se marchó, contento de alejarse incluso de Fanny.

Tenía muy mal aspecto; evidentemente, sufría violentas emociones que estaba decidido a reprimir. Fanny sabía que debía ser así; pero era doloroso para ella.

Llegó el coche; Edmund entró en la casa otra vez, en ese mismo momento, con el tiempo justo para pasar unos minutos con la familia, ser testigo —aunque no vio nada— de la manera tranquila con la que eran despedidas las hijas, e impedir que se sentasen a la mesa del desayuno que, gracias a una inusitada actividad, estuvo totalmente dispuesta cuando el coche se alejaba de la puerta. La última comida de Fanny en casa de su padre fue una calca de la primera; se la despidió con la misma hospitalidad con la que había sido recibida.

No es fácil imaginar cómo se le ensanchó el corazón de alegría y de gratitud cuando cruzaron las barreras de Portsmouth, y cómo el rostro de Susan esbozó su más radiante sonrisa. Sin embargo, sentada delante, y tapada por el sombrero, esa sonrisa permaneció invisible.

Con toda probabilidad, aquel iba a ser un viaje callado. A Fanny le llegaban a menudo los hondos suspiros de Edmund. De haber estado éste a solas con ella, le habría abierto el corazón pese a todos sus propósitos; pero la presencia de Susan le hacía retraerse, y no lograba sostener mucho tiempo sus esfuerzos para hablar de temas indiferentes.

Fanny lo observaba con incansable solicitud; y a veces, cuando él se daba cuenta, le dedicaba una sonrisa afectuosa que la reconfortaba. Pero la primera jornada del viaje transcurrió sin haberle oído pronunciar una sola palabra sobre las cosas que lo agobiaban. La mañana siguiente fue algo distinta. Justo antes de salir de Oxford, mientras Susan estaba asomada a una ventana, observando con interés a una familia numerosa que se iba de la posada, los otros dos se hallaban de pie junto a la chimenea; y Edmund, impresionado por el aspecto desmejorado de Fanny, e ignorante de los males diarios de la casa de su padre, atribuyó gran parte de su cambio —o *todo* él— a los recientes acontecimientos; así que la tomó de la mano y le dijo en un tono bajo, pero muy expresivo:

—No me sorprende… lo que debes sentir… lo que debes sufrir. ¡Cómo te ha podido abandonar un hombre que te amaba! Pero la relación de ustedes… bueno, era reciente… ¡Fanny, piensa en *mí*!

La primera etapa del viaje duró una larga jornada, y los llevó, casi molidos, hasta Oxford; pero la segunda concluyó a una hora mucho más temprana; de manera que estuvieron en los alrededores de Mansfield mucho antes de la hora habitual de la cena; y cuando ya llegaban al amado lugar, a Fanny y a Susan se les encogió un poco el corazón. Fanny comenzó a temer el encuentro con sus tías y con Tom —por la espantosa humillación que soportaban—; y Susan a comprender con cierto nerviosismo que estaba a punto de poner a prueba sus mejores modales, y todo lo que había aprendido recientemente sobre las costumbres de aquí. Ante ella se alzaban ejemplos de buena y mala educación, de antigua vulgaridad y nueva gentileza; y se puso a meditar sobre los tenedores de plata, las servilletas y los lavatrufas. Fanny había ido pendiente de las diferencias operadas en el campo desde febrero; pero cuando entraron en el parque, sus sensaciones y deleites se hicieron de lo más intenso. Hacía tres meses, tres meses enteros, que lo había abandonado; y el camino que veía era de invierno a verano. Sus ojos se fijaban en todo, en el césped y las plantaciones de un verde jugoso; y los árboles, aunque no estaban enteramente cubiertos, se encontraban en ese estado delicioso, previo a su belleza plena, en que, si bien es mucho lo que ofrecen a la vista, reservan mucho más a la imaginación. Pero este gozo era para ella sola. Edmund no podía compartirlo. Lo miró, pero él iba echado hacia atrás, sumido en una tristeza más honda que nunca, y con los ojos cerrados, como si se le oprimiese la visión de la alegría y tuviese que evitar los deliciosos escenarios del hogar.

Eso llenó a Fanny de melancolía otra vez; y el saber lo que estaban sufriendo allí confería a la casa, pese a que era moderna, airosa y estaba bien situada, un aspecto melancólico.

Un miembro de la familia que sufría en su interior los esperaba con una impaciencia que Fanny no le había conocido hasta entonces: apenas había pasado Fanny ante los criados de ademán solemne, cuando salió del salón lady Bertram a su encuentro, presurosa, y, echándose a su cuello, exclamó:

—¡Querida Fanny!... Ahora tendré consuelo.

47

Había sido un grupo desdichado en el que cada cual se había sentido el más desdichado. La señora Norris, sin embargo, siendo la más apegada a María, era la que más sufría. María era su favorita, a la que más quería de todos; el matrimonio de María había sido obra suya, como tiempo antes solía pensar y decir con el corazón henchido de orgullo; y esta manera de terminarlo todo la había dejado en pleno anonadamiento.

Era una persona cambiada: apaciguada, atontada, indiferente a todo cuanto ocurría. Haber dejado a su cargo a su hermana, a su sobrino y a toda la casa había sido un privilegio enteramente desperdiciado. Ella había sido incapaz de dirigir o mandar, o simplemente de imaginarse útil. Al ser alcanzada de veras por la aflicción, se había embotado toda su actividad; y ni lady Bertram ni Tom habían recibido de ella el más pequeño apoyo o intento de apoyo. No había hecho por ellos más de lo que habían hecho el uno por el otro. Habían estado totalmente solos, desamparados, abandonados. Y ahora, la llegada de los otros no hizo sino establecer que ganaba a todos en desdicha. Sus compañeros se sintieron aliviados; pero a ella no le sirvió de nada. Edmund fue casi tan bien recibido por su hermano como Fanny por la tía. En cambio, la señora Norris, en vez de encontrar consuelo en la llegada de los dos, se irritó aún más con la persona a la que, ciega de ira, habría sido capaz de acusar como la inspiradora del episodio. Si Fanny hubiera aceptado al señor Crawford, esto no habría ocurrido.

Susan también fue motivo de agravio. No tuvo ánimo sino para dirigirle unas cuantas miradas de aversión; pero la vio como una espía, una intrusa, una sobrina menesterosa, y todo cuanto era odioso. Por parte de la otra tía, Susan fue recibida con serena amabilidad. Lady

Bertram no fue capaz de dedicarle mucho tiempo ni palabras, pero la consideró, como hermana de Fanny que era, con cierto derecho a Mansfield, y quiso besarla como a ella. Susan se sintió más que satisfecha, porque estaba enterada de que no podía esperar nada de la tía Norris sino mal humor. Pero estaba tan provista de felicidad, y era tan fuerte en la mejor de las bendiciones, como era el haber escapado de muchos males ciertos, que habría podido resistir una indiferencia mucho mayor que la que encontró en los demás.

Ahora la dejaron mucho tiempo sola para que se familiarizara con el lugar a su entera libertad, para que deambulara por la casa y el parque. Ella se pasaba los días felizmente entregada a esa tarea, mientras los que la habrían atendido en otras circunstancias estaban silenciosos, o enteramente ocupados cada uno en la persona que en esos momentos dependía enteramente de él, en todo lo que tenía que ver con su bienestar: Edmund, que trataba de enterrar sus propios sentimientos en los esfuerzos que hacía para aliviar los de su hermano, y Fanny que, dedicada a su tía Bertram, volvía a sus antiguas funciones con más celo que antes, y pensaba que nunca haría lo suficiente por la persona que parecía necesitarla tanto.

Todo el consuelo de lady Bertram consistía en hablar del terrible asunto con Fanny; en hablar y lamentarse. Escucharla con paciencia, y hablarle con amabilidad y comprensión, era todo lo que podía hacerse por ella. No se la podía consolar de otro modo. El caso no admitía ningún consuelo. Lady Bertram no ahondaba en sus pensamientos; pero, guiada por sir Thomas, pensaba justamente sobre los aspectos importantes, y veía lo sucedido en toda su enormidad; y ni se esforzaba en quitar gravedad a la culpa y a la infamia, ni requería a Fanny para que se la aconsejase.

Sus emociones no eran intensas, y su mente no era firme. Al cabo de un tiempo, Fanny se dio cuenta de que no era imposible encauzar sus pensamientos hacia otras cosas, y reavivarle cierto interés por las ocupaciones habituales; pero cada vez que lady Bertram *se concentraba* en lo ocurrido, sólo lo veía de una manera: como una hija que había perdido, y una deshonra que jamás se borraría.

Fanny se enteró por ella de todos los detalles que habían llegado a conocerse. Su tía no era una narradora metódica; pero con la ayuda de unas cartas dirigidas a sir Thomas y otras suyas, y de lo que ella ya sabía y podía relacionar razonablemente, no tardó en comprender cómo deseaba las circunstancias del episodio.

La señora Rushworth se había ido a Twickenham, a pasar las vacaciones de Pascua con una familia con la que acababa de intimar, una familia de costumbres amables y alegres —y probablemente de moral y discreción en consonancia—; porque el señor Crawford tenía acceso a su casa en el momento en que quisiera. Fanny sabía ya que él había estado no lejos de allí. El señor Rushworth, entretanto, se había ido a Bath a pasar unos días con su madre, y a devolverla a la capital, con lo que María estaba con esos amigos sin traba alguna, ni siquiera la compañía de Julia, dado que dos o tres semanas antes Julia se había marchado de Wimpole Street a visitar a unos parientes de sir Thomas; viaje que sus padres atribuían ahora a cierta connivencia con el señor Yates. Poco después del regreso del señor Rushworth a Wimpole Street, sir Thomas había recibido una carta de un antiguo y muy buen amigo de Londres, el cual, después de ver y oír lo suficiente de ese asunto como para alarmarse, escribió a sir Thomas aconsejándole que fuese a Londres personalmente, y utilizase su autoridad con su hija para poner fin a una intimidad que ya la estaba exponiendo a desagradables comentarios, y colocando evidentemente al señor Rushworth en una situación embarazosa.

Se disponía sir Thomas a actuar de acuerdo con dicha carta sin comunicar su contenido a nadie de Mansfield, cuando recibió otra, remitida con urgencia por el mismo amigo, para hacerle saber la casi desesperada situación en la que se hallaba el caso de los jóvenes; la señora Rushworth había abandonado la casa del marido; el señor Rushworth había acudido a él (el señor Harding), furioso y dolido, para pedirle consejo; el señor Harding sospechaba que había habido, al menos, una flagrante indiscreción. La criada de la señora Rushworth madre era una seria amenaza. Él estaba haciendo esfuerzos para acallar el rumor con la esperanza de que regresara la señora Rushworth; aunque se los desbarataban de tal modo en Wimpole Street por influencia de la madre del señor Rushworth, que las peores consecuencias eran previsibles.

No podía ocultar esta terrible notificación de su familia. Sir Thomas se puso en camino; Edmund quiso ir con él, y los demás se quedaron en un estado de abatimiento sólo menor que el que sufrieron cuando llegaron otras cartas de Londres. Todo era ya irremediablemente del dominio público. La criada de la señora Rushworth madre tenía la facultad para propagarlo y, apoyada por su señora, nadie la podía hacer callar. Aún en el breve lapso que habían estado juntas, las dos señoras Rushworth habían chocado; y el encono de la mayor hacia su nuera provenía casi tanto, quizá, de la falta de respeto con que ésta la trataba, como de su susceptibilidad por su hijo.

Fuera como fuese, no se la podía manejar. Pero aunque hubiera sido menos terca, o hubiera tenido menos influencia en su hijo, que siempre se dejaba guiar por el último que le hablaba, por la persona capaz de dominarlo y hacerlo callar, tampoco habría servido de nada; porque la señora Rushworth no volvió a aparecer, y había todos los motivos para concluir que se había ocultado en alguna parte con el señor Crawford, el cual había abandonado la casa de su tío, como para emprender un viaje, el mismo día en que ella se marchó.

Sir Thomas, no obstante, continuó unos días más en la capital, con la esperanza de localizarla y arrancarla del mal, aunque ya todo estaba perdido en cuanto a reputación.

Fanny no soportaba pensar en qué estado se encontraría sir Thomas. En aquellos momentos sólo había un hijo que no era motivo de sufrimiento para él. La precaria salud de Tom había acusado enormemente el impacto de la conducta de su hermana, con lo que su recuperación había experimentado un retroceso, al extremo de que incluso lady Bertram había notado el cambio, y escribía regularmente a su marido contándole todas las tribulaciones. En cuanto a la fuga de Julia —el golpe adicional que había recibido a su llegada a Londres—, aunque había perdido fuerza de momento, lady Bertram sabía que debió de ser algo muy doloroso para él. Fanny se daba cuenta. Sus cartas expresaban lo mucho que lo lamentaba. En cualquier circunstancia habría acogido mal esa unión; pero haberla realizado de manera clandestina, y haber escogido semejante momento para llevarla a cabo, colocaban los sentimientos de Julia bajo una luz muy poco favorable, y agravaba severamente la insensatez de su elección. Lo llamó "un mal paso dado de la peor manera", y en el peor momento; y aunque Julia era más perdonable que María por serlo más la insensatez que la depravación, no podía sino considerar su decisión como el mejor camino para acabar con su hermana. Ésa era la opinión de sir Thomas sobre la aventura en la que Julia se había embarcado.

Fanny la compadecía profundamente: Edmund era el único consuelo que le quedaba; el resto de sus hijos le partían el corazón. Y Fanny confiaba en que, razonando de manera diferente de la señora Norris, se le hubiera pasado el enojo con ella. Sin duda vería justificada su actitud. El señor Crawford había absuelto su determinación de rechazarlo; pero esto, aunque de lo más esencial para ella, era un mal consuelo para sir Thomas. Consideraba terrible el disgusto de su tío; pero, ¿en qué podía ayudarlo la justificación de su sobrina, o su gratitud y afecto? Su apoyo debía estar en Edmund solamente.

Sin embargo, se equivocaba al suponer que Edmund no era causa de ningún dolor para su padre; era menos intenso que el que le infligían sus otros hijos, pero sir Thomas veía ahora su felicidad seriamente comprometida por el escándalo de su hermana y su amigo; escándalo que sin duda lo había hecho romper con la mujer a la que había aspirado con evidente afecto y gran probabilidad de éxito, y que por todo, salvo por este hermano indigno, habría sido un partido sumamente deseable. Sir Thomas se había dado cuenta de lo que Edmund estaba sufriendo, por sí mismo y por los demás, cuando estuvieron en la capital. Había observado o adivinado sus sentimientos, y como tenía motivos para pensar que se había visto una vez con la señorita Crawford, entrevista de la que Edmund sólo sacó más aflicción, había querido —por esa y otras razones— alejarlo de Londres, y le había encargado que recogiera a Fanny para llevara a casa de su tía, pensando tanto en su propio alivio y beneficio como en el de los demás. Fanny ignoraba los sentimientos de su tío, y sir Thomas ignoraba el carácter de la señorita Crawford. De haber conocido la conversación de ésta con su hijo no la habría querido por nuera ni aunque en vez de veinte mil libras hubiese tenido cuarenta mil.

Para Fanny estaba claro que Edmund debía apartarse de la señorita Crawford definitivamente; sin embargo, mientras no supiera que él pensaba lo mismo, su propio convencimiento no era suficiente. Pensaba que era así, pero necesitaba la confirmación. Si ahora Edmund le hablase con la franqueza que a veces había juzgado ella excesiva, sería de lo más consolador. Pero comprendía que no iba a ser así. Lo veía pocas veces y nunca solo; probablemente evitaba estar a solas con ella. ¿Qué debía deducir de eso? Que su juicio aceptaba sin reserva la parte de aflicción familiar que le correspondía, pero que le resultaba demasiado amarga para considerarla tema de la más ligera conversación. Ése debía ser su estado de ánimo. Se rendía, aunque con angustia que no admitía palabras. Mucho, muchísimo tiempo tendría que pasar, antes de que sus labios volvieran a pronunciar el nombre de la señorita Crawford, y de que ella viese renovadas las confidencias que habían tenido antes.

Pasó mucho tiempo. Llegaron a Mansfield el jueves, y hasta el domingo no le habló Edmund del asunto: Sentado con ella ese atardecer —un atardecer lluvioso de domingo, momento en que, si tenemos un amigo cerca, le abrimos el corazón y nos confiamos enteramente—, sin otra persona en la estancia que su madre, quien después de oír un sermón conmovedor había estado llorando hasta quedarse dormida, era imposible no hablar; así que, tras los habituales comienzos, de los que es difícil colegir qué había pasado antes, y la habitual declaración de que, si lo quería escuchar unos minutos, sería muy breve, y desde luego no volvería a abusar de su amabilidad… no debía temer que se repitiera: sería un tema enteramente prohibido, comenzó a describirle circunstancias y sentimientos del mayor interés para él a la persona de cuya afectuosa comprensión estaba totalmente convencido.

Podemos imaginar cómo escuchó Fanny, con qué curiosidad e inquietud, con qué dolor y placer, cómo notaba el temblor de su voz, y con qué fijeza se quedaba prendida su mirada en todo menos en él. El comienzo fue alarmante. Había visto a la señorita Crawford. Lo habían invitado a visitarla. Había recibido una nota de lady Stornaway rogándole que fuera; y pensando que iba a ser la última, la postrer entrevista amistosa, y atribuyendo a la señorita Crawford todos los sentimientos de vergüenza y desventura que como hermana debía sentir, había acudido a ella con el ánimo tan receptivo y tan rendido, que por unos instantes hizo temer a Fanny que no sería la última. Pero una vez que prosiguió con su historia, se disiparon esos temores. Lo recibió, dijo, con expresión seria... decididamente seria... incluso agitada; pero antes de que él pudiera pronunciar una sola frase inteligible, se había puesto ella a hablar del asunto de una forma que, confesaba, lo escandalizó.

—"Me han dicho que estaba usted en la ciudad", dijo la señorita Crawford, " y he querido verlo. Hablemos de ese episodio lamentable. ¿Hay algo que se pueda igualar a la insensatez de mi hermano y su hermana?". No pude contestar; pero creo que mi cara fue bastante elocuente. Se sintió censurada. ¡Que perspicaz es a veces! Con una voz y expresión más graves, añadió: "No pretendo defender a Henry a costa de su hermana...". Así empezó; pero la continuación, Fanny, no es... no es apta para repetírtela. No recuerdo punto por punto sus palabras. Aunque no las diría aquí si las recordara. En sustancia, ella manifestaba una gran irritación por la *insensatez* de los dos. Reprochaba la insensatez de su hermano, de dejarse arrastrar por una mujer que nunca le había importado a hacer algo que lo enajenaría de la que adoraba; pero aún reprobaba más la insensatez de... la pobre María, al sacrificar una posición como la suya metiéndose en esas dificultades, con la pretensión de ser amada de veras por un hombre que hacía tiempo le había demostrado su indiferencia. Imagina lo que sentí. ¡Oír a la mujer que... calificarlo de simple insensatez! ¡Tratar el asunto de manera tan liberal, tan desenvuelta, tan fría! Sin renuencia, sin horror, sin feminidad... ¿cómo diría yo? ¡Sin un gesto de repugnancia! Ésa es la influencia del mundo. Porque, ¿dónde encontraremos, Fanny, una mujer a la que la naturaleza haya dotado de más cualidades? ¡Corrompida! ¡Corrompida!

Tras meditar brevemente, prosiguió con una especie de calma desesperada:

—Te lo contaré todo; después, no volveremos a hablar de esto nunca más. Ella lo veía como una simple insensatez; una insensatez sólo porque se había descubierto. La falta de discreción, dc precaución, al ir a Richmond para quedarse todo el tiempo que ella estuviera en Twickenham… el ponerse ella en manos de una criada… En fin, era que se supiese… que se supiese… Fanny; no el delito, lo que ella reprobaba. Era la imprudencia que había llevado las cosas a tal extremo, y obligaba a su hermano a realizar un plan más estimable para huir con ella.

Calló.

—¿Y qué le dijiste tú? —preguntó Fanny, creyéndose en la necesidad de hablar.

—Nada. Nada inteligible. Estaba como aturdido. Ella continuó; se puso a hablar de ti; sí, entonces se puso a hablar de ti, lamentando muchísimo la perdida de una… Aquí demostró mucha sensatez. Pero contigo ha sido siempre justa. "Ha dejado escapar a una mujer —dijo— como no volverá a conocer otra. Ella lo habría centrado, lo habría hecho eternamente feliz". Mi querida Fanny, espero darte más alegría que tristeza con esta reflexión de lo que podía haber sido, pero que ahora nunca podrá ser. ¿Quieres que me calle? Si lo prefieres no tienes más que decírmelo con una mirada, con una palabra, y no hablaré más.

Fanny no le dirigió una sola mirada, una sola palabra.

—¡Gracias a Dios! —dijo él—. Todos nos habríamos asombrado; pero parece que ha sido designio misericordioso de la Providencia que el corazón que no conocía engaño no sufriera. Habló de ti en términos elogiosos y con cálido afecto; sin embargo, ni siquiera esto era limpio, contenía una brizna de maldad… Porque en medio de un discurso exclamó: "¿Por qué no quiso aceptarlo? Toda la culpa es suya. ¡La muy simple! Jamás la perdonaré. De haberle dicho que sí, como debía, ahora estarían a punto de casarse, y Henry habría sido demasiado feliz y habría estado demasiado ocupado para querer ninguna cosa más. No se habría esforzado en reanudar su relación con la señora Rushworth. Todo habría terminado en un flirteo convencional, en los encuentros anuales en Sotherton o en Everingham". ¿Lo crees posible? Pero el encanto se ha roto; y se me han abierto los ojos.

—¡Qué crueldad! —dijo Fanny—. Qué crueldad ponerse a decir esas cosas y hablar con tanta ligereza en un momento así... ¡Y a ti! ¡Es una completa crueldad!

—¿Crueldad lo llamas? En eso pensamos diferente. No, su carácter no es cruel. No creo que quiera herir mis sentimientos. El mal es más profundo: está en su total inconsciencia e ignorancia de que existen tales sentimientos; está en esa perversión de la mente que hace que se vea natural tratar el tema como lo hizo. Ella sólo hablaba como está acostumbrada a oír hablar a otros, como imagina que habla todo el mundo. Los suyos no son defectos de carácter. De manera voluntaria, no haría daño a nadie innecesariamente; y aunque puedo equivocarme, pienso que respecto a mí, respecto a mis sentimientos, ella... Sus defectos están en sus principios, Fanny, en el embotamiento de su delicadeza, y en su espíritu viciado y corrompido. Quizá así sea mejor para mí, dado que eso hace que tenga poco que lamentar. Pero no es verdad, con gusto habría soportado el dolor de perderla, antes que tener que pensar de ella lo que pienso, así se lo dije.

—¿Se lo dijiste?

—Sí, al marcharme.

—¿Cuánto tiempo estuvieron hablando?

—Veinticinco minutos. Bueno, siguió diciendo que ahora lo que había que hacer era inducirlos a casarse. Lo dijo, Fanny, con voz más firme que la mía ahora —tuvo que hacer más de una pausa cuando continuó—: "Debemos convencer a Henry de que se case con ella", dijo; "cosa que, por honra, y por la certeza de que se ha perdido toda posibilidad con Fanny, no desespero de conseguir. A Fanny debe renunciar. No creo que ahora tenga ninguna posibilidad con ella, así que confío en que no habrá dificultades insuperables. Ejerceré mi influencia, que no es pequeña, en esa dirección; y una vez casada, y convenientemente apoyada por su propia familia, personas respetables como son, podrá recobrar ella su puesto en la sociedad, hasta cierto punto. En algunos círculos no volverá a ser admitida; pero dando buenos banquetes y amplias recepciones, siempre habrá quienes se alegren de conocerla; y es indudable que hay más libertad y menos prejuicios en esas cuestiones que antes. Mi consejo es que su padre se mantenga al margen. No permita que se perjudique su propia causa entrometiéndose. Convénzalo de que deje que las cosas sigan su curso. Si llegara a hacerla abandonar la protección de Henry con sus esfuerzos oficiosos, las probabilidades de que Henry se case con ella serán mucho menores. Yo sé la forma de influir en él. Que sir Thomas confíe en su sentido del honor y en su compasión, y puede que todo termine bien; pero si se lleva a su hija, le quitará su principal apoyo".

Después de repetir esto, Edmund estaba tan afectado que Fanny, que lo miraba en silencio y con muy tierna preocupación, casi lamentó haberle permitido que abordara ese tema. Finalmente dijo:

—Bien, Fanny; en seguida termino. Te he contado la sustancia de lo que ha dicho ella. Yo, en cuento fui capaz de hablar, le contesté que el estado de ánimo con que había llegado a esa casa era tal, que no pensaba que me fuera a ocurrir nada que me hiciera sufrir más, pero que me había herido profundamente casi con cada frase. Que aunque había notado a menudo, a lo largo de nuestra amistad, diferencias de opinión entre nosotros, incluso en cuestiones de cierta trascendencia, nunca habría llegado a imaginar que esa diferencia fuese como la que ahora se revelaba. Que su forma de hablar del espantoso crimen cometido por su hermano y mi hermana (no quise entrar en el tema de quién hubiera podido tener más empeño en la seducción), su forma de hablar del crimen mismo, haciéndole todos los reproches menos los que eran de justicia, considerando sólo las malas consecuencias que tenían que afrontar o soslayar desafiando el decoro con gran desvergüenza; y, finamente, y sobre todo, recomendándonos una conformidad, un compromiso, una resignación con la continuidad del pecado en la esperanza de un matrimonio que, pensando lo que pensaba ahora yo de su hermano, debía impedir más que buscar, todo esto junto me convencía dolorosamente de que nunca la había comprendido y que, en lo que se refería al espíritu, había sido con un producto de la imaginación, y no con la señorita Crawford, con quien tantas veces había conversado amorosamente durante los meses pasados. Que puede que así fuera mejor para mí. Y sin embargo debo y quiero confesar que, de haberla podido devolver a como me parecía antes, habría preferido infinitamente cualquier aumento del dolor por la separación a cambio de llevarme conmigo el derecho de sentir cariño y estima por ella. Eso es lo que le dije, la sustancia de lo que le dije… Pero, como puedes imaginar, no se lo dije tan sosegada y metódicamente como te lo repito ahora. Estaba asombrada, muy asombrada… más que asombrada. Vi que cambiaba de color. Se puso intensamente colorada. Me pareció que se le agolpaba una multitud de sentimientos, que sostenía una lucha intensa pero breve, mitad deseo de rendirse a la verdad, mitad sentimiento de vergüenza; pero el hábito, el hábito fue el que ganó. Se habría echado a reír, si hubiera podido. Tuvo un amago de risa, cuando contestó: "Precioso discurso en verdad. ¿Forma parte de su último sermón? A este paso no tardará en reformar a todo el mundo de Mansfield y Thornton Lacey. La próxima vez que oiga hablar de usted, puede que sea como célebre predicador metodista, o como misionero en algún país extranjero". Trataba de hablar con indiferencia; pero no era tan indiferente como pretendía aparentar. Yo sólo le dije en respuesta que deseaba de todo corazón que le fuera bien, y que esperaba sinceramente que aprendiese pronto a pensar con más rectitud, y no tuviera que agradecer el más valioso de los conocimientos que todos podemos adquirir, el conocimiento de nosotros mismos y de nuestro deber, a las lecciones de la aflicción… y abandoné la estancia inmediatamente. Había dado unos pasos, Fanny, cuando oí abrirse la puerta detrás de mí. "Señor Bertram", dijo. Me volví: "Señor Bertram" repitió con una sonrisa; pero era una sonrisa que no concordaba con la plática que habíamos sostenido, una sonrisa atrevida que parecía invitar, a fin de aplacarme; al menos eso me pareció a mí. Resistí; el impulso momentáneo fue resistir, y seguí andando. Después, alguna vez, aunque de manera fugaz, he sentido no haber vuelto. Pero sé que hice bien… ¡Y ese ha sido el fin de nuestra amistad! Y qué amistad. ¡Qué engañado estaba! ¡Así me tenían tanto el hermano como la hermana! Gracias por tu paciencia, Fanny. Ha sido un alivio inmenso para mí; ahora hemos terminado.

Y era tal la confianza de Fanny en sus palabras que durante cinco minutos creyó que realmente habían terminado; pero luego volvió a lo mismo, o casi, y fue nada menos que lady Bertram la que, al despertarse del todo, puso punto final a la conversación. Hasta que sucedió eso, siguieron hablando de la señorita Crawford, de cómo lo había cautivado y de lo encantadora que la había hecho la naturaleza, y cuán excelente habría sido, de haber caído antes en buenas manos. Fanny, ahora en libertad para habar con franqueza, se creyó más que justificada para añadir, a lo que él sabía del carácter de la señorita Crawford, alguna alusión sobre cuánto podía tener que ver el estado de salud de su hermano con el deseo que había mostrado de una completa reconciliación. No fue una insinuación agradable para él. Su naturaleza se negó a aceptarla durante un rato. Habría sido inmensamente más grato creer su amor desinteresado; pero su vanidad no era lo bastante fuerte para resistir mucho tiempo la razón. Tuvo que rendirse, y reconocer que la enfermedad de Tom había influido en ella, reservándose para sí el pensamiento consolador que, habida cuenta la multitud de impedimentos que había tenido ella en sus propios hábitos, lo había querido más de lo que podía haberse esperado, y de que por él había estado más cerca de vivir rectamente. Fanny pensaba lo mismo. Y también coincidieron en que tal desengaño había imprimido en el espíritu de él un efecto duradero y una huella imborrable. El tiempo mitigaría indudablemente su dolor, pero era una clase de experiencia que nunca lograría superar del todo; y en cuanto a conocer alguna vez a una mujer que pudiese… era simplemente imposible mencionarlo si no era con indignación. La amistad de Fanny era lo único en que podía apoyarse.

48

Que otras plumas se extiendan en la culpa y la desdicha. Yo dejo al punto esos temas odiosos, impaciente por devolver alguna paz a los que no tuvieron demasiada responsabilidad, y terminar con lo demás.

Hoy tengo la satisfacción de saber que mi Fanny ha debido ser muy feliz a pesar de todo. Ha debido ser una criatura feliz a pesar de la pena que sentía, o creía sentir, por la aflicción de los que la rodeaban. Tenía manantiales de gozo dispuestos a aflorar. Había vuelto a Parque Mansfield, era útil, era querida, estaba a salvo del señor Crawford, y al regresar sir Thomas, recibió de él —en su entonces melancólico estado de ánimo— todas las pruebas que pudo darle de su total aprobación y acendrado respeto. Y aunque esto tenía que hacerla feliz, lo habría sido igualmente sin eso, porque Edmund ya no vivía engañado respecto a la señorita Crawford.

Es cierto que Edmund estaba lejos de ser feliz. Sufría de desencanto y de pena, lamentando lo que era, y deseando lo que nunca podría ser. Fanny lo sabía y le pesaba, aunque con un pesar tan fundado en la satisfacción, tan tendiente a la complacencia, y tan en armonía con los más caros sentimientos, que no pocas personas habrían cambiado con gusto su mayor alegría por esa situación.

Sir Thomas, el pobre sir Thomas, siendo padre, y consciente de sus propios errores como tal, fue el que más tiempo sufriría. Se daba cuenta de que no debía haber consentido ese matrimonio, de que había notado suficientemente los sentimientos de su hija como para hacerlo culpable al autorizarlo, de que autorizándolo había sacrificado lo justo a lo conveniente, y se había gobernado por el egoísmo y la sabiduría mundana. Éstas eran reflexiones que requerían tiempo para mitigarse.

Pero el tiempo lo mitiga casi todo; y aunque de la señora Rushworth podía venirle poco consuelo, dada la desgracia que había ocasionado, halló en sus otros hijos mucho más del que había imaginado. El matrimonio de Julia se reveló un asunto mucho menos desesperado de lo que se había pensado al principio. Julia se mostró compungida y deseosa de ser perdonada; y el señor Yates, que anhelaba ser aceptado verdaderamente en la familia, estuvo dispuesto a mostrarle respeto y a dejarse guiar. No era muy serio, pero había esperanza de que se volviera menos frívolo, de que fuera medianamente hogareño y al menos tranquilo; en todo caso, sir Thomas tuvo el consuelo de descubrir que sus propiedades eran más grandes, y sus deudas más pequeñas de lo que había temido, y de ser consultado y tratado como el amigo que más merecía ser escuchado. También encontró consuelo en Tom, que recobraba poco a poco la salud sin recobrar el atolondramiento y el egoísmo de sus antiguos hábitos. Mejoró definitivamente de la enfermedad. Había sufrido, y había aprendido a pensar: dos ventajas que no había conocido hasta ahora. En cuanto al remordimiento que le suscitaba el suceso de Wimpole Street —del que se sentía cómplice por la peligrosa intimidad al que dio lugar su injustificable aventura teatral—, le dejó una huella en el alma que, con veintiséis años, y no carente se sensatez y buenas compañías, tuvo efectos duraderos y afortunados. Se volvió como debía haber sido: útil a su padre, formal y tranquilo, y no vivió exclusivamente para sí mismo.

¡Era efectivamente un consuelo! Y a la vez que sir Thomas ganaba confianza en esas fuentes benéficas, Edmund empezó a contribuir al sosiego de su padre mejorando el único extremo en que le había causado preocupación: el de su estado de ánimo. Después de pasar las tardes del verano vagando o sentado al pie de un árbol conversando con Fanny, había adquirido la suficiente resignación para volver a ser relativamente alegre.

Éstas fueron las circunstancias y esperanzas que poco a poco trajeron alivio a sir Thomas, amortiguando su pesar por lo perdido, y reconciliándolo en parte consigo mismo; aunque nunca le desapareció el dolor que provenía de la convicción de sus propios errores en la educación de sus hijas.

Demasiado tarde se daba cuenta de lo poco favorable que para la personalidad de unas jóvenes había sido el trato tan distinto que María y Julia habían recibido siempre en casa, donde la excesiva indulgencia y los halagos de su tía contrastaron continuamente con su propia severidad. Veía cuán erróneamente había calculado al esperar contrarrestar lo que la señora Norris hacía mal, haciendo él lo contrario; claramente se veía que no había hecho sino aumentar ese mal al enseñarlas a reprimir sus inclinaciones en su presencia, de manera que no llegó a conocer el carácter de ninguna, y al remitirlas para toda indulgencia a una persona que se las había propiciado sólo con la ceguera de su afecto y el exceso de sus alabanzas.

Aquí había ejercido una dirección lamentablemente equivocada; pero aún siendo eso malo, poco a poco se fue dando cuenta de que no había sido esa la equivocación más horrible de su plan de educación. Algo había faltado *dentro*; de lo contrario, el tiempo habría borrado gran parte de sus malos efectos. Sospechaba que había faltado el principio, el principio activo; que nunca se las había enseñado propiamente a dominar sus inclinaciones y temperamentos mediante el sentido del deber, único que puede ser suficiente. Habían sido instruidas teóricamente en su religión, pero nunca se les exigió practicarla a diario. Quizá destacar por la elegancia y los conocimientos —objeto autorizado de su juventud— no había tenido ningún efecto útil en esa dirección. Ningún efecto moral en el espíritu. Él había pretendido que fueran buenas, pero había atendido a su educación y a sus modales, no a su carácter, y sobre la necesidad de la abnegación y la humildad sospechaba que jamás habían oído de labios de nadie nada que les fuera de provecho.

Amargamente lamentaba una deficiencia que ahora casi no entendía cómo había sido posible. Con un sentimiento de desventura se daba cuenta de que, pese al dinero y los cuidados dedicados de su rígida y costosa educación, había criado a sus hijas sin haber comprendido ellas sus deberes elementales, ni haber llegado él a conocer el carácter y la personalidad de ninguna de las dos.

Del atrevimiento y las fuertes pasiones de la señora Rushworth, en particular, sólo llegó a enterarse por sus dolorosas consecuencias. No se dejó convencer para que abandonara al señor Crawford. Esperaba casarse con él, y siguieron juntos hasta que se vio obligada a reconocer que era vana esa esperanza, y hasta que el desengaño y la desdicha derivadas de esta convicción le agriaron el humor de tal modo, y cambiaron su sentimiento hacia él en tal odio, que durante un tiempo fueron un castigo el uno para el otro, hasta que acordaron separarse.

Había vivido con él para que la acusara de arruinar todas sus esperanzas de felicidad con Fanny; y al dejarla, no se llevó otro consuelo que el hecho de haberse separado. ¿Qué puede superar a la desventura de un espíritu así en semejante situación?

Al señor Rushworth no le fue difícil obtener el divorcio, y de ese modo concluyó un matrimonio contraído en circunstancias tales que cualquier final mejor, producto de la suerte, habría estado fuera de todo cálculo. Ella lo había menospreciado y había amado a otro… y él lo había visto con toda claridad. Las indignidades de la estupidez y los desengaños de la pasión egoísta despiertan poca compasión. En cuanto a él, su conducta recibió su castigo, como recibió un castigo mayor la culpa más grande de su esposa. El señor Rushworth quedó libre del vínculo para vivir mortificado e infeliz, hasta que alguna otra joven bonita lo arrastrara de nuevo al matrimonio y se sometiera a una segunda y —es de esperar— más próspera prueba de ese estado… Si era engañado, lo sería al menos con buen humor y buena suerte; mientras que ella tendría que apartarse, con sentimientos infinitamente más hondos, a un retiro y un reproche que no le permitirían una segunda fuente de esperanza o reputación.

Dónde se la podía colocar se convirtió en tema de suma melancolía y de trascendental consulta. La señora Norris, cuyo afecto pareció aumentar con los deméritos de su sobrina, hubiera querido acogerla en su casa con el apoyo de todos. Sir Thomas no quiso ni oír hablar de eso, y a la señora Norris le aumentó el enojo con Fanny, al pensar que era porque ella vivía allí, persistiendo en atribuirle los escrúpulos de sir Thomas; aunque éste le aseguro con solemnidad que, aunque hubiera habido que tener en cuenta a una joven, aunque no hubiera habido ningún joven de uno u otro sexo bajo su techo a quienes hubiese puesto en peligro el contacto o dañado la reputación de la señora Rushworth, jamás habría ofrecido tan gran injuria a la vecindad, como se temía que sería el caso cuando la vieran. Como hija —esperaba que penitente—, la protegería, le procuraría todo el bienestar y le daría su apoyo para vivir todo lo rectamente que sus situaciones relativas permitían; pero de ahí no pasaría. María había arruinado su propia reputación, y, por un vano intento de restituir lo que jamás podría restituirse, no iba él a sancionar el vicio y tratar de atenuar su deshonra, ni a hacerse cómplice en cierto modo de introducir en la familia de otro una desgracia como la que él había conocido.

La cosa concluyó decidiendo la señora Norris abandonar Mansfield para consagrarse a su infortunada María, y creándose un establecimiento para ellas en una región remota y retirada, donde, recluidas con poca compañía, sin afecto la una y sin juicio la otra, es lógico suponer que sus respectivos temperamentos las convirtieron en un mutuo castigo.

La marcha de la señora Norris de Mansfield representó un gran alivio adicional para la vida de sir Thomas. Su opinión sobre ella había ido cayendo desde el día de su regreso de La Antigua; desde entonces, en cada deliberación, en sus relaciones diarias, en sus asuntos o en sus charlas, había ido constantemente perdiendo terreno en su estima, y convenciéndolo de que o bien el paso del tiempo le sentaba mal, o bien había sobrevalorado él su juicio, y había soportado asombrosamente sus maneras. La veía como un mal perpetuo, tanto más cuanto que no parecía haber posibilidades de que acabara sino con la muerte; le daba la impresión de que formaba parte de él, de que tendría que soportarla siempre. Así que verse libre de ella fue una dicha tan grande que, de no haber dejado recuerdos tan amargos tras de sí, sir Thomas casi habría corrido peligro de aprobar el mal que había acarreado este bien.

Nadie en Mansfield sintió que se fuera. No había sido capaz de inspirar afecto ni aun a los que más quería, y desde la fuga de la señora Rushworth, se había vuelto tan irritable que era un suplicio para todos. Ni siquiera Fanny tuvo lágrimas para la tía Norris, cuando se fue para siempre.

Si Julia salió mejor librada que María, se debió, en cierto modo, a una diferencia —favorable para ésta— de carácter y de circunstancias; pero mucho más a que había sido menos querida por esa misma tía, menos halagada y menos mimada. Su belleza y sus conocimientos habían ocupado un segundo lugar. Estaba acostumbrada a considerarse un poco inferior a María. Su carácter era el más tranquilo de los dos; sus sentimientos, aunque vivos, eran más controlables; y la educación no le había despertado un grado tan pernicioso de engreimiento.

Se había resignado mejor al desencanto respecto de Henry Crawford. Tras disipársele la primera amargura de sus desaires, estuvo relativamente pronto en condiciones de no volver a pensar en él; y cuando renovó su amistad en la capital, y la casa del señor Rushworth se convirtió en objetivo de Crawford, había tenido el mérito de irse de ella, y de escoger ese momento para visitar otros amigos, a fin de evitar el riesgo de sentirse atraída otra vez. Éste había sido el motivo de que se fuera a casa de sus primos. Nada había tenido que ver con ello la conveniencia del señor Yates. Hacía algún tiempo que recibía sus solicitudes, aunque con muy poca idea de aceptarlo; y si no hubiera sido porque la fechoría de su hermana y el miedo a su padre y a su casa por tal motivo —imaginando que la consecuencia segura sería una mayor severidad y reclusión para ella— la hicieron decidir evitar a toda costa esos horrores inmediatos, es probable que el señor Yates no la hubiera conseguido jamás. No la habría movido a fugarse otro mal sentimiento que el de la alarma egoísta. Le pareció que era lo único que podía hacer. La culpa de María había empujado a Julia a la insensatez.

Henry Crawford, estropeado por la independencia prematura y el mal ejemplo doméstico, se entregó demasiado pronto a los caprichos de una vanidad insensible. Ésta le había llevado una vez, debido a una coyuntura imprevista e inmerecida, por el camino de la felicidad. De haberse limitado a conquistar el afecto de una mujer amable, de haber encontrado gozo suficiente en vencer la aversión, y en ganarse poco a poco la estima y el cariño de Fanny Price, habría tenido todas las probabilidades de éxito y de felicidad para él. Su afecto había abonado ya bastante el terreno. La influencia de Fanny sobre él había dado como resultado cierta reciprocidad. Si hubiera merecido más, no cabe duda de que lo habría obtenido; sobre todo una vez realizado el matrimonio, que le habría aportado el concurso de la misma conciencia de ella para vencer su primera inclinación al rechazo, y los habría reconciliado. Si hubiera perseverado, si hubiera perseverado honestamente, Fanny habría sido su recompensa —muy voluntariamente concedida— en un plazo razonable, después del matrimonio de Edmund y Mary.

Si hubiera hecho lo que había pensado —y sabía que era su deber—, si hubiera ido a Everingham al volver de Portsmouth, se habría encaminado hacia un destino feliz. Pero le insistieron que se quedara a la fiesta de la señora Fraser; revistieron su presencia de una halagadora importancia, y encontraría a la señora Rushworth allí. Se le despertaron la curiosidad y la vanidad, y la tentación del placer inmediato fue demasiado fuerte para un espíritu no acostumbrado a sacrificar nada a lo correcto; decidió aplazar su viaje a Norfolk, decidió que podía resolver el asunto escribiendo, o que carecía de importancia, y se quedó. Vio a la señora Rushworth, ella lo saludó con una frialdad que debía haber sido disuasoria, y haber establecido una aparente indiferencia entre ellos para siempre. Pero se sintió humillado; no soportaba ser rechazado por una mujer cuyas sonrisas había dominado tan por entero. Tenía que esforzarse en doblegar ese orgulloso alarde de resentimiento; estaba irritado a causa de Fanny, así que tenía que vencerlo, y convertir a la señora Rushworth en María Bertram otra vez. En su relación con él.

Con ese espíritu inició el ataque; y con viva perseverancia, no tardó en restablecer la clase de familiaridad, de galantería, de coqueteo, que era cuanto constituía su propósito… pero al derribar las barreras de la discreción que, aunque al principio le habían causado enojo, podían haberlos salvado a los dos, se puso en manos de los sentimientos de ella, más fuertes de lo que había supuesto. Ella lo amaba; no rechazaba las atenciones, manifiestamente caras para ella. Henry Crawford se enredó en su propia vanidad, sin la más mínima excusa de sentir, y sin la menor conciencia de infidelidad a la prima de ella: su principal interés fue evitar que Fanny y los Bertram se enterasen de lo que ocurría. No podía ser más deseable el sigilo para la honra de la señora Rushworth de lo que lo consideraba él para la suya propia. Cuando volvió de Richmond, se habría alegrado de no ver nunca más a la señora Rushworth. Todo lo que siguió se debió a la imprudencia de ella; y finalmente se fue con ella porque no lo pudo evitar, sintiéndolo por Fanny en el mismo momento, pero sintiéndolo infinitamente más cuando acabó la aventura, en la que muy pocos meses le enseñaron —a fuerza de contraste— a situar más alta aún la dulzura de su carácter, la pureza de su espíritu y la excelencia de sus principios.

Este castigo, el castigo público de la deshonra, que debiera acompañar en su justa medida a la parte del delito que a él le corresponde, no es, sabemos, una de las barreras que la sociedad pone a la virtud. En este mundo, el castigo es menos equitativo de lo que sería deseable; pero sin atrevernos a esperar una distribución más estricta en el otro, podemos pensar razonablemente que un hombre con discernimiento como Henry Crawford se acarreó una dosis nada pequeña de aflicción y de pesar; aflicción que le venía a veces del remordimiento, y pesar que emanaba de la desdicha, por haber correspondido de este modo a la hospitalidad, por haber atropellado la paz de una familia, por haber enajenado a su mejor, su más estimada y valiosa amistad, y por haber perdido a la mujer que racional y apasionadamente había amado.

Después de lo ocurrido, suficiente para herir y alejar a las dos familias, habría sido sumamente violento continuar los Bertram y los Grant en tan cercana vecindad, pero la ausencia de estos últimos, prolongada a propósito unos meses más, terminó muy oportunamente en la necesidad, o factibilidad al menos, de un cambio de domicilio definitivo. El doctor Grant, merced a una influencia en la que casi había dejado de tener esperanzas, consiguió una plaza en Westminster, la cual, al proporcionarle un motivo para dejar Mansfield, una excusa para residir en Londres y un aumento de los ingresos para afrontar los gastos del cambio, fue tan bien recibida por los que se iban como por los que se quedaban.

La señora Grant, cuya naturaleza estaba hecha para amar y ser amada, debió de marcharse con cierto pesar de los escenarios y de los amigos a los que estaba acostumbrada; pero esa misma disposición feliz debía procurarle, en cualquier lugar y en cualquier ambiente, grandes ocasiones de disfrute; y tuvo de nuevo un hogar que ofrecer a Mary; y Mary había tenido suficientes amigos y suficiente vanidad, ambición, amor y desencanto en el transcurso del último medio año como para necesitar la amabilidad verdadera de su corazón de hermana, y la tranquilidad de su modo de ser. Vivieron juntas, y cuando el doctor Grant se provocó un ataque de apoplejía con los tres banquetes semanales que había instituido, y murió, siguieron viviendo juntas. Porque Mary, aunque totalmente decidida a no volver a enamorarse de un segundón, tardó mucho tiempo en encontrar, entre los apuestos galanes y los ociosos presuntos herederos que su belleza y sus veinte mil libras ponían a su disposición, alguien capaz de satisfacer su gusto adquirido en Mansfield, y cuyo carácter y modo de ser pudiera dar pie a la esperanza de felicidad doméstica que ella había aprendido a valorar allí, o de quitarle de la cabeza a Edmund Bertram.

Edmund tuvo una gran ventaja sobre ella a este respecto. No le hizo falta esperar y desear con afectos vacantes a una criatura digna que la sucediera en ellos. Apenas había terminado de lamentar la pérdida de Mary Crawford, y de confesar a Mary cuán imposible sería encontrar a una mujer igual, cuando empezó a pensar si no le convendría una mujer totalmente diferente… o infinitamente mejor; si no se estaba volviendo la propia Fanny tan valiosa, tan importante para él, con sus sonrisas y su manera de ser, como lo había sido Mary Crawford; y si no sería una empresa factible, una empresa esperanzadora, convencerla de que su cálido y fraternal afecto por él podría ser cimiento suficiente para el amor conyugal.

A propósito me abstengo de aportar detalles sobre este punto, para que todo el mundo pueda libremente poner los suyos, consciente de que la cura de las pasiones irresistibles y la transferencia de afectos perennes varían mucho con el tiempo y cada persona. Yo sólo ruego a todos que crean que en el momento exacto en que fue completamente natural que ocurriera así, y no una semana antes. Edmund perdió todo interés por la señorita Crawford y le entraron tantos deseos de casarse con Fanny como la propia Fanny podía desear.

Con una estima por ella como la que efectivamente había tenido durante mucho tiempo, estima asentada en los más caros derechos de la inocencia y el desvalimiento, y completada por todas las recomendaciones de sus cualidades cada vez más preciosas, ¿qué más natural que aconteciera ese cambio? Queriéndola, guiándola, protegiéndola, como había estado haciendo desde que ella tenía diez años, dotada de un espíritu modelado por él en tan gran medida, y de una paz que dependía de su amabilidad, y siendo para él objeto de tan íntimo y especial interés, tanto más cuanto que ante ella él tenía más importancia que ninguna otra persona de Mansfield, ¿qué más podía añadir ahora sino aprender a preferir unos ojos dulces y claros a otros oscuros y brillantes? Y como estaba siempre con ella, y siempre haciéndose confidencias, y se hallaba en ese clima favorable de alma que produce todo desengaño reciente, no tardaron esos ojos dulces y claros en obtener la preeminencia.

Una vez que había emprendido ese camino hacia la felicidad y tuvo conciencia de ello, no hubo nada tocante a prudencia que lo detuviese o retardara la marcha: ninguna duda del merecimiento de ella, ningún temor a que sus gustos fueran contrapuestos, ninguna necesidad de sacar nuevas esperanzas de felicidad de la diferencia de caracteres. No necesitaba Fanny disfrazar de ninguna manera su modo de ser, sus opiniones, sus hábitos, ni engañarse a sí misma sobre el presente, ni confiar en mejorar más adelante. Incluso en medio del anterior enamoramiento, había reconocido él la superioridad espiritual de Fanny. Así que, ¿qué le iba a parecer ahora? Por supuesto, era demasiado buena para él; pero como a nadie le importa conseguir lo que es demasiado bueno para sí, se aplicó, muy seriamente a la consecución de esa dicha y no estuvo mucho tiempo sin aliento de ella. Aunque tímida, inquieta, dudosa, era imposible que una ternura como la suya no abrigara a veces la más fuerte esperanza de éxito, si bien dejó para más adelante confesarle toda la deliciosa y maravillosa verdad. La dicha de Edmund al saberse amado durante tanto tiempo por semejante corazón debió de ser lo bastante grande como para avalar la fuerza de las palabras con las que se la describió a ella y a sí mismo. ¡Qué deliciosa tuvo que ser! Pero también hubo en otra parte una felicidad que ninguna descripción puede transmitir. Que nadie pretenda explicar lo que siente una joven al recibir la garantía de ese afecto del que apenas se había atrevido a mantener una lucecita de esperanza.

Confirmada su mutua inclinación, no hubo trabas posteriores, ni inconvenientes de pobreza o de padres. Fue una unión cuya imposibilidad había contemplado incuso sir Thomas. Hastiado de matrimonios ambiciosos e interesados, cada vez más sensible a la auténtica bondad de los principios y del carácter, y deseoso sobre todo de afianzar la felicidad hogareña que le quedaba con los lazos más seguros, había considerado con sincera satisfacción la más que posibilidad de que ambos jóvenes hallasen consuelo el uno en el otro al desengaño que habían sufrido; y el gozoso consentimiento que dio a la petición de Edmund, y la orgullosa sensación que tuvo de haber hecho una gran adquisición con la promesa de recibir a Fanny como hija, revelaron justamente, frente a su antigua opinión sobre esto mismo cuando se debatió la acogida de la pobre niña, ese contraste entre los planes y las decisiones de los mortales que el tiempo se encarga siempre de resaltar para instrucción propia y diversión de los vecinos.

Fanny fue, efectivamente, la hija que necesitaba. Con caritativa benevolencia, había criado a la que iba a ser un inmenso consuelo para él. Su generosidad tuvo rica recompensa; una recompensa de la que le hacía merecedor la bondad general de sus intenciones para con ella. Podía haber hecho más feliz su niñez; pero había sido un error de juicio lo que le había dado apariencia de severidad, y lo había privado al principio de su amor, y ahora, al conocerse el uno al otro de verdad, se hizo muy fuerte su cariño mutuo. Una vez instalada ella en Thornton Lacey con todas las amables atenciones del confort, la misión de sir Thomas, casi todos los días, era ir a verla, o a sacarla de allí.

Dado lo egoístamente cara que había sido para lady Bertram durante mucho tiempo, ella no vio de buen grado la marcha de su sobrina. Ninguna felicidad de hijo o sobrina podían hacerla desear ese matrimonio. Pero pudo desprenderse de ella gracias a que Susan ocupó su sitio. Susan se convirtió en la sobrina estable —¡encantada de serlo!—: era apta por su viveza de espíritu y su carácter servicial, del mismo modo que Fanny lo había sido por su dulzura natural y sus profundos sentimientos de gratitud. Susan se volvió imprescindible. Primero como consuelo para Fanny, luego como su auxiliar, y finalmente como su sustituta, se quedó a vivir en Mansfield, con toda la apariencia de permanecer tanto tiempo como ella. Su talante decidido y su carácter alegre hicieron que todo le fuera fácil allí. Dotada de gran agudeza para comprender a las personas con las que tenía que tratar, y sin timidez natural que la coartase de manifestar sus deseos, no tardó en ser aceptada, y útil para todos; y al marcharse Fanny asumió con tanta facilidad la influencia de ésta en el confort de su tía hora a hora, que poco a poco se convirtió, quizá, en la más querida de las dos. En su utilidad, en la excelencia de Fanny, en la continuada buena conducta y creciente fama de William, y en el éxito y la buena marcha general de los demás miembros de la familia, ayudándose unos a otros a prosperar, y haciendo honor a su confianza y apoyo, sir Thomas vio repetidos motivos para alegrarse de lo que había hecho por todos ellos; y reconoció las ventajas de un temprano rigor y disciplina, y de la conciencia de haber nacido para luchar y soportar.

Con tanta cualidad auténtica y tanto auténtico amor, y no careciendo de fortuna ni amigos, la felicidad de la pareja de primos ha debido ser todo lo segura que es la felicidad de este mundo. Igualmente formados para la vida hogareña, y aficionados a los placeres del campo, su casa fue morada del afecto y del bienestar; y para completar el cuadro venturoso, la adquisición del beneficio eclesiástico a la muerte del doctor Grant ocurrió cuando ya llevaban casados el tiempo suficiente como para necesitar un aumento de los ingresos, y considerar incómoda su distancia respecto de la casa paterna.

Así que se trasladaron a Mansfield; y no tardó en volverse su casa parroquial —a la que, mientras la ocupaban sus dos anteriores propietarios, Fanny nunca fue capaz de acercarse sino con una penosa sensación de temor o de reserva— tan entrañable a su corazón, y tan perfecta a sus ojos como lo era cuando abarcaba la perspectiva y el patrocinio de Parque Mansfield desde hacía mucho tiempo.

* * *

TÍTULOS DE ESTA COLECCIÓN

Almacén de antigüedades. *Charles Dickens*
Almas muertas o las aventuras de Chichikov. *N. Gogol*
Ana Karenina. *León Tolstoi*
Carta al Greco. *Nikos Kazantzakis*
Cartas de relación. *Hernán Cortés*
Crimen y castigo / El eterno marido / La mujer de otro. *Fedor Dostoievski*
Cuentos escogidos. *Antón Chejov*
Cumbres borrascosas. *Emily Brontë*
David Copperfield. *Charles Dickens*
Divina comedia. *Dante Alighieri*
Doce historias y un sueño. *H. G. Wells*
Drácula. *Bram Stoker*
El amante de lady Chatterley. *D. H. Lawrence*
El conde de Montecristo. *Alejandro Dumas*
El Corán
El gatopardo. *Giuseppe Tomasi di Lampedusa*
El idiota. *Fedor Dostoiesvski*
El origen de las especies. *Charles Darwin*
El suicidio. *Émile Durkheim*
Emma. *Jane Austen*
Eudemonología o el arte de ser feliz / Ensayos e ideas. *Arthur Schopenhauer*
Fanny Hill, Memorias de una cortesana. *John Cleland*
Guerra y paz. *León Tolstoi*
Historia de dos ciudades. *Charles Dickens*
Historia verdadera de la conquista de la Nueva España. *Bernal Díaz del Castillo*
Ilíada. *Homero*
Jane Eyre. *Charlotte Brontë*
La abadía de Northanger. *Jane Austen*
La amada inmóvil, Plenitud y otros poemas. *Amado Nervo*
La cartuja de Parma. *Stendhal*
La dama de blanco. *Wilkie Collins*
La madre / La buena tierra. *Pearl S. Buck*
La montaña mágica. *Thomas Mann*
La República. *Platón*
La voluntad de poder. *Federico Nietzsche*
Las mil y una noches. *Anónimo*
Las uvas de la ira. *John Steinbeck*
Los bandidos de Río Frío. *Manuel Payno*
Los hermanos Karamazov / Humillados y ofendidos / El ladrón honrado. *Dostoievski*

Los miserables. *Víctor Hugo*
Los tres mosqueteros. *Alejandro Dumas*
México bárbaro / México insurgente. *J. K. Turner / J. Reed*
Moby Dick. *Herman Melville*
Muerte en la tarde / París era una fiesta. *Ernest Hemingway*
Naná. *Émile Zola*
Oliver Twist. *Charles Dickens*
Parque Mansfield. *Jane Austen*
Por quién doblan las campanas. *Ernest Hemingway*
Sensatez y sentimiento. *Jane Austen*
Sinuhé, el Egipcio. *Mika Waltari*
Vida de los doce Césares. *Suetonio*
Viejo muere el cisne / La isla. *Aldous Huxley*
Ulises. *James Joyce*

Esta obra se termino de imprimir
En los talleres de Graphic de mexico
C.15 de junio de 1861 # 1940 col Leyes de reforma
Del. Iztapalapa, México D,F.
56-94-10-49